용신분석

알기 쉬운

낭월 · 박주현

용신분석

동학사

글을 시작하며

　'격국 용신(格局用神)'이라는 용어는 명리학(命理學)을 공부하는 사람에게는 익숙한 말이다. 어느 명리 서적에서든지 항상 거론되고 있기 때문이다. 낭월이 이 글을 시작하며 책 이름을 생각할 때에도 역시 가장 먼저 떠오른 단어였다. 그러나 격국 용신이라는 용어가 사람들에게 익숙한 것이기는 하나 이 책의 이름으로는 하지 않는 것이 좋겠다고 생각했다. 타성(惰性)을 좀 깨보자는 마음과 이미 격국 용신이라는 이름으로 나와 있는 많은 서적들과의 혼란도 피해보자는 뜻에서였다. 또 명리학의 정상에 버티고 있는 이 권위적인 용어가 거부감을 줄 것도 같고, 구태의연하다는 관념을 불러일으킬지도 모른다고 생각하였기 때문이다. 그래서 생각 끝에 이 책의 제목을 '알기 쉬운 용신 분석'이라 정하고 이야기를 진행해나가기로 결정했다.

　제1부에서는 명리의 고지를 점령하는 데 최고이자 최후의 도구

인 용신(用神)을 읽는 방법에 대해 설명할 것이다. 용신은 세상살이의 길흉화복(吉凶禍福)을 판단하는 기본 역할을 하는 것이므로 이것을 잘못 짚게 된다면 모든 것이 전혀 엉뚱한 헛소리가 되어버린다. 그러나 용신을 찾는 작업은 쉽지 않다. 그동안에 배워뒀던 모든 지식과 상식이 총동원되어야만 비로소 가능해진다.

제2부에서는 '용신격(用神格)'을 공부하도록 하겠다. 용신의 개념과 사주의 상황을 함께 설명할 수 있다면 환상적인 공부 방법이 될 것이라는 오래 전부터의 생각대로 내용을 전개해 나갈 것이다. 참고로 말하자면 제2부에서 다룰 용신격의 종류는 총 23가지이다. 이 정도면『자평명리학(子平命理學)』에서 전개하고 있는 모든 격에 대한 충분한 설명이 되리라 판단하고 최종적으로 정리한 것이다.

『연해자평(淵海子平)』에서 다룬 격국의 수는 55개이고,『명리정종(命理正宗)』에서는 47개이다. 이때 이미 8개의 격국이 사라져버린 것이다. 어쨌든 용신격의 핵심은 '사주의 상황과 용신의 형태를 알아볼 수 있을 것'이 전부라고 할 수 있다. 아마도 격국론이라는 것에 매여서 혼란스러웠던 벗님들은 이번 공부로 안목이 시원해짐을 느끼리라 생각한다.

제3부에서는 고전에서 다룬 격국들에 대해서 분석을 해볼 것이다. 사실 이 부분은 고전과 신학설(?)의 과도기라는 상황 때문에 등장했다고 할 수 있다. 그러니까 앞으로 나올 명리서에서는 이 고전 격국에 대해 다시 분석할 필요가 없을 것이라고 생각한다. 물론 고전 격국을 지지하는 입장이라면 문제가 다르겠지만, 적어도 각종 신살과 고전 격국에 대한 설명만큼은 여기에서 마무리되었으면 싶은 것이 낭월의 바람이다.

흔히 격국을 공부하기 위해 많은 시간을 들이곤 한다. 하지만 문제는 그렇게 투자한 노력만큼의 보람을 얻을 수 없다는 것이다. 따라서 격국론은 특별히 공부할 필요가 없다고 생각한다. 왜 그런지에 대해서 여기에서 낱낱이 해부해보도록 하겠다. 그리고 그 격국들을 용신격으로 대치시켜볼 것이다. 별 도움도 되지 않는 과거의 구태의연한 문장에 매달리는 것은 이제 아무 의미도 없다. 고전 격국과 달리 사주의 상황과 용신의 구조를 한꺼번에 파악할 수 있는 용신격의 우수함을 발견하게 되리라 생각한다.

제4부에서는 실제적인 사주 해석법을 다룰 것이다. 나름대로 임상을 통해서 확인한 자료를 분석해 확립한 이론을 체계화시켜보았다. 여기에 거론된 사주가 누구의 것인지는 밝히지 않을 것이다. 무엇보다 내용이 중요할 뿐이고, 개인의 사생활을 보호하고자 하는 생각에서이다. 이 책에 혹 자신의 사주가 분석되어 있다면 그것이 즐겁지만은 않겠지만 명리학 교재를 마련하기 위해서는 어쩔 수 없는 일이라고 생각하고 크게 헤아려주기를 바란다. 그리고 명리학을 공부하는 사람들은 이러한 자료를 토대로 연구할 수 있다는 것에 대해 고마워해야 할 것이다. 이 자료들을 통해서 우리의 이론을 대입시킬 수 있기 때문이다.

제5부에서는 평소 느끼고 있던 몇 가지 의문점들에 대해서 살펴보겠다. 연구를 하다 보면 논리적인 것만으로 인생의 모든 것을 설명할 수 없다는 사실을 깨닫게 되곤 한다. 그러면서 품어온 여러 가지 풀리지 않는 문제에 대해서 여기에서 한번 언급해보기로 하겠다. 사주 명리가 탁월한 학문인 것은 틀림이 없지만, 분명 이것만으로는 완전히 풀리지 않는 그 무엇이 있는 것 같다. 공부가 익어갈수록 점점 더 이러한 고민들을 많이 하게 된다. 이것은 비단 낭월만의 생각은 아닐 것이다. 그래서 왜 그런 생각이 드는 것인지 함께 고찰해보는 장을 마련해보았다. 적어도 자신이 프로라고 생각한다면 이

정도의 문제 의식쯤은 가지고 있어야 하지 않을까 생각해본다.

제6부에서는 우리나라 명리학의 현실과 낭월의 바람에 대해 간단히 적어보았다. 이 책으로 사주의 기본적인 영역은 일단락이 지어진다. 그 감회를 함께 느껴보는 장이 되었으면 좋겠다.

그리고 한마디 추가하고 싶은 것이 있다. 많은 사람들이 사주 공부에 대한 이야기를 하면서 한자맹(漢字盲)이라는 말을 즐겨한다. 교육부로부터 한자 혜택을 받지 못했다고 하면서 사주 공부의 어려움을 말하곤 하는데, 모르는 것은 자랑이 아니다.

전문적인 내용을 많이 다루고 있는 이 책에서도 물론 한자로 된 전문 용어가 많이 등장한다. 여기에 나오는 한자는 어떤 책을 보더라도 반드시 나오는 것들이다. 이 책을 읽는 정도라면 이제 명리학에 관한 한 초보라고 할 수 없으므로 이 정도의 한자쯤은 알아야 하리라고 본다. 따라서 이 책에서 사용한 한자는 반드시 익혀두는 것이 공부에 도움이 되리라 생각한다. 더구나 앞으로는 세계적인 언어가 영어와 한자가 될 거라고 한다. 이러한 국제적인 추세에 맞추기 위해서라도 교육부 핑계만 댈 것이 아니라 스스로 노력을 해야 한다고 본다.

혹 이 책에는 한자가 너무 많이 보인다고 불평할까 염려가 되기도 하지만, 이것도 또한 자비심으로 인한 것이라 생각하고 익혀주기 바란다. 컴퓨터로 원고를 작성할 때 한자를 치기 위해서는 한글을 두드린 다음에 또 한 번의 작업을 거쳐야 한다. 그런 수고를 감내하면서도 이렇게 한자를 넣은 것은 명색이 명리학의 프로라고 하는 사람이 이 정도의 글자도 읽지(쓰지는 못할망정) 못할까 염려가 되어서이다. 그래서 낭월이 필요하다고 생각하는 글자는 한자를 넣어두었다.

사실 한자는 여간 매력이 있는 글자가 아니다. 한글을 읽으면 머리에 기록이 되지 않는데, 한자를 보면 쉽게 저장이 된다. 이것은 참으로 묘한 현상인데, 낭월만 그런가 했더니 다른 사람들도 모두 그렇다고 한다. 적어도 한자의 구조를 이해하고 있는 사람들은 이 구동성으로 그렇게 말한다. 한글만 써놓은 책보다는 괄호 처리를 할망정 한자가 있으면 훨씬 보기가 편하다고 느끼는 것이다. 그리고 책의 내용도 훨씬 무게가 있어 보인다. 한자가 상당 부분을 차지하고 있는 책을 보면 독자들의 수준을 상당히 높이 생각한다는 느낌이 들어 읽을 만한 기분이 배가되기도 한다.

낭월은 적어도 용신 분석이라는 내용을 담고 있는 책이라면 이 정도의 한자는 처리해야 할 것이라는 생각이 들어서 귀찮지만 부지런히 'F9' 키를 눌러댔다. 이 키가 낭월의 컴퓨터에서 한글을 한자로 바꾸는 역할을 하는 것이다.

다행히도 근래에 정부에서는 한자를 좀더 활성화하려는 의지를 보이고 있다. 이것에 대해 낭월은 절대적으로 잘하는 일이라고 환영하는 입장이다.

『알기 쉬운 용신 분석』이라는 이 책이 지금까지의 공부에 멋진 매듭이 되기를 바라면서, 끝까지 노력을 한 자는 반드시 찬란한 열매를 거둘 수 있으리라는 말을 들려주고 싶다.

그럼 더욱 멋진 마무리가 되기 바라면서 이야기를 시작하겠다.

己卯年 立春之節에 계룡산에서
낭월 두 손 모음

차례

제3부 실전 대입 요령

제4부 고전 격국론 분석

제5부 사주 밖의 소식

제6부 朗月之夢

제1부

용신의 원리

용신의 의미

이미 용신(用神)이라는 것이 '사주의 핵심'이라는 정도는 알고 있을 것이다. 그리고 사주를 연구하는 과정에서 일차적으로 명확히 알아야 할 것이 바로 용신이라는 것 또한 이 책을 읽을 정도의 실력이라면 충분히 인지하고 있으리라고 본다. 그렇다면 여기에서는 다소 넓은 의미의 용신부터 살펴보기로 하자.

1. 용신이라는 글자의 의미

용신이라는 글자는 쓸 용(用)과 귀신 신(神)으로 이루어져 있다. '용'은 사용(使用), 소용(所用), 애용(愛用), 무용(無用) 등 쓴다는 의미를 가지고 있다. 그리고 '신'은 중요하다는 뜻으로 생각하면 될 것이다. 그러니까 일단 용신의 개념에는 '쓴다'는 의미가 포함되어 있다고 보겠다.

그런데 신이라는 글자는 단지 중요하기만 한 것이 아니라, 신기

막측(神奇莫測)하다는 의미도 가지고 있다. 즉, 너무나 신기해서 그 변화를 헤아릴 수가 없다는 것이다. 사실 단지 여덟 개의 글자만으로 그 사람의 과거와 현재, 미래를 이야기할 수 있다는 것은 참으로 신기한 일이 아닐 수 없다. 따라서 용신이라는 말은 그렇게 신기한 포인트가 바로 용에 있다는 것이니, 참으로 잘 지은 이름이라고 볼 수 있겠다.

용신은 명리학 해석법의 문턱이라고 할 수 있다. 그동안 여러 가지 공부를 한 것은 모두 이 문턱에 도달하기 위해서였다고 해도 과언이 아니다. 그리고 이제 비로소 문턱을 넘어서 방안으로 들어가려는 과정에 서 있는 것이다. 어떻게 생각해보면, 용신은 특별 문서가 보관되어 있는 방의 암호(暗號)와 같다고 할 수 있다. 암호를 모르면 방안으로 들어갈 수가 없다. 한 개인의 비밀이 고스란히 간직되어 있는 곳을 허가서도 없이 들여다볼 수는 없는 일이다. 그런데 그 암호를 푸는 허가서가 바로 용신이라고 이해하면 될 것이다.

용신을 올바로 찾아내지 못한다면 그동안 배웠던 모든 이론들은 쓸모 없는 것이 되어버린다. 쓸모 없는 이론들을 가지고 아무리 분석을 하고 종합을 해보았자 신통한 결론이 나올 턱이 없다. 오로지 암호를 풀어야만 굳게 닫힌 방문을 열고 비로소 방안으로 들어가 그 사람의 모든 비밀을 낱낱이 드러낼 수 있게 되는 것이다.

지금부터 이 암호를 풀기 위한 작업을 해나갈 참이다. 그동안 꾸준히 노력한 벗님들은 간단하게 핵심을 파악해 나가겠지만, 슬금슬금 한눈을 팔며 따라온 벗님들은 틀림없이 막히는 부분이 있을 것이다. 그렇더라도 당황할 필요는 없다. 부족한 부분을 보충해가며 따라온다면 암호를 푸는 방법을 깨닫게 될 것이기 때문이다.

지금부터는 요령을 피우지 말고 오로지 원칙에 입각해서 그 내부에 움직이는 원리를 정확히 파악해 나가야만 한다. 그래야 온갖 변화의 소용돌이 속에서도 전혀 흔들림이 없이 자신의 안목대로 정답을 찾아갈 수 있기 때문이다. 여기서 혼란을 일으키게 되면 자신의 연구에 더 이상의 발전을 기대하기 힘들다.

2. 용신이 필요한 이유

용신을 반드시 알아야 하는 이유는, 그것이 사주를 판단하는 기준이 되기 때문이다. 가령 자신의 배우자가 어떤 사람일지 알아보기 위해서는 판단할 수 있는 기준이 있어야만 한다. 즉, 용신이 무엇인지 알아야 하는 것이다.

그래서 남자의 경우 용신이 정인(正印)이라는 결론이 나오면, 그 사람은 아내의 도움을 받기는커녕 아내로 인해서 신세를 망치게 될지도 모른다고 예측할 수 있는 것이다. 만약 용신이 정재(正財)라면 아내의 덕이 있어 태산과 같은 도움을 받게 될 것이라고 볼 수 있다. 모두 용신을 알고서야 가능한 일이다. 용신을 모르고서는 도저히 이러한 것을 알 수가 없다. 재물운이나 성공운 등 그 밖의 모든 것을 알기 위해서도 용신의 상황을 먼저 살펴보아야 하는 것이다.

이처럼 용신은 모든 질문에 대한 해답을 가지고 있는 글자이기 때문에 반드시 필요한 것이다.

3. 용신은 정하는 게 아니고 찾는 것

용신을 공부하는 사람들이 자주 오류를 범하는 문제가 바로 이것이다. 용신은 찾아야 하는 것인데도 불구하고 정하려고 하는 사람들이 있다. 얼른 보면 찾는 것이나 정하는 것이나 비슷할 것 같지만 사실은 대단히 큰 차이가 있다.

용신을 찾는다는 것은 이미 어딘가에 있는 것을 확인한다는 의미이다. 그러니까 용신은 사주의 어딘가에 들어 있는 글자라는 원칙을 가지고 있는 것이다. 따라서 명리학자가 해야 할 일은 선천적으로 가지고 있는 이 용신을 찾아내는 것이라고 할 수 있다.

그런데 만약 이것을 잘못 알고 용신을 정하려 한다면, 정할 수 없는 것을 정해버리는 것이 되므로 직권 남용이 될 뿐만 아니라 사주를 올바로 판단할 수 없게 되는 것이다. 그리고 용신을 찾는다는 이야기는 사주가 주체가 되는 것이고, 용신을 정한다는 것은 감정을 하는 사람이 주체가 된다는 뜻이다. 그러므로 주객이 뒤바뀌는 것만큼이나 커다란 잘못을 저지르게 되는 것이다.

다시 한 번 강조하지만 용신은 이미 정해져 있는 것이지 누군가가 정할 수 있는 것이 아니다. 다만 정해진 용신을 찾아내야 하는 것이다.

용신을 정하겠다고 덤비는 사람은 사람의 삶에는 별로 관심이 없는 사람이라고 볼 수 있다. 오로지 자신이 심판관이 되어서 사주를 자신의 안목대로 풀어버리기 때문이다.

용신을 정하는 것이라고 착각하고 있는 사람은 아마도 "이 사주는 木이 용신이다. 그래서 木의 운(運)에는 반드시 돈을 번다. 만약 돈을 벌지 못한다면 그것은 사람이 잘못한 거다. 사주상으로는 분명히 돈을 벌게 되어 있다"는 말을 자주 할 것이다.

사주를 본다는 것은 자신의 실력 행사를 하는 것이 아니라 실제의 삶을 가장 근접하게 해석해 나가는 것이다. 그럼에도 불구하고 용신을 정하려고 하는 사람은, 자신의 해석이 틀렸을 경우에 이렇게 큼지막한 목소리로 사람을 탓하곤 한다.

그렇지만 사주에서 용신을 찾으려 하는 사람은 분명히 "이 사주의 생긴 모습으로 보아 아마도 木이 용신인 것 같다. 그렇다면 작년

(乙亥년이라고 하자)에는 돈을 벌었어야 한다. 만약 그렇지 않고 오히려 까먹었다면 용신을 잘못 찾은 것이다"라고 말할 것이다.

용신을 정하려는 사람과 찾으려는 사람의 차이점을 이제 충분히 알 수 있을 것이다. 용신을 찾는 것이라고 생각하고 있는 사람이라면 여간해서는 함부로 장담하지 않는다. 사주를 살펴본 결과 편재(偏財)가 용신인 게 분명하다고 할지라도, 조심스럽게 확인하면서 판단해 나가는 방법을 택하는 것이다.

그러나 때로는 용신을 정해야 하는 경우도 있다. 살펴보고자 하는 사주의 용신에 대해 이미 여러 전문가들의 의견을 섭렵했거나, 스스로 결론을 내리지 못하는 경우이다. 이때는 실제 상황은 접어놓고서 단지 원국의 상황만 가지고 용신을 판단할 수밖에 없다.

이런 때에는 부득이 나름대로의 안목에 의지해서 용신을 정해야 한다. 가령 같은 사주를 가지고 보는 사람들마다 용신을 다르게 설명한다면 대단히 혼란스러울 것이다. 이렇게 애매한 상황에서는 실제를 떠나서 보다 객관적으로 용신을 정해볼 필요가 있다.

특히 이미 자신의 사주에 대해 관심이 많고 다각적으로 이해하고 있는 사람은 자신의 사주에 대해 객관적으로 알고자 한다. 이처럼 실제 상황은 무시하고 원칙적인 설명만 요구하는 사람들에게는 부득이 사주를 살펴서 용신을 정해줘야 한다. 즉 자신의 안목대로만 설명을 해주는 것이다. 그러나 이러한 경우를 제외하고는 용신을 정한다고 생각하지 말고 찾는다고 생각하기 바란다.

4. 용신의 영역

용신이 감당하는 영역은 '길흉화복(吉凶禍福)'에 관한 것이다. 사주를 보며 궁금해하는 부분이 이러한 것이라고 한다면 용신은 100퍼센트 그 역할을 수행할 수 있다. 또 이것이 원래 용신을 찾는 목적이기도 하다.

사실 보통의 사람들은 언제 돈을 벌 것인지, 언제 진급을 할 것인지, 또는 언제 변동이 생길 것인지에 대해서 대단히 관심이 많다. 그리고 그러한 궁금증은 용신을 기준으로 판단해보아야 하므로 우선 용신을 찾아내야 하는 것이다.

그런데 용신으로 접근할 수 없는 영역도 있다. 바로 개인적인 부분이다. 세상살이를 알아보기 위해서는 용신이 필요하지만, 개인적인 부분을 알아보는 데에는 용신이 필요가 없다는 것이다.

• 개인용으로는 소용이 없는 용신

용신은 일단 사회적인 것과 관련된 부분을 판단하는 용도로 쓰인다고 생각해두는 것이 좋겠다. 직업이나 배우자, 학업 등 남들과의 관계에서는 무엇보다도 용신이 고려되어야 하기 때문이다. 그러나 개인적인 부분을 살펴보는 데에는 용신이 별로 쓰이지 않는다. 가장 대표적인 것이 '성격 분야(性格分野)'이다. 낭월은 사람의 마음이 어떻게 움직이고 있는가 하는 것에 관심이 많다 보니 특히 심리적(心理的)인 면에 주의를 기울여왔다. 그러면서 마음의 움직임을 판단하는 데는 용신이 전혀 도움이 되지 않는다는 것을 확인하게 되었다.

그렇다면 사람의 마음은 무엇의 영향을 받고 있을까? 이 부분에 대해서는 이미 『마음을 읽는 사주학』에 언급해놓았으므로 참고하기 바라고, 여기서는 마음이 용신과는 상관 없는 다른 법칙의 영향을 받는다는 것만 말하도록 하겠다.

그런데 적성(適性)이라는 것도 마음의 움직임에 크게 영향을 받는 것이므로 자신이 선호하는 직업이라든지 흥미를 보이는 대상 등도 용신과는 상관이 없는 부분이라고 볼 수 있다.

• 직업의 선호도와 용신

예전에는 모든 흐름을 용신에 초점을 맞추어서 거기에 연관시켜 가며 설명해왔다. 그리고 그것이 대부분 상당히 근사하게 작용된다는 것을 검증할 수 있었다. 그러나 심리적인 영향과 맞물리는 대목에서는 반드시 어긋나는 점이 나타났다. 그래서 왜 그런 일이 일어나는지 다각도로 관찰해본 결과, 사람의 심리는 용신이 아닌 별도의 법칙에 의해서 진행된다는 것을 구체적으로 확인하게 되었다.

그러니까 심리적인 분야는 용신으로 접근해서는 안 된다는 것을 확실하게 알고 있어야 하겠다. 그런데 다시 생각해보면 마음이 모든 것을 움직이고 있다고 볼 수 있으므로 결국 마음과 용신은 서로 대립하는 것이 아닌가 하는 의문을 품게 된다. 그렇다면 그 결과가 어떻게 나타나는지 살펴보도록 하자.

언론계에서 기자(記者)직에 종사하는 한 사람이 있다고 하자. 그의 깊은 마음 속에서는 조용히 산에서 명상이나 하면서 자신의 실체를 궁구하고 싶어한다. 하지만 현실적으로는 기자라는 직업을 가지고 있는 것이다. 이 사람의 경우 사회적으로는 용신이 작용하는 대로 활동적인 직업을 가지고 있다고 생각할 수 있다. 그렇지만 언제나 그 마음에는 산 속에 대한 그리움이 잠재되어 있다. 따라서 기회만 오면 언제든지 자신이 원하는 일을 하려고 할 것이다. 만약 운세가 꺾여서 남에게 밀려나든지 한다면 평소에 늘 생각하고 있던 것을 실행에 옮기게 될 것이다.

이처럼 용신과는 무관하게 자신이 하고 싶은 것이 있게 마련이다. 직업을 택할 때에도 이 영향을 받게 되는 까닭에, 이 사람도 기왕이면 한적한 시골에서 생활하기 위해 지사 근무를 지원하게 될 가능성도 있다. 어쨌든 사회적으로 용신운이 왔을 때에는 출세도 하겠지만, 산 속을 그리워하는 마음은 항상 간직하고 있을 것이다.

심리적으로 그러한 것은 용신과는 상관없이 주변에 있는 십성(十星)의 영향을 받아서이다.

따라서 직업을 선택할 때에는 용신을 전부로 생각하지 말고 심리적으로 선호하는 것을 함께 고려해야 한다. 그래야 적성에 맞는 직업을 가질 수 있게 된다. 그러니까 용신은 단지 언제 자신의 능력을 세상에서 인정받을지 확인해보는 정도로 응용하면 되는 것이다. 어찌 보면 용신이 설자리가 많이 좁아졌다고 할 수 있겠다.

흔히 '용신이 전부가 아니다'라고 말하는데, 위의 관점에서 볼 때 타당한 이야기이다. 그러나 세간에서 목적하는 일이 이뤄지고 말고를 판단할 수 있는 것은 역시 용신이 전부라고 해도 과언이 아니다. 따라서 명리학을 공부하는 사람이라면 무엇보다도 일단 용신을 파악하는 데 총력을 기울여야만 하는 것이다.

5. 용신의 확대 해석

지금까지 용신의 기본적인 의미에 대해서 살펴보았다. 이번에는 그것을 좀더 확대 해석해보기로 하자. 사회성뿐만 아니라 좀더 넓은 의미로 용신을 생각해보는 것이다.

• 재물에 대해서는 재성이 용신

특별한 경우를 제외하고는 용신은 정하는 것이 아니라 찾는 것임을 이미 앞에서 설명하였다. 기본적으로 사주의 용신은 이미 정해져 있기 때문이다.

그런데 만약 '돈을 언제 벌 수 있을지' 알아보려면 어떻게 해야 할까? 그럴 땐 재물의 상황을 용신으로 놓고 그 주변을 살펴보는 것이 좋다. 다만 실제적인 용신은 이미 정해져 있다고 하더라도 상황에 따라서 그에 적절한 것을 용신으로 놓고 보자는 것이다. 여기에서 중요한 것은 그 재성(財星)이 용신과의 어떤 관계를 맺고 있느냐 하는 것이다. 이해를 돕기 위해서 사주 한 편을 예를 들어 살펴보도록 하겠다.

時	日	月	年
辛	壬	壬	辛
亥	午	辰	丑

이 사주는 용신이 火이고 희신(喜神)은 木이라고 할 수 있다. 그런데 이 사주로 재물에 관한 부분을 생각해보려면 이번에는 재물을 용신으로 놓아야 한다. 요령은 다음과 같은 식이다.

이 사주는 기본적으로 재성이 용신이다. 그런데 재물에 대해서 알아보려면 이번에는 재물의 입장에서 상황을 관찰해보아야 한다. 그 재물은 일지에 있으면서 일간과 합이 되어 있는 상황이다. 매우 유정(有情)하다. 그렇다면 돈이 잘 따라줄 것이다. 기본적으로 재성이 용신이므로 이러한 의미가 더욱 확실하다.

그런데 재성을 살펴보면, 재성이 너무 신약한 입장이다. 즉 온통 관살(官殺)로만 둘러싸여 있어 절박한 상황에 처해 있다. 이 상황을 타개하는 방법은 살중용인격(殺重用印格)의 형태를 빌리는 것이다. 인성(印星), 즉 木을 필요로 한다는 결론이 나온다. 이것은 이 용신은 희신이 木이라는 것과 같은 말이다. 그러나 사주를 보면 木을 당장 쓸 수 없는 상황이다.

우선 亥 중의 甲木은 물을 먹어서 쓰지 못하고, 辰 중의 乙木은 흙에 파묻혀서 쓰지 못하는 상황이다. 이렇게 되면 용신(재성)이 매우 고립될 수밖에 없다. 따라서 항상 마음은 있지만 실제로는 큰 힘을 발휘하기 어려우므로 상당히 무력한 형태를 취하고 있다고 볼 수 있다.

용신(재물)이 힘을 얻기 위해서는 무엇보다도 木의 운이 와야 하겠다. 이 사주에서 실제의 용신은 火이지만 사주의 형상으로 봐서는 木이 더욱 절실한 상황이라고 할 수 있다. 그래야만 용신(재물)이 활약을 하게 될 것이기 때문이다.

이런 식으로 대리 용신을 찾아서 관찰을 하게 되면 재물의 상황에 대해 잘 살펴볼 수 있게 된다. 그러나 예로 든 사주의 재성이 마침 용신이어서 그 묘미가 덜한 것 같다. 하지만 재물 외에도 판단하는 방법은 모두 비슷하므로 다른 상황을 살펴보면 더욱 분명히 이해할 수 있을 것이다.

• 어머니에 대해서는 인성이 용신

자신과 어머니와의 관계를 살펴보려면 마찬가지로 어머니에 해당하는 글자를 용신으로 놓고 생각해보면 된다.

어머니는 인성(印星)인데, 연간(年干)과 시간(時干)에 동시에 존재하고 있다. 그렇다면 당연히 연간의 정인(正印)이 어머니라고 봐야 한다. 시간에 있는 인성은 종교성이라고 볼 수 있겠다. 그러면 이 용신(어머니)은 사주에서 어떠한 상황인지 살펴보도록 하자.

우선 인성(丑土)이 앉은자리에 있으므로 힘은 견실하겠다. 그리고 월지(月支)에서 辰土가 다시 협력을 해주므로 상당히 힘이 강한 어머니라는 것을 알 수 있다. 이 용신은 너무 왕성하므로 기운을 설해야 한다. 그러한 상황이 실제적으로는 자식이나 자신의 능력으로 나타나게 된다.

이 사주에 해당하는 사람의 어머니는 사회 생활을 할 가능성이 많은 것이다. 그것이 어떠한 성질의 것인가 알아보기 위해 상관(壬水)을 살펴보니, 상관이 재성(木)을 보지 못하고 있다. 노력은 열심히 하지만 결실은 없는 것으로 판단할 수 있겠다. 만약 사회 생활을 한다면 별 수입이 없는 일을 하고 있을 것이다. 그리고 가정에 있다면 많은 노력을 기울이지만 아무런 대가도 얻을 수 없는 자식 농사를 짓고 있을 것이다. 즉, 이 자식은 어머니에게 만족할 만한 효도를 하지 못하는 것이다.

이 사주를 가진 사람의 어머니는 자식을 믿기는 하지만 결과적으로 신통한 결실이 없는 것에 대해서 대단히 아쉬워할 것이다. 그러니까 어머니는 항상 잔소리를 하게 될 가능성이 크다. 그것은 용신(인성)이 기본적으로는 구신(仇神)에 해당하는 까닭이기도 하다. 이 사주는 상당히 왕성하기 때문에 어머니로 볼 수 있는 인성의 협조를 전혀 원하지 않고 있는 것이다. 그래서 어머니와 의견 대립이 심하고 그로 인해서 항상 불편해하는 것으로 최종적인 결론을 내릴 수 있다.

이처럼 원칙적으로는 용신이라고 할 수 없지만, 연구를 하는 과정에서 알고 싶은 부분을 편의상 용신이라 가정하고 그것을 중심으로 추리해보면 되는 것이다. 기본적으로 용신의 구조를 파악하게 되면 이렇게 바꿔서 생각을 하는 것이 별로 어렵지 않게 된다. 이와 같이 하는 것이 사주의 내용을 훨씬 자유롭게 추리하고 결론을 내릴 수 있는 방법이 아닐까 싶다.

• 직업과 관련된 용신

누구나 어떤 일을 해야 행복하게 잘살 수 있을까 하는 문제에 관심을 가지고 고심하곤 한다. 자신이 하고 있는 일이 적성에 맞는 것인지 혹은 더 적합한 일이 있음에도 모르고 있는 것은 아닌지 의문을 갖는 것이다. 그런 경우에도 확대 용신을 응용해볼 수 있다.

그러나 직업에 대한 부분은 어느 한 글자만으로 간단히 파악할 수 없다. 우리의 생활에서 대단히 커다란 부분을 차지하고 있는 만큼 여러 가지 상황들을 전반적으로 고려해보아야 한다. 따라서 직업에 관한 부분에서는 당연히 용신이 여러 개 등장하게 된다.

우선 사회관을 판단할 수 있는 월지(月支)를 살펴보고, 적성(심리 구조)에도 맞추어보고, 용신(성공 시기)도 봐야 한다. 그것을 가지고 종합적으로 분석해야 직업에 관한 올바른 판단을 내릴 수 있다. 관살이나 월지 등 한 가지만으로는 단편적인 부분밖에 알 수가 없으므로 보다 정확한 판단을 내리는 데는 적당하지 않다.

실제로 직업에 대해서 파악하는 것은 상당히 어려운 일이다. 그렇기는 하지만 결론은 반드시 나오게 되어 있다. 지금부터 실례로 든 앞의 사주를 가지고 '복합성 용신'에 대해서 한번 생각해보도록 하겠다.

이 사람은 사회 생활 부분에 대해 열심히 노력해야 한다는 생각을 가지고 있다(偏官). 따라서 잔꾀를 부리며 돈을 버는 것보다는 성실하게 직장 생활을 하는 것이 더 어울려 보인다. 그리고 성격을 살펴보면 자존심이 지나치게 강하다는 것이 나타난다(월간의 壬水). 그 자존심 때문에 남에게 명령을 받는 데는 잘 적응을 하지 못할 것이다. 기본적으로는 직장 생활을 하는 것이 적합할 것 같지만 성격상으로는 적응하기 어렵다고 볼 수 있다. 다음으로 운을 살펴보면, 북방운이 흐르므로 자기 사업을 하는 것은 적당하지 않다는 판단이 나온다(용신이 火이기 때문).

이것을 종합하여 정리해보면 적성에는 맞지 않지만 그럭저럭 직장 생활을 하면서 때를 기다리는 것이 상책이라는 결론이 나온다.

이러한 추리를 할 수 있으려면 아마도 상당한 시간이 경과되어야 할 것이다. 지금까지의 설명만으로 아마 용신(직업성)이 일관성이 없다는 생각을 할지도 모르겠다. 이렇게 파악하는 것이 매우 혼란스럽게 느껴지기도 할 것이다. 그러나 일단은 이렇게 용신을 확대 해석할 수도 있다는 것만 알고 넘어가면 된다. 좀더 용신에 대해서 정리가 된 다음에는 이러한 설명이 참고가 되리라 여겨지므로 한번 언급을 해둔 것이다.

억부 용신의 이해

용신을 찾아낼 수 있게 되기까지 걸리는 시간은 개인에 따라 차이가 좀 있다. 어떤 사람은 몇 달만 궁구해도 용신 찾는 작업의 95퍼센트 이상을 성취하는 반면, 또 어떤 사람은 2년이 지나도 도무지 진전을 보지 못하기도 한다. 이것도 물론 올바르게 공부했을 경우에 해당하는 이야기이다. 올바르지 않은 잡동사니 속에서 허우적거리는 경우에는 20년이 지나도 오행의 원리를 음미하는 실력을 얻기가 불가능할지도 모른다.

낭월은 이제부터 최고 속도로 지름길을 가도록 안내하리라 마음먹고 있다. 이에 따라 공부하는 벗님들은 각자의 사주나 타고난 적성에 따라 분명 개인적인 차이는 있겠지만, 아마도 줄잡아서 1년 정도의 투자로 용신쯤은 손아귀에 움켜쥘 수 있지 않을까 생각한다. 약간의 개인차를 인정하더라도, 이 정도의 시간 동안 정진한다면 독학으로도 그것이 가능하리라 여겨진다.

지금부터 용신을 찾는 과정에서 가장 중요하고 핵심이 되는 방법을 공부하게 될 것이다. 억부법(抑扶法)이라고 하는 이 방법은 거의 모든 사주에 해당이 되는 것이다. 80퍼센트 정도에 폭넓게 응용할 수 있는 것이라고 봐도 좋을 것이다. 따라서 완전하게 이해하도록 노력하기 바란다. 이 부분에 대한 이해가 서툴면 반드시 비틀거리게 된다. 억부법은 용신을 찾는 데 무엇보다도 중요한 핵심 요령임을 다시 한 번 강조한다.

1. 억부를 구분하기 위한 전초 작업

억부 용신(抑扶用神)을 적용시키기 위해서 먼저 글자의 의미에 대해 살펴보기로 하자. 억부라는 글자는 누를 억(抑), 도울 부(扶)로 이루어져 있다. 서로 반대가 되는 개념이 모여 있다는 것을 쉽게 눈치 챌 수 있을 것이다. 그렇다면 어째서 이렇게 상반되는 개념을 가지고 있는 용어를 사용했는지 궁금할 것이다.

원래 억부라고 하는 말은 '강자의억 약자의부(强者宜抑 弱者宜扶)'에서 나온 것이다. 이 말은 '강한 자는 억압을 하는 게 마땅하고 약한 자는 부조를 해주는 것이 마땅하다'는 의미이다. 즉 강한 놈에게는 강하게 대하고, 약한 놈에게는 부드럽게 대하라는 말과도 통한다고 볼 수 있다.

그런데 억부를 하기 위해서는 강자(强者)와 약자(弱者)를 확인하는 작업을 선행해야만 한다. 우선 강자와 약자를 어떻게 구분할 것인지부터 생각해봐야 하는 것이다. 그러나 이 작업은 그렇게 만만치가 않다. 전문가들도 천차만별(千差萬別)인 사주의 구조를 분석하다 보면 강약의 갈림길에서 어느 쪽으로 분류해야 할지 아리송할 때가 많다. 초학자의 경우 당연히 억부를 가린다는 게 어려운 작업이 될 것이다.

지금부터 억부를 가장 근사치로 가려내는 방법에 대해 설명하기로 하겠다. 그러나 이것은 하나의 기준이 되는 것이지 만능이라고 할 수는 없다. 책을 통해 억부에 관해 완벽하게 안내하기란 사실상 불가능한 일이다. 다만 좀더 이해하기 쉽게 도와주는 역할을 하는 것만으로도 임무를 완수하는 게 아닌가 생각을 해본다.

그런데 책을 통해서 얻을 수 있는 것에 한계가 있다는 것을 인정하지 않고, 모든 상황에 대해서 상세하게 설명해주지 않는다고 불평하는 벗님들을 만날 때에는 정말 가슴이 답답해진다. 아마도 그런 벗님들의 사주는 식신(食神)이 무력한 형태일 것이라고 짐작해 보지만, 아무리 그렇더라도 일단 책의 한계를 인정해주기 바란다. 책이란 '공부하는 길을 일러주는 것'일 뿐이다. 구체적인 것은 스스로 노력해서 얻어야 한다는 점을 잘 헤아려야 할 것이다.

1) 강약을 구분하는 기준—令, 地, 勢

강약을 살피는 데 가장 기본적으로 고려해야 할 것이 세 가지 있다. 즉, 득령(得令), 득지(得地), 득세(得勢)를 알아보는 것이다. 이 상황을 잘 이해하고 나면 대개의 사주들에 대한 억부를 구분할 수 있을 것이다. 그러나 경우에 따라서는 상당히 미세한 상황이 발생하기도 하는데, 그럴 때에는 고민하지 말고 실제 생활을 참고해가며 사주를 판단해보는 것이 현명한 방법이라고 할 수 있다.

• 득령

득령했는가를 보려면 일간(日干)을 기준으로 월지(月支)를 관찰해야 한다. 이것은 격국의 의미와도 통한다. 가장 우선적으로 월령의 상황이 어떤가를 살펴야 하는 것이다. 그러니까 월지에서 도와주는지 아닌지 보라는 이야기이다. 도와준다는 것은 간단히 말해서 월지에 있는 글자가 나를 생조해주는 오행이 되는 것이다. 백문(百聞)이 불여일견(不如一見)이니 직접 사주를 보면서 이해해보도록 하자.

①	②	③	④
時 日 月 年	時 日 月 年	時 日 月 年	時 日 月 年
辛 甲 乙 己	癸 丙 壬 丙	乙 庚 丙 戊	乙 癸 辛 丙
未 午 亥 未	巳 午 辰 申	酉 寅 辰 寅	卯 未 丑 午

①의 사주는 甲木 일간이 亥월에 태어났다. 亥월은 水에 해당하고, 일간은 木이니까 둘의 관계는 水生木이 되어서 나를 도와주는 관계가 된다. 이렇게 되면 '월령(月令)을 얻었다'고 하여 '득령(得令)'이 된다.

②의 사주는 丙火 일간이 辰월에 태어났는데, 火生土가 되므로 내 기운을 빼앗아가는 관계가 성립된다. 이렇게 되면 월에서 도와주지 않는 것이므로 '월령을 얻지 못했다'고 하여 '실령(失令)'이 된다.

③의 사주는 庚金 일간이 辰월에 태어났다. 土生金의 관계가 되므로 월령을 얻어 '득령'하였다.

④의 사주는 癸水 일간이 丑월에 태어났다. 土剋水의 관계가 되어 월령을 얻지 못해 '실령'하였다.

• 득지

득지(得地)했는지 보려면 일간을 기준으로 일지(日支)를 살펴야 한다. 앞에 예로 든 사주를 가지고 계속 관찰해보도록 하자.

①의 사주는 甲木 일간이 일지 午火와 木生火가 되어서 기운을

잃게 된다. 그래서 '일지(日支)를 잃었다'고 하여 '실지(失地)'가 된다.

②의 사주는 丙火 일간이 일지 午火와 같은 火이므로 기운을 도와주는 관계가 된다. 그래서 '일지를 얻었다'고 하여 '득지(得地)'가 된다.

③의 사주는 庚金 일간이 寅木 일지의 생조를 받지 못하므로 '실지'가 되었다.

④의 사주는 癸水 일간이 未土 일간을 만나 매우 허약한 상황이 되므로 이 경우에도 역시 '실지'가 되는 것이다.

• 득세

득세(得勢)했는지 보려면 일간을 기준으로 전체 상황을 살펴야 한다. 그런데 이것은 전체적인 상황을 살펴야 하기 때문에 한 가지를 대입하는 것처럼 간단하고 쉬운 일이 아니다.

그렇기는 하지만 처음으로 공부하는 벗님들을 위하여 일단 나름대로 어떤 공식을 만들어보기로 하겠다. 그러나 벗님들의 이해를 돕기 위해 부득이하게 만든 공식이므로 이것을 끝까지 믿지 말고, 어느 정도 힘이 붙으면 나름대로 상황을 분석해 나가기 바란다. 이것은 무책임해서가 아니라 그 많은 상황을 모조리 설명할 수가 없기 때문이다. 이 말이 무슨 뜻인지는 차차 공부해 나가다 보면 이해하게 될 것이다.

일단 세력을 얻었다고 보는 기준은, 일간인 나를 생해주거나 나와 같은 오행이 3자 이상 있는가 하는 것이다. 글자들이 서로 합(合)이 되거나 충(沖)이 되는 경우가 많기 때문에 저울질이 여간 까다롭지 않지만, 처음에는 그러한 작용을 고려하지 말고 기본에 충실해서 숫자로만 파악을 해보자.

그런데 생조해주는 세력을 따질 때 일간은 적용시키지 않아야 한다. 일간까지 포함하게 되면 전부 넉 자가 되어 절반 정도를 차지하게 되므로 중립적인 형태가 된다고 볼 수 있다. 그래서 일간을 빼고서 3개의 인겁(印劫)이 있으면 세력을 얻은 것으로 보는데, 월령에서 도움을 받으면 세력을 얻은 것으로 보고, 월령에서 도움을 받지 못하면 세력을 얻지 못한 것으로 보는 게 좋겠다. 이러한 점을 참고한다면 더욱 미세하게 대입할 수 있을 것이다.

세력을 얻었는지 판단할 때 우선 지지(地支)의 오행은 본기(本氣)에 해당하는 것만을 따지도록 하자. 지금 단계에서 지장간까지 대입하게 되면 너무 복잡해지기 때문이다. 처음에는 이 정도만으로도 복잡하게 느껴질 것이다. 따라서 차근차근 공부한다는 마음으로 염려하지 말고 그대로만 따라와주기 바란다. 그러면 앞에 든 실례를 가지고 구체적으로 설명해보겠다.

①의 사주는 甲木 일간을 생조해주는 水가 1자 木이 1자이다. 그러면 세력을 얻지 못한 상황이 되어 '실세(失勢)'가 된다.

②의 사주는 丙火 일간을 생조해주는 火가 3자 있는데, 월령을 얻지 못했으므로 '실세'라고 봐야 한다.

③의 사주는 庚金 일간을 생조해주는 土가 2자, 金이 1자 있는데, 월령을 얻었으므로 '득세'가 되었다.

④의 사주는 癸水 일간을 생조해주는 金이 1자 있을 뿐이어서 도움이 미미하다. 따라서 세력을 얻지 못했으므로 '실세'가 된다.

2) 강약을 보는 공식

그러면 지금까지 설명한 내용을 간단하게 공식으로 만들어보도록 하겠다. 이 공식이 절대적인 것은 아니지만 많은 참고가 되리라 생각한다. 표를 보면서 천천히 공부해보기로 하자.

	1급	2급	3급	4급	5급	6급	7급	8급
月令	○	○	×	○	○	×	×	×
日支	○	×	○	○	×	×	○	×
勢力	○	○	○	×	×	○	×	×

• 1급—최강(득령, 득지, 득세)

득령, 득지, 득세를 모두 했다면 상황은 가장 강한 형세를 갖게 된다. 이렇게 강하다면 거칠 것이 없겠다. 오히려 너무 강한 것이 장애가 될 수도 있다는 염려를 해야 할 판이다. 이해를 돕기 위해서 이에 해당하는 사주를 예로 들어보겠다.

	①				②				③				④		
時	日	月	年	時	日	月	年	時	日	月	年	時	日	月	年
庚	甲	壬	壬	丁	丁	乙	戊	丁	戊	丁	丁	辛	庚	己	丁
午	寅	寅	辰	未	巳	卯	子	巳	戌	未	酉	巳	申	酉	丑

• 2급—중강(득령, 실지, 득세)

일지는 얻지 못했지만, 월지와 세력을 얻은 상태이기 때문에 상당히 강한 것으로 볼 수 있다. 거의 1급에 버금 간다. 역시 이해를 돕기 위해서 2급에 해당하는 사주들을 예로 들어보겠다.

	①				②				③				④		
時	日	月	年	時	日	月	年	時	日	月	年	時	日	月	年
戊	辛	戊	己	辛	壬	丙	甲	己	乙	丁	己	甲	丙	甲	癸
戌	亥	辰	丑	亥	寅	子	申	卯	丑	卯	亥	午	申	寅	巳

• 3급―강※(실령, 득지, 득세)

월지는 얻지 못했지만, 일지와 세력은 얻은 상태이다. 이 경우에는 세력의 상황을 살펴야 강한지 약한지 제대로 판단할 수가 있다. 고전의 원칙으로 따지면 월령을 얻지 못했으므로 약하다고 봐야겠지만, 세력을 얻어놓은 상태라면 웬만해서는 약하지 않다고 볼 수 있다. 그래서 ※표를 해놓은 것이다. 이것은 변수(變數)에 따라서 약하게 될 수도 있지만, 대부분 강하게 처리될 수 있다는 의미이다. 실제로 사주를 보다 보면 약한 것보다는 강한 경우가 더 많다.

세력의 부분에서 관살이나 식상이 있으면 더욱 약해지고, 재성이 있으면 상대적으로 덜 약해진다고 볼 수 있다. 이러한 사주를 예로 들어보겠다.

①				②				③				④			
時	日	月	年	時	日	月	年	時	日	月	年	時	日	月	年
乙	甲	庚	壬	乙	丁	戊	丁	己	戊	丁	甲	甲	辛	辛	辛
亥	寅	戌	辰	巳	巳	申	巳	未	戌	卯	寅	午	酉	卯	酉

• 4급―약※(득령, 득지, 실세)

고전적인 이론에 따르면 월지를 얻으면 일단 강하다고 본다. 그런데 실제 상황을 접하다 보면 이러한 이론에 문제가 있다는 것을 확인하게 된다. 월지를 얻으면 무조건 강하다는 기존의 결론과 달리 주변 상황에 따라서 상당한 변수가 있는 것이다. 따라서 월일은 얻었는데, 세력을 얻지 못한 관계일 경우 매우 조심스러운 판단을 내릴 수밖에 없다.

다시 말해서 이 경우에는 강한 사주가 될 수도 있고, 반대로 약한 사주가 될 수도 있으므로 그냥 기계적으로 판단하는 것은 곤란하다. 실제로 득지와 득령만 하고 있는 상황에서 세력이 하나 정도 있을 때에는 별로 강하다고 할 수 없다. 적어도 일월지 외에 두 개 정도의 세력이 있어야 비로소 강하다고 하겠다. 그런데 실제로 그렇게 된다면 이미 득세가 되는 것으로 봐야 하는 상황이라는 게 문제이다. 결론적으로 말해서 일지와 월지만 얻은 것으로는 강하다고 할 수가 없다.

①				②				③				④			
時	日	月	年	時	日	月	年	時	日	月	年	時	日	月	年
己	甲	丁	庚	辛	乙	己	庚	壬	丙	戊	庚	辛	丁	壬	庚
巳	子	亥	辰	巳	亥	卯	申	辰	寅	寅	子	丑	卯	午	辰

• 5급—약(득령, 실지, 실세)

월지만을 얻었다면 거의 무조건 신약한 사주라고 할 수 있다. 월지와 일지를 함께 얻은 경우에도 강하다고 하기 어려운데, 월지만 얻은 것을 강하다고 하는 것은 어불성설(語不成說)이다. 이것을 예전에는 '강화위약(强化爲弱)'이라는 말로 표현했는데, 실은 이렇게 거론할 필요조차 없는 것이다. 그러니까 월지만 얻은 경우는 무조건 신약이 되어버린다고 볼 수 있다. 월령을 얻었다는 것에 대해서 너무 후한 점수를 줄 필요가 없다는 것이다.

①				②				③				④			
時	日	月	年	時	日	月	年	時	日	月	年	時	日	月	年
庚	辛	丙	癸	乙	癸	己	壬	乙	戊	庚	丁	庚	丁	己	庚
寅	亥	辰	丑	卯	卯	酉	寅	卯	寅	戌	酉	子	亥	卯	申

• 6급―약※(실령, 실지, 득세)

이러한 상황 역시 상당한 주의를 필요로 하는 것에 해당된다. 월지와 일지를 잃어버린 상황이라고 한다면 일단은 신약하게 될 가능성이 높은 것으로 볼 수 있다. 그런데 실제로는 의외의 변수가 많다. 세력만 얻은 것으로도 얼마든지 신강한 사주가 되는 경우도 있기 때문이다.

사실 따지고 보면 월일지를 제외한 5자가 모두 협력하여 일간을 생조해준다면 월일을 얻지 못했다고 함부로 얕잡아볼 수만도 없을 것 같다. 어쨌든 실제로 사주가 허약하게 짜여진 경우에 여간해서 세력을 얻기 어려우므로 세력만 얻은 경우에 대해서는 강할 수도 있고, 약할 수도 있다고 하겠다.

①				②				③				④			
時	日	月	年	時	日	月	年	時	日	月	年	時	日	月	年
乙	甲	乙	壬	丙	乙	癸	乙	甲	丁	甲	丁	己	戊	己	丁
亥	辰	巳	寅	子	丑	未	亥	辰	亥	辰	卯	未	子	酉	未

위의 사주들은 모두 월일을 얻지 못한 상태이지만, 세력을 짱짱하게 얻어서 결코 약하다고 할 수 없는 상황이다. 이러한 경우에 해당하는 사주라면 '약하지 않다'고 말해야 적당할 것 같다. 이제 세력만 가지고 무조건 강약을 말하기 어렵다는 상황을 납득하였으리라 여겨진다.

이처럼 월일의 지지를 제외한 나머지의 글자들이 모두 인겁에 해당하여 일간을 생조해준다면 일단 약하지 않은 것으로 간주하면 될 것이다. '약한 것'과 '약하지 않은 것'에는 상당한 차이가 있다. 약하다는 것은 급하다는 의미가 포함되어 있는 것이고, 약하지 않다는 것은 급한 것은 아니라는 여유의 의미가 포함되어 있다. 즉, 다른 상황을 살펴도 된다는 이야기이다. 다른 상황이라는 것은 반드시 억부로만 용신을 생각할 필요가 없다는 뜻이다.

①				②				③				④			
時	日	月	年	時	日	月	年	時	日	月	年	時	日	月	年
丙	戊	甲	乙	戊	己	乙	戊	庚	丙	甲	乙	辛	壬	辛	己
辰	子	申	丑	辰	卯	卯	子	寅	申	申	未	亥	寅	未	卯

이 사주들은 세력을 각기 3자씩 얻었지만, 주변 상황에 의해서 약하게 되었다. 이렇게 세력만을 얻은 상태에서는 항상 전체적인 형상을 참작해서 결론을 내려야 한다.

• 7급—허약(실령, 득지, 실세)
월지 하나만 얻은 경우에도 허약(虛弱)할 수 있다고 이미 이야기 했다. 따라서 일지 하나만 얻었다면 더 이상 논할 필요도 없는 것이다. 어쩌면 오히려 일지의 생조가 없는 편이 더 나을 수도 있다. 그러면 차라리 세력을 따라서 종(從)하게 될 수도 있는데, 일지에 뿌리가 있으면 어쩔 수 없이 그것에 의지해야 하는 상황도 발생할 수 있기 때문이다. 이렇게 일지를 얻은 경우에는 일지를 무시하고 세력을 따라갈 수 없게 된다. 이미 있는 것은 그만큼의 역할을 하게 마련이므로 약하다는 이유로 무시하고 다른 방향으로 나아갈 수 없는 일이다.

앞에서도 언급했지만 명리학을 연구하면서 문제가 되는 점이 바로 용신을 '찾는 것'인지 '정하는 것'인지 혼동한다는 것이다. 용신은 정하는 것이 아니라 찾는 것임을 분명히 인식하고 접근하지 않으면 자기 마음대로 용신을 결정해버려 틀리게 될 가능성이 아주 커진다.

용신으로 어떤 것을 써야 하겠는데 너무 무력하기 때문에 쓸 수가 없으므로 다른 것을 용신으로 삼아야겠다고 이야기하는 벗님들을 왕왕 볼 수 있다. 용신이 깨지면 그냥 버리고 다른 방법을 생각하는 것이다. 그러나 실제로 임상을 해보면, 약하면 약한 대로 자신의 임무 완수에 최선을 다하는 용신의 모습이 나타난다. 사주의 배합상 비록 깨졌더라도 그 용신이 사주를 바로잡으려고 노력하고 있는 것을 실제로 명확히 확인할 수 있다. 많은 공부를 하다 보면 결국 용신은 내가 정하는 것이 아님을 절실히 깨닫게 될 것이다.

다시 본론으로 돌아가자. 이렇게 일지에만 의지처를 가지고 있는 사주라면 아무래도 일지가 용신이 되어 그 역할을 수행하게 될 가능성이 매우 크다. 그렇게 된다면 용신을 가장 가까이에 두게 되는 결과가 된다. 이것은 매우 고무적인 일이라고 볼 수 있다. 용신이 멀리 있으면 그만큼 유용하게 쓰기에 불편하기 때문이다. 그런 의미에서 일단 가까이 있다는 것만으로도 불행 중 다행이라고 생각할 수 있다. 그러면 이런 경우에 해당하는 사주를 관찰해보도록 하자.

①				②				③				④			
時	日	月	年	時	日	月	年	時	日	月	年	時	日	月	年
辛	甲	辛	甲	丁	乙	辛	己	戊	丁	丙	戊	丁	庚	丙	丁
未	子	未	辰	丑	亥	未	巳	申	卯	辰	申	亥	辰	午	丑

이 사주들은 모두 일지만을 얻은 경우에 해당한다. 따라서 일지에 있는 뿌리를 용신으로 삼고 있다. 이 경우 정작 어정쩡하게 멀리 있는 용신을 얻은 경우보다는 오히려 좋을 수도 있다. 그러나 모두

그런 것은 아니다. 일지에 있는 뿌리로 인해서 오히려 불리해지는 경우도 얼마든지 있을 수 있기 때문이다.

①	②	③	④
時 日 月 年	時 日 月 年	時 日 月 年	時 日 月 年
戊 甲 己 戊	壬 丙 癸 癸	辛 戊 癸 癸	丁 壬 戊 丙
辰 寅 未 戊	辰 午 亥 亥	酉 辰 亥 卯	未 子 戊 戊

이 사주들은 다른 데에서는 아무런 생조도 받지 못하고 오로지 일지만을 의지처로 삼고 있는 것들이다.

①의 사주는 甲己合이 되어 있는 상황이다. 일지에 寅木만 없었다면 화토격(化土格)이 되어서 상격(上格)이라고 할 텐데, 유감스럽게도 寅木에 뿌리가 통하고 있어 재다신약격(財多身弱格)이 되어 버렸다. 참으로 원하지 않는 뿌리라고 할 수 있다.

②의 사주는 온통 물 천지를 이루고 있다. 이때 무력한 일지의 겁재(劫財)만 쳐다보고 있어야 하는 丙火 일간은 여간 답답하지 않을 것이다.

③의 사주는 戊土도 아닌 辰土가 도와준다고 하고 있다. 그렇지만 戊土의 마음은 이미 월간의 癸水에게 이끌린 지 오래 된 상태이다. 이렇게 되면 戊土는 일지의 허약한 辰土가 반갑게 느껴지지 않을 것이다.

④의 사주는 丁壬合으로 인해서 이미 壬水의 마음이 변하려고 하는데, 눈치도 없는 일지 子水가 도와주려 안간힘을 쓰고 있다. 이러한 경우 오히려 없었으면 좋겠다는 마음이 생길 것이다.

그러나 이것은 단지 상격의 사주가 되지 못하는 것이 아쉬워서 하는 말일 뿐, 실제로는 이런 마음이 없고 일지의 용신을 의지하려는 경향이 강하다. 혹 벗님들이 혼란스러워할지 몰라서 덧붙인다.

지금까지 살펴본 것처럼, 언제나 결론은 구체적인 상황에 따라서 달라질 수 있는 것이다. 공식이라고 하는 것도 일단 의지가 되기는 하지만, 생각하는 자유를 구속하고 억압하는 것이 될 수도 있는 것이다. 이것이 바로 '공식의 음양(陰陽)'이 아닐까 싶다. 모든 것이 항상 그렇듯이 공식도 이렇게 양면성을 가지고 있다는 것을 염두에 두고 있어야 치우치지 않은 결론을 내리게 될 것이다.

공식의 陽(긍정적인 면)	공식의 陰(부정적인 면)
간결하게 이해하기 쉽고, 복잡하지 않아서 빠르게 판단할 수 있다.	정형화된 틀로 인해서 안일하게 결론만 따르게 되기 쉽고, 발전적이고 창조적으로 사고하기 어렵다.

• 8급—최약(실령, 실지, 실세)

①	②	③	④
時 日 月 年	時 日 月 年	時 日 月 年	時 日 月 年
戊 丁 丙 辛	癸 戊 甲 庚	乙 壬 辛 己	辛 庚 丙 己
申 丑 申 亥	丑 寅 申 寅	巳 午 未 巳	巳 子 子 亥

이 사주들은 일간이 의지를 할 만한 데가 없다. 이러한 사주도 대단히 많은 것이 현실이다. 이 정도라면 일견 대단히 허약한 상황이라는 것을 알 수 있을 것이다. 너무나 허약하기는 하지만, 그렇다고 해서 외격(外格)으로 간다는 보장도 없다.

①의 사주는 무력하기는 하지만 월간의 丙火에게라도 의지하고 그냥 버티게 될는지도 모른다.

②의 사주는 일지의 寅 가운데 있는 丙火를 의지하고 버틸 것만 같다.

③의 사주는 모두 木火土의 성분으로 둘러싸여 있는데, 월간의 辛金에게라도 의지해서 버틸 것 같다.

④의 사주는 온통 물인데, 연간의 己土를 의지하고 때를 기다리는 구조라고 해야 할 것 같다.

이렇게 각기 상황이 열악하지만 조금이라도 의지할 곳이 있으므로 그것을 붙잡고 버티는 구조라고 보는 것이 현실적으로 부합된다고 할 수 있다.

이렇게 해서 모두 8단계로 강하고 약한 상황들을 나누어보았다. 언제나 하나의 사주를 접하게 되면 이러한 형태로 분류해서 일단 그 생극(生剋) 관계를 분석해야 한다. 그렇게 해놓고 나서 다음 단계로 과정을 옮겨가며 풀이하게 되는 것이다.

사주를 판단하는 데 있어서 무엇보다도 가장 먼저 시행되어야 하는 것이 억부법이다. 이것을 명확하게 구분할 수 있다면 80퍼센트 정도는 안다고 할 수 있다. 어떠한 사주를 보더라도 억부에 대한 감이 명확하지 않으면 안 된다. 단 5초 안에 강약의 정도를 구분할 수 있어야 어떠한 사주를 만나더라도 심리적인 부담을 가지지 않을 수 있다. 그러나 한번에 이것을 터득할 수는 없는 법이다. 그렇게 되기 위해서는 꾸준하게 연구를 해야만 할 것이다.

2. 강약의 원인 분석

일단 강약에 대해서는 이해를 했다고 전제하고 다음 이야기를 진행하도록 하겠다. 그러니까 사주의 구조를 살펴서 강약을 판단한 다음에 그것의 크기를 다시 분별하고, 왜 강하거나 약하게 된 것인지 원인을 분석해보아야 한다는 것이다.

만약 강하다면 무엇 때문에 강해진 것인지를 살펴야 한다. 인성이 많아서인지, 또는 비견이나 겁재가 많아서인지 구분하라는 이야기이다. 그리고 약해진 상태라면 관살이 많아서인지, 식상이 많아서인지, 아니면 재성이 많아서인지, 또는 복합적인 이유에서인지 살펴야 한다. 이것을 요약해서 표로 정리해보았다.

1) 신강하다고 판단된 경우

印星이 많은 경우	財星을 용신으로 삼는 것이 좋다
比劫이 많은 경우	官殺을 용신으로 삼는 것이 좋다
印劫이 섞여 있어서 강한 경우	食傷을 용신으로 삼는 것이 좋다
印星이 너무 지나치게 많은 경우	印星을 용신으로 삼을 수도 있다
比劫이 지나치게 많은 경우	比劫을 용신으로 삼을 수도 있다

이렇게 사주의 상황에 따라서 필요한 용신의 후보가 일단 몇 가지로 걸러지게 된다. 무조건 아무 글자나 용신으로 삼으려고 하는 것은 아마추어의 감각이다. 적어도 프로라면 어떠한 사주의 용신에 대해서 절대로 그 글자가 아니면 곤란하다는 확실한 주관을 가지고 있어야 한다.

사주의 구성에 따라 최선(最善)의 용신이 찾아질 수도 있고, 차선(次善)의 용신이 찾아질 수도 있다. 그리고 이에 따라 사주의 품격이 달라지게 되는 것이다. 그러니까 제1순위로 필요한 글자를 용신으로 쓰게 된다면 사주의 등급이 높아지는 것이고, 부득이 제2순위로 필요한 글자를 쓰게 된다면 사주의 등급이 한 단계 떨어지는 것으로 보면 되겠다.

그러나 이러한 상황을 구체적으로 일일이 열거할 수는 없는 일이다. 중요한 것은 신강하다는 판단을 했다고 하더라도 그 상황에서 절대로 필요한 용신의 우선 순위가 정해져 있다는 것이다. 이것을 알고 있는 것과 모르고 있는 것에는 상당한 차이가 있다. 어쨌든 지면이 허락하는 한도 내에서 이것을 상세하게 설명할 예정이다.

2) 신약하다고 판단된 경우

食傷이 많아서 신약한 경우	印星이 용신의 제1후보이다
官殺이 많아서 신약한 경우	印星이 용신의 제1후보이다
財星이 많아서 신약한 경우	比劫이 용신의 제1후보이다
食財가 많아서 신약한 경우	印劫을 겸용하는 것이 좋다
財殺이 많아서 신약한 경우	印劫을 겸용하는 것이 좋다
食財官이 많아서 신약한 경우	印劫을 겸용하는 것이 좋다
食財官이 너무 많은 경우	食財官이 용신이 되는 수도 있다
食傷이 너무 태왕한 경우	食傷이 용신이 되는 수도 있다
財星이 너무 태왕한 경우	財星이 용신이 되는 수도 있다
官殺이 너무 태왕한 경우	官殺이 용신이 되는 수도 있다

이렇게 몇 가지로 분류를 해봤다. 표에서도 알 수 있듯이, 신강한 사주보다 신약한 사주가 더 복잡하다. 물론 구체적인 것은 앞으로 설명하기로 하고, 여기서는 일단 이렇게 우선 순위가 정해질 수 있다는 것만 알아두기 바란다. 중요한 것은 결국 용신을 찾아내는 방법을 어떻게 하면 보다 정확하고 쉽게 터득할 수 있느냐는 것이다.

그리고 그것을 보다 명확하면서도 합리적으로 설명해내는 것이 한국 명리학의 숙제라고도 할 수 있다. 이 책이 그 역할을 할 수 있었으면 좋겠다는 희망을 가져본다.

억부법의 원리를 적용시켜서 용신을 찾게 되는 경우가 거의 대부분이다. 모든 사주가 억부의 원리에서 벗어나기 어렵다고 해도 무리가 아니다. 따라서 이 억부 원리에 대해서는 무엇보다도 정확하게 이해하고 있어야 하는 것이다. 이것만 명확하게 해둔다면 이미 어느 정도의 수준에 이른 것으로 볼 수 있다. 물론 나머지도 천천히 갖춰야 한다는 것을 전제하고 하는 말이다.

이처럼 억부의 원리를 강조하는 것은 격국 이론을 우선하지 않는다는 뜻도 포함되어 있다. 낭월은 격국 이론에 대해서는 크게 비중을 두지 않는 입장이다. 격국 이론은 꽉 짜여진 일종의 틀이라고 할 수 있는데, 그것이 고정된 관념을 갖게 하여 보다 자유로운 명리 연구에 장애가 될 수 있다고 생각하기 때문이다.

그러나 월지의 격론을 완전히 버리는 것은 아니다. 언제나 '무슨 일간이 무슨 월에 태어났다'고 하는 말로 사주 판단을 시작하는 것이 낭월이다. 이 말은 기본적으로 월령의 상황을 인식한다는 뜻이기도 하다. 단지 월지라고 하는 것에 대해서 너무 집착을 하지 말자는 것이다.

3. 강하지도 약하지도 않은 사주

공부를 하는 사람에게 가장 괴로움을 주는 것이 바로 강하지도 약하지도 않은 사주들이다. 사주를 판단하는 나름대로의 공식을 가지고 있더라도, 실제로는 대단히 복잡하고 다양한 상황이 발생하므로 그대로 적용시킬 수는 없게 마련이다. 아마 30여 만 개의 모든 사주를 적어놓고 설명해주길 바라는 욕심 많은 벗님들도 있을 것이다. 그러나 이것은 현실적으로 불가능한 일이다. 다만 적은 자료라도 가능한 한 다양하게 응용하여 많은 상황을 인식할 수 있도록 하는 것이 무엇보다 중요하다고 하겠다. 그럼 이렇게 강하다고 할 수도 없고, 약하다고 할 수도 없는 사주들을 만났을 때 어떻게 할 것인지 해결책을 설명해보겠다.

처음에 사주를 대할 때는 강하지 않으면 약하다는 생각만 하게 된다. 그런데 좀더 많은 사주를 보다 보면 강하지도 않고 약하지도 않은 사주도 많이 있다는 것을 발견하게 된다. 그러면 그것을 어떻게 해결하는 것이 좋을지 당연히 고민하게 될 것이다.

결론부터 말하자면 강하지도 약하지도 않은 사주는 일단 그대로 두면 된다. 명확하게 강약을 구분하기 어려운 사주를 놓고서 과연 어느 쪽인지를 구분하려고 고민할 필요가 없다는 것이다. 낭월도 처음에는 반드시 어느 방향으론가 결정을 내려야 한다고 생각하고 많은 고민을 했었다. 그러나 실제 경험들을 통해서, 억부에 구애를 받을 정도로 급한 사주가 아니라면 그대로 두고서 다른 관점에서 용신을 찾는 게 좋다는 것을 깨닫게 되었다. 그리고 그렇게 적용을 하다 보니 어렵지 않게 사주를 풀어 나갈 수 있게 되었다.

1) 해결책은 '한난조습'

그렇다면 어떤 공식을 대입해야 할까. 이 문제는 간단히 해결이 된다. 즉 '억부에 구애받지 않는 사주는 조후(調候)로 논하라'는 것이다. 낭월은 실제로 임상을 하면서 억부가 급하지 않은 사주를 놓고서 억부로 해결을 하려다가 실수를 저지른 경험이 왕왕 있다. 그래서 그럴 때에는 어떻게 해야 할지 궁리를 하다가 문득 조후를 생각하게 되었다. 그리고 그 결과는 대단히 만족스럽게 나타났다. 그러므로 벗님들도 일단 강약을 판단하기 애매한 사주를 만나면 굳이 고민을 할 것 없이 그대로 조후의 관점에서 보면 된다. 그러면 선명하게 판단할 수 있으리라고 확신한다.

바로 '더우면 식혀주고 추우면 데워주고 습하면 말려주고 건조하면 적셔주는 것이 용신'이라는 이야기다. 억부와 조후의 관계를 이렇게 정리하고 보니 대단히 일관성이 있으면서 편안한 해결책이 되었다. 그러니까 반드시 억부로만 해결을 보려고 할 필요가 없다. 이미 나온 『왕초보 사주학』에서는 미처 언급하지 못했지만 여기에서나마 그 해결책을 제시하게 되어 미안하면서도 다행스럽다는 생각을 하게 된다.

그런데 이것은 반대로 우선 억부가 시급한 사주는 한난조습(寒煖燥濕)은 뒤로 미뤄야 한다는 이야기이기도 하다. 기본적으로 억부를 생각하고 나서 다음으로 조후를 거론한다는 것이다. 이러한 내용에 대해서는 이미 하건충(何建忠) 선생이 언급한 적이 있다. 즉, "제1용신은 억부요, 제2용신은 조후요, 제3용신은 병약"이라는 것이다. 낭월의 경험을 통해서 볼 때에도 일단 억부에 구애를 받지 않는 사주일 경우에는 조후로 대입을 시키는 것이 마땅하다.

2) 조후에도 해당되지 않으면 '극설'

강약이 급하지 않은 사주들은 거의 중화에 가까운 사주라고 할 수도 있겠다. 이 사주들 중에서도 한난조습에 해당하는 것이라면 앞의 1)항에 해당하는 방법으로 처리하면 될 것이다.

그러나 한난조습에도 해당되지 않는 사주라면 과연 어떻게 할 것인가. 그러한 사주는 일단 '극설(剋洩)이 용신'이라고 생각하면 되는데, 이것은 월령을 잡은 사주의 경우에 무난히 사용할 수 있는 방법이다. 즉 신왕한 사주를 다룰 때 이렇게 해결하면 된다는 것이다.

그러니까 신왕한 사주의 범위가 좀더 넓어진다고 보면 되겠다.

　이것 또한 강약만을 가리던 시절에는 생각하지 못했던 것이었다. 그런데 경험을 쌓아가면서 별로 편중되지 않은 사주로서 약하지 않다면 극설을 사용할 수 있겠다고 생각하게 되었다. 그러니까 '약하지 않은 사주'는 극설을 쓸 수 있다는 것이다. 실제로 약하지 않은 사주가 조후가 급하지 않을 경우, 그대로 극설 중에서 월령을 잡은 글자를 용신으로 삼으면 상당히 명확해지는 것을 많이 접해보았다. 그리고 이것은 처음에 강조했던(『왕초보 사주학』 등) 내용 중에서 신왕한 사주의 영역이 조금 넓어진 것으로 보면 충분하지 않을까 싶다.

4. 억부의 예외

　예외를 생각하기 시작하면 끝없이 늘어지게 마련이다. 따라서 가능한 한 예외를 두지 않고 최대한 단출하게 원리를 나열하자는 것이 낭월의 기본 입장이다. 그렇다고 해도 공부하는 사람의 입장에서는 참고가 될 수도 있는 부분을 그냥 생략하고 넘어갈 수는 없는 일이기 때문에 여간 조심스러운 것이 아니다.

　일단 용신 분석을 하는 자리이므로 모든 원리를 망라하는 것이 좋겠다는 생각이다. 가급적이면 실질적인 자료를 활용할 수 있도록 연구하는 마당이니 예외 사항에 대해 언급을 하지 않을 수가 없겠다 싶기도 하다. 그렇게 마련한 자리이니 함께 생각해보도록 하자.

1) 겨울 金에 대한 처리 문제

　조후에 관한 부분에서 가장 문제가 되는 것이 겨울 金에 관한 것이다. 물론 겨울의 金이라고 해서 무조건 조후를 봐야 한다는 것은 아니다. 『적천수징의』에서도 이미 그렇게 밝히고 있고, 낭월 또한 그에 대해 전적으로 동의하는 바이다.

그런데 억부의 의미에서 볼 때에는 마치 일종의 이단자처럼 보이는 것이 겨울에 태어난 庚辛 일간, 금수상관(金水傷官)이다. 과연 이들을 어떻게 처리해야 할지 고민하지 않을 수가 없는 것이다.

실제로 庚辛金에 해당하는 사주를 보면 웬만큼 신약한데에도 그대로 관살(官殺 : 火)을 용신으로 하고 있는 경우가 상당히 많다. 물론 겨울의 金이라고 하더라도 사주에 이미 火의 작용이 강하게 나타나 있는 경우는 전혀 고려의 대상이 되지 않는다. 오로지 추운 상황이라고 판단되는 경우가 해당된다.

겨울의 金은 어느 정도 버틸 힘이 있다면(이 어느 정도라는 말이 어렵기는 하다) 그대로 관살을 용신으로 삼게 된다. 이것은 오랜 경험을 통해서 자연스럽게 얻어진 것이기에 명확하게 그 분기점을 공식화시키기 어렵다. 하지만 '일지에 인겁(印劫)이 있고, 다른 곳에서도 약간 도움을 받을 수 있는 경우'에 그렇다고 할 수 있겠다. 여하튼 중요한 것은 약간 신약한 경우임에도 불구하고 일단 관살을 용신으로 삼는다는 것에 주의해야 한다는 것이다. 이러한 것이 바로 억부 용신의 예외가 되는 부분이라고 할 수 있다.

2) 여름 木에 대한 처리 문제

금수상관(金水傷官)이 조후를 필요로 하는 것처럼 목화상관(木火傷官)도 조후를 필요로 한다. 여름 나무는 별로 약하지 않음에도 불구하고 인성(印星 : 水)을 용신으로 삼아야 하는 경우가 가끔 있다는 것이다.

나무는 아무리 많이 늘어서 있어도 물이 없으면 생존이 불가능하다는 자연의 원리를 그대로 대입시켜보면 그 이치를 이해할 수 있을 것이다. 따라서 이미 약한 여름의 나무는 당연히 인성을 용신으로 사용하므로 두말할 필요도 없고, 약하지 않더라도 여름의 나무가 사주 전체에 수분이 미약할 경우에는 인성을 필요로 하게 되는 것이다. 따라서 이러한 사주를 만난다면 일단 억부의 예외 규정에 해당하지 않는지 살펴보는 것이 좋겠다.

위에서 살펴본 두 가지의 경우(겨울 金과 여름 木)를 제외한 더이상의 예외 공식은 필요가 없을 것 같다. 물론 자잘하게 따지자면 한도 없을 것이다. 특히 乙木의 경우를 놓고서 예외를 만들라고 한다면, 가을의 乙木은 전혀 인성을 필요로 하지 않는다든지 하는 식으로 아마도 가장 많은 예외를 말할 수 있지 않을까 싶다. 그러나 여기서는 이쯤에서 생략하기로 하고 그 밖의 것은 벗님들 나름대로의 연구를 통해서 터득하기 바란다.

중요한 것은 큰 줄기를 찾아낸 다음에는 스스로의 노력으로 세부적인 것을 채워넣어야 한다는 것이다. 그렇게 해서 완성이 된 그림은 실제로 상당한 힘을 가지게 된다. 그만큼 시간이 필요하다는 이야기이다. 그 중에서도 특히 乙木에 대해서는 좀더 연구하는 시간을 많이 가지라고 하고 싶다. 이유는 아마도 가장 생명체를 닮아 있어서가 아닐까 싶다. 그러나 잘 생각해보면 십간(十干) 모두 생명이 아닌 것이 없다. 모두가 그대로 살아서 움직이고 요동치는 특수한 파장을 가지고 있는 생명체라는 생각이 든다. 그래서 사주를 쳐다보면 어떤 그림들이 나름대로 그려지기도 하는데, 이 그림들을 일일이 설명하기에는 글이라는 도구가 아무래도 부족한 것 같다.

'불립문자(不立文字)'라고 하는 말도 아마 그래서 생긴 것이 아닌가 싶다. 어쨌거나 중요한 것은 부단히 노력하고 연구하는 사람은 이러한 세계에 발을 들여놓을 수 있으리라는 것이다. 노력하는 것은 결국 정진(精進)이고, 그 정진은 깨달음으로 이어질 것이다.

책을 통해서 얻은 지식을 바탕으로 계속 정진해 나가기를 바란다.

　억부에 대한 의견은 이 정도로 매듭을 지어야겠다. 용신 중에서 가장 큰 비중을 차지하는 공식인 만큼 많은 부분에서 의외성을 가지고 있을 것이다. 경험 많은 선배들이 "용신이 전부가 아니고 억부가 전부가 아니다"라고 항상 하는 말을 공부를 하면서 더욱더 실감하게 될 것이다.

　그러면서도 이렇게 억부에 대해서 강조하는 이유는 역시 용신을 찾는 데에는 억부가 가장 중요하기 때문이다. 설령 조후로 용신을 찾는다고 하더라도 그 출발점은 '약하지 않음'이라고 하는 억부의 판단이 있고 난 다음이다. 따라서 다음 단계로 가기 전에 억부의 이치를 분명하게 이해하고 있어야 할 것이다.

병약 용신의 이해

이제 병약 용신(病藥用神)에 대해 알아보기로 하겠다. 이것은 사주의 형상에 의해서 발생하는 것인데, 어느 한 가지 오행이 지나치게 모여 있을 경우에 주로 응용하는 방법이다. 즉, 병이 있으면 약을 구해서 복용해야 한다는 이론인데, 이 원리를 처음으로 연구한 사람은 청나라의 진소암(陳素庵) 선생이라고 한다.

병이 있어 약을 얻으니 바야흐로 귀하게 될 것이다. 그러나 병이 있고 약을 구할 수 없다면 이것은 흉하다고 할 수 있다. 병도 없고 약도 없는 사주라면 그저 평범한 사주일 뿐이다.

이와 같은 진소암 선생의 글을 곧이곧대로 해석하여 사주에는 일단 병이 있어야 한다는 것으로 자칫 오해하는 벗님들이 있을지도 모르겠다. 그런데 진소암 선생이 중화(中和)된 사주의 이치를 모르고 있었을 리 만무하다. 다만 사주에 병이 있을 때 약이 있게 되면, 마치 어떤 바이러스에 감염된 사람이 치료를 받고 나면 면역이 생겨서 그 병에 안전하게 되는 것처럼, 오히려 흉을 길로 변화시키는 작용을 한다는 의미가 아닐까 싶다.

낭월도 처음에는 진소암 선생의 의도를 다소 편견을 가지고 살폈는데, 나중에서야 병이 있을 경우에 대해서 말한 것이라고 이해하게 되었다. 그렇다면 일단 병이라는 것이 무엇인지 살펴보고 나서 이야기를 진행하도록 하자.

1. 일간의 병약 용신

무엇보다도 중요한 것이 일간(日干)이다. 일간은 그 사람의 주체이기 때문이다. 그러므로 만약 일간이 병들게 된다면 이것은 아주 심각한 문제가 아닐 수 없다. 그렇다면 과연 일간의 병은 무엇을 두고 하는 말인지 지금부터 살펴보기로 하겠다.

1) 태과와 불급

예부터 동양 의학에서는 질병의 원인을 태과(太過)나 불급(不及)에서 찾은 것 같다. 여기에서 '같다'라고 하는 것은 원래 동양 의학이 낭월의 전공이 아니기 때문이다. 다만 이런저런 문헌을 보면 무엇이든지 지나치거나 부족하게 되면 그곳에서 병이 발생한다고 되어 있으므로 그렇게 알고 있는 것이다.

태과라는 글자는 '지나치다'는 것을 의미한다. '지나치다'는 것은 넘친다는 뜻인데, 이것을 사주에 대입시켜보면 어떤 오행이 많다는 것을 가리키게 된다. 가령 사주에서 어느 한 가지 오행이 4~5자가 된다면 이 사주는 분명히 편중되어 있는 것이다. 이러한 경우 지나치게 많은 오행, 즉 태과한 오행이 바로 병이 되는 것이다.

①				②				③				④			
時	日	月	年	時	日	月	年	時	日	月	年	時	日	月	年
辛	壬	丙	辛	戊	辛	戊	己	癸	己	庚	戊	己	丙	戊	戊
亥	申	申	酉	戌	亥	辰	丑	酉	酉	申	辰	丑	午	午	戌

①의 사주는 壬水 일간이 申월의 인성이 왕한 계절에 출생했다. 그런데 주변을 살펴보면 연주가 辛酉金, 일지가 申金, 시간이 다시 辛金으로 金이 많은 상황이다. 이렇게 金이 너무 많을 경우 신강하다고 말하기에는 뭔가 찜찜하다. 이러한 경우 일간이 병이 들었다고 할 만하다. 金이 너무 태왕해서 물이 흘러갈 방향을 찾지 못하고 있는 형상이라고 할 수 있기 때문이다.

이 사주의 용신은 단지 억부법으로만 생각할 경우에도 왕한 金을 극하는 火가 된다. 하지만 이 경우에는 일단 일간의 상태가 너무 심각하므로 병약 용신의 이론을 대입시켜 그렇게 된 것이다.

사실 병약 용신이라고 해서 특별한 것은 아니다. 다만 정도가 좀 심할 경우 억부의 이론만으로 좀 부족하다 싶어 병약 이론을 대입시키는 것이라고 보면 된다. 따라서 병약 용신법은 특별히 생각할 필요 없이 이치만 파악하면 되리라고 본다. 별도로 병약 용신법을 등장시키지 않더라도 큰 지장은 없다고 보는 것이다.

결국 병약 용신법도 억부 이론에 흡수시킬 수 있을 듯싶다. 하나라도 줄일 것이 있으면 줄이는 것이 상책이다. 자꾸 늘려서 혼란만 가중시키는 것은 결코 명리학의 발전에 도움이 되지 않을 것이다. 항상 잘라낼 것은 잘라내고 간단히 정리하는 것이 좋다는 생각을 가지고 있는 낭월이다.

②의 사주는 辛金 일간이 辰월에 태어났는데, 역시 주변에는 6土

가 버티고 있다. 이렇게 되면 辛金이 묻히고 말므로 흙을 빨리 걷어내야만 한다. 그런데 土를 걷어내는 것은 木의 몫인데, 그것을 해야할 木이 없다. 참으로 어려운 상황이라고 할 수 있다. 바로 약이 없는 사주인 것이다. 그래서인지 몰라도 이 사주의 주인은 요절(夭折)했다고 한다. 우선 급한 대로 水를 쓰기는 했지만, 결국 木이라는 약이 있어야 제 기능을 발휘할 수 있는 것이다.

①, ②의 사주는 모두 병약 이론의 대표적인 예에 해당되는데, 의학적으로 보면 너무 강한 것이 병이므로 '실증(實症)'이라고 할 수 있다.

③의 사주는 己土 일간이 申월에 태어났다. 이번에는 金이 너무 많은 상태에 있다. 그렇다면 4金1水가 병이라고 할 수 있겠다. 金이 많아서 허약해진 것이 병이라고 한다면 金을 극하는 火가 약이 된다. 일반적으로 병을 다스리는 임무는 그 병을 극하는 글자가 맡게 된다. 경우에 따라서는 병의 기운을 설하는 글자로 약을 삼기도 하지만, 그렇게 하면 시간이 많이 걸리게 된다. 쇠약한 환자에게 보약과 치료약을 섞어 먹이는 것과 같은 이치이다. 마치 암 환자에게 치료를 하기보다는 우선 지연 작전을 쓰는 것과 마찬가지이다.

그러나 일단 치료를 하려면 병균을 잡고 나서 보신(補身)을 하는 것이 올바른 방법일 것이다. 사주에서도 병이 있다고 간주되면 그 병을 극하는 것으로 약을 써서 병을 제거해야 하는 것이다. 이런 것을 보면 사주의 이치도 일반적인 세상의 원리에서 크게 벗어나지 않는다는 것을 알 수 있다. 이 경우에는 일간이 허약하게 되어서 문제라고 할 수 있으므로 의학에서 말하는 '허증(虛症)'에 해당한다고 보면 되겠다.

④의 사주는 丙火 일간이 午월에 태어났다. 한마디로 木火의 세력이 대단하다고 봐야 하겠다. 얼른 생각하기에 연주의 戊戌이 土

이므로 불의 기운을 설해줄 것 같지만, 조금만 주의 깊게 살펴본다면 그렇지 않다는 것을 알게 될 것이다. 戌土가 이미 午戌로 火局의 형태를 띠고 있는 상황이기 때문이다. 불의 기운을 흡수하기는 고사하고 더욱 맹렬하게 해주는 역할을 하고 있을 뿐이다. 결국 이 사주는 대책을 마련해야 할 정도로 열기가 넘친다는 것을 알 수 있다. 일단 불의 기운을 빼내는 것이 급선무이다. 그러기 위해서는 물이 있으면 적격이다. 그러나 이 사주는 이미 土의 기운이 상당히 강하여 어설픈 물은 명함도 내밀지 못할 상황이다. 따라서 차선책을 강구할 수밖에 없는데, 바로 火生土로 기운을 흘려보내는 작전을 쓰는 것이다.

기가 정체되었을 경우 유능한 의원은 우선 누르는 방법을 써보고, 그것이 먹혀들지 않으면 유통시키는 방법을 찾아본다. 무턱대고 한 가지 방법만 끝까지 고집하는 의사는 제대로 치료할 수가 없다. 이 사주처럼 시주가 己丑일 때는 다른 방법은 찾을 필요도 없다. 이미 불의 기운이 己丑으로 흘러들어 사주 내에서 상당한 火氣를 발생시키고 있기 때문이다. 이 사주의 병은 불이지만, 약은 水가 아닌 土이다. 이러한 경우도 간혹 있으므로 한 방향으로 너무 집착해서는 안 된다.

• 억부법과의 비교

병약 이론을 설명하기 위해 일단 병약법을 대입시켜보았다. 하지만 이것을 억부법으로 설명해도 같은 결과가 나온다. 신왕한 丙火가 극하는 水가 없으므로 설하는 식상(食傷)을 용신으로 삼게 되는 것이다. 앞에서 예를 든 사주의 경우도 마찬가지이다. 이렇게 볼 때 병약 이론은 억부 이론에 흡수되어도 전혀 어색하지 않으리라 생각한다.

그러면 이제 용신 공식으로 등장한 다섯 가지, 억부, 조후, 병약, 통관(通關), 전왕(專旺) 중에서 일단 병약 이론을 억부 이론에다 흡수시키기로 하자. 단지 상황에 따라 병약으로 설명해야 할 경우도 있으므로 병약이라고 하는 용어만은 그대로 알고 있는 것이 좋겠다.

2. 용신의 병약 원리

이번에는 일간이 아니라 용신에 병약 원리가 어떻게 대입되는지 살펴보도록 하자. 용신이라고 하는 것은 일간 다음으로 중요한 역할을 하는 존재이다. 이처럼 중요한 글자가 병이 든다면 상황이 매우 불리해질 것이다. 따라서 이것에 대해서도 잘 알고 있지 않으면 안 된다. 실제의 사주를 가지고 용신이 병들어 있는 상황에 대해 구체적으로 살펴보기로 하겠다.

①				②				③				④			
時	日	月	年	時	日	月	年	時	日	月	年	時	日	月	年
庚	丙	丙	乙	戊	甲	庚	戊	丁	己	乙	甲	丙	壬	壬	壬
寅	午	戌	丑	辰	寅	申	午	卯	巳	亥	子	午	子	子	子

①의 사주는 丙午 일주가 戌월에 태어났다. 寅午戌의 형태가 지지에 형성되어 있고, 천간에는 乙丙의 木火가 강한 형태이기 때문에 신왕한 丙火가 되었다. 그것을 극할 수 있는 물을 찾아보지만, 水가 없으므로 설하는 土를 용신으로 삼게 된다.

그러면 土의 상태를 한번 살펴보자. 戌土는 이미 열기를 담뿍 머금고 있으므로, 土가 아니라 火에 가깝다고 볼 수 있다. 불이 기운을 설할 수 있는 형태는 애초에 아닌 것이다. 다음으로 연지에 있는 丑土로 눈길을 돌린다면 이미 상당한 실력을 갖고 있다고 생각해도 되겠다. 연지의 丑土로 火氣를 다룰 수 있을 듯하기 때문이다. 그러나 丑土 역시 마음대로 운신을 할 처지가 못 된다. 바로 위에 천적(天敵)인 乙木이 오만하게 버티고 있어서 아무리 움직이려고 해도 어쩔 도리가 없는 것이다. 이처럼 용신을 꼼짝 못 하게 하는 이 乙木이 '용신의 병(病)'이 되는 것이다. 이것이 용신의 병을 찾아내는 요령이다.

이제 용신의 약이 있는지 봐야겠다. 우리 속담에도 "기왕지사 남의 일을 봐주려면 3년상까지 봐주고 가라"고 했지 않은가. 용신의 병인 乙木을 제거하는 辛金이 용신의 약이 될 것이다. 그런데 천지 사방을 둘러봐도 辛金은 없다. 물론 연지의 丑土 속에 있기는 하지만, 이미 乙木을 다스릴 형편이 아닌 것이다. 그래서 있으나 마나한 것이고, 오히려 없는 것이 더 나을는지도 모르겠다. 두고서도 못쓰는 것이 더욱 스트레스가 되기 때문이다. 실제로 이 사주의 주인은 우울증으로 마음 고생을 많이 했다고 한다. 억압당한 용신의 형태가 느껴진다.

②의 사주는 甲木 일간이 申월에 태어나 신약한 형상이다. 일지는 寅木을 얻어서 도움이 되겠지만, 월지에서 배반하고 또 세력도 얻지 못한 형상이다. 부득이 물이 와서 도와줘야 하겠는데, 사주에서 물의 도움이 없다. 어쩔 수 없이 차선책을 강구하는 것이 좋을 것 같다. 여기에서 차선이라고 하는 것은 그냥 木을 용신으로 삼아 놓고 水의 운이 오기를 기다리는 것이다. 그래서 일지에 있는 寅木을 용신으로 삼았다.

이번에는 용신의 상태를 살펴보기로 하자. 그런데 천만 뜻밖에도 寅申沖이 발생해서 용신이 뿌리째 흔들리고 있는 상황이다. 寅木은 나를 도와주기는커녕 자신의 한 몸조차 돌볼 겨를이 없는 것이다. 이렇게 되면 寅木을 충하는 申金이 용신의 병이 된다. 그러면 약을 찾기 위해 申金을 극해주는 불이 있는가를 살펴보아야 한다. 火는 金을 극하는 관계가 되기 때문이다.

다행히 연지에 午火가 대기하고 있다. 火가 약으로 사용될 수 있는 것이다. ①의 사주보다는 훨씬 나은 상황이라고 할 수 있겠다. 일단 약이 있으니까 말이다. 그러나 만약 水만 있었더라면 일간을 생해줄 뿐 아니라 金의 기운을 설함으로써 다시 木을 생해주는 일석이조의 역할을 했을 텐데, 그렇지 못한 것이 못내 아쉽다. 한번 필요한 것이 빠지게 되면 두고두고 아쉬워하게 되는 것이다. 하지만 어쨌든 약이 있어서 다행이다.

③의 사주는 己土 일간이 亥월에 태어났다. 물론 신약한 상황이다. 즉시 인성을 찾아보니, 다행히도 일지에 정인 巳火가 있다. 그렇지만 문제가 있다. 巳火가 월지의 亥水에게 정면으로 얻어맞아 비틀거리고 있기 때문이다. 이렇게 되어서는 己土가 마음을 놓을 수가 없다. 이럴 때는 亥水를 제거할 비겁(比劫)을 찾아보아야 한다. 그러나 천지사방에 한 점의 土도 없다.

이 사주의 주인은 도리 없이 병든 용신을 의지하고서 세월을 보내면서 운이 좋아지기만을 간절히 바라야 할 운명이다. 실제로 나중에 불의 운을 만나면서 크게 활약을 했다고 한다. 그렇지만 일단 원국(原局)의 상황에 약이 없으면 아쉽기 한이 없는 것이다. 다행히 운이라도 만나면 그럭저럭 한번 살아볼 수 있지만, 운조차도 없다면 살아가기가 여간 어려운 게 아닐 것이다.

④의 사주는 壬子 일주가 子월에 태어나 수세(水勢)가 넘치고 있다. 土가 있어서 제어를 해주어야 하는데 한 점의 土도 보이지 않는다. 다음으로 木이 있는가 찾아본다. 木이 있으면 水生木으로 어떻게 해볼 수 있을 것 같기 때문이다. 그런데 木도 없다. 참으로 안타까운 일이다. 사주 중에는 이렇게 전혀 쓸 것이 없는 경우도 있다.

할 수 없이 겨울이라는 점을 생각하고 시주인 丙午를 용신으로 삼게 된다.

그러나 이 용신은 이미 대단히 심각한 병중인 것이다. 子午沖으로 인해서 바람 앞의 등불이 되어 있는 상황이다. 더구나 바람막이 (木이나 土) 하나 없어 위태롭게 흔들리고 있다. 이 경우에는 약이 없다고 봐야 하겠다. 어쩌면 약 이전에 이미 용신이 없는 상황이라고 해야 할는지도 모르겠지만……. 여하튼 뭔가 필요로 하는 것이 없는 상태이기 때문에 무엇이든지 마음대로 되기 어려울 것이라는 감이 든다. 실제로 이 사주의 주인은 밥벌이도 못해서 빌어먹고 다녔다고 한다. 자료를 보면 걸개(乞丐)라고 되어 있으니 과연 그럴 만도 하다.

병든 용신에게 약이 없으면 이렇게도 삶이 고단해지는 모양이다. 이것을 억부법으로 관찰해보면 丙火 일간이 신약한데, 생조해줄 인성이 전혀 없는 상황이다. 신약한 丙火가 전혀 도움을 받지 못하고 있는 것이다. 병약법과 마찬가지 결론이 나온다. 그렇지만 병약법으로 보는 것이 일단 억부법으로 관찰한 것보다는 뭔가 사태가 더 심각하게 느껴지는 것이다. 그런 까닭에서 병약의 의미는 그대로 둬야겠다고 한 것이다.

이렇게 일간의 병약과 용신의 병약을 관찰해보았다. 이 정도의 설명으로 병약 이론의 의미는 충분히 파악할 수 있었을 것이다. 병약의 개념에 대해서는 이 정도만 알고 있으면 되리라고 생각하고 줄이기로 하겠다.

통관 용신의 이해

용신을 찾는 방법을 공부하다 보면 반드시 등장하는 것이 통관 용신(通關用神)이다. 그러나 실제로는 통관 용신에 해당하는 사주를 찾아보기가 극히 어렵다. 그리고 통관 용신에 해당된다고 설명되어 있는 사주도 잘 음미해보면 억부법으로 해석이 가능한 것이다. 그것을 굳이 별도의 공식에 대입시킬 필요가 있을까. 아무래도 이 공식은 없어져도 될 것 같다. 그래서 통관 용신법도 일단 제거시키기로 하겠다. 이렇게 함으로써 벗님들의 머릿속도 훨씬 가벼워질 것이다. 기억해야 할 것만 기억하는 것이 가장 효율적이기 때문이다. 그렇지만 통관 용신이 어떤 원리를 가지고 있는지는 설명해보기로 하겠다. 어떠한 이론이기에 무시해도 좋다고 낭월이 자신 있게 말하는지 한번 살펴보기 바란다.

통관법은 간단하게 말하자면 두 세력의 사이를 터주는 것이 용신이라는 것이다. 그런데 실제 사주에는 두 세력이 그렇게 팽팽하게 균형을 이루고 있는 경우가 거의 없다. 대개는 어느 한쪽으로 균형이 기울게 마련이다. 그리고 막상 네 글자씩 균형을 유지하고 있다고 하더라도, 실제로는 어느 한쪽은 극을 하는 입장이고 또 반대쪽은 극을 받고 있는 입장일 것이 분명하다. 그렇다면 분명히 극을 하는 쪽이 강하다는 결론이 나오므로 실제로 이러한 공식이 쓸모가 없다는 것이다. 역시 억부의 논리로 설명이 가능하다는 이야기이다. 이처럼 통관법은 그냥 없애버리고 골동품 사전에다만 기록을 해두면 충분할 것으로 생각된다.

時	日	月	年
己	丁	丙	丁
酉	酉	午	酉

앞에서도 말했듯이 실제의 사례가 많지 않아 자료를 구하기가 어려우므로 하나의 사주만을 예로 들겠다. 이 사주는 이미『왕초보 사주학』'연구편'에서 통관 용신에 대한 예로 들었던 것이다. 사실 이 사주는 통관 용신법에 아주 어울리는 사주이다. 火가 넷이고, 金이 셋이다. 여기에서 일간은 주체자이기 때문에 생략하고, 3 대 3으로 어지간히 균형을 이루고 있는 셈이다.

그러나 잘 살펴보면 丙火 일간이 午월에 태어나 화왕절(火旺節)이다. 일단 화왕절이라고 하면, 金이 약하다는 결론에 도달하게 된다. 金이 약하다고 한다면 당연히 金의 기운을 보호해주고 강화시켜주는 土가 용신이 된다. 이렇게 저울질을 해보면 근수(斤數)가 분명히 나오는데, 굳이 복잡하게 통관 용신이라고 하는 말을 끼워넣어 혼란을 가중시킬 필요가 있을까. 통관을 언급하지 않더라도,

사주의 상황을 억부의 논리로 훌륭히 설명할 수 있다. 그래서 통관에 대한 이야기는 일단 없는 것으로 하자는 것이다.

• 결론은 '억부+병약+통관=억부'

결론은 억부와 병약과 통관 모두 억부로 볼 수 있다는 것이다. 병약과 통관을 묶어서 억부에다 집어넣겠다는 심사인 셈이다. 비록 고법(古法)을 뜯어고쳤다는 비난을 받는 한이 있더라도 이러한 시도가 필요하다는 생각이다. 이제 앞으로는 통관 용신에 대한 이야기나 병약 용신에 대한 이야기는 생략하도록 하겠다. 이렇게 놓고 보니까 역시 웬만한 사주는 억부로 봐야 한다는 어느 선배의 말이 다시 새삼스럽게 다가온다.

만고불변일 것만 같았던 '5대 용신법'이 어느 순간에 '3대 용신법'으로 축소되었다. 낭월이 방자해서 이렇게 정리했다고는 생각하지 않는다. 오로지 명리학을 사랑하는 마음으로 가다듬은 결과라고 하겠다.

조후 용신의 이해

　조후 용신(調候用神)에 대해서는 예부터 많은 논란이 있었다. 그렇지만 온도계 용신이라고도 말했던 이 조후 용신의 이론에 대해서는 그대로 받아들이는 것이 좋을 듯하다. 실제로 온도 조절에 대한 이론은 어느 다른 이론에다가 묶어버리려고 해도 마땅한 것이 없다. 그야말로 독특한 공식이라고 할 수 있겠다.

　하지만 좀 무리를 한다면 전혀 방법이 없는 것은 아니다. 병약 용신법으로 대체해도 설명이 된다. 알다시피 병약은 어느 오행이 치우치게 되어 발생하는 것이고, 조후 또한 온도가 치우치게 되어 발생하는 것인 까닭이다. 치우쳤다는 점에 초점을 모은다면 조후 용신 역시 병약 용신의 한 부류라고 볼 수 있다는 것이다.

　그래서 삭제를 하려고 해보았지만 아무래도 조후 용신을 억부 용신으로 보기에는 좀 어색했다. 이미 병약 용신을 억부 용신에 삽입시켜놓았으므로, 조후 용신이 병약 용신에 포함된다면 또한 억부 용신에 들어가야 하는데 그러기에는 좀 무리가 있다는 것이다. 아무래도 조후 용신은 그대로 존재를 하는 것이 명리학을 연구하는 데 더 보탬이 될 것 같다.

조후법의 원리는 간단하다. 추운 겨울에 태어나면 따스한 불이 필요하고, 더운 여름에 태어나면 시원한 물이 필요하다는 것이다. 이 이론을 설정한 『난강망(欄江網)』에서는, 여름과 겨울뿐만 아니라 봄과 가을에도 나름대로의 조후가 필요하다고 보고 그에 따르는 공식을 준수하도록 하고 있다. 하지만 실제로는 봄과 가을의 조후를 대입시키기가 그렇게 만만하지 않다.

이름은 다르지만 『난강망』과 같은 내용인 『궁통보감(窮通寶鑑)』이나 『여씨용신사연(余氏用神辭淵)』이라는 책에서도 그와 같은 설명을 하고 있다. 그런데 이 책들이 주장하는 것을 보면, 태어난 월에 따라 일간의 규격이 정해져 있다는 것이다. 예를 들어서 庚金 일간이 未월에 태어나면 무조건 丁火를 용신으로 삼고, 甲木을 보조 용신으로 삼아야 상격(上格)이 된다는 이야기이다. 그리고 여기에 준하지 않으면 하격이라는 결론을 내리고 있다. 이렇게 어떤 틀을 만들어놓고 거기에 끼워 맞추는 형식으로 되어 있다. 그렇지만 실제로 보면 이 틀에 어울리지 않더라도 얼마든지 상격인 사주가 있고, 또 틀에 맞는다고 하더라도 크게 활약하지 못하는 사주들도 많이 있다.

대부분 조후법에 치중하는 사람들은 너무 편중된 견해를 가지고 있다는 것을 느끼게 된다. 규격화된 틀에다가 모든 사주를 집어넣으려고 하기 때문에 그런 것 같다. 사실 규격화하여 사주를 적용시키면 판단하기가 대단히 편리하다. 그리고 그것은 현대 컴퓨터 시대에 매우 잘 어울리는, 어찌 보면 상당히 합리적인 접근 방식이라고도 볼 수 있다. 그렇지만 문제는 이 이론에 너무 집착한 나머지 중요한 전체를 보지 않고 있다는 것이다.

조후 용신에 치중하는 사람들은 억부에 대해서는 소홀히 여기는 경향이 있었다. 물론 낭월이 억부 위주로 생각하고 조후에 대해서 소홀히 생각하는 것과 피차일반이라고 할 수도 있겠지만 말이다. 어쨌거나 '자평명리학(子平命理學)은 전체를 살펴보고 중화를 찾아야 하는 것'인 이상 단지 무슨 일간이 무슨 월에 태어나면 무엇 무엇이 있어야 한다는 식의 고정된 생각은 아무리 생각해봐도 문제가 있는 것 같다.

庚金 일간이 未月에 태어났다고 하더라도, 용신으로 丁火를 쓸 수도 있고, 壬水를 쓸 수도 있고, 그리고 庚金을 쓸 수도 있는 것이 자평명리학이다. 사실 무엇이든지 용신이 될 수 있어야 한다. 현실적으로 세상을 살아가면서 어느 한 가지만 하고 살 수 없는 것처럼, 사주 용신을 찾아내는 방법도 온갖 현실적인 문제를 고려하여 어색하지 않아야 할 것이다. 한 가지 이론에만 매달려서 전체를 보지 못하는 원리는 버려야 하지 않을까 생각한다.

그리고 또 아무리 겨울에 태어났다고 하더라도 불이 필요 없는 사주라고 한다면 이미 조후 용신론을 대입시킬 필요가 없다고 생각한다. 이미 사주 내에서 조후가 되어 있는 상황인데도 부득부득 불을 용신으로 삼는 것은 자칫 교각살우(矯角殺牛)의 우를 범하게 되는 것이리라고 본다. 『궁통보감』의 이론을 살리기 위해서 사주 주인의 실제 운명을 아랑곳하지 않는다면 이것은 참으로 본말이 전도된 일이라고 할 수 있겠다.

일본 바둑계에서 '무관의 제왕'으로 받드는 기사(棋士)가 있다. 바로 오청원이다. 왕년에 그가 한창 바둑을 연구할 때 대국에 몰두하면서 '곡사궁'의 지점에 돌을 놓아 반칙패를 한 적이 있었다. '바둑판의 귀퉁이에 있는 4궁의 눈은 무조건 죽은 것으로 한다'는 법칙을 위반했기 때문이다. 그러나 오청원 기사는 그냥 물러서지를 않아 큰 소란이 일었다. 바둑을 두는 데 법칙이 왜 필요하냐는 것이 그의 주장이었다.

사실 오청원 기사의 생각은 참으로 단순하였다. '바둑판의 문제는 바둑판에서 해결해야 한다'는 것이다. 바둑을 두는 데 육법전서가 등장할 필요가 없으며, 또 그래서도 안 된다는 것이다. 바둑판에서는 오로지 두 사람이 한 수 한 수 둬가다가 더 놓을 자리가 없으면 손을 떼고 집을 세어보면 된다는 것이다. 사람들은 귀의 곡사궁은 패가 벌어지게 되는 복잡성을 가지고 있기 때문에 단순화시켜버렸던 모양이었다. 하지만 오청원 기사의 생각은 패도 바둑이라고 할 때 복잡하다고 해서 법칙을 만들어서 제재를 가하는 것은 바둑의 도에 어긋난다는 것이었다. 이 점에 대해서는 낭월도 전적으로 동감이다.

사주도 마찬가지다. 그 사람의 인생에 부합되지 않으면 안 된다. 이론적인 것에 매여서 실제로 그 사람에게 별 도움이 되지 않는다면 이미 잘못된 것이다. 언제나 명리학은 살아서 숨을 쉬고 있는 사람의 희로애락에 부합되어야 한다. 이러한 생각 때문에 낭월은 형식을 위한 틀에 대해서는 항상 반발심을 가지는 모양이다. 그리고 이것이 확대되어서 격국론도 거부하고 있는 것이다. 사실 언제나 자유롭게 생각하고 대입하는 것이 명리를 연구하는 즐거움이기도 하다.

이러한 눈으로 볼 때『궁통보감』의 이론은 딱딱하기 그지없는 틀이라는 생각이 든다. 이미 죽어 있는 틀을 살아 있는 사람에게 대입해서는 안 될 것이다. 아무리 한겨울에 태어났다고 하더라도 이미 사주 내에서 얼어죽지 않을 정도의 온기를 확보하고 있다면 조후 이론을 대입시킬 필요가 없다. 억부 이론으로 분석하는 것이 마땅하다는 생각이다.

"子월에 태어난 庚金은 丁火를 용신으로 삼고, 丙火와 甲木을 용신의 보좌로 삼는다"고 명시되어 있는 『궁통보감』의 원리 역시 한 가지의 공식일 뿐이다. 따라서 참고는 할지언정 무조건 따를 필요는 없는 것이다. 다시 한 번 강조하지만, 억부 이론만 잘 이해하고 있어도 사주 공부는 거의 마친 것이나 다름없다.

어쩌다 보니 『궁통보감』의 이론에 대한 공격처럼 되어버린 감도 없지 않지만, 이것이 낭월의 평소 의견이다. 마찬가지로 아마 벗님들은 또 벗님들 나름대로의 의견을 가지고 있을 것이므로 낭월의 의견과 다르다고 해서 탓할 생각은 없다. 다만 어떤 견해를 가지고 있는지 이렇게 해서 살필 수 있다는 것만으로도 충분하다고 본다. 참고로 『궁통보감』은 매우 유용한 이론이라는 것과 함께 이 정도로 조후 용신에 대한 의견을 줄이겠다.

• 억부가 급하지 않을 경우에 중요한 용신법

이 내용은 이미 억부의 예외 조항에서 언급하였던 것이다. 그런데 이렇게 다시 한 번 강조해본다. 즉, 사주에서 억부가 기본적으로 중요한 것임에는 틀림이 없지만, 사주에 따라서는 억부가 필요 없을 정도로 중화가 되어 있는 경우도 가끔 있는데, 이때에는 조후 용신에 대한 비중이 커질 수밖에 없다는 것이다.

그러니까 억부 용신법으로 저울질을 해봐서 강한 사주인지 약한 사주인지 판가름을 내기가 어렵다고 한다면 일단 억부는 급하지 않다고 보면 되겠다. 겨울의 金을 예로 들자면, 『궁통보감』에서는 이 사주에서는 절대적으로 불이 필요하다고 되어 있다. 그런데 『적천수징의』에서는 어느 정도 약하지 않을 경우에 불이 필요하다는 단서를 붙이고 있다. 이것은 바로 억부가 우선한다는 것으로 이해할 수 있는 이야기이다.

　다시 말해서 저울질을 해보고 강하거나 약한 사주로 판명된다면 그대로 억부의 이론을 대입해서 용신을 찾으면 된다. 그런데 강약이 미세해서 저울질이 잘 되지 않는 사주를 접하게 되면 일단 조후가 급하지는 않은지 살펴볼 필요가 있다. 그래서 겨울이나 여름에 출생해서 조후가 급해 보인다면 억부보다는 조후를 우선해서 용신을 정하면 되겠다.

　만약에 대체로 중화의 길을 달리고 있는 좋은 사주들이 많다고 한다면 『궁통보감』의 조후 이론은 틀림없이 절대적인 지위를 차지하게 될 것이다. 억부가 급하지 않으면 당연히 조후의 이론을 대입하게 되는 까닭이다. 낭월은 이것을 확대 해석해서 여춘대 선생의 시대에는 사주들이 좋은 방향으로 타고나지 않았을까 생각을 해본다. 그래서 억부가 별로 필요 없어서 조후의 이론을 설명하게 된 것은 아닐까 하고.

　이런 식으로 용신의 우선 순위를 정하는 이야기는 하건충 선생의 책에서 보인다. 제1용신은 억부, 제2용신은 조후, 그리고 제3용신은 병약으로 간다는 이야기는 대단히 의미심장하게 여겨진다.

　억부가 무엇보다도 중요하지만, 억부가 급하지 않은 거의 중화에 가까운 사주라면 조후의 이치로 다스리는 것이 올바르다는 이야기는 임상을 해가다 보면 확연히 알게 된다. 그렇지만 하건충 선생이 병약을 다음으로 둔 것은 좀 납득이 가지 않는다. 이미 병약은 억부로 해결이 날 수 있기 때문이다. 그래서 낭월의 생각은 억부를 제1순위에 두고, 조후를 제2순위에 둔 다음, 제3순위로는 전왕법을 두는 것이 좋겠다는 것이다.

　조후법의 위치를 이처럼 지정하는 것이 옳을 것 같은데, 구체적인 것은 벗님들이 앞으로 임상을 해가면서 계속 확인해보기 바란다. 중요한 것은 조후에만 매이지 말고 억부를 기본으로 두고서 관찰해야 한다는 것이다.

①				②				③				④			
時	日	月	年	時	日	月	年	時	日	月	年	時	日	月	年
丙	甲	庚	辛	癸	乙	癸	庚	戊	己	甲	戊	辛	庚	庚	辛
寅	子	子	酉	未	未	未	辰	辰	巳	子	戌	巳	辰	子	亥

①의 사주는 子월에 태어난 甲木 일간이다. 인성이 상당히 많이 깔려 있어서 신강한 사주이다. 그리고 金이 강력하게 水를 생하는 구조이기도 하다. 관인(官印)이 상당히 강한 사주가 되겠는데, 겨울의 甲木 입장에서는 관살을 용신으로 하고 싶은 생각이 없다. '한목향양(寒木向陽)'이므로 이 甲木은 오로지 시간의 丙火에게 모든 것을 걸고 있는 까닭이다. 조후가 용신이 되는 것이다. 즉 이미 인성이 많아서 신강하므로 극설을 용신으로 삼아야 하는 입장인데, 그중에서 庚金이 아니라 丙火를 우선해서 용신으로 삼은 것은 바로 조후의 이론을 대입시킨 결과이다. 이것은 강자의설(强者宜洩)이라고 하는『적천수』의 기본 이론에 그대로 부합되는 것이기도 하다.

②의 사주는 未월에 태어난 乙木 일간이다. 삼복 중의 乙木은 기본적으로 더울 수밖에 없다. 기운도 이미 탈진이 되어 있다. 그래서 무엇보다도 시급하게 인성을 찾아야 하는 것이다. 이것도 역시 조후의 이론으로 보면 되겠다. 억부의 이론으로 보자면 재다신약격(財多身弱格)을 하고 있다. 억부의 관점에서는 기본적으로 "재성이 많아서 신약이면 비겁이 용신"이다. 그런데 여기에서는 비겁보다도 우선 급한 것이 바로 인성인 癸水이다. 이것은 물론 조후의 이론이

겹치기 때문인데, 인성을 용신으로 함으로써 억부의 요구도 만족시켜주면서 조후의 요구도 채워줄 수 있게 된다고 하겠다.

③의 사주는 子월에 태어난 己土 일간이다. 사주상 억부는 이미 상당히 강한 것으로 보인다. 사주가 5土1火라면 이미 火土의 세력이 장악을 하고 있다고 봐도 무리가 아니다. 그럼에도 불구하고 이 사주는 인성이 용신이다. 얼른 봐서는 신왕하므로 재관을 쓰는 것이 좋을 것 같지만 조후의 개념이 개입되면서 인성을 용신으로 삼게 되었다. 낭월의 생각에도 연주의 戊戌은 멀어서 별로 도움이 되지 못하고, 시주가 도와주고 있기 때문에 약하지는 않은데, 인성이 子水를 만나서 허약해지는 입장이므로 불의 중요성이 강조되면서 인성인 丙火가 용신이 되는 게 좋을 듯싶다.

④의 사주는 子월에 태어난 庚金 일간이다. 사주가 약하지는 않으므로 극하는 火나 설하는 水를 쓸 수가 있을 것으로 보이는데, 보통은 월령을 잡은 글자를 용신으로 취하는 경우가 많다. 그런데 이 경우에는 겨울이라고 하는 특수성이 포함되면서 극하는 丙火를 용신으로 삼아야 한다는 조건이 추가된다. 약하지 않으면 조후를 생각해보는 것이 옳은 수순이기 때문이다. 물론 사주에서 火의 역할이 제대로 이뤄지지 않고 있다. 그나마도 시지에 장(藏)되어 있는 까닭이다.

이 사주의 경우에는 절대로 약하지 않느냐고 따진다면 아니라고 장담을 못 하겠다. 이미 子辰이 반합되어 있는 것이 아무래도 마음에 걸리기 때문이다. 그러나 과연 약한 사주냐고 묻는다면 또 반드시 약하다고 하기도 어렵다. 천간에 庚辛金이 모두 튀어 나와 있고 불도 미약한 상황이므로 그렇게 약해 보이는 구조도 아니기 때문이다. 그러니까 이렇게 억부가 애매한 경우에는 쓸데없이 고민하지 말고 조후에게 용신을 넘겨주면 된다. 그래서 이 사주는 시지의 巳

火 속에 들어 있는 丙火를 용신으로 삼게 되는 것이다. 물론 이 용신이 재성의 도움을 받지 못해서 비실거리지만, 그것은 또 다른 이야기이니 다음에 설명하기로 하고 여기에서는 생략하겠다.

이렇게 몇 조의 사주를 살펴보면서 조후의 용신법을 어떻게 대입하는지 설명하였다. 다시 강조하지만 억부에 의해서 저울질을 한 다음에 조후의 이론으로 전개해 나가면 큰 혼란이 없을 것이다. 항상 혼란을 느끼게 되는 것은 어느 것을 먼저 적용시켜야 할지 그 기준이 애매하기 때문이다. 일단 억부를 먼저 앞세운 다음 조후로 관찰한다면 커다란 실책 없이 용신을 찾아낼 수 있을 것이다.

전왕 용신의 이해

전왕(專旺)이라고 하는 것은 한 가지의 오행으로만 몰려 있는 상황을 말한다. 그냥 많은 정도가 아니라, 순전히(적어도 6~7자 정도) 한 가지의 기운으로 모여 있는 상황이 되었을 경우를 가리킨다. 실제로 이처럼 전왕에 해당하는 사주들은 종종 관찰이 되는데, 이것을 흔히 '외격(外格)'이라 부르기도 한다. 억부를 '내격(內格)'이라고 하기 때문에 그것에 견주어 전왕을 외격이라고 하는 것이다. 그러니까 일상적인 억부의 이론으로는 해석이 되지 않는 특별한 상황인 경우에 전왕의 이론으로 풀이한다는 것을 알 수 있다.

전왕에 해당하는 경우도 다양한 편이다. 이것 또한 단순화시켜야 하리라 생각한다. 사주 공부를 하다 보면 '웬만하면 정격(正格)'이라는 것을 느끼게 된다. 일견 한쪽 방향으로 치우친 듯해서 전왕법을 대입시켜보면 적중하지 않는 경우가 참으로 많다. 이럴 때 다시 억부 논리를 가지고 풀어보면 잘 맞는 경우가 의외로 많다는 것을 경험에서 발견할 수 있었다. 그래서 전왕으로 풀다가 틀리면 내격으로 처리할 것이 아니라, 애초에 내격으로 풀어보고 도저히 적중이 되지 않으면 그때 전왕으로 다스리는 것이 훨씬 오진율을 줄이는 방법이라는 것을 깨닫게 되었다. 물론 현재 그렇게 활용을 하고 있다.

벗님들도 이제 이 책을 공부함으로써 사주 일반에 대해서는 마스터한다고 볼 수 있다. 그렇다면 이론적인 것에 머물지 말고, 이론과 실제 사이에 무엇이 통하고 막혀 있는지 스스로 체득해야만 한다. 그래야만 사주를 올바르게 판단할 수 있는 힘을 기를 수 있을 것이다. 그런데 대부분 전왕의 형태에 속하는 사주를 만나면 일견 긴장을 하게 된다. 과연 전왕으로 다스려야 할 것인지 아닌지 갈등을 일으키기 때문이다. (『적천수』를 위주로 해서) 이론적으로 보자면 틀림없이 전왕으로 다스려야 하는 것임에도 불구하고, 실제로는 억부 논리에 더 잘 부합되는 경우를 빈번하게 당하고 나면 누구든지 갈등이 생기게 마련이다. 그러니까 벗님들도 처음부터 억부 공식으로 사주를 살펴보는 것이 더 좋으리라 생각한다.

1. 종격

그러면 우선 전왕법에 해당하는 사주들은 어떤 종류가 있는지 실제의 사주를 예로 들어 설명하도록 하겠다. 비록 전왕법에 해당하는 사주가 2퍼센트에 불과하다고 하더라도 그 사주 당사자에게는 100퍼센트인 셈이므로 소홀하게 취급할 수는 없는 일이다.

우선 종격(從格)에 대해서 알아보기로 하자. 종격이라고 하는 말에는 세력(勢力)을 따른다는 의미가 포함되어 있다. 즉 종격이라는 것은, 어떤 세력의 힘이 전국(全局)을 휩쓸게 되어 부득이 저항을 하지 못하고 따르게 되는 상황을 이르는 것이다. 실제로 종격에 해당하는 사주들은 종종 눈에 띈다.

①	②	③	④
時 日 月 年	時 日 月 年	時 日 月 年	時 日 月 年
丙 乙 丙 戊	甲 丙 丙 丁	壬 戊 壬 壬	乙 壬 庚 丙
戌 未 辰 戌	午 午 午 未	子 子 子 子	巳 午 寅 寅

①의 사주는 辰월에 태어난 乙未 일주가 火土에 둘러싸여 있는 형상이다. 이렇게 되면 물이 긴급히 필요한데, 어디를 둘러봐도 물은 보이지 않는다. 이런 경우에는 土를 따라서 종(從)하게 되는데, 土는 십성으로 따져서 재성이 되므로 이를 종재격(從財格)이라고 한다.

이런 사주는 물의 운이 오면 아주 좋지 않은 것이 특징이다. 그러므로 이런 사주를 만났을 경우에는 일단 물의 운에 어떻게 지냈는지 확인을 해보는 것이 좋다. 그래서 물의 운에 고통을 많이 겪었다고 한다면 틀림없이 종재를 한 것으로 보면 되고, 물의 운에 오히려 좋았다고 한다면 辰土 중에 들어 있는 癸水가 용신이라고 보면 된다. 특히 辰월에 태어난 경우에는 여기(餘氣)인 乙木의 기운을 받았는지, 중기(中氣)인 癸水의 기운을 받았는지, 아니면 본기(本氣)인 戊土의 기운을 받았는지에 따라서 용신을 달리 정할 수 있다. 따라서 土월에 태어난 경우에는 항상 무슨 간(干)이 당령했을 때 태어났는지 확인해야 할 필요가 있다.

②의 사주는 丙午월에 태어난 丙午 일주이다. 불의 세력이 대단히 치열한데, 이 기운을 유통시켜줄 土도 없고 불을 다스려줄 물도 없다. 이렇게 되면 그냥 火의 세력에 따르는 것이 상책이다. 그런데 이것은 자신과 같은 세력에 종하는 것이므로 종왕격(從旺格)이라고

한다. 그리고 이렇게 자신과 같은 오행이 대단히 왕성하게 될 경우에는 특별히 일행득기(一行得氣)라고도 한다. 즉 한 가지 오행으로만 이뤄진 사주라는 이야기이다. 그렇지만 일행이라고는 해도 완전히 한 가지로만 되어 있는 경우는 흔하지 않고, 대개는 다른 성분(특히 왕한 오행을 생해주는 인성)이 한두 개쯤 섞여 있다.

③의 사주는 子月에 태어난 戊子 일주이다. 일간만 戊土일 뿐이고 나머지는 전부 물이다. 이렇게 되면 달리 어떻게 해볼 방법이 없으므로 무조건 종재(從財)를 하게 된다. 이러한 경우에는 굳이 火나 土의 운에 어떠했는지 물어볼 필요도 없다. 다른 가능성이 없기 때문이다. 그야말로 순전히 물의 세력뿐이므로 그대로 따라가는 형태라고 보면 되겠다.

④의 사주는 壬午 일주가 寅月에 태어났다. 그런데 이 사주는 그렇게 호락호락하지가 않아 보인다. ③의 사주를 초등학교 수준이라고 한다면 ④의 사주는 고등학교 수준은 되지 않을까 싶다. 그 이유는 바로 월간에 있는 庚金 때문이다. 이 庚金의 행동 여하에 따라서 이 사주는 정격이 될 수도 있고, 외격이 될 수도 있기 때문이다.

일단 정격으로 생각해서 庚金을 용신으로 삼고, 신약용인격(身弱用印格)이 되었다고 생각해보자. 그렇게 되면 연간에 있는 丙火가 치명적으로 흉한 작용을 하게 된다. 그리고 庚金에게 절대로 필요한 土의 성분을 어디에서도 찾을 수 없으므로, 庚金은 '죽을 지경'을 넘어서 이미 '죽은 지경'에 처하게 되는 것이다. 죽은 에미의 젖은 아무리 빨아봐야 나올 턱이 없다. 부득이 다른 사람을 따라가서 뭔가 얻어먹고 살아야 하는 게 현실이다. 결국 불을 따라서 종할 수밖에 없는 형편이라는 것이다. 그러나 종을 하기는 해도 죽은 에미의 영상이 남아 있어서 괴롭다.

이렇게 된 상황을 『자평명리』에서는 '가종(假從)'이라는 말로 표현했다. 거짓으로 종했다는 말이다. 그러나 가종도 종은 종이다. 하지만 나중에 자기 어머니를 찾겠다고 떼를 쓰면 난리가 나게 된다. 물론 흉하다는 이야기이다. 이렇게 미련을 두고서 종하게 되는 경우도 있다는 것을 알아두기 바란다. 이제 점점 더 복잡하고 미세한 내용이 전개될 것이다.

종격의 형태에도 몇 가지 패턴이 있게 마련이다. 그에 따라 사주들을 나열해보도록 하겠다. 자세한 설명은 생략하기로 하고, 사주를 보면서 스스로 그 의미를 생각해보기 바란다.

1) 從旺格(一行得氣格)
일간과 같은 오행만으로 이루어진 경우이다.

①				②				③				④			
時	日	月	年	時	日	月	年	時	日	月	年	時	日	月	年
丙	戊	己	戊	甲	丙	甲	丙	乙	甲	甲	癸	庚	庚	庚	戊
辰	戌	未	戌	午	午	午	午	亥	寅	寅	卯	辰	申	申	申

2) 從强格
인성만으로 이루어진 경우이다.

①				②				③				④			
時	日	月	年	時	日	月	年	時	日	月	年	時	日	月	年
甲	丙	甲	戊	戊	庚	辛	己	辛	壬	庚	戊	辛	癸	庚	辛
午	寅	寅	寅	辰	戌	未	未	亥	申	申	申	酉	酉	子	酉

3) 從兒格

식상만으로 이루어진 경우이다.

①				②				③				④			
時	日	月	年	時	日	月	年	時	日	月	年	時	日	月	年
壬	壬	壬	壬	癸	辛	壬	壬	癸	己	庚	癸	戊	丁	戊	己
寅	寅	寅	寅	巳	亥	子	申	酉	酉	申	酉	申	未	辰	未

4) 從財格

재성만으로 이루어진 경우이다.

①				②				③				④			
時	日	月	年	時	日	月	年	時	日	月	年	時	日	月	年
庚	丙	庚	戊	丙	乙	丙	戊	戊	甲	丙	庚	癸	戊	庚	辛
子	申	申	寅	戌	未	辰	戌	辰	戌	戌	戌	亥	子	子	亥

5) 從殺格

관살로만 이루어진 경우이다.

①				②				③				④			
時	日	月	年	時	日	月	年	時	日	月	年	時	日	月	年
丙	庚	丙	丁	乙	己	乙	癸	壬	丙	壬	壬	辛	乙	辛	戊
戌	午	午	卯	丑	卯	卯	卯	辰	子	子	辰	巳	丑	酉	申

6) 從勢格

식재관이 균등해서 흐름을 갖는 경우이다.

①	②	③	④
時 日 月 年	時 日 月 年	時 日 月 年	時 日 月 年
庚 乙 丁 丁	庚 乙 戊 己	壬 丙 戊 壬	辛 丁 己 丁
辰 未 未 巳	辰 巳 辰 巳	辰 申 申 戌	亥 丑 酉 未

이상의 형태에 대해서만 이해를 하고 있으면 충분할 것으로 생각된다. 이러한 형태가 된다면 일단 이론적으로는 종하는 형태임이 분명하다. 여기에서 '이론적'이라고 하는 것은 사실 외격의 상황들은 종종 사람을 당황시키기 때문이다. 첫눈에 봐서는 종하는 형세인 것 같은데 잘 살펴보면 어딘가에 미약하나마 뿌리를 내리고 버티는 경우도 있어 단언하기가 여간 어려운 것이 아니다. 물론 낭월이 아직 명리의 도(道)를 깨닫지 못한 까닭이겠지만 그나마 짧은 연구력을 가지고서 벗님들을 이끌고 가는 형편이니 벗님들의 눈에도 역시 그렇게 보이리라 생각한다. 그러니까 외격을 만났을 때(외격이라고 의심이 될 때)에는 어쨌든 그냥 정격일 수도 있다는 생각을 하고서 관찰하는 것이 좋겠다.

2. 화격

이제 화격(化格)에 대해 알아보기로 하자. 화격은 종격의 사촌쯤으로 생각하면 되지만 그래도 나름대로의 특수한 알고리듬을 가지고 있기 때문에 명확하게 이해해야 한다. 화격은 화기격(化氣格)이라고도 부르는데, 화격이 되는 조건을 나열해보면 다음과 같다.

첫째, 일간이 월간이나 시간과 합이 되어 있을 것.

둘째, 다른 천간과 지지 전체가 화(化)하는 오행일 것.

셋째, 화기(化氣)를 깨는 오행이 보이지 않을 것.

이러한 조건에 충족된다면 화기격이 될 가능성이 크다. 그런데 같은 조건이 주어졌을 경우에도 각 일간의 특성에 따라 화기가 빠르게 되기도 하고, 잘 안 되기도 한다. 그런데 낭월은 이러한 사주를 만나더라도 일단은 정격으로 놓고 생각을 해볼 것이다. 그리고 사주의 주인이 어떻게 살아왔는가를 참조해서 화격인지 정격인지 판단할 것이다. 그러나 여기서 예로 든 사주들은 모두 책에서 발췌한 것이라서, 사주의 주인들의 실제 삶을 볼 수가 없어 아쉽다. 어쨌든 일단 참고하기 바란다.

1) 化土格

甲木 일간이 己土를 보고서 합이 된 경우는 웬만하면 화토격이다.

①				②				③				④			
時	日	月	年	時	日	月	年	時	日	月	年	時	日	月	年
己	甲	丁	丁	己	甲	甲	乙	己	甲	壬	戊	己	甲	甲	己
巳	辰	未	亥	巳	辰	申	丑	巳	辰	戌	辰	巳	子	戌	丑

①의 사주는 甲己合에 木이 없는 상황이다. 화기를 손상시키는 글자는 없다고 볼 수 있다. 연지에 亥水가 있지만 우선 己土를 보고 있는 甲木으로서는 못 본 체하고 그냥 土로 화해버리는 형국이라고 본다. 즉 웬만하면 土로 화한다는 이야기에 해당하는 것이다.

②의 사주는 연월간에 木이 있지만, 그래도 시간의 己土를 보고서 土로 화한 것이라고 할 수 있다. 물론 실제로 이 사람을 만났다면 일단은 정격으로 놓고 이야기를 나눠보는 것이 좋을 것이다. 하

지만 이론적으로는 화토격으로 다루고 있다. 甲木은 웬만하면 화한다는 것에 일리가 있다는 생각을 하게 된다.

③의 사주는 월간에 인성이 있음에도 불구하고 그냥 재(財)를 따라서 가는 형상이다. 만약 시간에 己土가 아닌 다른 글자가 있었더라면 그냥 인성을 용신으로 삼았을는지도 모른다. 이 경우에는 甲木이 己土를 봤기 때문에 그냥 따라가는 것이라고 할 수 있다.

④의 사주는 일지에 인성을 깔고 있다. 이 정도라면 아마도 정격으로 봐야 할 것이다. 그럼에도 불구하고 『적천수』에서는 이것을 화토격으로 설명하고 있다. 물론 실제로 살아가는 과정을 살펴보고 그렇게 결론을 내렸으리라 생각한다. 그렇다면 역시 甲木은 웬만하면 土로 화한다는 이야기이다. 믿을 만한 이야기라고 생각한다. 하지만 아무리 그렇더라도 실제로 이러한 사주를 만날 경우에는 다시 한 번 확인을 해보는 것이 좋겠다.

2) 化金格

乙木 일간이 庚金을 보고서 합이 된 경우 웬만하면 화금격이다.

①				②				③				④			
時	日	月	年	時	日	月	年	時	日	月	年	時	日	月	年
戊	乙	庚	戊	庚	乙	己	壬	丁	乙	庚	庚	庚	乙	己	庚
寅	丑	申	午	辰	巳	酉	戌	亥	酉	辰	午	辰	巳	丑	子

乙木이 庚金을 보고서 합이 되어 있는 상황을 몇 가지 살펴보았다. 이 경우에도 마찬가지로 뿌리를 두고서도 화금격이 되어버린다는 것을 알 수 있다. 그래서 乙木은 庚金을 만날 경우 웬만하면 金으로 화한다고 하는 것이다.

3) 化水格

丙火 일간이 辛金을 보고서 합이 된 경우 웬만하면 화수격이다.

①	②	③
時 日 月 年	時 日 月 年	時 日 月 年
己 丙 辛 辛	壬 丙 辛 壬	壬 丙 辛 癸
亥 子 丑 亥	辰 子 丑 子	辰 子 酉 亥

丙火에 해당하는 사주는 아무리 자료를 찾아봤지만 도저히 네 개를 채우지 못하겠다. 원래 화기격이라는 것이 그렇게 흔하지 않다. 실은 이 자료들도 가공을 한 것이다. 여하튼 화수격에 대해서 이해만 하면 되리라고 생각하고 적어보았다.

4) 化木格

壬水 일간이 丁火를 보고서 합이 된 경우 웬만하면 화목격이다.

①	②	③	④
時 日 月 年	時 日 月 年	時 日 月 年	時 日 月 年
丁 壬 甲 戊	甲 壬 丁 甲	癸 壬 丁 己	壬 壬 丁 丁
未 寅 寅 申	辰 寅 卯 戌	卯 午 卯 卯	寅 寅 未 巳

①의 사주는 연지에 申金 인성이 있지만, 모른 체하고서 그냥 丁火를 따라서 가버리는 형상이다. 이것은 壬水의 특성이라고 볼 수 있다.

②의 사주는 누가 봐도 완연한 화목격이라고 하겠다. 일체의 뿌리가 없는 상황이기 때문이다.

③의 사주는 시간에 癸水가 있지만, 그냥 무시하고서 丁火를 따라서 木으로 화하는 형상이다.

④의 사주도 역시 시간에 있는 壬水를 무시하고서 木으로 화한다. 이렇게 壬水는 약간의 뿌리는 무시하고서 그냥 丁火를 따라서 가버리는 경향이 강하다. 『적천수』에서도 壬水를 일러서 '화즉유정(化卽有情)'이라고 했다. 이 말을 보면서 壬水는 丁火를 보면 화를 하고 싶어서 못 견딘다는 의미가 포함되어 있는 것은 아닌가 생각해보았다.

5) 化火格

癸水 일간이 戊土를 보고서 합이 된 경우 웬만하면 화화격이다.

①				②			
時	日	月	年	時	日	月	年
戊	癸	丁	癸	丙	癸	戊	己
午	酉	巳	巳	辰	巳	辰	巳

①의 사주는 일지에 酉金이라고 하는 막강한 뿌리를 두고서도 戊土를 따라서 종했다고 『적천수』에 나와 있다. 실제로 이러한 사주를 만난다면 일단은 일지의 酉金을 용신으로 삼고 관찰해보아야 한다. 그러나 이렇게 戊土를 따라서 종할 수도 있는 것이 바로 癸水의 특징이 아닐까 싶다.

②의 사주는 엄밀히 말하면 화화격이 아니다. 관살이 너무 많으므로 종살(從殺)을 해야 하는 상황이다. 즉 화화격이 되기 위해서는 사주에 불의 기운이 넘쳐야 하는데, 이 사주에서는 土의 기운이 넘친다. 그래서 그냥 종살격(從殺格)으로 보는 것이 타당할 것 같다.

이런 사주도 있다는 것을 보여주기 위해 일단 찾아봤다.

화화격의 경우에도 마땅한 자료가 보이지 않아 이 정도만 예로 들어보았다.

앞에 열거한 다섯 종류의 일간은 합화가 되었을 경우 어느 정도 뿌리가 있다고 하더라도 그냥 무시하고서 화해버리는 경우가 대부분이다. 그러니까 일단 의심은 해봐야 하겠지만 여기에 해당하는 일간은 웬만하면 화하는 것으로 보는 게 좋을 듯하다. '웬만하면' 이라는 말이 너무 어중간하기는 하지만, 일단 그러한 감을 가지고 있는 것만으로도 갈등을 줄일 수 있는 요소가 될 수 있을 것이다. 그러면 앞에서 언급하지 않은 일간들은 어떤 특성이 있는지, 어째서 여간해서 화기격이 되지 않는지에 대해서 설명하기로 하겠다.

丁火는 壬水가 옆에 있더라도 웬만하면 화하지 않는 것으로 본다. 그 이유는 화해봐야 결국 木이기 때문이고, 사주 전체의 상황이 이미 인성에 해당하는 木의 기운으로 가득 차 있을 터이므로 냉큼 화하는 분위기가 되지 않을 듯싶어서이다. 실제로 壬水가 木으로 화하는 경우는 가끔 있지만, 丁火가 木으로 화하는 경우는 드물다.

戊土는 癸水를 보고서 합이 되더라도 앞의 丁火와 마찬가지로 인성이 그득한 상황이기 때문에 굳이 불로 화하려 하지 않는다. 이런 맥락에서 볼 때 화기격도 일종의 종격으로 간주할 수 있다. 그러니까 냉정히 말하자면 화기격도 굳이 따로 생각할 필요가 없다는 것이다. 기왕에 종을 하는 것인데, 합이 되어서 가니까 더욱 부드럽게 종한다는 의미 정도로 생각해도 문제가 없을 것 같다.

己土는 甲木을 보고 합이 된다고 해도 냉큼 土로 화하지 않는다. 甲木의 경우는 웬만하면 土로 화하지만, 己土의 입장에서는 화해봐야 같은 土일 뿐이니까 굳이 화할 필요를 느끼지 못한다고 볼 수 있다. 실제로 甲木이 土로 화하는 사주는 많이 볼 수 있지만 己土가 土로 화한 사주는 거의 없다.

庚金이 乙木을 보고 합이 되어도 화금격이 되는 것은 아니다. 이유는 己土의 입장과 같다. 화해봐야 결국 金이 되므로 굳이 화할 필요를 못 느끼는 것이다. 화해서 생기는 金이 기존의 金과 성분이 다른 것이라면 모르지만, 별도의 金을 만들어낼 수는 없는 것이다. 乙木이 金을 보고서 화하는 것과는 상당히 다르다고 할 수 있다.

辛金은 丙火를 보고 합이 되어도 쉽게 水로 화하지 않는다. 아마 물질의 구조상 金이 물로 화하기가 상당히 어렵기 때문에 그런 것이 아닌가 싶다. 혹자는 丙辛合水를 辛金이 불을 만나서 녹아 생기는 용광로의 쇳물로 보기도 한다. 그러나 용광로의 쇳물을 물이라고 할 정도로 어리석게 생각한다면 명리학은 진작에 소멸되어버렸을 것이다. 말도 되지 않는다는 이야기이다. 水로 화한다고 할 때의 물은 그냥 있는 그대로의 물을 가리키는 것으로 보아야 한다.

이처럼 화기격은 경우에 따라서 쉽게 성립이 되는 것과 안 되는 것이 있다. 그 차이점을 이해하는 것이 화기격을 구체적으로 적용시키는 데 편리하리라 생각되어 몇 마디 덧붙여봤다.

지금까지 외격에 대한 현상들을 살펴보았는데, 실제로 사주를 보다 보면 이러한 사주들에서 주로 갈등을 느끼게 된다. 그렇지만 크게 고민할 필요는 없다. 우선 정격으로 놓고 살펴보면 간단히 해결되기 때문이다. 다시 말해서 정격인 것도 같고 외격인 것도 같은 사주라면 그냥 정격으로 놓고 보면 되는 것이다. 누가 봐도 외격처럼 생긴 사주도 그대로 정격으로 버티고 있을 정도이므로 더 이상 설명할 필요가 없을 것이다. 그런데 재미있는 것은 여기에서도 화가 잘 되는 것과 안 되는 것이 5 대 5 반반이라는 점이다. 그렇게 나누려고 한 것도 아닌데 그렇게 결론이 나는 것이 흥미롭다.

이상에서 살펴본 것처럼 경우에 따라서 종하는 데 전혀 이견이 없는 것도 있고, 또 종하지 않는 것으로 생각할 수 있는 것도 있다. 그런데 사주를 보고 이것을 판단하기 곤란할 때에는 굳이 어느 한 가지를 찍으려고 하지 말라고 당부하고 싶다. 그럴 때에는 그 사주 주인의 삶에 대해 살펴보면 된다. 의사가 환자에게 이것저것 물어보고 진단을 내리듯이 사주를 볼 때에도 실제의 생활을 참고로 해서 판단을 내리면 되는 것이다.

만일 개업을 하고 있는 상태라면, 의사가 진료에 참고하기 위해 환자에게 여러 가지 질문을 하는 것처럼, 그 사람의 운명 판단에 참고가 될 만한 것이 있다면 무엇이든지 물어보는 것이 좋다. 스스로 도사라고 생각하거나 '족집게 훈련'을 하는 경우라면 모르겠지만, 자신을 명리학자라고 생각한다면 망설이지 말고 물어야 한다.

"만일 土가 용신이라면 작년에는 손해를 많이 보았을 것이다. 사실이 그러했는가?"

"재작년에는 매우 힘들었을 것 같다. 실제로는 어땠는가?"

"올해에는 그런 대로 무난했을 것 같다. 그렇지 않은가?"

우선 이러한 것 등을 물어보아야 한다. 그래서 답변의 형태에 따라서 용신을 잘 찾았는지 잘못 찾았는지부터 판단을 한 후에 비로소 미래에 대해서 이야기해야 하는 것이다. 찾아온 사람이 "그냥 보이는 대로만 설명을 해달라"고 한다면 이렇게 부산을 피울 필요도 없겠지만, 올바른 운명 판단을 원해서 온 사람이라고 한다면 반드시 몇 가지는 물어보고 시작하는 것이 좋다. 그래야 자신이 찾은 것이 옳은지 그른지 확인해보며 정확한 판단을 내릴 수 있는 것이다. 그리고 이것은 전혀 부끄러운 일이 아니다.

고객 가운데에는 과거지사에 대해서 묻는 것을 싫어하는 사람도 있다. 속시원하게 자신의 속에 있는 것을 꺼내주기 바라서 그런 사람도 있고, 정말로 잘 보는지 테스트를 해보려는 뜻에서 그런 사람도 있다. 그러나 이것은 모두 명리학자와 점술사를 구분하지 못하는 무지의 소치라고 할 수 있다. 일반 사람들의 상식은 의외로 허술하다. 점술가와 명리학자를 구분하지 못하는 경우가 의외로 많은 것이다.

이렇게 자신에게 질문하는 것을 못마땅해하는 고객을 만나면 낭월은 대뜸 "점쟁이를 찾아오셨다면 잘못 오셨어요"라고 말한다. 그러나 그런 고객만을 탓할 수도 없는 일이다. 그들이 이러한 행동을 보이는 데에는 명리학을 한다는 사람들의 실책도 상당수 포함되어 있기 때문이다. 자신이 무슨 족집게 도사인 양 찍어 맞히고는 그것을 대단한 능력 발휘라고 생각하는 경우도 많기 때문이다. 그리고 어쩌다 한번 맞히게 되면 금세 희색이 만면해서는 "그것 보라니까 틀림없지!"라면서 기고만장해하고, 예측이 빗나가면 "인연이 없다"는 둥 "연대가 맞지 않는다"는 둥 어설픈 변명을 늘어놓곤 해왔던 것이다.

그런데 낭월의 책을 보고서 찾아오는 손님은 전혀 그런 행동을 보이지 않는다. 이미 책을 통해서 낭월의 스타일을 충분히 알고 있기 때문일 것이다. 그런데 문제는 이야기를 듣고 찾아온 사람들이다. 그들은 자신의 속마음을 시원하게 풀어주리라 생각하며 낭월의 상담 실력(?)에 대한 환상을 가지고 찾아온다. 낭월의 실체는 전혀 인식되어 있지 않은 것이다. 그런데 막상 찾아와서 보니 족집게도 아니고, 그냥 자신이 살아온 과거에 대해서 이것저것 물어보면서 눈치를 살피는 것만 같은 것이다. 그들의 얼굴에는 실망스럽다는 표정이 역력하다.

그럴 때면 사실 낭월도 실망스럽기는 마찬가지이다. 운명의 나침반이 되어줄 각오로 최선을 다해서 묻는 사람에게 고작 찍어주는 말이나 들으려는 고객을 보면 참으로 서글픈 생각이 드는 것이다. 그러니 대뜸 "아마도 잘못 찾아오신 것 같군요"라는 말이 안 나올 수가 없다. 전에는 그냥 고객이 원하는 대로 찍어주자는 생각을 하기도 했지만 도저히 적성에 맞지 않아 포기하고 말았다.

그러니 이 책을 통해서 공부하는 벗님들도 낭월의 이러한 특성을 잘 파악하는 것이 좋겠다. 명리학자들은 그렇게 단언하지 않는다는 것을 말이다. 행여 벗님이 영업 전선에 있다면 이렇게 고객이 원하는 대로 족집게 흉내를 내다가는 오히려 망신을 당하기 쉽다는 것을 명심하기 바란다. 그냥 생긴 대로 봐주는 것이 최선인 것이다. 재미삼아 여기에 어울리는 표어를 하나 생각해봤다.

> 못 찍을까 고민 말고 고객 과거 질문하자
> 질문 통해 확인된 일 고객 미래 밝아진다

통기 용신의 이해

아마 통기 용신(通氣用神)이라는 말은 처음 들어보았을 것이다. 이것은 낭월이 처음 사용하는 말이기 때문이다. 하지만 사실 이것은 스스로 생각한 것은 아니고, 고수들의 의견을 참고해서 정리한 이론이라고 하는 것이 더 타당하겠다. 언젠가 이 방면에 상당히 공부가 깊은 대선배와 의견을 나눌 자리가 있었는데, 그때 이러한 용신에 대해서 알아야겠다는 이야기가 있었던 것이다.

억부법으로 따져도 도저히 해석이 되지 않고, 조후법으로 따져도 해답이 나오지 않아서, 전체의 흐름으로 관찰해보니 그제야 비로소 그 사람의 삶과 정확히 맞아떨어지더라는 것이었다. 그리고 이러한 사주는 적어도 장관급 정도 되는 사람에게 많다는 것이었다.

그래서 낭월은 큰일을 하는 사람들의 사주는 억부법으로는 접근이 불가능한 것인가 하고 한동안 생각을 해봤다. 그리고 고민 끝에 일단 공부를 하는 입장에서는 이러한 용신에 대해서 고려할 필요가 없다는 결론을 내리게 되었다. 처음 공부하는 사람에게 장관들이나 장군들의 사주가 입수되기도 어려울 것이고, 또 통기(通氣)라고 하는 형상을 읽기 위해서는 적어도 기의 흐름을 살펴야 하는데, 그러한 것이 입문하는 과정에서 보일 턱이 없기 때문이다. 아마 실력이 붙어서 '대가(大家)'라는 말을 들을 정도가 되면 자연스럽게 이러한 기운이 통하는 사주도 보게 되리라 생각한다. 그것을 미리 대비해서 공부하느라고 다른 것도 정리하지 못하고 머리를 복잡하게 할 필요가 없을 것 같다. 그것은 때가 되면 자연히 알게 될 부분이라고 이해하고 넘어가기 바란다.

그러나 통기 용신에 대해 이렇게 언급하고 있는 것은 억부 외에도 또 다른 공식이 얼마든지 존재할 수 있다는 것을 말하기 위해서이다. 물론 그것의 비중을 논한다면 0.01퍼센트 정도에 불과할지도 모른다. 하지만 아무리 사소한 것이라고 하더라도 그러한 공식이 있다면 그것에 대해서 알고 있어야 하는 것이다. 다만 그것은 하루아침에 알게 되는 것이 아니고, 오랜 시간 연구하고 많은 경험을 쌓아야 비로소 자연스럽게 얻어지는 것이므로 여기에서는 구체적으로 거론하지 않을 것이다.

솔직히 낭월은 그러한 별도의 용신에 대해서 별로 신경을 쓰지 않는 입장이기는 하다. 원래 '큰사람들'을 만날 인연도 없었지만, 모든 자연의 법칙에 의지해서 발생한 억부법과 조후법의 이면에 또 다른 무엇이 존재한다는 것에 대해서 그다지 큰 의미를 두고 있지 않기 때문이다. 그렇다고는 해도 이것은 낭월의 개인적인 생각이다. 그리고 만에 하나라도 실제로 그러한 것이 있을지 몰라서 여기서 언급을 하는 것이다. 벗님들이 새로운 것을 접할 수 있는 기회를 차단시켜서는 안 되겠다는 생각에서이다.

이곳(계룡산 자락)에도 가끔 장군들이 찾아온다. 육군 본부가 산

너머에 있어서 그런 모양이다. 하지만 그들의 사주를 보면서 달리 새로운 공식을 대입해야 할 필요를 못 느끼고 있다. 억부의 원리로도 풀이가 잘 되기 때문이다. 만약 앞으로 억부로는 도저히 답이 나오지 않는 사주를 발견하게 된다면 반드시 공개할 것을 약속하겠다. 결론적으로 말하자면 현재로서는 이러한 용신법이 존재한다는 것만 알아두면 될 뿐, 그것에 대해 구체적으로 고민할 필요가 없다는 것이다.

다소 건방진 생각이라고 할지 모르지만, 낭월은 지금까지 10년 이상 이 공부를 하면서도 별도의 용신법이 있어야 해석이 되는 경우를 접해보지 못했다. 어쩌면 미처 그러한 방면으로 관찰하지 않았기 때문에 그냥 넘어갔을지도 모른다. 하지만 지금도 여러 가지 사주들을 접하지만 여전히 그러한 방법의 필요성을 느끼지 못하고 있다. 따라서 굳이 이 책에서도 '제3의 용신법'에 대한 연구는 하지 않을 것이다.

제2부

용신격연구

용신격에 대한 이해

일단 사주를 보고 용신을 찾은 다음에는 그 사주에 어울리는 격(格)을 정하게 되는데, 그 격을 정하는 기준이 무엇이냐에 따라 용신격(用神格)과 고전격(古典格)으로 구분할 수 있다. 여기에서 고전격이라고 하는 것은 다른 게 아니고, 예전에 나온 책들이 보여주는 격들을 가리키는 말이다. 그리고 그에 대한 대안으로 나온 것이 바로 용신격이다. 그러나 용신격의 역사도 그렇게 짧지는 않다. 이미 『적천수징의』에서 임철초(任鐵樵) 선생이 적용시킨 것이 보이기 때문이다. 임철초 선생은 청나라 시대의 인물이므로 용신격도 상당히 오랜 역사를 가지고 있다고 하겠다.

고전격은 현재에도 여전히 활용되고 있다. 따라서 고전적인 격국이라고는 하지만 현실적으로도 쓰이고 있는 한 방법이므로 이에 따라서 고전의 격국에 대한 연구도 필요하다고 할 수 있다. 그러나 이연구는 일단 뒤로 미루도록 하고, 우선 여기에서는 앞으로 바람직하게 사용할 수 있는 격에 대한 설명을 하도록 하겠다. 그러니까 용신격에 대한 공부를 할 텐데, 그것은 사주를 보고 용신을 찾은 다음에 그에 어울리는 이름을 붙이는 공부가 되겠다.

그런데 용신격의 이름들은 아무래도 좋다. '도가도비상도 명가명비상명(道可道非常道 名可名非常名)'이라는 말이 있다. 도를 도라고 하면 이미 도가 아니고, 이름을 이름이라고 하면 이미 이름이 아니라는 것이다. 그러니까 이름에 대해서는 왈가왈부하지 말라는 이야기인데, 낭월도 이 말에 전적으로 동감한다. 그럼에도 불구하고 여기에서 이렇게 부득이 설명하는 것은 만약 이에 대해 거론하지 않으면 벗님들이 또 다른 책을 봐야 하는 것으로 생각할지도 몰라서이다.

지금부터 사주를 보고서 그 사주의 용신을 찾는 공부를 시작할 것이다. 일단 용신을 찾아가는 과정을 설명하면서 용신격을 정하기로 하겠다. 이것을 용신을 찾는 방법으로 보면 될 것이다. 그럼 천천히 용신을 찾는 과정에 동행하기 바란다. 납득이 되지 않는 부분은 반복해서 연구하면 이해할 수 있을 것이다.

그리고 체계적인 정리를 위해서 용신격의 이름을 먼저 적어놓고 그 상황에 부합되는 사주들을 찾아보도록 하겠다. 무작위로 사주를 적어놓고 상황을 살피는 것이 원칙이겠지만, 이름을 정하는 과정을 질서 있게 표시하기 위해서 이 방법을 취하였다. 그리고 신강한 경우와 신약한 경우로 크게 나눠보았다. 적어도 사주의 80퍼센트 이상을 차지하는 억부의 기준으로 용신격을 정리하는 것이 보다 효과적이라는 생각이 들어서이다.

1. 용신격의 출현

낭월이 지향하는 격은 바로 용신격(用神格)이다. '용신론과 격국론의 짬뽕'이라고 할 수 있는 용신격의 장점은, 격의 이름만으로도 무엇이 필요하고 무엇이 문제가 되는 상황인지 그대로 알아볼 수 있다는 것이다. 그만큼 활용성이 뛰어나다고 할 수 있다.

용신격은 '오행생극제화(五行生剋制化)의 상황 판단'을 마치고 난 후 구조를 살펴서 이름을 부여하는 것이다. 오행의 상황을 판단하기 이전에 먼저 형태를 관찰하는 일반적인 격과 다르다고 할 수 있다. 활용을 하는 입장에서는 기본적인 형태를 설명하는 것보다는 종합적인 상황을 설명하는 것이 더욱 도움이 된다. 그러기에 용신격이 보다 활성화되기를 바라는 것이다.

용신격은 임철초 선생을 시발로 해서, 서낙오(徐樂吾) 선생이 애용했는데, 현대에는 주로 진보적인 명리 연구가들이 많이 사용한다. 그러나 보수적인 연구가들은 여전히 격국론에 치중하는 경향이 있다. 따라서 현재는 이 두 가지가 공존하고 있는 상황이라고 할 수 있겠다.

명리 공부를 하면서 느끼는 것은, 항상 새로운 안목으로 관찰을 해야 보다 현실적인 감각을 살릴 수 있다는 것이다. 낭월의 사주가 '식신생재(食神生財)'의 흐름을 타고 있어서 그 영향 때문에 그런 사고를 하는지도 모르겠다. 그런데 아마 이 책으로 공부하는 벗님들도 낭월과 비슷한 성향을 가지게 되리라 짐작된다. 일단 책이라고 하는 것은 글쓴이의 사상이나 취향을 전하는 것이므로 자신도 모르는 사이에 그것에 흡수되기 때문이다.

낭월은 가능하면 어느 한 관점에 치우치지 않고 보다 객관적인 판단을 하도록 도우려고 애쓰고 있지만, 아무래도 감정의 지배를 받는 중생이다 보니 자신의 의견이 상당 부분 강조될 수밖에 없다. 그러나 중요한 것은 '누구의 이론을 배우는가'가 아니라, '어떻게 하면 사주를 잘 볼 수 있는가'이다. 그렇게 볼 때 벗님들이 여러 가지 흐름에 휩쓸려 방황을 하게 하는 것보다는 낭월의 생각을 강하게 전하는 게 나으리라는 생각이다. 하지만 그것이 독선에 빠지지 않도록 경계를 게을리 하지 않고 있다. 이것은 나중에 시간이 흐르고 나면 자연히 밝혀질 것이다. 그리고 그때 가서 낭월의 허물이 드러난다면 물론 겸허하게 받아들일 것이다. 다만 누군가가 보다 탁월한 안목으로 이 모든 것을 정리해주기 전에는 어쩔 수 없이 낭월의 주관대로 설명해 나갈 수밖에 없음을 이해하기 바란다.

2. 용신격은 최신형

항상 유행에 민감한 벗님들은 최신형을 좋아한다. 어제 나온 것보다는 오늘 나온 것이 더 좋다고 생각하는 것이 유행파들이다. 그런데 이 유행은 단지 패션이나 자동차에만 있는 것이 아니다. 어느 것이든지 나름대로 그 시대에 어울리는 유행이 있게 마련이다. 주택이나 언어에도 유행이 있는데, 하물며 인간의 삶과 함께 호흡하는 명리학에 어찌 유행이 없겠는가.

생각해보면 직업도 항상 새롭게 변하고, 사람의 의식도 언제나 변화하는 것이 현실이다. 가족 관계만 해도 그렇다. 아버지나 어머니의 역할도 옛날과 지금은 상당한 차이가 있다. 그러므로 명리학에서도 그러한 변화를 수용하는 수밖에 없다. 그래야 사주를 더욱 정확하고 현실적으로 볼 수 있기 때문이다.

이렇게 볼 때 명리학의 초창기에 만들어진 격국론은 너무 오래된 이론이라고 할 수 있겠다. 그동안 많은 사람들이 이것의 문제점에 대해 끊임없이 의문을 제기하며 연구를 해왔다. 그것은 아마도 고전의 뜻을 현실적으로 가장 적합하게 살리면서 운명을 설명할 수 있는 방법을 찾기 위한 부단한 노력이었을 것이다. 이제 무엇이 더 유익한 방법인지는 더 이상 설명하지 않아도 앞으로 공부를 진행해가면서 벗님들 스스로가 깨닫게 될 것으로 믿고, 일단 용신격의 구조를 살펴보도록 하겠다.

용신격은 우선 용신에 대해서 확실하게 알고 있어야 정할 수 있다. 용신을 찾는 작업이 먼저 이뤄지지 않고서는 절대 용신격에 대해서 생각할 수 없다는 이야기이다. 그리고 용신에 대해서 명확하게 정의를 내릴 수 있는 실력이 된다면 그때 용신격은 그냥 덤으로 따라오게 되는 것이다.

용신을 몰라도 격을 정할 수 있는 '고전 격국론'이 더 낫겠다고 생각하고 이에 관심을 기울이는 벗님들도 분명히 있을 것이다. 하지만 그야말로 철저하게 인간의 운명을 해부해야 하는 공부를 하면서 복잡하고 까다로운 연구라고 회피하는 것은 옳지 못하다고 본다. 그러나 선택은 스스로 하는 것이다. 공부하는 방향을 제시해줄 수는 있지만 자신의 주관대로 하겠다는 것까지 참견할 수는 없는 노릇이다.

용신격의 종류가 다양하다고 해서 어떻게 다 외우나 하고 고민할 필요는 없다. 고전 격국과는 달리 용신에 대한 공부가 이뤄지고 나면 당연히 용신격의 이름들과 연결되기 때문이다. 따라서 우선 용신에 대해 이해만 하면 되는 것이다.

그럼 지금부터 용신격에 대해 구체적으로 설명하기로 하겠다. 그러고 난 다음에 고전 격국을 다룰 것이다. 이렇게 용신격에 대해 먼저 살펴보는 이유는 용신격을 주로 이해하고, 고전 격국은 참고 정도로 알아두라는 뜻에서이다.

신강한 사주

신강(身强)한 사주 중에서 우선 인성(印星)이 많은 경우부터 살펴보기로 하겠다. 그런데 본론에 들어가기 전에 당부하고 싶은 말이 있다. 이것에 주의를 기울인다면 독학(獨學)으로 명리의 영역에 도달하는 데 훨씬 도움이 되리라 확신한다. 우선 사주를 예로 들어서 설명하는 부분에서는 스스로 무엇이 용신인지 먼저 관찰해보라는 이야기이다. 책에 나와 있는 결론만 읽어보지 말고, 스스로 궁리를 한 다음에 자신이 생각한 것과 비교해서 관찰한다면 공부가 더욱 발전할 수 있을 것이다. 서둘러서 결과만 보는 것은 사실 별 도움이 되지 않는다.

배움의 길은 고달픈 것이다. 만세력을 통해 뽑은 생년월일시의 사주 팔자를 앞에 놓고 홀로 앉아 아무의 도움도 없이 그것을 판단해야 한다고 생각해보라. 정답을 내기 위해 최선을 다하지만 참으로 막막하고 고독한 순간일 것이다. 이러한 것이 싫어서 철학원을 하지 않는 벗님들도 있다. 생전 처음 보는 사주 팔자들을 가지고 판단을 내려야 한다는 게 엄청난 스트레스가 되기 때문이다.

그러나 책으로 연구를 할 때는 그렇게까지 어렵지 않다. 이미 어딘가에 해답이 나와 있기 때문이다. 그런데 자칫하면 이러한 것이 오히려 타성을 불러올 수도 있다는 데 주의해야 한다. 책에 나와 있는 것을 보고 이해하는 것과 스스로 생각하고 판단하는 것에는 많은 차이가 있다. 혼자 힘으로 사주를 판단해내는 경험을 쌓으면 쌓을수록 실력이 붙을 것은 불을 보듯 뻔한 일이다.

혼자서 궁리를 하면서 사주 500개를 풀어보았을 때 건성으로 사주 500개를 본 것과는 비교도 할 수 없을 만큼 자신감이 생기게 된다. 그렇기 때문에 스스로 확실하게 연구를 한 다음에 풀이와 비교해보라고 벗님들에게 권하는 것이다. 아마 스스로 풀이한 것이 책의 설명과 맞아떨어졌을 때에 얻게 되는 희열감도 상당히 클 것이다. 그리고 만약 어딘가 빗나갔다면 어째서 그렇게 되었는지를 살펴보고, 낭월의 설명이 도저히 납득이 되지 않는다면 낭월에게 전화라도 해서 항의하기 바란다. 사실 낭월의 결론이 100퍼센트 옳다고 장담할 수는 없다. 만일 완벽하게 정확할 수 있다면 이미 학자의 경지를 넘어선 도인이라고 생각해도 좋을 것이다. 그만큼 사주를 정확히 해석하기가 어려운 일이다. 이처럼 누구든지 불확실한 가운데 조심스럽게 연구해 나간다고 생각하고 차근차근 공부하다 보면 멀지 않아 자신감이 붙게 될 것이다.

당부의 말은 이것으로 마치고 본론으로 들어가기로 하겠다. 그런데 용신격의 이름 앞에는 전체 상황과 상관없이 고유한 번호를 부여해놓았다. 그렇게 함으로써 용신격 전체를 일목요연하게 파악할 수 있고, 용신격이 몇 가지 종류나 되는지 쉽게 알아볼 수 있을 것 같아서이다.

1. 인성이 많은 경우

1) 인중용재격(또는 기인취재격)

(1) 상황 설명

인중용재격(印重用財格) 또는 기인취재격(棄印就財格)은 인성이 많아서 사주가 강하다고 판단되는 경우에 해당하는 이름이다. 즉 사주에 인성이 중첩되어 있으므로 재성을 용신으로 삼아서 형성된 격이라는 의미이다. 그러니까 이 격은 인성이 상당히 많고, 비견 겁재는 거의 보이지 않아야 성립하는 것이다. 만약 비견이나 겁재가 있어서 재성을 극하게 되면 파격이 된다. 다시 말해서 기신(忌神)이 존재하게 되는 것이다. 그렇게 되면 용신이 제 기능을 발휘하기가 어렵다.

그럼 이에 대한 실제 사주를 예로 들어 설명하도록 하겠다. 다시 한 번 강조하지만 일단 스스로 상황을 잘 관찰한 후 결론과 비교해 보기 바란다.

(2) 실제 상황

時	日	月	年
丁	戊	壬	庚
巳	午	午	寅

이 사주는 戊午 일주가 午월에 나서 火의 기운이 매우 강하다. 더구나 시주가 丁巳라서 불의 세력은 이루 말할 수 없을 정도로 대

단히 치열하다. 그야말로 불꽃이 왕성하게 이글거리는 상황이라고 할 수 있다. 그런데 이 불은 일간 戊土의 입장에서 볼 때 인성이 되고, 인성이 많으므로 인중(印重)이라는 말이 어울리는 사주라고 하겠다. 그렇다면 무엇을 용신으로 삼아야 할까? 우선 무엇보다도 왕성한 불을 꺼야 한다. 이렇게 열기가 넘치는 상황에서는 아무것도 생명을 유지할 수 없기 때문이다.

불이 많을 때는 물이 필요하다는 결론을 내리기가 어렵지 않을 것이다. 그래서 이 사주에서 물을 찾아보면 월간의 壬水가 유일하다. 따라서 이 壬水가 용신이 된다는 결론이 내려지는 것이다. 이것은 인성이 많으므로 재성을 용신으로 삼아 火氣를 극하는 형상이라고 볼 수 있다. 인중용재격에 제대로 어울리는 상황이라고 하겠다. 게다가 水를 극하는 土가 없는 것도 상당히 좋은 징조라고 할 수 있다.

그러나 아쉬운 점도 없지는 않다. 불의 세력이 너무 강해 물이 상대적으로 약해지는 결과를 초래한다는 것이다. 그래서 물의 입장에서는 뭔가 도움을 필요로 하게 된다. 이 사주에서는 壬水를 보호하고 도와줄 만한 글자가 아무리 살펴봐도 연간의 庚金뿐이다. 그래서 庚金을 희신(喜神)으로 삼게 된다. 희용기구한(喜用忌仇閑)에 대해서는 앞의 책들에서 이미 살펴본 적이 있을 것이다. 하지만 만약 기억이 나지 않는다면 희신을 용신의 용신 정도로 알아두면 되겠다.

壬水는 희신인 庚金이 옆에 있는 것이 반갑다고 할 수가 있는데, 이렇게 희신과 용신이 바짝 붙어 있는 것을 '유정(有情)하다'라고 한다. 이 사주에서 기신은 水를 극하는 土가 되고, 구신(仇神)은 金을 극하는 火가 된다. 그리고 한신(閑神)은 木인데, 물론 도움이 되지 않는 쪽이다. 즉 '마이너스 한신'인 셈이다. 여기에서 마이너스 한신이라는 말은 반대로 플러스 한신도 있다는 것을 암시한다.

時	日	月	年
丙	戊	丙	丁
辰	寅	午	丑

이 사주는 戊土 일간이 午월에 태어났다. 그런데 火가 4자에다가 寅木도 이미 午火와 합이 되어서 불의 기운을 뿜고 있다고 볼 수 있다. 여기 인성인 火의 세력이 대단히 강하므로 당연히 재성을 찾게 된다. 그런데 재성이 보이지 않는다. 상황이 매우 다급하게 되었다. 이럴 때에는 부지런히 땅 속이라도 파보아야 한다. 丑 중에 癸水가 있고, 辰 중에도 癸水가 있다는 것을 발견하게 된다.

이 상황에서도 앞의 사주와 마찬가지로 水를 용신으로 삼게 되지만, 앞의 사주와 비교해볼 때 대단히 커다란 차이가 있다. 앞의 사주는 필요로 하는 것이 천간에 나와 있었는데, 이 사주는 지장간에 들어 있는 것이다. 천간에 나와 있는 것이 지장간에 있는 것보다 아무래도 사용하기에 편리할 터이므로, 이 사주는 앞의 사주에 비교해서 불리하다고 할 수 있다.

그럼 戊土를 극하는 木을 사용하면 어떨까? 이미 사주가 강한 것은 사실이니까 木을 용신으로 삼아 편관격(偏官格)이 되는 것도 좋을 것 같아 보인다. 그렇지만 그것은 말이 되지 않는다. 午월에 木을 쓰는 방법은 자연의 순리에 어긋나는 것이다. 木은 이미 불의 기운으로 기울어져 있는데 이렇게 무력한 木에게 용신의 역할을 맡긴다는 것은 누가 봐도 무리이다. 火가 많으면 자연히 水의 기운을 찾게 되는 법이다. 사주를 연구하는 것도 실은 이렇게 간단하다. 그것을 모르고 신강한 사주에서는 극하는 오행이나 설하는 오행을 쓰라고 하는 말에만 연연해한다면 아마도 실력이 늘려면 상당히 많은 시간이 걸릴 것이다. 다시 말하지만 '그 사주의 상황에서는 반드시 거기에 절대로 필요한 오행이 있게 마련'이다. 이러한 점을 파악하기 시작하면 사주의 용신을 찾는 작업에 슬슬 재미가 붙어 하루 종일 사주를 봐도 피곤한 줄을 모른다. 흐름을 찾아낸 까닭이다. 모든 것에는 흐름이 있게 마련이다. 부디 벗님들도 하루빨리 이 흐름을 찾아내기 바란다.

그렇다면 이 사주에서는 어떻게 하는 것이 좋을까? 어쨌든 물이 필요하다는 것은 틀림없는 사실이다. 그러니 물을 용신으로 삼아놓고, 원국에서는 물이 멀고 약하므로 물의 운이 오기를 기다리는 수밖에 없다.

따지고 보면 앞의 사주에서도 午월의 壬水가 허약하기는 마찬가지였다. 하지만 일단 천간에 노출되어 있으므로 유리하다고 보는 것이다. 근재묘선(根在苗先), 즉 뿌리가 있다면 싹이 먼저라고 할 수 있다. 천간에 나와 있는 상황에다가 물을 보태주는 것이 훨씬 빠르다는 이야기이다.

이 사주는 인중용재격으로 보기에는 약간 부족하게 느껴진다. 오히려 상관생재격(傷官生財格)에 가깝다. 그렇게 봐도 비중은 역시 재성에 있다. 그렇기는 하지만 용신이 재성에 있고, 인성이 많은 것은 사실이므로 그렇게 이름을 지을 수 있겠다. 이것을 다른 말로 표현하자면 용재암장격(用財暗藏格)이 될 수도 있겠다. 재성을 용신으로 삼았는데, 지장간에 암장되어 있다는 의미이다. 용신격은 이렇게 상황에 따라서 얼마든지 변형이 가능하기 때문에 다양한 방향에서 관찰해볼 수 있다.

그리고 기인취재격은 인성을 버리고 재성으로 나아간다는 의미이다. 이것은 인중용재격과 대동소이한 상황이라고 할 수 있다. 그런데 인성을 버리고 재성으로 나아간다고 하는 것은, 인성을 부모로 보므로 부모를 버리고 재성을 따라가는 것이 된다. 전통적인 사상으로 볼 때 패륜이라고 할 수 있는 상황이다. 그래서 인성을 버리고 재를 취하는 사람을 욕하는 분위기가 느껴지는데, 실제 사주의 상황으로서는 전혀 비난을 받을 이유가 없다. 재성과 합이 되어 있는 상황일 때 더욱 어울리는 이름이라고 하겠다.

2) 식신생재격(또는 상관생재격)

(1) 상황 설명

식신생재격(食神生財格) 또는 상관생재격(傷官生財格)에서, 식신생재라는 말은 식신이 재성을 생해준다는 의미이고, 상관생재라는 말은 상관이 재성을 생해준다는 의미이다. 원칙적으로 여기에서는 어울리지 않은 이름이라고 할 수 있다. 인성이 많아서 신강한 사주에서 식신생재를 하고 있다는 것은 어딘지 자연스럽지가 않다. 하지만 틀린 말도 아니기 때문에 그냥 언급하기로 하겠다. 즉 재성이 용신이 되는 것은 분명한데, 그 재성이 약하므로 식신이나 상관이 재성을 생조해주는 것이 있으면 좋다는 의미이다. 앞의 1)에서 소개한 인중용재격의 사주 중에 첫번째 예가 여기에 해당이 된다고 하겠다. 그렇지만 식신생재와 인중용재는 상당한 차이가 있다. 일단 식신생재는 흐름을 타는 것이고, 인중용재는 극하는 관계를 타는 것이다. 이것은 식신생재라고 하는 상황에서는 재성이 인성을 극하지 않는다는 것을 의미한다. 그리고 이러한 특징은 다음에 나오는 '비겁이 많은 경우'에도 그대로 대입된다.

(2) 실제 상황

時	日	月	年
己	丁	甲	戊
酉	卯	寅	辰

이 사주는 甲寅월 丁卯 일주로서 인성이 대단히 왕하다. 그런데 연지의 戊辰은 이미 무력해진 상태이므로 사주는 온통 木의 천지라고 볼 수 있겠다. 그래서 재성을 찾게 되는데, 시지의 酉金이 재성이다. 이러한 경우에는 재성이 木을 극하는 맛도 있지만, 앞에 나서지 않고 지지에 들어 있는 상황이기 때문에 용신으로 삼게 된다. 그리고 재성이 무력한 듯하지만 마침 바로 위에서 己土가 생조해준다는 것이 좋아 보인다. 그러므로 식신생재격이 성립되는 것으로 보면 되겠다.

이렇게 흐름이 생기는 것이 외로운 재성을 용신으로 삼는 것보다 훨씬 좋다. 그리고 아무래도 인중용재격보다는 식신생재격의 흐름이 온순하게 느껴지는데, 이것을 한마디로 표현하자면 순생(順生)이라고 한다. 흐름에 따라서 생을 해주는 것이라는 의미이다. 인중용재격과 식신생재격은 이처럼 흐름에는 미세한 차이가 나지만 실제로는 상당히 다른 분위기를 연출하게 된다.

이 사주는 재성이 용신이 되고 식신이 희신이 되는 경우이다. 그런데 식신생재격의 경우에는 용신이 식신에 있는 것도 있고, 재성에 있는 것도 있다. 그럼 용신이 식신에 있는 경우를 한번 살펴보도록 하자.

```
┌─────────────────────────┐
│    時  日  月  年         │
│    己  丁  甲  癸         │
│    酉  巳  寅  卯         │
└─────────────────────────┘
```

이 사주는 甲寅월에 출생한 丁巳 일주이다. 연지의 卯木까지 가세를 하여 木이 상당히 왕성하게 되는 형상이다. 그런데 金은 시지에 있어서 木을 극해야 할 필요가 없는 편안한 입장이다. 그리고 시간의 己土가 생조해주므로 이것 역시 식신생재가 된다. 만약 戊申시에 태어났다면 상관생재격이 될 것이다. 그러나 용신 관계는 비슷한 것으로 생각하면 되겠다.

여기에서는 용신이 식신에 있다고 본다. 따라서 이 사주의 용신은 己土가 되고 희신은 酉金이 된다. 그런데 이것이 서로 보호하는 구조로 짜여 있기 때문에 식신생재격이 되는 것이다. 만약 식신은 월간에 있고, 재성은 시지에 있다든지 해서 서로 떨어져 있다면 생재라는 말을 쓸 수 없게 된다.

그리고 인성이 많은 상황이기 때문에 재성을 끼지 않고서 그냥 식신만 사용하게 되면 매우 위태로워진다. 즉 고양이에게 생선가게를 맡기는 것과도 유사한 상황이 발생한다고 볼 수 있다. 참고로 이러한 사주를 한번 살펴보기로 하자.

```
┌─────────────────────────┐
│    時  日  月  年         │
│    丙  丁  己  乙         │
│    午  酉  卯  卯         │
└─────────────────────────┘
```

이 사주를 보면, 역시 木이 상당히 많다. 그리고 아울러서 火의 세력도 상당히 형성되어 있다고 볼 수 있다. 그런데 재성인 酉金은 일지에 있고, 식신인 己土는 월간에 있어서 서로 떨어져 있다. 이렇게 되면 식신생재라는 말을 할 수 없게 된다. 식신생재격은 이처럼 상당히 유정한 사주의 흐름에 속하는 것이다.

이 사주에서 월간의 식신은 연간의 乙木에게 극을 받고, 일지의 酉金은 시지의 午火에게 극을 받고 있는 상황이다. 물론 이러한 상황은 흉하다고 봐야겠다. 식신생재의 구조와 비교한다면 얼른 이해가 될 것이다.

이 사주의 이름으로 마땅한 것이 얼른 떠오르지 않는다. 굳이 이름을 붙이자면 편인도식격(偏印倒食格)이라고 할 수 있겠다. 연간의 乙木이 월간의 식신을 극하기 때문이다. 식신은 밥그릇이고, 편인은 그 밥그릇을 깨버리는 상황을 표현한 말이다. 밥그릇을 깨는 격이라면 누가 생각해봐도 기분이 좋을 턱이 없다. 그래서 다른 이름을 붙이고자 한다면 '군겁쟁재격(群劫爭財格)' 정도가 좋을 듯하다. 식신이 깨졌기 때문에 일지의 재성을 용신으로 삼으려고 했더니, 그 재성은 겁재에게 극을 받아서 활동을 못 하는 상황이라는 의미이다. 이렇게 한번 엇물린 단추는 끝까지 속을 썩인다. 아무리 좋은 방향으로 생각을 해봐도 결론이 나오지 않는다. 도리 없이 입맛만 쩝쩝 다시고 있을 뿐이다. 차라리 이름을 붙일 수 없다고 하고 그냥 넘어가는 것이 나을는지도 모르겠다.

3) 인중용관격(또는 인중용살격)

(1) 상황 설명

인중용관격(印重用官格) 또는 인중용살격(印重用殺格)에 대해 알아보자. 원칙적으로 볼 때 인성이 많은 상황이라고 한다면 관살(官殺)을 용신으로 쓰지 않는다. 그런데 사주에 재성이나 식상이 없을 경우에는 도리 없이 관살을 용신으로 삼게 된다. 물론 이것은 자연의 흐름에는 어울리지 않지만, 세상에는 부득이 해야 하는 일도 있는 것이다. 그래서 생겨난 말이 '울며 겨자 먹기'가 아니겠는가. 이 인중용관격이야말로 그 말에 딱 어울리는 경우라고 할 수 있다. 인성이 많은 상황에서 관살을 쓴다면 그 관살이 무슨 힘이 있겠는가 말이다. 그런데 더욱 딱한 일은 그런 줄을 알면서도 달리 용신을 찾을 수 없으므로 도리 없이 관살을 용신으로 삼을 수밖에 없다는 것이다.

이렇게 이름만 봐도 대충 그 사주의 상황을 짐작할 수 있는 것, 이것이 바로 용신격의 장점이라고 할 수 있다.

(2) 실제 상황

時	日	月	年
甲	丁	乙	癸
辰	巳	卯	未

우선 사주를 보면서 이해하는 것이 가장 빠를 것이다. 이 사주는 卯월의 木旺節에 태어난 丁巳 일주이다. 연지의 未土는 卯未合으로 묶이고, 시지의 辰土는 甲木의 뿌리가 되어버린 상황이어서 丁火의 기운을 흘려보낼 형편이 아니다. 이미 사주에서 金의 기운은 볼 수가 없고, 기껏해야 巳 중의 庚金이 있는 정도인데, 여기에서는 논할 상태가 아니다. 이렇게 용신을 삼을 만한 글자가 보이지 않는

데, 마침 연간에 癸水가 있다. 이 癸水는 불을 극하는 입장은 못 되지만 부득이 용신으로 삼을 수밖에 없다고 이해해보도록 하자. 물론 원국의 상황으로 볼 때 크게 쓰이기는 어려울 것이다. 운세의 흐름이 金水운으로 가야 비로소 癸水가 힘을 발하게 될 것이다.

그런데 이 사주의 주인은 남자이기 때문에 운세가 동에서 북으로 흘러가게 된다. 그래서 북방과 서방의 金운을 타고 군수 정도의 벼슬을 했던 모양이다. 아무래도 편관이 용신이다 보니 관리가 된 것 같다. 이러한 사주의 구조가 바로 인중용관격 또는 인중용살격이라고 보면 되겠다.

4) 재자약살격(또는 재관격)

(1) 상황 설명

재자약살격(財滋弱殺格) 또는 재관격(財官格)에 대해 알아보자. 이 격은 앞의 인중용관격과 연관이 있다. 그러니까 관살을 용신으로 삼는데, 관살이 약할 경우 재성이 옆에 있어서 관살을 생조해준다면 더 이상 바랄 것이 없다고 하겠다. 사주가 이렇게 짜여 있을 때 재자약살격이 되는데, 이 격은 일단 신왕한 상황이라고만 한다면 성립된다고 하겠다. 즉, 인성이 강한 경우든 비겁이 강한 경우든 얼마든지 발생할 수 있다는 것이다. 그런데 여기에서 중요한 것은 반드시 관살이 약해야 한다는 것이다. 재성이 약한 관살을 생해주는 상황이 적절하게 형성되어야 하는 것이다. 만약에 관살이 이미 왕성한 상황이라면 굳이 재성이 관살을 생해줄 필요가 없으므로, 이런 경우에는 재자약살이 되지 않는다.

(2) 실제 상황

時	日	月	年
庚	庚	丙	己
辰	申	寅	酉

　이 사주는 寅월에 태어난 庚申 일주로서, 일단 4金2土의 형상을 띠고 있으므로 대단히 강하다고 할 수 있다. 물론 '인성이 많아서 신강한 상황'이라고 보기에는 좀 무리가 있지만, 크게 다르지 않으므로 그대로 인용하도록 하겠다. 이 사주를 보면 왕성한 土金의 세력이 넘치는 힘을 쓸 수가 없다. 물이 전혀 없기 때문이다. 그래서 관살을 용신으로 삼을 수밖에 없다. 실은 寅월의 차가운 기운을 몰아내야 하는 입장이므로, 원래 물을 용신으로 삼는 것은 이치에 맞지 않는 일이었다. 그대로 재자약살격에 부합되는 상황이라고 볼 수 있겠다.

　그런데 용신인 丙火가 다소 약한 편이어서 오로지 자신의 앉은자리에 있는 寅木에게 모든 것을 의지하고 있다. 편관은 재성을 의지하고, 재성은 또 편관을 생조해주므로 용신과 희신이 서로 유정하게 호흡을 잘 맞추고 있는 형상이다.

　여기에서 용신은 당연히 편관이 되고, 희신은 재성이 된다. 그런데 원래 희용신은 가까이 있을수록 좋은 것이고, 기구신은 멀리 있을수록 반가운 법이다. 이 사주에서도 용신이 멀리 있지 않고 일간 가까이에 바짝 붙어 있는 것은 매우 바람직한 현상이라고 할 수 있겠다.

時	日	月	年
辛	庚	丙	庚
巳	戌	戌	寅

참고로 이 사주도 한번 살펴보자. 이 사주는 戌月에 태어난 庚戌
일주로서, 역시 3金2土로 신강한 상태이다. 水의 기운이 전혀 없고,
앞으로 점차 추워지는 계절이라는 점을 고려해볼 때, 일단 월간의
丙火가 용신이 되어야 하는 것은 분명하다. 그런데 丙火는 戌土의
고근(庫根)에 뿌리를 내리고 있지만 약하다고 볼 수 있다. 왜냐하면
여름의 戌土라면 모를까 늦가을의 戌土는 불의 뿌리보다는 土의 기
운으로 보는 것이 더 적당하기 때문이다. 이런 상황에서는 재빨리
재성을 찾아보아야 한다. 연지에 재성이 있다. 그런데 재성이 연지
에 홀로 떨어져 있어서 庚金 때문에 힘을 쓸 수가 없다. 재성이 바
로 아래에서 에너지를 보급해주고 있는 앞의 사주와는 상황이 다른
것이다.

이 사주는 재성과 편관의 위치가 매우 불리하다고 할 수 있다. 물
론 운세가 亥子丑운을 지나서 寅卯辰운으로 흘러가게 되면 상황이
좀 달라지겠지만, 그것은 운의 몫이고 일단 원국의 상황은 매우 불
리하다고 볼 수 있겠다.

사실 이 사주는 재자약살격이라고 하기에는 좀 무리가 있다. 오
히려 용살무력격(用殺無力格) 정도로 부르는 것이 더 타당할 것 같
다. 용살무력격이 된다는 것은 약한 살을 도와주는 재성이 뭔가 마
땅치 못한 형상이라는 것으로 이해하면 되겠다.

5) 종강격

(1) 상황 설명

이번에는 종강격(從强格)에 대해서 알아보기로 하자. 앞의 경우
와는 약간 다른 상황의 이야기가 될 것이다. 앞의 경우에는 어쨌든
뭔가 필요로 하는 것이 있어서 그것을 용신으로 삼았는데, 종강격
은 그러한 것이 하나도 없는 경우이기 때문이다. 식재관(食財官)은
전혀 없고 인성만 바글바글한 상황인 것이다. 따라서 종강격은 인
성의 흐름에 따르는 도리밖에 없다는 결론을 내릴 수 있다.

(2) 실제 상황

時	日	月	年
庚	庚	己	戊
辰	戌	未	辰

이 사주는 6土2金으로 온통 土의 천지이다. 다른 성분들은 모두
지장간에 숨어 있고 나타나 있지 않다. 물도 사용할 수 없고, 불도
사용할 수 없는 형상이다. 나무도 마찬가지이다. 이렇게 왕성한 土
金의 기운에서는 어떤 성분을 대입시켜도 이 사주를 이끌어갈 수가
없다. 그렇거나 말거나 사주에 나타나 있기라도 하다면 그냥 용신
으로 삼겠지만, 그것도 전혀 없는 상황이다. 따라서 인성인 土의 세
력을 따르는 것이 최선이라는 결론을 내릴 수밖에 없다. 이렇게 짜
여진 구조가 바로 종강격이라고 하는 것이다.

여기에서 강(强)이라고 하는 것은 인성이 많기 때문이다. 인성이

많을 경우에는 흔히 강이라고 표시하고, 비견이나 겁재가 많을 경우에는 왕(旺)으로 표시한다. 그러니까 종강격이라고 하면 인성이 많아서 그 세력에 따른다는 의미이고, 종왕격이라고 하면 비겁이 많아서 그 세력에 따른다는 의미가 되는 것이다. 이렇게 글자에 따라서 사주의 상황을 이해할 수 있기 때문에 반드시 강과 왕의 용법을 구분해서 사용하는 것이 좋다. 낭월은 물론 그것을 구분해서 사용하고 있다.

　지금까지 인성이 많아서 신강한 경우에 발생하는 용신격에 대해 알아보았는데, 이렇게 5가지 종류 정도로 보면 되겠다. 그 외에도 여러 가지 상황이 있겠지만, 여기에서는 일단 이것만 알아보기로 하자. 실제로 사주를 만나게 되면 온갖 종류의 기기묘묘한 상황들이 발생한다. 그렇지만 그러한 상황들을 모두 늘어놓을 수는 도저히 없는 것이다. 대표적인 상황들을 이해함으로써 구체적인 상황들은 미뤄서 짐작할 수밖에 없다. 그리고 이름도 그렇게 상황을 참작해서 지으면 되는 것이다.

2. 비겁이 많은 경우

　이번에는 비견과 겁재가 많은 경우에 대해서 생각해보기로 하자. 그런데 인성과 비겁이 반반일 경우에는 어떻게 하느냐고 생각하는 벗님들도 있을 것이다. 하지만 그것은 고민할 필요가 없다. 인성이든 비겁이든 치우쳐 있는 경우를 생각해서 이렇게 분류해놓은 것일 뿐이므로, 이 분류를 잘못한다고 해서 용신을 찾는 데 무슨 큰일 나는 것은 아니기 때문이다. 따라서 인성과 비겁이 반반일 경우에는 식재관 중에서 적절하게 해답을 찾아가면 된다. 그런데 '적절하게'라고 하는 말에 얼른 납득이 가지 않는 벗님들은 그냥 비겁이 왕한 경우로 보면 되겠다. 비겁은 결국 인성의 성분을 흡수하는 것이기 때문이다.

앞에서 설명한 다섯 가지의 용신격 중에서 인중용재격이나 기인취재격, 그리고 종강격은 오직 인성이 많은 경우에만 해당하지만, 식신생재격이나 재자약살격은 비겁이 많은 상황에도 그대로 대입된다는 점을 알아두기 바란다. 여기에서 설명하지 않는다고 해서 어떻게 처리해야 할지 고민하지 말라는 이야기이다. 오히려 식신생재격은 비겁이 많아서 신강한 경우에 더 적당하다고 봐야 한다. 이것은 앞으로 해당 항목이 나올 때 더 자세히 설명하도록 하겠다.

6) 정관격 또는 편관격(유형―재관격, 재자약살격)

(1) 상황 설명

정관격(正官格) 또는 편관격(偏官格)에 대해서 알아보기로 하자. 비견이나 겁재가 많으면 신왕(身旺)하다고 표현한다. 그리고 이 경우에는 비겁을 극제(剋制)하는 성분인 관살을 용신으로 삼는 것이 가장 일반적인 공식이다. 원래 용신은 사회성이라고 할 수 있으므로 용신을 쓰는 곳도 사회라는 점을 생각할 필요가 있다. 사실 용신은 개인용으로는 쓸모가 없다고 해도 과언이 아니다. 오로지 사회적인 부분과 관련된 일을 생각할 때 중요하기 때문이다. 그러다 보니 사회의 법칙인 극하는 관계로 짜여진 용신은 힘이 있고, 또 사회적응성도 좋다고 하는 것이다.

이처럼 비겁이 많을 경우에는 가장 먼저 나를 극하는 오행인 관살의 형태가 어떤가를 살펴야 한다. 이것을 눈 돌아가는 방향이라고 생각해도 좋다. 일단 사주에서 가장 강한 글자를 극하는 것이 용신으로 등장할 확률이 높은 것이다. 이것은 병약 용신론에도 그대로 대입될 수 있다. 이것만 잘 이해해도 상당 부분 도움이 될 것으로 생각한다.

(2) 실제 상황

```
時  日  月  年
丁  庚  戊  壬
丑  戌  申  申
```

이 사주는 우선 3金3土로 되어 있어 인성이나 비겁이 함께 왕하다고 하겠다. 다만 월지를 잡고 있는 글자가 비견이기 때문에 金이 더 강하다고 볼 수 있다. 만약 서로 반반이라고 하더라도 土生金이므로 결국 에너지는 金 쪽으로 모이게 되는 것이다. 어쨌든 가장 강한 것은 金이다. 따라서 金의 기운을 극하는 불이 있는가를 살피게 되고, 결국 시간에 있는 정관을 용신으로 삼으면 되겠다는 결론에 이르게 된다.

그런데 이런 결론에 대해 반론을 제기하는 벗님들도 있을 것이다. 물론 불로써 金을 극할 수도 있지만, 물로써 설할 수도 있는 것 아니냐고 말이다. 이렇게 질문할 정도라면 아마 꽤 공부가 돼 있는 벗님들일 것이다. 이 경우에는 과연 물이냐 불이냐를 놓고 한판 승부를 벌여보아야 한다. 그래서 우선 물을 보니, 戊土가 가로막고 있는 형상이다. 물을 용신으로 삼는다는 데에는 일단 문제가 있다고 봐야겠다. 반면에 丁火는 바로 옆에 붙어 있어서 매우 유용하게 쓸 수가 있다. 다만 여기서 중요한 것이 木인데, 불을 살려주는 木이 전혀 힘을 못 쓰고 있다. 이 사주는 멀리 있는 壬水는 버리고 가까이에 있는 丁火를 용신으로 삼아 정관격이 성립되었는데, 유감스럽게도 정관격이 재성의 도움을 받지 못하고 있는 상황인 것이다.

그래서 일생 동안 명예는 어느 정도 충족되지만 재물이 따르지 않게 된다. 정관은 당연히 재관격(財官格)의 형상을 띠는 것이 바람직하다고 하겠다. 그냥 정관격이 되어서는 외로운 관이 도움을 못받게 되므로 고독하다고 한다. 이 정도로도 재관격과 정관격의 차이가 얼마나 큰지 짐작할 수 있을 것이다. 그럼 재관격을 한번 살펴보도록 하자.

時	日	月	年
壬	戊	戊	丙
子	寅	戌	戌

이 사주는 戌월의 戊土 일간이 4土1火의 구조를 하고 있기 때문에 왕성한 상황이다. 그리고 일단 비겁인 土가 많으므로 일지의 편관을 용신으로 삼아 편관격이 된다. 그런데 이 편관은 土가 너무 많은 상황이어서 자신도 돌볼 궁리를 해야 하는데, 마침 바로 옆에서 子水가 도와주고 있는 형상이다. 바로 재자약살격(財滋弱殺格)이 되는 것이다. 결국 재성이 약한 살을 도와주는 상황이라고 하겠다.

앞에서 예로 든 정관격의 사주와 비교해볼 때, 용신이 생조를 받고 있는 이 사주가 훨씬 편안하다는 것을 느낄 수 있을 것이다. 혹 앞의 사주에서는 丁火가 천간에 투출(透出)되어 있기 때문에 더 유력하지 않겠느냐고 말할지도 모르겠다. 물론 그러한 점도 있기는 하지만, 더욱 중요한 것은 용신은 힘이 있어야 한다는 것이다. 따라서 정관격보다는 재자약살격이 훨씬 유리하다고 보는 것이다. 4)의 재자약살격도 참고하기 바란다.

7) 식신격 또는 상관격(유형─식신생재격, 상관생재격)

(1) 상황 설명

식신격(食神格) 또는 상관격(傷官格)에 대해 알아보기로 하자. 식신격은 사주에 비견 겁재가 많은 상황에서, 관살이 없거나 또는 멀리 있으면서 무력하고, 식신이 유력하게 짜여져 있는 경우를 가리킨다. 그리고 식신이 없고 그 자리에 상관이 있다면 물론 상관격이 된다. 이처럼 식신격이나 상관격은 단순한 형상을 띠고 있는데, 여기에서 재성이 있으면 식신생재격(食神生財格) 또는 상관생재격(傷官生財格)이 되는 것이다. 따라서 식신격이라고만 한다면 재성이 없는 경우를 가리키는데, 실제로 이러한 사주를 많이 볼 수 있다. 물론 재성이 있는 것이 훨씬 유리하다. 그렇지만 마음대로 되지 않는 것이 인생살이이듯 사주 팔자도 그렇게 필요하다고 해서 모두 있어주지 않는다. 그래서 아쉽더라도 그냥 식신이나 상관을 용신으로 삼고서 재성이 없는 대로 살아가야 하는 것이다.

(2) 실제 상황

時	日	月	年
庚	庚	庚	癸
辰	子	申	卯

이 사주는 申월에 태어난 庚金 일간으로서 4金1土로 되어 있어

대단히 왕하다. 극하는 불이 있으면 좋을 것 같은데, 유감스럽게도 전혀 보이지가 않는다. 그렇다면 부득이 물이라도 있어야 하는데, 다행히 일지에 子水 상관이 존재한다. 그래서 이것을 용신으로 삼아 상관격이 되었다. 고전에서는 이러한 사주를 가상관격(假傷官格)이라고 부르는데, 그것은 월령(月令)에 있지 않은 상관을 용신으로 삼는다는 의미가 포함되어 있다. 그렇지만 용신격에서는 이를 굳이 구분할 필요가 없다고 본다. 월령에 있든 시지에 있든 관계없이 그냥 신왕해서 상관을 용신으로 삼는다는 점에만 비중을 두는 것이 용신격의 성격이기 때문이다.

이 사주에서 연지에 있는 卯木은 무력하기 때문에 크게 염두에 둘 상황이 아니다. 즉 상관이 재성을 생조해주는 형태가 된다면 상관생재라고 하겠지만, 멀리 떨어져 있어서 아무런 도움이 되지 않기 때문에 그냥 무시하는 것이다. 운에서 들어오는 것은 도움이 되지만, 원국에 있다고 하더라도 이렇게 멀리 떨어져 있는 것은 아무런 도움도 되지 않는다. 이것은 무용(無用)한 것, 즉 쓸데가 없는 것이다.

	時	日	月	年
	辛	庚	壬	己
	巳	申	申	未

이 사주도 4金2土로 庚金 일간이 대단히 왕하다. 그래서 시지에 있는 巳火를 용신으로 삼으면 좋을 듯싶다. 하지만 유감스럽게도 巳火는 辛金과 합이 되어 있는 상황이고, 또 무력하게 되어 있다. 이름만 불일 뿐 전혀 위력이 없는 것이다. 이렇게 무력한 불로는 왕

성한 金을 다스릴 수 없으므로 포기를 하는 수밖에 없다. 대신 월간에 있는 식신 壬水를 용신으로 삼게 되어 식신격이 된다. 그런데 연간의 己土가 壬水를 극하여 매우 꺼림칙한 상황이 된다. 없느니만 못하다는 이야기이다.

그런데 이 사주에서는 재성인 木이 없다. 그래서 식신생재격이 되지 못하고 그냥 식신격이 되는 것이다. 식신격이라도 나쁘지는 않지만, 기왕에 식신이 있으면 그 식신의 식신인 재성이 있는 것이 좋다. 그래야 사주에서 흐름을 만들어가게 되기 때문이다. 재성이 없으면 식신에서 모든 기운이 뭉쳐버리는 것이다. 그런데 항상 뭉친 곳에서 일이 발생하게 마련이므로 바람직한 현상이 아니라고 볼 수 있다.

용신의 등급을 판단할 때는 이러한 결함 때문에 식신격이 식신생재격에 비해서 한 단계 떨어지는 것으로 본다. 식신생재격에 대해서는 앞의 2)를 참고하기 바란다.

8) 군겁쟁재격

(1) 상황 설명

이번에는 군겁쟁재격(群劫爭財格)에 대해서 알아보기로 하자. 군겁쟁재라는 이름에서는 뭔가 꺼림칙한 기분이 든다고 할 수 있다. 아무래도 사주의 상황이 불길하게 느껴지기 때문이다. 그러나 이름이 흉하다고 해도 어쩔 수 없다. 가급적이면 이러한 이름을 붙이지 않으려고 노력하지만, 마음대로 할 수 있는 일이 아닌 것이다. 이런 이름을 붙일 수밖에 없는 데에는 그럴 만한 사주의 형상이 있기 때문이다.

(2) 실제 상황

時	日	月	年
癸	癸	丙	壬
丑	亥	午	子

이 사주는 전형적인 군겁쟁재의 형상을 띠고 있다고 볼 수 있다. 이 사주는 5水이고, 시지의 丑土는 거의 물로 동화되어버린 상황이라고 보겠다. 이 사주에서 식신이나 관살은 쓸 수가 없다. 도리 없이 재성을 용신으로 삼아야 하는데, 그 재성 또한 주변에 둘러싸인 비견, 겁재들로 인해서 이미 파괴되어버린 상황이라고 할 수 있다. 그래도 월령을 얻은 재성으로 인해서 약간의 재물은 유지할 수 있을지 모르지만, 운에서 완전히 배반을 해버리기 때문에 상황이 여의치 않다.

실제로 이 사주의 주인은 일생 동안 빈민(貧民)으로 살았다고 한다. 이렇게 볼 때 역시 팔자의 이름이 결코 헛된 것이 아니라는 생각을 하지 않을 수 없다. 이 사주에 일인군주격이라는 좀 긍정적인 이름을 붙여보기도 하지만 역시 눈가림일 뿐이다. 재성이 겁탈을 당하는 형상을 더욱 잘 보여주는 군겁쟁재라는 이름이 현실적으로 더욱 명백하게 의미를 전달해준다.

時	日	月	年
庚	癸	壬	庚
申	丑	午	子

이 사주는 午월에 태어난 癸水 일간으로서 3金3水로 왕성하다. 그리고 월지의 午火가 연지 子水의 극을 받아 깨져 있다. 이러한 상황을 보고 이 사주를 앞의 사주와 비슷하다고 생각하는 벗님들은 아직 관찰력을 더 길러야 할 것 같다. 이 사주는 앞의 사주와 상당히 다르다고 볼 수 있다. 그것은 丑土의 위치 때문이다. 앞의 사주에서는 亥子丑의 분위기로 돌아가 水로 동화되어버렸지만, 여기에서는 火生土의 의미가 약간 발생한다고 볼 수 있다. 그렇기 때문에 財生官이 되는 것이다. 결국 군겁쟁재격에서 벗어나서 재자약살격으로 환원이 된다는 이야기이다. 이것은 엄청난 차이라고 할 수 있다. 실제로 이 사주의 주인은, 앞 사주의 주인이 일생을 곤궁하게 살아간 것과는 달리 시랑의 벼슬을 지냈다고 한다. 군겁쟁재와 재자약살의 차이가 어느 정도인지 느낄 만할 것이다.

실제로 군겁쟁재격은 식신격이나 상관격과는 비교도 되지 않게 불리한 상황이다. 괜히 재성이 있어서 비견이나 겁재들이 쟁탈전을 벌이는 것보다는 식신격이나 상관격으로서 유정한 상황이 훨씬 더 바람직하다. 용신격 중에서 아마도 군겁쟁재격이 가장 불리한 상황이라고 해도 과언이 아닐 것이다.

時	日	月	年
庚	丙	戊	癸
寅	午	午	巳

이 사주도 군겁쟁재격이다. 4火1木이지만 寅木이 寅午합이 되어서 결국 5火가 되는 셈이고, 연간의 癸水 역시 戊癸합으로 인해서 불의 세력으로 형성되었다. 결국 7火가 1金을 먹으려고 덤벼드는

상황이다. 이런 경우에 재성은 차라리 없는 것만 못하다. 그렇다고 없는 것으로 봐줄 수는 없는 일이다.

이 사주의 상황은 형제들이 재물을 가지고 서로 차지하려고 싸우는 형상인데, 실제로 이 사주의 주인은 6명의 형제들과 서로 많은 유산을 차지하려고 아귀다툼을 했다고 한다. 정말로 사주의 상황과 흡사하게 닮았다고 생각되어서 등줄기가 써늘해지는 느낌이다. 과연 이렇게 사주대로 살아가야 하는 것인지 알다가도 모를 일이라는 생각이 든다.

```
┌─────────────────────┐
│   時  日  月  年     │
│   丙  壬  壬  壬     │
│   午  子  子  子     │
└─────────────────────┘
```

이 사주 또한 군겁쟁재격이다. 앞의 사주와 비슷하다고 볼 수 있는데, 실제로 이 사주의 주인은 비렁뱅이였다고 한다. 과연 격의 이름과 어울리는 삶을 산 것이다. 이 사주를 보면 수많은 물들이 서로 불을 차지하려고 달려드는 형상이 떠오른다. 그리고 밥을 한 통 빌어오면 그것을 서로 차지하려고 덤벼드는 모습과 겹쳐진다. 이러한 사주가 군겁쟁재격의 대표적인 형태라고 할 수 있다.

9) 종왕격(또는 일행득기격)

(1) 상황 설명

종왕격(從旺格) 또는 일행득기격(一行得氣格)에 대해 알아보자. 종왕격은 종강격과 비슷하지만, 사주를 감싸고 있는 글자들이 인성이 아니라 비견과 겁재들이라는 점이 다르다. 이렇게 한 가지 오행만으로 이루어져 있는 사주의 상황을 멋을 내서 일행득기격이라고 부르는데, 여기에서 일행(一行)이라는 글자는 오행 중 한 가지 성분이라는 의미이다. 일행득기격은 오래 전부터 있어왔는데, 오늘날에도 그대로 활용할 수 있는 격이다.

그렇지만 일행득기라고 해서 완전하게 한 가지의 오행만으로 이뤄진 것은 아니다. 사실상 그러한 사주는 흔하지 않다. 다른 오행이 약간씩 섞여 있는 경우가 보통인데, 그러한 오행들은 대부분 너무 무력하거나, 또는 합으로 인해서 사주의 왕성한 오행의 흐름을 따라가고 있기 때문에 한 가지 오행으로 보는 것이다. 어느 정도의 변형은 일행득기격으로 이해하는 것이다. 그런데 오행 중 土의 경우는 수가 많기 때문에 한 가지 오행만으로 이루어지는 것도 꽤 있다. 하지만 그 나머지는 별로 큰 기대를 하기 어렵다. 그만큼 일행득기격은 잘 보이지 않는다고 생각하면 되겠다.

(2) 실제 상황

時	日	月	年
戊	乙	乙	癸
寅	卯	卯	亥

이와 같은 사주를 인수격(印綬格)이라고 부르기도 한다. 원래는 곡직인수격(曲直印綬格)인데 줄여서 그렇게 부르는 것이다. 그런데 여기에서 곡직이라는 것은 나무의 형상에서 따온 말이라고 한다.

이 사주는 卯월의 乙卯 일주가 대단히 왕성한 木의 세력을 형성하고 있다. 그렇지만 일행은 아니다. 적어도 水木土가 섞여 있으므로 삼행이다. 그래도 굳이 시비를 할 필요는 없다고 본다. 상황이 중요하기 때문이다. 연지의 亥는 亥卯合으로 木局이 되었고, 癸水도 세력의 흐름을 따라서 木으로 흡수되었다고 볼 수 있다. 그리고 시간의 戊土 역시 왕성한 木의 틈바구니에서 자신의 성질인 土의 본색을 주장할 처지가 못 된다. 전체적으로 木局을 이루고 있다고 볼 수 있다. 아마도 이와 같은 상황 때문에 인수격이라 이름지어졌으리라고 본다.

그런데 이 사주가 군겁쟁재격과 다른 것은 군겁쟁재보다 재성이 더욱 무력하여 재성을 포기하는 상황이라는 것이다. 그렇지만 사실 그 차이점을 구체적으로 설명하기는 참 어려운 일이다. 그래서 낭월은 웬만하면 그냥 정격(正格)으로 놓고 보는 것이다. 그러니까 이러한 인수격의 사주를 만나게 되면 그냥 인수격으로서 木이 용신이라고 하는 것이 아니라, 일단 군겁쟁재로 보고서 재성을 용신으로 삼는 것이다. 그리고 火운이 왔을 때 실제로 하는 일이 잘되었는지를 관찰해본 후에 판단을 내리는 것이다.

사실 이론적으로는 외격에 해당하는 것처럼 보이는 것도, 실제로는 억부의 이치대로 약하면 돕고 강하면 극하는 상황이 대입되는 경우가 대부분이다. 왜 그런지 구체적인 이유는 모르겠지만, 외격들의 적중률이 상당히 떨어진다는 사실을 임상을 통해 많이 경험하곤 한다. 그러다 보니 고전의 이론에 전적으로 공감하지 못하게 되는 것이다. 낭월은 이 사주 역시 정격으로 생각하여 군겁쟁재의 형태로 보므로 火土운에 발복(發福)하게 될 것이라는 판단을 내리게 된다.

그렇다고 해서 외격을 완전히 포기할 수는 없다. 정격으로는 도저히 답이 나오지 않는 사주도 현실적으로 분명히 존재하기 때문이다. 따라서 외격인지 정격인지 확실히 구분할 수 없을 정도의 사주는 무조건 정격으로 보고 판단하고, 기존의 이론상 외격이 확실한 경우에는 정격이 아닌지 한번 의심을 해본 뒤에 관찰하는 것이 좋을 듯하다.

낭월은 고전 숭배주의가 아니라 현실 부합주의라고 할 수 있다. 현실적으로 대입이 되지 않는 이론은 연구할 필요가 없다고 보는 입장이다. 물론 고전의 가르침을 알뜰하게 배우기는 한다. 하지만 그렇게 해서 얻은 원리를 현실적으로 대입시켜보아서 그것이 적용이 되지 않을 때는 표시를 해두고 계속 임상 실험을 해본다. 그러면서 도저히 적중되지 않으면 그 이론을 과감하게 삭제시켜버리는 것이다. 신살의 이론과 십이운성의 이론 등이 여기에 해당한다고 하겠다.

時	日	月	年
甲	丙	甲	丙
午	午	午	午

이 사주도 종왕격에 해당한다. 일행득기격의 별명으로는 염상격(炎上格)이라고 부른다. 불이 이글거린다는 의미와 관련이 있다. 실제로 염상격은 가끔 만나게 되는 사주이다. 이 사주의 경우에 불에 甲木이 섞여 있다. 그런데 木은 불을 만나면 즉시 숯으로 변하기 때문에 그냥 일행처럼 볼 수 있다. 아무래도 이렇게 이글거리는 불 속에서 그냥 버티고 있을 수는 없기 때문이다. 전형적인 염상격의 사주로 볼 수 있다.

時	日	月	年
丙	戊	己	戊
辰	戌	未	戌

이 사주 역시 종왕격이다. 극하는 木도 없고, 설하는 金도 없다. 그리고 한 점의 재성도 없으므로 군겁쟁재로 볼 수도 없다. 그대로 土의 종왕격인데, 일행득기격으로는 가색격(稼穡格)이라는 별명이 있다. 가색이라는 말은 일반적으로는 많이 쓰이지 않지만, 농사를 짓는다는 의미이다. 땅이라고 하는 데가 농사를 짓는 성분을 가지고 있어서 그런 이름을 붙인 것 같다. 요즘 말로 한다면 '부동산투기격'이라고 할 수도 있겠다. 일행득기격 중에서는 가색격이 가장 좋다고 본다. 아마도 土 속에는 오행이 많이 들어 있기 때문일 것이다. 원래 자연의 법칙에서는 오행이 골고루 들어 있는 것을 바람직한 것으로 보기 때문에 그렇지 않을까 생각을 해본다.

時	日	月	年
庚	庚	乙	庚
辰	戌	酉	申

이 사주도 종왕격이다. 일행득기격으로는 종혁격(從革格)이라는 별명을 가지고 있다. 종혁격이라는 말에는 형상을 따라서 새롭게 모습이 달라진다는 의미가 포함되어 있다. 즉 金을 녹여서 틀에 부으면 그 형상이 달라진다는 의미인 듯하다. 사주를 보면 극하는 불도 나타나 있지 않고, 설하는 물도 나타나 있지 않다. 그런데 재성

인 乙木이 있으므로 혹 군겁쟁재인지 의심하게 되겠지만, 이런 상황의 乙木은 그대로 金으로 화한다도 봐도 무난하다. 그래서 종왕격으로 봐서 金이 용신이라고 하면 되겠다. 이 사주의 경우 乙木이庚金과 합이 되어 참으로 다행이라고 할 수 있다. 만약에 합해서 金으로 화하지 않았다면 군겁쟁재가 되었을 가능성이 크다.

時	日	月	年
庚	壬	壬	壬
子	申	子	子

이 사주는 일행득기격으로 보면 윤하격(潤下格)이다. 윤하격이라는 말은 윤택하다는 의미와 물의 특성인 아래로 흐른다는 의미가 포함되어 있다. 여하튼 이 사주도 종왕격으로 보면 된다. 종왕격의 경우 각기 별명이 정해져 있지만, 그것은 참고로만 알아두면 된다. 복잡하게 알아봤자 번거롭기만 할 뿐이고, 실제로 사주의 상황을 이해하는 데에는 크게 도움도 되지 않는다. 쓸데없이 번잡한 것은 단순화하고, 불필요한 것은 삭제를 하는 것이 공부하는 후학에게도 도움이 될 것이다. 따라서 일행득기격의 구체적인 상황 역시 전체적으로 뭉뚱그려 종왕격으로 부르는 것이 좋겠다. 혹시라도 일행득기격을 몰라서 망신당할까 염려하는 벗님들이 있을까 싶어서 이렇게 설명을 하는 것이다.

앞에서도 언급했지만 종왕격과 군겁쟁재격은 서로 혼동하지 않도록 잘 살펴보아야 한다. 완전히 죽은 재성인지, 아직은 온기가 있어서 겁재들이 뜯어먹으려고 쟁탈전을 벌이는 재성인지 잘 판단해야 하는 것이다. 하지만 유감스럽게도 이러한 안목은 하루아침에 생기는 것이 아니기 때문에 판단하기가 어려울 수밖에 없다. 그럴 때에는 그냥 정격으로 놓고 군겁쟁재의 형상인지 아닌지 살피는 것이 좋다.

이렇게 해서 신강한 사주에 대한 격을 정리해보았다. 좀더 세분화할 수도 있지만 대충 이 정도로도 충분히 활용이 가능하리라 여겨진다. 그러므로 강하다고 판단되는 사주를 만났을 경우에는 조금도 망설이지 말고 이상의 테두리 안에서 해답을 찾으면 된다. 괜히 이것저것 끌어다 붙여봐야 혼란스럽기만 할 뿐 전혀 도움이 되지 않는다는 것을 강조하면서 신강한 경우에 대한 설명을 이만 줄이기로 하겠다.

신약한 사주

1. 식상이 많은 경우

사주의 상황은 헤아릴 수 없을 정도로 다양하다. 각 사주마다 다른 여덟 개의 글자가 복잡하게 얽혀서 다양한 상황을 만들어내고 있는 것이다. 따라서 사주에서 어느 특정한 성분이 많이 있는가 하는 것을 기준으로 삼아 설명하는 이론만으로 실제의 사주를 판단하는 데에는 어려움이 따를 수밖에 없다. 하지만 달리 어쩔 도리가 없다. 아무리 고심을 해봐도 이렇게 분류해서 설명하는 것이 그나마 최선이라 여겨진다. 우선 각각의 형태를 만났을 경우에 처리하는 방법을 알아두어야 혼합이 되어 있을 때에도 어떻게 해야 할지 알 수 있는 것이다. 마음 같아서야 모든 사주의 예를 일일이 들어가며 설명하고 싶지만 그것은 현실적으로 불가능한 이야기이다. 기본적인 상황을 이해하고 그것을 응용해 나가는 것은 어차피 벗님들이 해야 할 일인 것이다.

이미 공부한 것과 유사한 사주를 만났을 경우에는 그와 같은 방식으로 대입시키면 될 것이고, 그렇지 않을 경우에는 나름대로 원리를 생각하면서 판단을 내리면 된다. 벗님들이 어떠한 사주를 만나더라도 올바른 판단을 내리는 데 도움이 되도록 낭월 역시 최대한 심혈을 기울이고 있다. 하지만 100퍼센트를 모두 설명해줄 수는 없다. 그렇게 하려면 아마도 상상을 초월하는 많은 분량의 글을 써야 할 것이다.

앞에서 살펴본 대로, 신강하다고 판단되는 사주라고 한다면 어떤 조건에 의해서 신강해졌는지 보면 된다. 인성이 많은 경우이거나 아니면 비겁이 많은 경우일 것이다. 또 그도 아니라면 둘 다 적당하게 섞여 있는 경우가 될 것이다. 그리고 만약 비겁과 인성이 반반으로 섞여 있다면 비겁이 많은 경우와 마찬가지로 보면 된다. 왜냐하면 물이 아래로 흘러가듯이 인성은 비겁으로 흐르기 때문이다. 그럼 지금부터 신약한 사주의 경우에 대해 알아보기로 하자.

10) 상관용인격(또는 상관패인격)

(1) 상황 설명

상관용인격(傷官用印格) 또는 상관패인격(傷官佩印格)에 대해 알아보기로 하자. 식상이 많을 경우 어차피 식신과 상관이 섞여 있게 마련이다. 만약 온통 식신만으로 이루어져 있다고 하더라도, 식신이 많으면 상관으로 보므로 식신과 상관이 섞여 있는 것과 마찬가지이다. 그래서 상관이 많아서 인성을 필요로 한다는 의미로 상관용인격이 되는 것이다. 상관패인격이라고 하는 말은 상관이 인성을 차고 있다는 의미인데, 이것은 인성이 재성에 매여 있는 것처럼, 상관이 인성에 매여 있는 것을 가리킨다. 즉 패인이 되기 위해서는 상관 바로 위에 인성이 버티고 있어야 하는 것이다.

상관이 많으면 천방지축으로 날뛰게 된다. 이 형상은 손오공에 비유해볼 수 있다. 손오공의 행동에는 참으로 상관의 기질이 넘친다. 이렇게 천방지축으로 날뛰는 녀석을 잡아둘 수 있는 능력은 오로지 관음보살만이 가지고 있다. 관음보살의 이러한 수완은 인성에 비유할 수 있겠다. 날뛰는 상관을 제어할 수 있는 십성은 오로지 인성뿐이기 때문이다.

사주에서 상관이 많이 있고, 인성이 있으면 예의 바르고 공손하고 재치 있는 사람이다. 그래서 상관이 많으면 인성이 있기를 바라는 것이다. 나 자신의 기운을 설하는 상관이 있을 때 내게 생기를 넣어주고 설하는 성분을 차단시켜주는 인성이 있어야 좋을 것은 당연하다. 또 인성은 상관을 극하는 것이므로, 상관이 많을 때 인성이 있는 것은 상극으로 짜여진 이 사회의 구조에 부합이 되기도 하는 것이다. 따라서 식상이 많으면 인성을 용신의 우선 순위로 꼽게 된다. 이것은 많은 것을 병으로 놓고 생각해보는 원리에도 그대로 들어맞는 이야기이다.

여기에서는 재성이 나타나는 것을 가장 꺼린다. 재성은 인성을 깨버리기 때문이다. 그래서 재성의 그림자가 보이면 비겁으로 방어벽을 만들어야 마음을 놓을 수가 있다.

(2) 실제 상황

時	日	月	年
辛	戊	丁	辛
酉	午	酉	酉

이 사주는 상관용인격에 아주 잘 어울리는 사주라고 하겠다. 이 사주는 酉월에 태어난 戊午 일주로서, 5金으로 상관이 아주 많다. 따라서 戊土가 매우 신약한 상황인데, 다행히 인성인 丁火가 바로 옆에 버티고 있다. 이렇게 반가운 글자는 그 은혜가 하늘과 같다고 해도 과언이 아닐 것이다. 그야말로 일생의 보물이라고 할 만하다. 생각할 필요도 없이 인성이 용신이 된다. 丁火와 午火 중에서 어느 것이 용신인지는 따져볼 필요도 없다. 어느 것이든지 불이기만 하면 좋을 뿐이다.

이 사주에는 용신인 火를 생조해주는 木이 보이지 않는다. 이러한 상황은 좋은 면도 있고, 나쁜 면도 있다. 木이 있으면 용신이 힘을 얻겠지만 일간이 도리어 약해지게 된다. 또 金이 왕성한 상황이라 어차피 아무 힘도 쓰지 못하게 될 터이므로 차라리 없는 것이 더 나을 수도 있다.

이처럼 木이 없는 것에 대해서는 그 좋고 나쁨을 논하기가 힘이 드는데, 문제는 운에서 물을 만났을 경우이다. 재성이 들어왔을 때에는 木이 있어서 이를 막아줘야 하기 때문이다. 그렇지 않을 때에는 일간이라도 나서서 土剋水를 해야 하는데 사실 일간이 개입한다는 것은 불가능한 일이다. 이렇게 볼 때 木이 없는 것이 매우 불리하게 된다.

그래서 갈등할 수밖에 없는 것이 이 사주의 특색이라고 할 수 있겠다. 하지만 어차피 상관패인이라는 이름은 상관이 많아서 인성을 쓰는 것을 나타내는 것이다. 만약에 木이 있어서 약한 火를 생조해주는 관계가 성립되었다면 이름도 상관용인격이 아니라 관인상생격(官印相生格)이 되었을지도 모른다. 관인상생격은 뒤에 나오므로 참고하기 바란다.

```
時  日  月  年
癸  癸  癸  丁
丑  卯  卯  亥
```

이 사주는 卯월의 癸水가 지지에서 亥卯合을 이루고 있는 상황이다. 따라서 木의 세력이 왕성하므로 껍데기뿐인 癸水는 신약하다는 결론을 내리게 된다. 이때 상관용인격이 되면 상격이다. 그래서 인성을 찾아보지만 유감스럽게도 앞의 사주와는 달리 사주에 드러나 있지 않다. 다만 丑土 속에 인성이 암장되어 있을 뿐이다. 이런 상황이 되다 보니 그냥 비견을 용신으로 삼아야 할 것인지 생각해보게 되는데, 만약 비견을 용신으로 삼는다면 상관용겁격(傷官用劫格)이 될 것이다.

그런데 여기에서는 비록 땅 속에 들어 있다고 해도 사주 속에 인성이 있으므로 그것을 용신으로 삼아 상관용인격이 된다. 같은 상관용인격이라도 용신이 멀리 있다거나 암장되어 있을 경우에는 사주의 격이 다소 떨어지게 된다.

흔히 벗님들이 "이렇게 약한 용신을 쓸 수가 있는가"라는 질문을 하곤 한다. 다시 한 번 강조하지만 용신은 정하는 것이 아니라 찾는 것이다. 정할 수 있는 것이라면 물론 튼튼하고 강한 용신을 정할 것이다. 그렇지만 정해준다고 해서 그 글자가 용신의 역할을 하는 것이 아니라는 것이 문제이다. 괜히 용신을 잘못 정하다가는 자평명리가 허망하다는 비웃음만 사게 되는 것이다. 그 사주에서 절대로 필요한 글자를 찾아낸 것이 용신이므로, 용신은 내가 정할 수 없다는 점을 다시 한 번 명심하기 바란다.

11) 상관용겁격(또는 상관용비격)

(1) 상황 설명

이미 앞에서 언급한 상관용겁격(傷官用劫格) 또는 상관용비격(傷官用比格)에 대해서 구체적으로 살펴보도록 하자. 상관용겁격은 사주에서 식상이 많아 인성이 필요한데 인성은 없고 겁재(혹은 비견)만 있어서 그것을 용신으로 삼은 것이다. 그리고 상관용비격은 겁재 대신 비견을 썼을 경우이다. 이 둘은 이름만 다를 뿐 구체적인 상황에는 서로 차이가 없다.

상관용겁격은 상관용인격에 비해서 한 단계 등급이 떨어지는 것이다. 어떤 상황이든지 간에 그 상황에서 절대적으로 필요한 글자가 있게 마련이다. 가령 상관이 많으면 인성이 필요하고, 인성이 많으면 재성이 필요한 것이다. 그런데 그 글자가 없어서 차선책(次善策)을 취하게 되는 상황이라면 당연히 사주의 단계가 낮아질 수밖에 없다. 그런 의미에서 상관용겁격이 한 등급 낮아지는 것은 어쩔 수 없는 현실이다.

(2) 실제 상황

時	日	月	年
癸	己	庚	戊
酉	酉	申	辰

이 사주는 상관용겁격이라고 할 수 있다. 申월에 태어난 己土 일주인데 金이 많아 신약한데 한 점의 불도 없는 상황이다. 그래서 도

리 없이 土에 의지하게 되지만 아무래도 아쉬움은 금할 수가 없다. 물론 이 사주에서 용신은 겁재라고 했지만, 인성이 더 좋을 것은 말할 필요도 없다. 어차피 최선의 방법이 없어서 차선을 택한 것일 뿐, 인성이 필요하다는 것은 마찬가지이다. 따라서 이런 사주는 인겁의 운이 오면 발복하게 된다.

그런데 상관용겁격에서 고려해야 할 것은, 水 일주나 木 일주는 이에 해당하지 않을 수도 있다는 것이다. 예를 들어 水 일주의 경우에 물은 木을 만나면 그대로 흡수가 되어버리기 쉽기 때문에 다른 상황으로 보게 된다.

	時	日	月	年
	壬	壬	壬	壬
	寅	寅	寅	寅

이것은 유명한 4壬寅의 사주이다. 이 사주를 『명리정종』에서는 종아격(從兒格)이라고 부르고 있다. 즉 식신이나 상관을 따라서 종하게 된다는 것이다. 그런데 이렇게 비견과 겁재가 첩첩으로 모여 있는 데 무슨 이유로 식상을 따라서 종한다고 하는지 얼른 납득이 되지 않을 것이다. 만약 이 사주가 종아격이라면 앞에서 예로 든 戊辰생은 진작에 종아를 했어야 마땅하기 때문이다. 그렇지만 좀더 공부를 하다 보면 水 일주의 경우에는 일반적으로 풀이할 수 없는 특수성이 있음을 알게 될 것이다. 오행은 각기 자신만의 고유한 주파수를 가지고 있게 마련이다. 따라서 버티는 정도도 다르고, 따라가는 것도 같지 않은 것을 이해해야 한다. 그런데 낭월은 이 사주를 우선 식신용비격(食神用比格)으로 놓고 생각해볼 것이다.

이렇게 말한다고 이것을 외울 필요는 없다. 그냥 이해하면 그대로 소화가 될 수 있는 것이 낭월식 공부법인 것이다. 따라서 이것 또한 물의 아래로 흐르는 구조를 이해하면서 그 특성을 살펴본다면 쉽게 납득할 수 있을 것이다. 그럼 木 일주의 경우도 한번 살펴보기로 하자.

時	日	月	年
丙	甲	丙	丁
寅	午	午	未

이미 짐작하겠지만, 여기에서도 寅木의 겁재가 있음에도 불구하고 甲木이 火의 세력을 따라서 종하게 된다. 이것 또한 나무는 불을 보면 타버리는 속성이 있다는 것을 생각하면서 木火의 관계를 이해하면 쉽게 납득이 갈 것이다. 그렇다면 火土金의 상황에서는 상관용겁격이 발생하게 되고, 水木의 상황에서는 상관용겁격이 될 정도면 이미 종아격이 되어버릴 가능성이 농후하다고 생각하면 되겠다.

이상 상관용겁격에 대해서 살펴봤는데, 아무래도 용신이 힘이 없게 느껴지는 사주라고 할 수 있다. 힘이 없다는 것은 용신이 무력(無力)하다는 이야기이다. 그런데 용신은 사회성이라고 할 수 있으므로 곧 사회성이 무력하다는 것이 되어 세상에 적응하는 것이 어렵다는 의미가 된다. 아마도 재주는 많지만 쓸 것이 없는 상황이 발생하는 사주가 아닐까 싶다. 상관용겁격이 되면 용신 무력증에 빠지게 된다는 점을 염두에 두기 바라며 이 항목을 마칠까 한다.

12) 종아격(또는 아우생아격)

(1) 상황 설명

종아격(從兒格) 또는 아우생아격(兒又生兒格)에 대해 알아보자. 종아격이라고 하면 아이를 따라서 종한다는 말이 된다. 아이를 따라간다는 것은 식신이나 상관이 너무 많고 의지할 것이 없어서 그대로 세력을 따라간다는 이야기이다. 따라서 외격이 되는 사주라고 할 수 있다. 여기서 외격이라고 하는 것은, 정격으로는 약하면 부조를 해야 하는데 부조하는 글자가 없기 때문에 부득이 세력을 따라서 흐르게 되므로 격외(格外)가 된다는 뜻이다. 그런데 이렇게 격을 벗어나는 경우는 인생살이에서도 언제나 일어나는 일이고, 또 진리의 세계에서도 항상 일어나고 있는 일이다. 불교에서도 참선(參禪)의 도리로 넘어가면 어김없이 이 격외 도리가 등장하게 된다.

이미 앞에서 봤던 종강격이나 종왕격도 모두 외격이다. 그리고 앞으로도 외격은 많이 등장하게 될 것이다. 물론 이것은 최종적으로 분류해서 정리할 예정이다. 우선 종아격에 대해서 사주를 봐가면서 이해해보도록 하자.

(2) 실제 상황

時	日	月	年
戊	丙	丁	己
戌	戌	丑	未

앞에서 水木 일주들이 종아를 잘한다고 설명하였다. 그런데 여기

에서 보듯이 丙火도 종아를 잘하는 축에 든다고 할 수 있다. 이 사주는 丙火 일간이 丑월에 태어나서 매우 허약한 상황이다. 그래서 丁火를 의지하게 되면 상관용겁격이 된다. 그런데 실제로는 종아격이 되어서 불에 의지하지 않았던 모양이다. 이 사주는『적천수징의』에서 발췌한 사주인데, 종아격으로 설명을 하고 있다. 그리고 사주에 재성이 있기 때문에 아우생아격에 해당한다고 보았다. 물론 암장이 되어 있어 약하기는 하지만 결국 土生金으로 기운이 金에 모이리라고 보는 것이다.

종아격은 필시 재성의 기운이 왕성해지게 되므로 아우생아격이 되면 더욱 좋다. 그리고 비록 사주에서는 재성이 암장되거나 약하다고 하더라도, 결국은 재성을 생하는 것으로 보는 것이다. 그래서 종아격에 아우생아격을 함께 놓을 수가 있는 것인데, 아우생아격을 일명 종아생재격(從兒生財格)이라고 부르기도 한다. 아우생아는 아이가 또 아이를 낳았다는 말이고, 종아생재는 종아를 해서 그 식상이 재성을 생한다는 의미가 되므로 결국은 같은 뜻이다. 자신의 취향대로 사용하면 되겠다.

이 사주의 경우에는 어느 정도 뿌리가 있음에도 불구하고 그냥 식상을 따라서 종하게 되는데 이것을 일러서 문자로 '종아불론신강약(從兒不論身强弱)'이라고 한다. 종아불론신강약은 종아를 하게 된다면 신강하고 신약하고 하는 것은 논할 필요가 없다는 이야기이다. 그러니까 어느 정도의 뿌리가 있다고 하더라도 그 뿌리가 인성이어서 식상을 극하는 것이 아니고 비겁의 형상을 띠고 있다면 그냥 종아를 할 수 있다는 이야기이다.

이렇게 되면 종아격과 상관용겁격과의 구분이 애매해진다. 하지만 어떻게 구분하는지 한마디로 설명하기는 어렵다. 오직 오랜 경험을 쌓다 보면 저절로 구분하게 되리라는 것이다. 한마디로 구분할 수 있는 묘수는 보이지 않는다. 어떤 경우에는 허약해도 그냥 버티고 있고, 또 다른 경우에는 버틸 것도 같은데 그냥 따라가버린다. 결국 많은 사주를 보면서 감으로 판단할 수밖에 없는 것이다. 비록 감으로 판단한다는 것이 학문에는 대립되지만, 아무래도 이 부분만큼은 경험이 최선의 방법인 듯싶다.

```
時 日 月 年
乙 癸 丁 甲
卯 卯 卯 寅
```

이것은 여자의 사주이다. 그리고 여자의 사주이거나 남자의 사주이거나에 상관없이 종아를 하는 것은 분명하다. 그야말로 뿌리라고는 전혀 없기 때문에 종아를 한다는 데 이견이 없을 것이다. 그런데 아우생아격을 구체적으로 설명하기 위해 이러한 사주를 예로 든 것이다.

木은 월간의 丁火를 만나서 대단히 기뻐하고 있다. 그냥 木만 가득 있는 것에 비해 훨씬 유리한 상황인 것이다. 원래 木들이 애타게 기다리는 것은 불이다. 불은 木의 기운이 흘러가는 방향이 되기 때문이다.

사주에서 방향이 있는 것과 없는 것은 대단한 차이가 난다. 상관용인격이 상관용겁격보다 한 단계 높은 것처럼, 종아생재격이 종아격보다 한 단계 높은 것은 분명한 사실이다. 사주상으로 볼 때는 약간의 차이지만, 실제로는 차이가 뚜렷하게 나타난다. 따라서 일단 종아를 하게 되었다면 그냥 종아인지, 아우생아인지를 확인해야 한다. 이것은 식신격과 식신생재격과의 차이만큼이나 서로 다른 의미가 되기 때문이다.

이 정도로 식상이 많아 신약한 경우에 속하는 사주에 대한 설명을 줄이기로 하겠다.

2. 재성이 많은 경우

13) 재중용겁격(또는 득비리재격)

(1) 상황 설명

재중용겁격(財重用劫格) 또는 득비리재격(得比利財格)에 대해 알아보자. 재중용겁격은 재성이 많아서 겁재를 용신으로 삼은 경우라고 보면 되겠다. 그리고 득비리재격은 비견을 얻으면 재성을 감당할 수가 있으므로 유리하다는 것으로 볼 수 있다. 어쨌든 중요한 것은 재성이 지나치게 많다는 것이고, 따라서 재성을 극하는 비견이나 겁재를 용신으로 삼는다는 것이다. 이것은 재성이 많을 경우에 올바르게 적용할 수 있는 용신법이라고 하겠다.

재중용겁격과 득비리재격의 상황은 똑같은데, 득비리재격은 좀 멋을 부려서 지은 이름이다. 그런데 이렇게 똑같은 상황을 두 가지 이름으로 써놓아 혼란스럽게 한다고 불평하는 벗님들도 아마 있을 것이다. 하지만 낭월의 뜻은 가능하면 벗님들에게 선택권을 주자는 것이다. 도리 없이 절대적인 상황이어서 선택의 여지가 없는 경우에는 어쩔 수 없지만, 어느 것을 사용해도 같은 결과가 난다는 것만 알고 있으면 자신의 마음에 드는 것을 고르는 것이 좋겠다는 생각에서이다.

(2) 실제 상황

時	日	月	年
丙	壬	丁	癸
午	午	巳	酉

이 사주는 그야말로 전형적인 득비리재격(得比利財格)의 형상을 하고 있다. 이 사주는 巳월의 壬水 일간이 5火를 거느리고 있어 물이 증발될 지경이라고 하겠다. 이렇게 긴급한 상황에서 金生水를 할 것이라 생각하고 인성을 찾는다면 아직 일의 완급(緩急)을 구분할 줄 모르는 것이라고 할 수 있다. 이때에는 시급하게 겁재나 비견을 찾아야 한다. 따라서 연간에 있는 癸水를 대단히 반갑게 여기게 된다.

이렇게 겁재를 의지해야 하는 상황을 재중용겁격(財重用劫格)이라고 한다. 그런데 식신도 많으면 상관으로 비하(卑下)시키듯이 겁재도 요긴하게 쓰이면 비견으로 격상(?)시키는 것이 관례이다. 그러니까 비록 癸水가 겁재이지만, 용신이 되었으므로 비견이라고 할 수 있다는 이야기이다. 그래서 득비리재격이라고 할 수 있는 것이다. 즉 비(比)는 비견을 말하는 것인데, 여기에서는 반드시 비견이어야만 이 이름을 쓸 수 있는 것은 아니라는 것이다.

時	日	月	年
甲	辛	己	乙
午	酉	卯	卯

이 사주 역시 득비리재격이다. 木旺節에 태어난 辛金 일간이다. 월간의 己土는 이미 죽은 것이나 다름이 없으므로 힘이 되어주지 못하고, 오로지 앉은자리에 있는 酉金이 천금의 가치가 있는 보물이라 할 수 있다. 그런데 시지의 午火가 용신을 극하고 있어 불리한 상황이다. 그렇지만 이로 인해서 酉金을 용신으로 할 수 없다고 고집을 부리면 곤란하다. 극을 받는 것은 나중의 일이고, 우선 중요한 것은 재성과다에 걸렸으므로 비견이나 겁재가 용신이 되어야 한다는 것이다.

```
┌─────────────────────────┐
│    時  日  月  年        │
│    戊  甲  己  戊        │
│    辰  寅  未  戌        │
└─────────────────────────┘
```

이 사주도 득비리재격이다. 그런데 이 사주는 그렇게 간단하지가 않다. 그 이유는 甲木은 己土와 합하게 되면 웬만하면 土로 화하기 때문이다. 그래서 비록 寅木이 있다고는 하지만 일단 土로 화하지 않았는지 확인해볼 필요가 있다. 그 결과 그냥 水木운을 기다리고 있는 사주라는 것이 확인되면 비로소 정격으로 보고 재중용겁격이 된다는 확신을 하게 되는 것이다.

물론 寅木만 없다면 그냥 종재격이 되어서 사주의 격이 더욱 높아질 터이지만, 그렇다고 해서 있는 寅木을 없는 것으로 보고 종재격으로 판결을 내릴 수는 없는 법이다.

• 재다신약격은 용신격이라고 할 수 없다
재다신약격이라는 말은 흔히 쓰이는 용어이다. 그리고 보통 자연스럽게 사용하기도 한다. 그런데 실제로 이것은 용신에 대한 언급이 아니라 다만 '재성이 많아서 신약한 상황'에 대한 설명일 뿐이다. 그래서 비겁을 용신으로 삼는다는 것인지, 그냥 인성을 용신으로 삼는다는 것인지, 아니면 종재를 한다는 것인지 전혀 알 수가 없기 때문에 원칙적으로 용신격에는 해당되지 않는 것으로 볼 수 있다. 다만 이 상황은 재중용겁격과 완전히 일치를 하기 때문에 여기에서 약간의 언급을 하는 것이다. 부옥빈인격(富屋貧人格)도 같은 의미에서 격으로는 사용하지 않는 것이 좋겠다. 그냥 하나의 형상을 표현하는 것으로 그 용도를 한정시키는 것이 올바르지 않을까 싶다.

14) 재중용인격

(1) 상황 설명

재중용인격(財重用印格)에 대해서 알아보자. 사주에서 재성이 너무 많은데 비겁이 없으면 인성을 용신으로 삼게 된다. 일단 재성이 많은 경우에는 비겁을 용신으로 삼는 것이 가장 좋다. 바둑으로 보자면 그것이 정수(正手)라는 것이다. 그러니까 올바른 수순(手順)이라는 이야기인데, 그것을 쓸 수가 없는 상황이라면 편법(便法)을 동원하는 수밖에 없다. 이것을 일명 묘수(妙手)라는 말로 극찬하기도 하지만, "바둑 한 판에 묘수가 세 번 나오면 진 바둑이다"라고 하는 속설처럼 묘수는 그야말로 어쩔 수 없는 상황에서 쥐어짜낸 편법의 극치인 것이다. 이와 같이 사주를 연구하는 과정에서도 정법(正法)이 통하지 않으면 편법을 쓸 수밖에 없다. 재중용인격도 그러한 묘수의 일종이라고 봐야 하니 참으로 궁색한 상황이라고 하겠다.

(2) 실제 상황

	時	日	月	年
	癸	乙	癸	庚
	未	未	未	辰

이 사주는 지지가 모두 재성으로 이루어져 있는 상황이다. 未土
가 木의 고(庫)라고는 하지만 그렇다고 해서 언제나 뿌리가 되는
것은 아니다. 이런 경우에는 뿌리가 되기보다는 더욱 갈증을 강화
시켜주는 작용을 한다고 볼 수 있다. 이와 같은 구조를 재다신약(財
多身弱)이라고 이해하면 되겠다. 그리고 재성이 많을 때에는 비겁
을 찾게 되는데, 드러나 있지는 않고 지지의 장간에 있을 뿐이다.
하지만 그처럼 미약한 木을 의지하기에는 土의 성분이 너무나 왕성
하다. 그래서 인성인 癸水를 용신으로 삼게 된다. 이름하여 재중용
인격이 되는 것이다.

원칙적으로 재성이 많은 경우에는 인성보다는 겁재가 용신의 우
선 순위를 차지한다. 하지만 경우에 따라서는 다를 수도 있다. 이
사주의 경우도 乙木은 목마른 상황이 급하기 때문에 겁재인 木보다
도 인성인 水가 더욱 유력한 입장이다. 이런 상황을 고려하지 않고
단지 재성이 많다는 이유만으로 겁재가 없는 사주라고 괄시를 하는
것은 옳은 판단이 아니다. 이렇게 사주마다 각기 다른 상황이 될 수
있다는 점을 항상 고려해야 할 것이다.

이 경우에는 조후의 개념이 추가되면서 인성의 가치가 한 단계
상승한다고 보면 되겠다. 그리고 火旺節인 未월의 癸水는 무력하기
짝이 없는데, 다행히도 연간의 庚金이 癸水의 수원지(水源地)가 되

어서 마르지 않도록 해주는 역할을 하고 있다. 이 사주는 필요한 것을 모두 갖추고 있는 형상이다. 실제로 이 사주의 주인은 일품의 삶을 살았던 모양이다.

```
時 日 月 年
甲 丙 甲 庚
午 辰 申 申
```

이 사주 또한 재중용겁격에 해당한다. 사주에 金의 기운이 대단히 왕성한데, 시지의 午火는 辰土만 생조해주는 형상이어서 金을 극하기 어렵다. 용신으로 삼기에는 상당히 아쉬운 면이 있는 것이다. 그래서 시간의 甲木을 용신으로 삼게 되어 재중용인격이 되었다. 역시 재성이 많은 상황에서 인성을 쓰고 있어 자연스럽지 못한 형국이다. 인성을 용신으로 삼았지만, 월간의 甲木은 庚金인 재성에게 깨져 무용지물이 되었는데, 시간의 甲木을 용신으로 삼을 수 있어서 다행이라 할 수 있겠다. 물론 겁재도 도움이 되는 것은 사실이다. 다만 원국에서는 겁재보다 인성의 역할이 중요하게 작용하기 때문에 인성이 용신으로 사용되는 것이다.

15) 탐재괴인격

(1) 상황 설명

탐재괴인격(貪財壞印格)에 대해서 알아보자. 탐재괴인격은 재중용인격보다 한 단계 떨어지는 상황이라고 할 수 있다. 탐재괴인격이라는 글자의 뜻은 '재물을 탐하다가 체면이 깨지는 격'이라고 보면 적절할 듯싶다. 실제로 세간에는 이러한 사람들이 많이 있지만 이들의 사주가 모두 탐재괴인격인지는 확인할 길이 없다. 그럼 백문이 불여일견이라고 일단 사주를 살펴보면서 무슨 의미인지 이해해보도록 하자.

(2) 실제 상황

時	日	月	年
辛	丙	庚	戊
卯	辰	申	午

이 사주는 탐재괴인격으로 보기에 흡족하다고는 할 수 없지만 이 정도의 예로도 충분히 이해할 수 있으리라 생각한다. 그리고 재성이 많아서 신약하다고 하는 조건에도 적당하지 않지만 식상과 재성이 함께 섞여 있는 상황으로서 신약한 것은 분명하기 때문에 한번 살펴보기로 하겠다.

이 사주는 가을의 丙辰 일주가 신약하기 때문에 인성이 필요한 상황이다. 金이 강하기 때문에 비겁인 불로써 제어를 한다면 재중용겁격이 되겠지만, 연지의 午火는 너무 멀리 있고 또 金을 생해주는 戊土를 생해준다는 점에서 조건도 불만스럽다고 하겠다. 그래서 일단 정인인 시지의 卯木을 용신으로 삼아본다. 그런데 일간인 丙火는 인성이 와서 기운을 생해주기를 고대해야 하는 상황임에도 불구하고, 자신은 辛金과 연애를 하느라고 정신이 나가버린 지 이미 오래이다. 그리고 재성 辛金은 또 인성을 깨고 있다. 이와 같은 사주가 바로 탐재괴인격이라고 하는 것이다.

재성으로 인해서 인성을 찾지 않는 사람은 보통 비난을 받는다. 즉, 여자 때문에 집구석을 망치게 되었다는 비난을 면하기 어려운 것이다. 사주의 상황과 인생살이의 모습이 서로 딱 맞아떨어지는 경우도 왕왕 있는 것 같은데, 실제 이 사주의 주인도 어머니 말씀을 거역하고 주색에 빠져서 신세를 망치지나 않았을는지 매우 걱정이 된다.

時	日	月	年
辛	丙	辛	癸
卯	辰	酉	卯

이 사주는 酉월에 태어난 丙辰 일주로 신약한 것은 당연하다. 그래서 인성을 용신으로 삼아야 하는 상황이다. 우선 연지에 있는 인성 卯木을 보면, 다행히 癸水가 水生木을 하고 있는 상황이어서 불을 도와주려고 하고 있다. 그런데 酉金이 충돌하여 卯木을 깨뜨리고 있다. 전혀 도움이 되지 않는 재성이다. 그런데 丙火는 재성인 辛金과 결합이 되어 있는 상황이다. 도우려고 하는 인성의 입장은 전혀 고려하지 않고 있는 것이다. 시지의 卯木도 연지의 卯木과 마찬가지 상황이다. 그야말로 전형적인 탐재괴인격의 형상이라고 할 수 있겠다.

이와 같이 탐재괴인격은 일간이 용신인 인성을 의지하지 않고, 재성과 합을 하고서 정신을 못 차리고 있는 형상이라고 이해하면 되겠다. 그것만 알면 탐재괴인격에 대해서는 충분히 파악했다고 할 수 있겠다.

16) 종재격

(1) 상황 설명

종재격(從財格)에 대해서 알아보자. 종재격을 마지막으로 재성이 많아서 신약한 경우의 상황들을 다 살펴보게 된다. 항상 연구의 막바지에 나타나는 격에 '종(從)'이라고 하는 글자가 붙게 마련이다. 외격의 상황이기 때문이다.

종재격은 재성이 많아서 인겁을 찾아야 하는데, 아무리 둘러봐도 인겁이 보이지 않으므로 의지할 곳이 전혀 없어 그냥 세력을 따라가는 상황을 가리킨다.

(2) 실제 상황

時	日	月	年
辛	丁	辛	癸
丑	丑	酉	丑

이 사주는 酉월에 태어난 丁丑 일주가 천지사방을 둘러봐도 의지할 곳이라고는 전혀 없다. 그리고 재성의 힘이 엄청나게 강한데, 木火의 기운이 없기 때문에 버티고 있을 상황이 아니다. 이럴 때에는 어쩔 수 없이 종재를 하게 되는데, 식상이 있어 흐름을 부채질하고 있는 것이 매우 좋다. 가기는 가야겠는데 억지로 따라가는 것보다는 식상의 권유를 받고 가는 편이 그래도 생색이 나기 때문이다. 버티기에는 너무 무력하지만 그렇다고 자존심이 있는데 그대로 백기(白旗)를 들기에는 망설여지는 상황이다. 그런데 다행히 식상이 옆

에서 자꾸 권유를 하면 못 이기는 척하고서 끌려가는 것이다.

• 이론과 실제 사이에서

時	日	月	年
辛	丁	丁	辛
丑	酉	酉	巳

　이 사주를 『적천수징의』에서는 종재격이라고 보고 있다. 이 사주의 주인이 살아간 상황을 볼 때에도 그렇게 보는 것이 타당할 것 같다. 이렇게 이해가 되면 공부를 하는 입장에서는 책에서 설명하는 대로 납득하고 넘어가게 된다. 그리고 실제로 사주를 볼 때에도 이와 유사한 사주를 만나면 그냥 종재격으로 보게 된다.

　하지만 실제로 이렇게 생긴 사주는 종재격이 아니라 득비리재격이 되는 경우가 더 많다는 것이 문제이다. 책에 나온 외격들은 실제로 사주를 보는 데 응용해보면 대부분 빗나간다는 것이다. 낭월도 처음에는 이 문제로 상당한 혼란을 겪었다. 도대체 책의 이론을 어느 정도 받아들여야 할지 갈등하지 않을 수가 없었다. 독학을 하는 입장에서는 유일한 스승일 수도 있는 책이 일러준 대로 응용했는데 결과가 반대로 나타났으니 문제가 심각할 수밖에 없었다.

　그런데 언제나 답은 나오게 마련이다. 누구나 그렇게 혼란의 터널을 겪고 지나간다고 하는 것이었다. 그것이 바로 '적천수 외격병 (滴天髓外格病)'이라는 것을 나중에야 알게 되었다. 사실 『적천수』를 보면 외격에 대한 사주들이 상당히 많이 등장한다. 그리고 그것들에 대한 이론들이 설득력 있게 펼쳐져 있다. 그래서 실제로 사주를 보게 되면 외격에 대해서는 문제가 없을 것이라는 생각을 하게 된다. 그러면서 이른바 외격병에 걸리게 되는 것이다. 이 병에 걸리면 몇 개월은 고생할 각오를 해야 한다. 그렇지만 이 병을 스스로 극복하고 나면 뭔가 새로운 깨달음을 얻게 된다. 모든 사주들이 새롭게 보이기 시작하는 것이다. 이 과정을 거치고 나면 한결같이 "웬만하면 정격으로 놓고 보라!"고 말한다.

그런데 참으로 흥미로운 것은 이러한 충고에도 아랑곳없이, 『적천수』를 보고 나면 대부분 외격병에 시달리게 된다는 것이다. 이것은 아마도 홍역(紅疫)을 앓는 것과 서로 통하는 것이 아닌가 싶다. 성장을 하기 위해서 거쳐가는 과정이 홍역인 것처럼 고수가 되기 위해서 반드시 거쳐야 하는 과정이 바로 외격병이라는 생각이 든다. 누구나 한번 겪고 나면 내면의 공력이 증진되었다는 것을 깨닫게 되기 때문이다.

• 외격병은 왜 생길까

도대체 외격병은 왜 생기는 것인지 많은 생각을 해봤다. 그런데 결론은 너무나 간단하게 내려졌다. 시대가 달라진 때문인 것이다. 예전(적어도 임철초 선생의 시대)에는 그렇게 봐야만 사주가 맞았다. 그래서 임철초 선생도 그렇게 구체적으로 사주의 상황을 설명하였던 것이다.

그러나 오랜 시간이 지난 지금 세상은 너무 많이 변했고, 요즈음은 하루가 다르게 급변하고 있다. 외양적으로 이처럼 변했다면 그 내부에 흐르는 에너지도 분명히 변했을 것이다. 물론 이런 생각을 할 필요도 없이 명리학의 이론이 허술해서 틀리는 것이 아니냐고 할지도 모르겠다. 하지만 당시에 임철초 선생이 연구했던 것도 바로 이 명리학이라고 볼 때 그런 것은 아니라고 확신한다.

세상이 이처럼 변화하는 것을 감안한다면 명리학 이론이 적어도 50년에 한 번씩은 갱신되어야 하지 않을까 하는 생각을 해본다. 200여 년 전의 이론을 그대로 현실에 대입시킨다는 것은 누가 봐도 무리이다.

요즘의 사주를 보면 그것을 극명하게 느끼게 된다. 우선 생각하는 틀부터 두드러지게 달라져 있다. 예전에는 가장 출세를 하는 것이 벼슬길에 나가는 것이었다. 그래서 모든 사람들이 과거 시험에 여념이 없었다. 선비를 제외하고는 모두 하천한 것으로 여기는 당시의 풍조상 이것은 너무도 당연한 일이었다. 그래서 최대의 목적이 벼슬을 하는 것이었고, 많은 사람들이 과거장으로 몰려들 수밖에 없었던 것이다.

이러한 시기에 쓰여진 명리서에는 그 당시의 상황이 그대로 반영되어 있다. '웬만하면 정관을 용신으로' 삼았던 것이다. 다소 신약해도 신경을 쓰지 않았다. 신약하면 보약을 먹으면 되니까 관성만 있으면 그대로 용신으로 삼았던 것이다. 그럴 수밖에 없는 것이 식상은 써봐야 '쟁이'라는 말밖에 듣지 못하므로 반기지 않았던 것이다. 그 결과 당시의 사주들은 관성을 용신으로 볼 수밖에 없었던 것이다. 실제로 당시의 책들을 보면 신약한 것에 상관없이, 또 관성이 무력한 것에 상관없이 관살을 용신으로 삼은 흔적들을 도처에서 발견할 수 있다.

그렇지만 요즘은 관살보다는 식상이 대우를 받는 시대가 되어버렸다. 새로운 아이디어가 더 높은 부가가치를 가지고 있으므로 당연히 식상 쪽으로 관심을 기울이는 것이다. 요즘은 연예인들이 가장 돈을 잘 번다. 이들을 일러서 스타라고 하는 것도 우연이 아니다. 그야말로 하늘의 별 대우를 해주기 때문이다. 예전 같으면 생각도 못 할 일이었지만 현실은 이렇게 변화를 거듭하고 있는 것이다.

따라서 요즘은 '웬만하면 식상을 용신으로' 보는 쪽이다. 실제로 사주를 풀다 보면 그것이 더 적절하다는 것을 느끼게 된다. 요즘은 조건에 구애받지 않고 자신이 하고 싶은 대로 하는 것이 제일 좋은 것이다.

이렇게 시대의 변화에 발을 맞추어가는 것이 살아 있는 명리학이 아닐까 생각한다. 목숨은 오늘을 살아가고 있는데 옛적의 목숨 해석법을 가지고 구태의연하게 대입시킨다는 것은 문제가 있을 수밖에 없다.

결론을 말하자면 지금 시대에는 웬만하면 정격으로 봐야 한다는 것이다. 아무리 적은 힘이라도 의지할 곳이 있으면 그대로 의지하는 것이다. 그러니까 『적천수징의』도 참고 자료로 이용할 뿐 그대로 응용할 필요는 없다는 것이다. 실제로 임상을 해보면 대부분의 경우 정격으로 보는 것이 잘 맞는다. 이런 사주가 어떻게 종을 하지 않았을까 싶을 정도로 이론적으로는 납득이 되지 않지만 실제로는 그냥 버티고 있는 것을 발견하게 된다. 사주 하나를 예로 들어 설명하도록 하겠다.

時	日	月	年
丁	壬	己	乙
未	辰	卯	未

이렇게 생긴 사주를 접하면 흔히 갈등에 빠지게 된다. 壬辰 일주가 참으로 의지할 만한 것이 없기 때문이다. 겨우 앉은자리에 암장되어 있는 癸水 하나뿐인데, 이것도 木旺節에 卯未로 합이 되고 丁壬으로 합이 되어버린 상황이다. 아무래도 종재를 할 것만 같은

사주인 것이다. 그런데도 실제로는 그냥 癸水를 의지하고 버티고
있다.

실제로 대운의 흐름을 통해 그것을 확인할 수 있었다. 북방의 水
운에서 돈벌이를 크게 한 것이다. 그러나 『적천수』를 보고 나서 이
런 사주를 접하게 된다면 아무런 의심도 하지 않고 한눈에 丁壬合
을 따라서 그대로 종해버린 것으로 판단하게 될 것이다. 이것이 현
실과 이론의 차이라고 할 수 있다. 만약 벗님들이 이 사주는 볼 것
도 없이 癸水가 용신이라고 판단한다면 아마도 외격병의 터널을 무
사히 빠져 나왔다고 할 수 있다.

다시 한 번 강조하지만 이런 사주를 만났을 때는 무조건 정격으
로 놓고 용신을 잡기 바란다. 이렇게 하는 것이 외격으로 보고 시작
을 하는 것보다 엄청나게 적중률이 높다. 앞으로 30여 년이 지나간
다음에는 또 어떤 새로운 방식이 등장할지 모르겠다. 하지만 지금
시대에는 웬만하면 정격이라는 생각으로 임상을 하기 바란다.

時	日	月	年
戊	庚	壬	壬
寅	寅	寅	寅

이 사주 역시 종재격이라고 설명되어 있다. 요즘의 관점으로 보
면 시간에 戊土가 있으니까 庚金이 그냥 버티고 있을는지도 모르겠
다. 하지만 시간의 戊土는 이미 무력해서 庚金이 의지할 수가 없는
상황이다. 그리고 庚金은 壬水를 생해주고, 壬水는 다시 木으로 흘
러가게 되므로 자연스럽게 식상을 따라서 종하게 되는 형상이 성립
되는 것이다. 그렇다면 현실적으로도 이 정도의 사주라면 종재격이

라고 할 수 있을 것으로 보인다.

지금까지 사주에 재성이 많은 경우에 대해 정리를 해보았다. 그러나 실제로는 한 가지 오행만 모여 있는 것이 아니다. 대개는 서로 어지럽게 섞여 있는 것이 보통이다. 따라서 이렇게 단순화시켜서 정리하는 것이 전혀 쓸모가 없을 가능성도 있다. 그렇다고 해서 그 많은 사주의 예들을 일일이 열거할 수도 없는 것이 현실이므로 이렇게 부분적이나마 정리를 해서 이해하는 수밖에 없다.

하지만 이것은 어디까지나 기본(基本)이 되는 것이라는 점을 헤아려서 실제로 사주를 볼 경우에는 여러 가지 상황을 고려한 다음에 판단해야 할 것이다. 그러한 능력을 키우는 것이 바로 명리 공부이다. 배운 대로만 써먹는 것은 오히려 컴퓨터가 잘하는 영역이다. 그렇지만 사람의 머리는 미처 입력이 되지 않은 자료라도 창조해낼 수가 있는 것이다. 이 점을 염두에 두고 배운 것을 최대한 활용하기 바란다.

3. 관살이 많은 경우

17) 살중용인격(또는 관인상생격)

(1) 상황 설명

살중용인격(殺重用印格) 또는 관인상생격(官印相生格)에 대해서 알아보자. 사주에 관살이 많다는 것은 나쁜 중에서도 가장 불리한 상황이라고 보는 것이 보통이다. 그도 그럴 것이 관살은 감당하기에는 너무 벅찬 강적인 것이다. 더구나 그 비중이 편관 쪽에 두어졌다고 한다면 최악의 상황이라고 봐도 과언이 아니다. 이런 상황일

경우에는 가장 급하게 찾아야 하는 것이 있다. 바로 인성이다. 이때
에는 정인이든 편인이든 구분할 겨를이 없다. 무조건 인성이면 된
다. 다만 그 인성이 어디에 있느냐가 상당히 중요하다. 인성이 어느
위치에 있느냐에 따라서 살인상생격이 되기도 하고, 살중용인격이
되기도 하여 차이가 생기기 때문이다. 물론 살인상생격이 한 단계
위라고 할 수 있다. 살인상생이라고 하는 말 속에는 살생인(殺生印)
→인생아(印生我)로 흐르는 과정이 생겼다는 의미가 포함되어 있기
때문이다. 이 흐름은 대단히 중요한 의미를 갖는 것이므로, 인성이
멀리 떨어져 있는 경우에 비해 상당히 유리하다고 볼 수 있다. 관인
상생격 역시 마찬가지 의미로서 좋은 흐름을 가지고 있다고 보면
되겠다.

　　여기에 대한 자료는 『적천수징의』에 정리되어 있다. 그것을 응용
해보도록 하겠다. 다음에 예로 든 사주들은 관살 항목에서 살인상
생의 부분에 있는 것들이다. 거기에서는 살인상생격보다는 살중용
인격을 바탕으로 설명하고 있다.

　　(2) 실제 상황

時	日	月	年
甲	戊	甲	戊
寅	午	寅	子

　　이 사주는 살인상생격을 설명하기에 그야말로 '안성맞춤' 이라고
할 수 있다. 사주의 모양을 살펴보면 좌우의 甲寅이 너무나 웅장해
그 틈바구니에 있는 戊土는 찌그러질 지경이다. 그래서 급하게 인

성을 찾게 되는데, 바로 앉은자리에 午火가 있어 너무나 다행스럽다. 이 사주는 살중용인격이기도 하지만, 그야말로 살인상생격에 어울리는 사주라고 하겠다. 물론 좌우의 寅木이 午火를 끼고 결합이 되어 불의 기운으로 화하고 있는 분위기는 참으로 일품이라고 하겠다.

이러한 사주의 주인은 아마도 가는 곳마다 귀인을 만나게 되고, 하는 일마다 행운이 따르리라 짐작이 된다. 참으로 절묘한 위치의 배합이라고 감탄을 하게 된다. 그러면 이와 유사하면서도 많은 차이가 나는 사주를 한번 음미하도록 해보자.

```
時 日 月 年
甲 戊 丙 己
寅 子 寅 亥
```

앞의 사주에서는 용신이 지지에 있고, 이 사주에서는 천간에 있으므로 이 사주가 훨씬 좋은 사주라고 주장하는 벗님도 혹시 있을지 모르겠다. 그런 벗님들을 위해 임철초 선생의 설명을 인용해보도록 하겠다.

이 사주의 격국을 볼 때, 앞의 사주보다 더 뛰어난 것 같다. 이 사주는 인성이 생지(生地)에 앉아 있고, 앞의 사주는 인성이 충을 만났기 때문이다. 그러나 앞의 사주는 앉은자리가 인성이어서 양 寅木의 칠살이 모두 와서 인성을 생조해주는 형상을 띠고 있는데, 이 사주는 앉은자리가 재성이므로 도리어 재성이 칠살을 생해주니 사나운 칠살의 난폭함을 더욱 도와주는 형상이 되어버린다. 겸해서 운도 서

북으로 흘러가서 앞의 사주에 비해서 나쁘다.

약간 억지라고 느껴지는 면도 있기는 하지만 이 사주가 앞의 사주보다 떨어지는 것은 사실이다. 억지라고 하는 것은 앞의 사주에서 인성이 충을 만났다고 하는 부분이다. 중간에 寅木이 가로막고 있어서 충이 되지 않기 때문이다. 물론 극적인 효과를 노리기 위해서 그렇게 설명한 것이겠지만, 순진한 벗님들이 그 말을 그대로 믿고서 충이라고 볼까 봐 설명을 해본다.

어쨌든 이 사주도 살인상생격이 되는 것은 틀림이 없다. 다만 효용성에서 앞의 사주에는 못 미친다는 이야기이다. 하지만 이 정도의 구조를 갖춘 사주도 흔한 것은 아니라고 할 수 있다. 이러한 형상들은 살중용인격 중에서도 한 단계 높은 살인상생격이 되는 데 아무런 손색이 없는 것이라고만 알면 되겠다.

• 관인격은 해당되지 않는다

여기에서는 관살이 많은 경우에 대해 생각해보고 있다. 즉, 관살이라는 한 가지 오행이 특별히 많아서 발생한 형상에 대해 살펴보는 중이라는 것이다. 그러므로 관인상생격과는 상황이 좀 다르다. 원래 관인격(官印格)은 격국론에서 나오는 이름인데, 월령이 관성이고, 일지나 월간에 인성이 있어서 유통을 시키는 것을 가리킨다. 그러나 용신격에서는 굳이 이러한 상황에 집착을 하지 않기 때문에 관인격이 별 의미가 없다. 이것을 용신격에서 굳이 활용하겠다고 해도 상관은 없지만, 반드시 필요하지도 않은 것을 추가하여 혼란을 가중시키느니 생략하는 것이 나을 듯해 별도의 항목을 만들지 않겠다.

18) 살중용겁격(또는 살인상정격)

(1) 상황 설명

살중용겁격(殺重用劫格) 또는 살인상정격(殺刃相停格)에 대해서 알아보자. 이제는 대충 이름만 봐도 무슨 의미인지 짐작하리라 생각된다. 살중용겁격은 관살이 지나치게 많은데 인성은 보이지 않으므로 부득이 비겁을 용신으로 삼은 것이다. 이것 역시 필요한 인성을 쓰지 못하고 차선책을 선택하는 것이므로 격의 높이가 떨어지게 된다.

이 사주는 관살을 감당해야 할 부담을 안고 있는데, 비견과 겁재가 힘이 있다면 그 힘으로 버티면서 인성이 오기만을 기다리는 형편이라고 볼 수 있겠다. 예전에는 이것을 살인상정격이라고 하는 말로 부르기도 했는데, 살과 양인이 서로 합을 하면 유정하게 되어서 날뛰지 않는다는 뜻이라고 한다. 그러나 실제로는 별 의미가 없고, 그냥 겁재를 의지해서 버티는 정도로 해석하면 될 것 같아서 살인상정격을 별도로 응용하지는 않겠다.

(2) 실제 상황

時	日	月	年
甲	戊	戊	庚
寅	寅	寅	寅

이 사주는 버티고 있는 살(殺)이 다섯이나 된다. 이렇게 왕성한 木의 세력을 어떻게 월간의 비견으로 대항할 수 있을지 이해가 잘

되지 않는다. 그럼에도 불구하고 종살을 하지 않는 것은 연간의 庚金 때문일 것이다. 庚金이 버티고 있으니까 戊土로서도 체면을 지키느라고 그냥 버티는 것이다. 하지만 그러려면 무척 고단할 수밖에 없다. 그래서 인성운이 오기만을 간절히 기다려야 하는 형국인데, 다행히도 운세가 동에서 남으로 흐르고 있다. 필요한 운을 만날 수 있으므로 오히려 버틴 것이 잘되었다고 할 수 있다.

사실 이 사주에는 인성이 하나쯤 포진하고 있었으면 좋았을 것이다. 그러나 없기 때문에 이 사주에 비해 앞의 살중용인격 사주가 상당히 좋다는 말을 들을 수 있는 것이다. 이 사주에서는 도저히 무력한 겁재를 의지할 수 없는 형상이므로 그야말로 한 점의 인성이 아쉬운 상황이다. 물론 寅 중에 숨어 있는 丙火가 때가 되면 빛을 발하게 되기는 할 것이다. 그러나 원국에서는 나타나지 않았기 때문에 겁재를 용신으로 삼게 된다. 이 사주는 살중용인격이라고 부르기 힘들다. 그 이유는 용신격은 사주의 이름만 보고서도 그 상황을 이해할 수 있어야 하기 때문이다.

時	日	月	年
庚	庚	丙	丁
辰	午	午	酉

이 사주 역시 火의 세력이 대단하다. 일단 관살이 많으므로 신약한 것은 분명하다. 그래서 우선 인성을 찾게 되는데, 다행히 시지에 辰土가 있다. 그런데 辰土가 지지에 들어 있어서 庚金과 연결이 되지 않는다는 게 아쉽다. 그래서 시간의 庚金을 의지하게 되어 살중용겁격이 되는 것이다. 그리고 辰土는 용신이라기보다는 庚金의 뿌

리로서 후원을 해주는 정도라고 볼 수 있다. 물론 없는 것보다는 훨씬 좋은 작용을 하게 된다. 그리고 土의 운이 왔을 때 보다 빠르게 작용하므로 일단 있어야 할 것은 있는 것이 좋다고 이야기하는 것이다.

19) 식신제살격(또는 상관제살격)

(1) 상황 설명
식신제살격(食神制殺格) 또는 상관제살격(傷官制殺格)에 대해서 알아보자. 식신제살격에 해당하는 상황은 상당히 까다로운 부분에 속한다. 기본적으로 신약하다는 것을 전제해야 하고, 인성이 없다는 것도 전제해야 한다. 만약 신약한 상황에서 인성과 식신이 함께 있다고 한다면 당연히 인성을 용신으로 삼게 될 것이다. 그렇지 않아도 신약한 사주에 식상을 용신으로 삼게 된다면 더욱 기운이 빠질 것은 분명하기 때문이다. 그러나 인성도 없고, 겁재도 없고, 오로지 식신만 있는 상황이라면 어떻게 할지 사주를 보면서 살펴보기로 하자.

(2) 실제 상황

時	日	月	年
丙	庚	丙	壬
戌	午	午	申

이 사주는 火의 세력이 대단히 치열하다는 것을 한눈에 파악할

수 있다. 이렇게 관살이 많을 경우 인성이 있으면 살중용인격이 될 터이므로 인성을 찾아본다. 그래서 시지의 戌土를 발견했다고 안도의 한숨을 쉬는 벗님들은 아직 초보자의 안목을 못 벗어났다고 봐야겠다. 戌土는 이미 午戌로 합이 되어서 인성의 역할을 잊은 지 오래 되었기 때문이다.

그래서 시급하게 겁재를 찾지만, 연지의 申金은 너무 멀어서 별 힘이 되지 못한다는 것만 확인할 뿐이다. 사태가 심각하다. 하지만 연간에 壬水가 늠름하게 버티고 있으므로 외격으로 가지 않아도 된다. 이 壬水는 능히 사주의 火의 세력을 제어할 수 있는 힘을 가지고 있기 때문이다. 더구나 앉은자리에서 申金이 기운을 생해주고 있는 상황이므로 壬水의 역할은 분명하게 정해져 있는 것이다. 즉, 용신이라는 이야기다. 이렇게 되어서 식신제살격의 구조에 부합이 되게 된다.

• 식신제살격과 인성

여기에서 인성에 대해 한마디하고 넘어가야 할 것 같다. 사실 이 사주에서는 절대로 필요한 것이 인성이다. 따라서 인성이 없어서 부득이 식신을 용신으로 삼았다면 만일 인성이 들어올 경우 다시 인성을 용신으로 의지할 수 있는지 의문을 가지게 된다. 일설에는 애초에 인성이 용신이 되지 못했으므로 운에서도 오면 안 된다고 하고, 또 인성운도 꺼리지 않는다고 하는 이야기도 있다. 과연 어느 쪽이 맞는 말인지 알아보기로 하자.

우선 고전에 나온 이 사주에 대한 설명들을 관찰해보자. 어디서고 인성인 土운이어서 나쁘게 작용을 했다는 설명은 나오지 않는다. 土운이라고는 해도 戊申, 己酉 대운이기 때문에 金의 기운이 강화되어 흉한 작용이 없었는지도 모르지만 말이다. 그런데 만약 인성운을 꺼렸다고 한다면 초운이 丁未이므로 아무래도 한마디하고 넘어갔을 텐데, 아무 말도 없는 것으로 보아 꺼리지 않은 것으로 짐작된다. 그러면 다음 사주를 보면서 이 문제를 더 자세히 짚어보도록 하자.

時	日	月	年
乙	乙	丁	辛
酉	卯	酉	酉

이 사주의 주인은 한(漢)나라 창업 공신인 한신(韓信)이다. 나름대로 행적을 알 수 있는 인물이므로 실제의 삶에 대해서도 살펴볼 수가 있겠다. 일단 한신의 사주가 식신제살격은 확실한지부터 확인해봐야겠다.

酉월에 태어난 乙卯 일주로서, 왕한 金들이 진을 치고 있는데, 인성인 水는 전혀 없고 오로지 월간의 丁火가 홀로 金을 다스리고 있는 상황이다. 틀림없는 식신제살격이라고 볼 수 있겠다. 그렇다면 인성인 水운에 어떻게 보냈는지 살펴보기로 하자.

종의명(鍾義明) 선생이 편집한 『고금명인명운감상(古今名人命運鑑賞)』을 보면, 한신은 甲午 대운에 발했다가 癸巳 대운에 죽은 것으로 되어 있다. 그렇다면 癸水의 작용이 흉한 역할을 했다는 말이 통할 수도 있겠다. 일단 이 자료로 봐서는 식신제살격은 인성의 운을 꺼린다는 결론을 내려야 할 것 같다. 그러나 한 가지 예만 보고 결론을 내린다는 것은 경솔하다는 생각이 들어서 또 다른 사례를 살펴보기로 하겠다.

時	日	月	年
戊	丙	壬	壬
戌	戌	子	子

이 사주는 『적천수징의』에 나오는데, 식신제살격으로 보고 있다.
壬子가 연월주에 버티고 있으므로 세력이 크고, 더구나 겨울이라는
시기상 살의 세력이 강한 것으로 볼 수 있다. 그런데 인성이 없으므
로 시주의 戊戌이 알아서 하는 형국이라 식신제살격이 되었다.

그럼 이 사주에 인성운이 있는가부터 살펴보자. 다행히 甲寅, 乙
卯 대운이 들어온다. 그에 대한 설명을 인용하면 다음과 같다.

더욱이 부러운 것은 운이 동남으로 흐르고 있으니 살(殺)을 누르
고 신(身)을 도와주는 것이다. 운이 흘러서 乙卯 대운이 되자 水는
기운이 끊기고, 火는 기운을 생하게 되는 고로 즐거운 잔치를 하게
되었고, 벼슬이 군수가 되었다.

여기에서는 분명히 인성운을 좋은 것으로 설명하고 있다. 그렇다
면 앞에 나온 한신의 사주와 결론이 달라지게 된다. 혹 한신의 사주
에서 癸巳 대운 중에서 癸水는 잘 넘어갔고, 巳火에서 巳酉合으로
金의 기운이 강화되면서 사망하게 된 것은 아닐지 생각해보게 된
다. 그렇게 본다면 식신제살격에서 인성운을 꺼릴 이유가 없다는
가설(假說)을 세울 수도 있겠다.

이상 몇 개의 사주를 살펴보지만 명쾌하게 결론이 내려지지 않는
다. 다만 잠정적으로 인성운이 크게 나쁘지 않다고 생각할 뿐이다.

그 밖에도 식신제살격이 분명한 여러 사주들을 살펴보았지만, 인성운에 뚜렷이 망했다는 것은 없었다. 결론적으로 인성운은 한신(閑神)의 운이면서 꺼리지 않는다고 볼 수 있겠다. 아마 일간이 크게 반기는 운이어서 그렇지 않은가 생각을 해본다.

사실 식신제살격은 병약의 원리에서 나온 것으로 볼 수 있다. 그러니까 관살이 너무 왕성하므로 병이 되는 것이고, 그 병을 제거하기 위해서 식신의 약이 등장을 하는 것이다. 그렇다면 인성운은 쇠약해진 환자에게 미음을 먹이는 것과도 같으므로 나쁠 이유가 없다고 본다. 혹 벗님들이 직접 식신제살격을 만나서 임상해보고 과연 인성이 나쁘지 않다면 그대로 보면 될 것이고, 인성운이 틀림없이 나쁘게 작용을 했다고 여겨진다면 낭월에게 한 소식 일러주기 바란다. 실제로 신약한 식신제살격은 흔히 볼 수 있는 사주가 아니다. 웬만하면 살중용인격으로 흐르는 것이어서 자료로 사용하기에는 쉽지 않은 면이 있다.

20) 종살격

(1) 상황 설명

종살격(從殺格)에 대해서 알아보자. 종살격은 살을 따라서 종하는 것이다. 앞의 사주에서는 식신이라도 있어서 버텨봤는데, 여기에 해당하는 사주는 그나마도 없는 고립무원(孤立無援)의 상황이라고 할 수 있다. 원래 신약한 사주 중에서도 관살이 많아서 신약한 경우가 가장 불리하다. 나를 극하는 상황인데 의지할 곳이 전혀 없다는 이야기는 아주 불안한 상황이라고 볼 수 있는 것이다. 그래서 차라리 그 살들에게 항복을 함으로써 오히려 다리라도 뻗고 잠을 자보자는 생각으로 살을 따라서 종하게 되는 것이라고 이해해본다.

물론 실제로 그러한 사주를 가진 사람의 운명에 반드시 이러한 의미가 나타난다고 할 수는 없다. 중요한 것은 관살의 운에서 뜻한 바가 이뤄진다는 것이다. 관살이 용신이 되기 때문이다.

(2) 실제 상황

時	日	月	年
甲	辛	丙	丁
午	卯	午	未

이 사주는 전혀 도움을 받을 곳이 없는 상황에서 살을 따라서 종하게 되는 형상이다. 사실 이러한 종살격의 사주는 그렇게 드물지 않은 편이다.

이 사주에서 연지의 未土는 이미 인성이 아니라는 것 정도는 설명하지 않더라도 짐작할 수 있을 것이다. 이러한 사주는 인겁의 운을 만나는 것을 크게 꺼리게 된다. 그러므로 한쪽 방향으로 치우친 사주가 되지 않는 것이 좋겠지만, 마음대로 되는 일이 아니니 어쩌겠는가.

時	日	月	年
辛	甲	甲	乙
未	申	申	丑

이 사주는 천간에 甲乙木이 있는데도 그냥 종살격으로 보고 있

다. 그러나 지금 시대의 사주라면 일단 겁재와 지장간의 인성을 용신으로 삼고 따져보길 바란다. 그대로 신약용인격(身弱用印格)이 될 가능성이 많기 때문이다. 사실 이렇게 의문을 가질 만한 사주들은 수도 없이 많다. 실제로 임상을 해보지 않은 사주는 웬만하면 믿을 수 없는 것도 무리는 아니다. 어쨌든 이 사주는 종살을 한 것이 확실한 모양이다. 그렇다면 金의 세력이 왕성한 상황이므로 약간의 木이 도와준다고 해도 전혀 도움이 되지 않는다고 할 수 있겠다.

時	日	月	年
甲	乙	乙	乙
申	酉	酉	酉

앞의 사주가 납득이 된다면 이 사주도 쉽게 이해할 수 있을 것이다. 매우 비슷한 상황이기 때문이다. 실제로 이 사주도 종살격이라고 한다. 역시 木의 기운이 너무 시들어서 전혀 도움이 되지 않는다는 기분이 든다. 이렇게 관살이 왕성하게 지지에 깔려 있을 경우에는 약간의 비겁이 있다고 하더라도 별 도움이 되지 못하는 모양이다. 인성이 있든지 아니면 식상이라도 있어야 그나마 버텨보는데, 이렇게 비겁만 수두룩해서는 전혀 도움이 되지 않는 것이다. 이렇게 생하는 기운이 없는 상황에서는 무조건 종살을 하는 것이 최선의 방법인 것 같다.

그럼 이 정도로 관살이 많아서 신약한 경우에 대한 설명을 줄이고 다음으로 넘어가기로 하겠다.

4. 복합적으로 나타나는 경우

실제 사주 중에는 아마도 이러한 상황이 더욱 많을 것이다. 어느한 가지 오행만 있어 신약한 사주가 되었다면 앞에서 설명한 대로살피면 쉽게 용신을 찾을 수 있다. 그런데 실전(實戰)의 상황은 그렇게 만만치가 않다. 항상 예측불허의 상황이 기다리고 있는 것이다. 이렇게 되면 '책 따로 사주 따로'라는 말이 과언이 아니라고 생각된다.

하지만 어떤 상황이 되었든지 그 나름대로의 해석법은 존재하게마련이다. 다만 사주가 복잡하게 얽혀 있다면 해석법도 그만큼 복잡하리라는 것을 짐작할 수 있을 것이다. 그럼 먼저 식재관이 섞여있으면서 신약한 상황이 되어 있는 사주부터 살펴보기로 하자.

21) 신약용인격(또는 신약용겁격)

(1) 상황 설명

신약용인격(身弱用印格) 또는 신약용겁격(身弱用劫格)에 대해서알아보자. 실제로 가장 많이 접하게 되는 사주의 형태라고 보면 틀림없겠다. 이러한 사주들은 용신은 무력하고, 기신들은 많고, 그렇다고 특별하게 뛰어난 점도 보이지 않고, 어떻게 보면 종할 것도 같고, 또 어떻게 보면 그냥 인성을 의지하고 있는 것 같기도 하다. 그래서 확인을 해보면 틀림없는 신약용인격인 것이다.

격의 이름에서도 느낄 수가 있겠지만, 식재관 중에서 어느 특정한 오행이 많은 것이 아니면서 신약한 상황이 되었을 때는 일단 인성을 용신으로 삼는 것이 가장 유력하다고 본다. 인성을 용신으로쓸 수만 있다면 적어도 두 가지 상황은 해결되는 셈이기 때문이다. 즉, 관살은 인성을 생조해주고, 식상은 인성에게 맥을 못 추니까 처리가 되는 것이다. 그래서 특징이 없이 신약한 경우에는 일단 인성을 용신으로 삼게 되는데, 그렇게 되면 인생살이도 대체로 무난한 것 같다.

그러나 인성을 용신으로 쓰고 싶어도 인성이 없다면 사용할 수 없는 것이다. 그때는 부득이 겁재를 용신으로 삼아야 하므로 신약용겁격이 된다. 그렇지만 겁재가 용신이라고 하더라도 결국은 인성이 와야 하므로 그냥 신약용인격으로 봐도 무방하다고 할 수 있다. 특별히 신약용겁격이라는 이름을 사용할 필요는 없다는 것이다.

(2) 실제 상황

```
時 日 月 年
戊 癸 甲 癸
午 未 子 丑
```

이 사주의 주인은 여자이다. 이 사주는 월령에 子水가 있지만, 주변에 관살도 만만치 않고, 식상도 만만치 않고, 그리고 재성 또한 세력을 가지고 있는 형상이다. 그래서 특별하게 강한 오행은 없으면서도 일간은 약한 입장이기 때문에 신약용인격(신약용겁격)의 사주가 되는 것이다.

따라서 인성을 찾아보지만 연지의 丑土는 너무 멀다. 멀리 있는 친척이 가까운 이웃보다 못하다고 하니 우선 가까이에 있는 겁재를 용신으로 삼아놓고 인성의 운이 오면 자신의 의도한 바를 어느 정도 이루지 않겠느냐는 희망을 가져본다.

현재 이 사주의 주인은 술집에서 몸을 팔고 있다. 용신이 무력하다 보니 사회에서 당당하게 할 만한 일이 없는 모양이다. 앞으로 운이 와준다면 자신의 가게라도 한번 해보고 싶다고 한다. 술 팔아서 배운 공부는 술 파는 데 쓰는 것이 가장 효율적이기 때문에 당연한 희망일 것이다.

```
┌─────────────────────┐
│    時  日  月  年     │
│    戊  辛  乙  壬     │
│    子  酉  巳  子     │
└─────────────────────┘
```

이 사주의 주인도 여자인데 역시 신약하다. 관살은 비교적 약하지만, 식상이 많고, 재성도 강하다. 그래서 관성도 점차로 강해지는 형상이 되므로, 특별히 강한 글자는 보이지 않지만 신약한 사주가 되는 것이다. 따라서 인겁을 필요로 하게 된다. 그런데 시간에 인성인 戊土가 있으므로 이를 용신으로 삼게 된다. 일지의 酉金은 희신이 되어서 인성도 보호하고 자신의 뿌리도 되는 역할을 하고 있다.

이 사주는 인성이 있으므로 앞의 사주에 비해서 약간 낫다고 할 수 있다. 여하튼 필요한 인성이 있다는 것은 반가운 일이다. 더구나 그 인성은 월지에 통근하고 있어 흐름만 좋다면 기대를 해볼 수도 있겠다. 하지만 원국의 상황에서는 인성이 너무 허약하여 용신 무력증(用神無力症)에 걸려 있다. 물론 하격으로 볼 수 있겠다. 실제로 이 사주의 주인은 앞 사주의 주인과 같이 몸을 팔고 있다고 한다. 용신이 약하고 일주도 약한 사주들은 이렇게 세상에 적응하며 살기가 힘이 드는 모양이다. 어쨌든 이 사주는 신약용인격이라고 할 수 있다.

時	日	月	年
丁	壬	己	乙
未	辰	卯	未

이 사주의 주인은 남자이다. 신약용인격이나 신약용겁격은 모두 몸 파는 직업밖에 할 일이 없겠느냐고 할까 봐 이 사주를 한번 살펴보도록 하겠다. 이 사주를 보게 되면 고민하지 않을 수 없을 것이다. 왜냐하면 너무 신약하기 때문이다. 사실 낭월은 이런 사주를 만나면 결론을 내리지 못한다. 너무나 무력한 모습이어서 종격이 되겠지만, 경험상 아무리 무력하다고 해도 그냥 인성을 의지하고 있는 사주들을 너무나 많이 접해보았기 때문이다.

앞에서도 말했듯이 이 사주는 이론적으로 말한다면 종재격이다. 정확히는 종살격이 될 것도 같다. 그보다도 월지가 상관이므로 종아격의 형상도 보인다. 어쨌든 중요한 것은 정격으로 버티기에는 너무나 무력하다는 것이다. 이것이 이론의 현주소이다. 물론 여기에서 말하는 이론은 『자평진전』이나 『적천수징의』 또는 『궁통보감』을 가리킨다.

이렇게 무력한 사주가 그냥 버티고 있는 경우는 『적천수징의』에서는 있을 수가 없다. 그럼에도 불구하고 이 사주는 그냥 인겁운을 기다리고 있었다. 실제로 북방운에서는 떼돈을 벌었지만 다른 운에서는 별 재미가 없었다고 한다. 본인이 그렇게 말하는데 더 이상 시비를 걸어볼 수가 없는 것이다. 그리고 시비를 걸 필요도 없다. 중요한 것은 그 사람 본인이기 때문이다.

결국 이 사주는 신약용겁격도 되지 못하는 형상인데, 어쨌든 金水의 운을 사용하는 것만은 분명하다. 그래도 辰 중의 癸水를 보고

서 신약용겁격이라고 해두자. 현재 사업을 하고 있는 사람인데, 丁
丑년에는 고전이 극심했던 모양이다.

時	日	月	年
乙	戊	己	丙
卯	子	亥	申

　이 사주의 주인은 직장인이다. 이 사주는 재성이 대단히 강한 편
이고, 관성도 만만치 않게 강하며, 식상도 있다. 당연히 신약한 상
황이다. 이런 경우에는 인성이 절대적으로 필요하므로 연간의 무력
한 丙火를 의지하여 신약용인격이 된다. 이것은 또 특별히 강한 오
행이 없으므로 곧바로 신약용인격으로 보아도 아무런 문제가 없는
것이다.
　그런데 이 사주의 주인은 실제로 어머니의 도움을 상당히 받고
있다고 한다. 아마 연간의 丙火가 용신이어서 그런 것이 아닐까 생
각한다.

　이렇게 신약용인격이 되면 대체로 사주가 무력한 형상을 띠게 된
다. 낭월의 주변에는 주로 이런 사주들이 많은데, 등급으로는 주로
8~9급 정도로 볼 수 있다. 아마 보통 사람들이 살아가는 구조라고
보면 되겠다. 그러고 보면 가장 많은 격이 신약용인격이 아닐까 싶
다. 월급쟁이를 못 면하고 항상 자신의 운이 오면 뭔가를 해보겠다
고 벼르고만 있는 형상들……. 이것이 신약용겁격이 세상을 사는
모습인 것 같다.

22) 종세격

(1) 상황 설명

종세격(從勢格)에 대해서 알아보자. 신약용인격이 되지 못한다면 종세격이 될 가능성이 크다. 종세격은 신약용인격과 마찬가지로 특별하게 강한 오행이 있는 것이 아니고 모두 그만그만한 상황인데, 일주가 완전히 무근해서 도저히 버티고 있지 못하고 세력을 따라서 종하는 것이다.

그런데 실제로 여기에 해당하는 사주는 흔치 않다. 웬만한 사주는 그냥 신약용인격이기 때문이다. 그러니까 신약용인격도 아니고 신약용겁격도 아닌 사주가 비로소 종세격이 되는데, 앞의 乙未생 사주도 신약용인격으로 버티고 있을 정도이므로 종세격에 해당하는 사주가 거의 없을 것 같기도 한다. 그러나 없는 것은 아니다. 있기는 있지만 구경하기 힘든 희귀한 사주라고 생각하면 되겠다.

종세격은 식재관이 필수로 있다. 그 중에서 가장 강한 글자의 이름을 따기도 하는데 낭월이 보기에는 월령을 장악한 글자가 그래도 가장 강하지 않을까 싶다.

(2) 실제 상황

時	日	月	年
丁	乙	己	丁
丑	丑	酉	巳

이 사주는 위천리(韋千里) 선생의 『고고집(呱呱集)』에 나오는 것

으로서 종살격으로 보고 있다. 근대 명리학의 대가라고 할 수 있는 위천리 선생의 『고고집』을 보노라면, 참으로 겸허하고 소탈한 선생의 성품을 느끼게 된다. 용신을 찾으면서, 사주 당사자의 얘기를 참고하며 자신의 주장을 수정해 나가는 자세에서 과연 명실상부한 명리학자라는 생각을 하게 된다.

이 사주는 우선 현대적인 관점에서 정격으로 보자. 앉은자리의 丑土는 酉金과 결합이 되어 있다. 월령이 酉金이기 때문에 巳酉丑이 제대로 위력을 발휘하게 된다. 그런데 관살만 있는 것이 아니라 火土金이 모두 갖춰져 있는 상황이다. 따라서 종세격으로 볼 수 있는 것이다. 만약 이 사주의 주인이 水木운에서 재미를 봤다고 한다면 물론 신약용인격이다. 그렇지 않으면 종세격이 된다고 생각하는 것이 가장 무난할 것 같다. 그리고 종세격의 경우 대부분 기운이 모이게 되는 곳은 관살이다. 관살까지 흘러간 기운이 인성을 못 만나서 그냥 고이기 때문이다. 종살격과 비슷하다고 보면 되겠다. 종살격과 종세격은 서로 많이 닮아 있다고 볼 수 있다.

時	日	月	年
丙	庚	丁	己
子	寅	卯	亥

이 사주는 『적천수징의』에 나오는 것이다. 만약 이 사주의 주인이 지금 시대의 인물이라면 아마도 연간의 己土를 그냥 용신으로 삼았을 가능성이 크다. 그런데 당시의 관점에서는 종세격으로 보고 있다.

실제로 이 사주의 주인은 乙丑 대운에서 재산을 모조리 까먹고,

甲子 대운에는 좋아졌다가, 壬戌 대운에서 불귀의 객이 되었다고
하니 틀림없는 종살격의 형태로 볼 수 있겠다. 그런데 혹 식신제살
격은 아니었을까 하는 생각도 해볼 만하다. 土운이 들어올 때마다
액운이 겹쳤다고 하는데, 그것을 土운이 아니라 水운으로 볼 수도
있겠기 때문이다. 하지만 앞에서 살펴본 바에 따르면 식신제살격의
경우 인성운이 크게 나쁘지 않았다는 것을 기억해야 한다. 인성운
에 완전히 망했다고 하는 것은 납득이 되지 않는 것이다. 따라서 이
사주는 종을 하게 되는 것이 분명한데, 오행의 흐름을 보면 특별히
강한 것이 없고 골고루 분포가 되어 있는 상황이므로 종세격이면서
도 종살격의 의미를 갖는다고 볼 수 있겠다.

23) 화기격(또는 가화격)

(1) 상황 설명

화기격(化氣格) 또는 가화격(假化格)에 대해서 알아보자. 이 격
은 좀 까다로운 구조를 가지고 있다. 원리는 간단하지만 실제로 나
타나는 구조는 대단히 복잡하게 되어 있기 때문이다. 사실 화기격
이 성립되는지 아닌지 판단하기는 신약용인격보다도 더 어렵다. 물
론 아무리 어렵다고는 해도 자평명리의 이론으로 접근할 수 있는
구조를 가지고 있는 것은 틀림없다. 다만 만만하게 여기고 쉽게 생
각하지 말라는 것이다. 화기격은 합화격이라고 할 수도 있다. 일간
이 옆에 있는 천간과 오합(五合)을 한 후에 화하는 성분이 주변에
넘친다면 화하게 되는 것이다.

그런데 화기격이야말로 이론과 현실의 차이가 가장 심한 격이 아
닌가 싶다. 그만큼 혼란스러운 점이 발생하기 때문이다. 어떤 때에
는 뿌리가 있어서 버틸 것 같은데도 그냥 화를 해버리고, 또 어떤

때에는 화를 할 것 같은데도 그냥 버티고 있다. 『적천수징의』에서는 화기격에 대해 많은 자료들을 싣고 있는데, 그 많은 자료들이 오히려 도움이 되지 않는 면도 있다. 이유야 어떻든 간에 있는 것은 분명하므로 화기격의 구조에 대해서 살펴보도록 하겠다. 그리고 이론과 현실의 사이에서 벌어지고 있는 문제도 생각해볼 것이다. 이해를 돕기 위해서 분류를 해서 설명하도록 하겠다.

(2) 실제 상황

가. 갑기화토격(또는 화토격)

時	日	月	年
己	甲	丁	丁
巳	辰	未	亥

이 사주는 甲木 일간에 갑기화토격(甲己化土格)이다. 甲木이 未土월에 태어나서 火土의 기운이 강하다. 연지에 인성이 있지만 그냥 무시하고서 土를 따라서 화하게 되는 구조라고 위천리 선생은 설명하고 있다. 그렇다면 약간의 뿌리는 무시할 수 있다는 것이다. 여러 자료들을 통해서 볼 때 甲木은 己土를 보면 쉽게 화한다는 것을 알 수 있다. 십간 중에서 가장 화를 잘하는 성분이 아닌가 싶을 정도이다. 土로 화하게 되면 火의 기운이 얼마나 강하냐 약하냐에 따라서 희신이 달라진다. 火의 기운이 부족하면 화하는 오행의 인성이 희신이 되고, 火의 기운이 넘치면 화하는 오행의 식상이 희신이 된다. 물론 화하는 오행은 용신이므로 더 말할 필요도 없이 좋은

운이라고 보면 되겠다. 그런 의미에서 이 사주는 火의 기운이 넉넉하므로 金이 좋은 역할을 한다고 볼 수 있다.

```
時 日 月 年
己 甲 壬 戊
巳 辰 戌 辰
```

이 사주도 화토격(化土格)이다. 그런데 월간에 인성인 壬水가 있는 데에도 무시하고서 그냥 재를 따라서 화하는 甲木을 보면 얼른 이해가 되지 않기도 한다. 그렇지만 이 또한 甲木의 특성이려니 생각하는 것이 좋겠다. 이 사주에서는 그래도 壬水가 戌土에 올라앉아 있어서 이미 무근(無根)한 상황이라고 하는 핑계거리라도 댈 수가 있는 입장이다. 다음의 사주를 보면 과연 甲木의 구조는 도대체 어떤 것인지 알다가도 모를 일이라는 생각이 든다.

```
時 日 月 年
己 甲 甲 己
巳 子 戌 丑
```

이 사주를 보면 앉은자리에 子水 인성이 버티고 있다. 이 정도라면 재중용인격으로 보는 것이 무난하리라 여겨진다. 그런데 실제로는 그대로 己土를 따라서 화했다고 한다. 실제로 서낙오 선생의 『자평수언』을 보면 "남방운에서 자신이 원하는 일을 성취했다"고 되어 있다. 이것은 土로 화했다는 의미임과 동시에 인성이 용신 역할을 하지 않고 있다는 이야기도 된다. 남방운에서 일이 잘 되려면 불이 용신이 아니고서는 불가능하기 때문이다. 그래서 土로 화했다는 것을 확신하게 되는 것이다. 그러나 지금 시대의 사주라면 일단 정격으로 놓고 재중용인격으로 생각을 해보고 싶다.

時	日	月	年
甲	己	丁	丁
子	丑	未	未

이 사주도 납득이 되지 않기는 마찬가지이다. 시간의 甲木 정관을 용신으로 삼고, 시지의 子水는 희신으로 삼으면 간단하게 재관격이 되는데, 어쩌자고 土로 화한 것인지 알 수가 없다. 그리고 己土가 土로 화하면 원래의 己土와 무엇이 달라지는 것인지도 모를 일이다. 甲木의 입장에서야 土로 화하면 木의 성분이 없어진다고 하지만, 己土가 화하는 의미는 아무리 생각해봐도 모르겠다.

時	日	月	年
丙	己	甲	甲
寅	巳	戌	子

이 사주는 더욱 납득이 되지 않는다. 위천리 선생이 화토격으로 보고 있는 사주인데, 이렇게 木의 기운이 버티고 있음에도 불구하고 무슨 까닭에 土로 화하는지 의문스럽다. 이 사주는 아마도 화토격이 아니라 신약하므로 인성이 용신일 것으로 본다. 즉 신약용인

격이라는 이야기이다. 화토격이 되어도 火운은 좋고, 신약용인격이
되어도 火운은 좋다. 그러나 신약용인격으로 보는 것이 보다 합리
적이라는 생각을 하게 된다.

고전을 보면 이런 사주조차도 화토격으로 보기 때문에 자칫 사주
에 甲己合만 있다면 거의 무조건 土로 화하는 것으로 생각하기 쉽
다. 이것이 바로 『적천수징의』의 터널이라고 하는 것이다. 그런데
이보다 더한 경우를 화토격으로 보기도 하므로 주의해서 관찰해야
한다.

나. 을경합금격(또는 화금격)

時	日	月	年
庚	乙	己	庚
辰	巳	丑	子

이 사주는 乙庚合이 되면서 사주에 金의 기운이 왕성하여 화금격
(化金格)이 되었다. 연지에 비록 인성 子水가 있지만, 丑월의 乙木
이 생조를 받는 것보다는 金으로 화하는 것이 좋겠다는 생각을 한
모양이다. 그러나 지금 시대의 사주라면 반드시 신약용인격에 해당
하는지의 여부를 먼저 살핀 후에 화금격이 되는지 확인하는 것이
좋겠다.

참고로 이 사주는 『궁통보감』에 나오는 것인데, 설명이 부족해서
어떻게 화금격이라는 결정을 내리게 되었는지 구체적인 이유를 알
수 없다.

時	日	月	年
庚	乙	癸	丁
辰	酉	丑	巳

이 사주는 『명리정종』에서 나오는 것이다. 乙木이 옆에 癸水를 두고서도 그냥 金으로 화한 것이 납득이 되지 않는다. 丑월이어서 그런지도 모르겠지만 아무래도 미심쩍다. 실제로 이 사주의 주인은 부자였다는 설명이 있는데, 土金운을 지나면서 부자가 되었다면 화금격은 분명한 것 같다.

時	日	月	年
庚	庚	乙	庚
辰	戌	酉	申

이 사주는 화금격이라는 말이 없다. 그냥 종혁격으로 표시가 된 것으로 봐서 종왕격으로 본 것 같다. 이 사주야말로 제대로 된 화금격이라고 볼 수 있는데 종혁격이라고 하는 것은, 庚金의 입장에서는 金으로 화할 필요가 없기 때문이 아닐까 싶다. 이 사주는 『적천수』에 나오는 것인데, 화금격이든 종혁격이든 金이 용신인 것은 분명하므로 아무래도 상관은 없지만, 이 사주야말로 화금격의 진수가 아닐까 생각된다.

甲己合土에서 己土의 행동이 이해되지 않듯이, 乙庚合金에서도 庚金이 과연 金으로 화한다면 화하기 이전의 庚金과 화한 후의 庚金에 무슨 차이가 있는 것인지 모르겠다. 음(陰)이 합이 되면 양

(陽)으로 변한다고 하는 말이 있으니 己土는 戊土화했다고 치더라도 양금(陽金)인 庚金은 어떻게 이해해야 할지 모르겠다. 그래서 낭월은 십간화기격(十干化氣格) 중에서 己土와 庚金은 굳이 화기를 한다고 볼 필요가 없다는 쪽으로 정리를 해봤다. 어차피 변화를 해 봐야 같은 오행이기 때문이다.

다. 병신합수격(또는 화수격)

時	日	月	年
己	丙	辛	辛
亥	子	丑	亥

이 사주는 丙火 일간이 辛金과 합하고 水의 기운이 넘치므로 화수격(化水格)이라고 할 만하다. 화수격에서는 물이 용신이 된다. 그리고 이 사주에서는 화하는 기운이 부족하므로 金이 희신 역할을 한다고 볼 수 있겠다. 사주에 土가 있으므로 이것이 기신이 되는데, 물의 입장에서는 인성을 이용해서 土의 기운을 金으로 화해버리게 된다. 어쨌든 丙火로서는 전혀 의지할 곳이 없으므로 물로 화하는 것이 이해가 된다.

時	日	月	年
乙	丙	辛	戊
未	申	酉	子

이 사주는 『자평수언(子平粹言)』에 나오는 것인데, 역시 화수격으로 보고 있다. 하지만 과연 화수격의 조건에 부합이 되는지 의심이 되는 사주이다. 전국에 넘쳐야 하는 水의 기운도 없고, 시간에 丙火를 생해주는 乙木도 있기 때문이다. 아무리 봐도 화수격이라기보다는 오히려 종재격으로 보는 것이 나을 것 같다. 사주에 金의 기운이 왕성하고 식상도 金을 생해주는 입장인데, 乙木은 너무나 무력해서 의지할 데가 없으므로 재를 따라서 종하는 것이 더 어울리기 때문이다.

時	日	月	年
丙	辛	辛	壬
申	亥	亥	辰

이 사주는 누가 봐도 화수격이라는 결론을 내릴 수 있다고 생각한다. 그렇지만 이 사주는 종아격으로 볼 수도 있다.

화한다는 것은 일간이 완전하게 변화하여 다른 것이 되는 것을 의미한다. 그런데 종한다는 것은 일간이 변화하는 것은 아니고 그냥 세력을 따라가는 것일 뿐이다. 이것이 화격과 종격의 차이라고도 볼 수 있겠다.

하지만 이 사주는 화수격으로 보든 종아격으로 보든 크게 상관이 없다. 모두 土운을 꺼리는 것은 마찬가지이므로 특별히 구분할 필요도 없다고 본다. 그냥 좋을 대로 생각하면 되겠다. 중요한 것은 격의 이름이 아니라 운의 길흉을 가리는 것이기 때문이다.

라. 정임합목격(또는 화목격)

時 日 月 年
甲 壬 丁 己
辰 午 卯 卯

이 사주는 壬水 일간이 丁火와 합하고 주변에 木의 기운이 왕성하여 화목격(化木格)이 된다. 이 사주는 화목격의 원칙에 아주 잘 어울린다고 볼 수 있겠다. 壬水의 입장에서는 木으로 화하는 것이 비교적 쉬운 것 같다. 어차피 무근하므로 丁火만 보면 木으로 화하는 모양이다.

時 日 月 年
壬 丁 丙 己
寅 巳 寅 未

이 사주는 『명리정종』에 나오는데, 정임합목격(丁壬合木格)으로 보고 있다. 따라서 木이 용신이 되고, 火가 희신이 되겠다. 그런데 만약 壬水만 아니라면 그냥 종강격으로 볼 수도 있을 것이다. 丁火의 입장에서는 일간이 합이 되어 있다는 점만 다를 뿐 화목격이나 종강격이나 똑같은 결론이 나오기 때문이다. 그런데 화한다는 것은 丁火의 본성조차도 버리는 것으로 봐야 하므로 약간의 차이는 있을 것이다. 그러나 일반적으로 용신을 찾을 때는 그냥 종강격이라고 봐도 틀리지 않다는 것이다. 따라서 굳이 어느 것을 취하느냐는 별

의미가 없다고 생각한다.

그리고 또 다른 관점에서 본다면, 이미 丁火가 신강하므로 연주의 식상을 용신으로 쓸 수 있다고 생각할 수도 있겠다. 그렇다면 식신격이 될 수도 있는 것이다. 이처럼 하나의 사주에 대해서도 여러 가지 경우를 생각해볼 수 있다. 모쪼록 굳이 어느 한 가지로만 판단할 것이 아니라 모든 가능성에 대해서 골고루 살펴본 다음에 최종적인 결론을 내리는 것이 현명하리라 생각한다.

마. 무계합화격(또는 화화격)

時	日	月	年
丁	戊	癸	丙
巳	午	巳	戌

이 사주는 전형적인 화화격(化火格)으로 볼 수 있다. 앞에서 예로 든 사주의 丁火와 마찬가지로 戊土의 입장에서는 종강격도 되지만 말이다. 무계합화격(戊癸合化格)은 단지 한 점의 癸水로 인해서 戊土가 완전하게 불로 화해버렸다는 것이 종강격과 차이가 있을 뿐이다. 따라서 어떻게 보든 크게 상관은 없다.

그런데 화기격의 사주 중에서도 이렇게 습기가 전혀 없는 화화격은 등급이 약간 떨어지는 것으로 보기도 한다. 오행이 서로 어우러지는 것이 바람직하다는 의미에서 본다면 일리가 있는 이야기이다. 그러나 이미 외격이기 때문에 여기에 집착할 필요는 없을 것으로 본다.

時	日	月	年
戊	癸	丁	癸
午	酉	巳	巳

이 사주는 『명리정종』에 나와 있는데, 화화격으로 보고 있다. 癸水 일간이 火의 세력이 많다 보니 일지에 있는 酉金의 생조를 거부하고 관성을 따라서 종하는 형상이다. 이 사주 역시 지금 시대라면 재중용인격인지부터 확인해보고 나서 화화격인지 살펴보는 것이 더 적당하리라 여겨진다. 지금 시대에는 정격으로 보는 것이 더 잘 맞기 때문에 심지어 외격은 필요 없는 것이 아닌가 하는 생각조차 들기도 한다. 그러나 외격은 분명히 존재하는 것이고, 또 실제로 임상을 통해서 가끔 나타난다.

이것으로 화기격에 대한 설명을 마치고 다음으로 넘어가기로 하겠다.

조후 용신은 어떻게 할 것인가

1. 조후가 필요한 경우

앞의 설명에는 억부와 전왕 용신에 대한 것만 있을 뿐 조후 용신에 대해서는 말하지 않았다. 지금부터 그것을 알아보도록 하겠다.

조후 용신은 水火를 쓰는 것이 기본이면서 최선이므로 다른 경우는 생각할 필요가 없다. 그리고 겨울이나 여름에 태어난 사주 전체가 아니라 木金 일간의 경우에만 조후가 필요한 것이다. 水火는 자신이 물이고 불이므로 덥다든지 춥다는 생각을 하지 못하기 때문이고, 土 역시 여름에 태어나면 인성과다가 되어 水가 필요하고, 겨울에 태어나면 재성과다가 되어 土가 필요하므로 별도로 조후를 논할 필요가 없다. 다만 겨울 土의 경우에는 같은 값이면 불이 있는 것이 겁재가 있는 것보다 유리하다고 생각하는 정도이다.

다시 말하지만 여름 물은 신약하고 재성이 많으므로 재중용겁격이 되면 그만이고, 겨울의 불은 관살이 많으므로 살중용인격 정도를 적용시키면 된다. 조후를 거론할 필요가 없다는 이야기이다. 그러나 木金의 경우에는 조후의 개념이 필요하므로 별도의 설명이 필요한 것이다.

2. 물이 필요한 경우

우선 여기에서 조후로 水가 필요한 경우에 대해서 알아보도록 하자. 水가 필요하다는 이야기는 일단 여름에 태어났음을 전제하는 것이다. 그 나머지의 계절은 생각하지 않아도 된다.

時	日	月	年
丙	甲	壬	庚
寅	午	午	辰

이 사주는 午월에 태어난 甲木으로 상당히 건조하게 느껴진다. 그래서 급히 인성을 찾게 되는데, 사실은 식상과다(食傷過多)의 형상이므로 인성을 찾는 것으로 볼 수도 있다. 이 사주의 경우 인성을 용신으로 삼는 것은, 조후로서는 물이 필요한 형상이기 때문이지만, 억부로서는 상관용인격이 되어서이다. 따라서 굳이 조후를 거론하지 않더라도 水를 용신으로 삼게 되는 것이다. 그러나 조후 용신으로 보겠다면 용수격(用水格)이 된다고 하겠다.

時	日	月	年
壬	己	甲	丙
申	巳	午	寅

이 사주는 午월의 己巳 일주가 조열(燥熱)한 형상을 띠고 있으므로 전형적인 조후 용신법에 해당한다고 볼 수 있겠다. 그래서 시간의 壬水를 용신으로 정하게 되어 조후용수격이 되는 셈인데, 그 전에 인중용재격으로 봐도 마찬가지 결과가 나온다. 따라서 조후로 봐도 재성이 필요하다는 정도로 설명하면 되므로 굳이 조후용수격으로 정할 필요가 없을 것 같다.

```
時  日  月  年
庚  辛  癸  辛
寅  巳  巳  巳
```

위천리 선생은 이 사주를 식신제살격으로 보고 있다. 그런데 조후의 개념으로 본다면 지지에 火의 기운이 상당히 강하므로 水를 용신으로 쓰게 되는 것이다. 그러나 굳이 조후의 이야기를 하지 않더라도 재살이 왕하므로 金水를 용신으로 쓴다는 말을 할 수 있겠다. 아울러서 습토(濕土)라도 있었다면 조후에 상관없이 그냥 인성을 쓰고 살중용인격이 될 것이다. 역시 조후용수격이라고 굳이 할 필요가 없다고 생각한다.

3. 불이 필요한 경우

이제 불이 필요한 경우에 대해 살펴보기로 하자. 여름에 태어난 사주에 물이 필요할 수 있는 것처럼 겨울에 태어난 사주에 불이 필요할 수 있다고 하겠다.

時	日	月	年
丙	甲	庚	辛
寅	子	子	酉

이 사주는 겨울 나무이다. 겨울 나무는 오로지 따스한 불이 반가울 뿐이다. 그래서 불이 용신이 된다. 일명 한목향양(寒木向陽), 즉 추운 나무가 볕을 향하고 있다고 하겠다. 사주의 구조를 보면 인성이 있고, 관살이 인성을 생조하고 있는 상황이라 甲木이 왕하다. 원래 신왕하면 관살이나 식상을 쓰는데, 관살은 이미 金生水를 하는 상황이어서 식상으로 설하는 것만 못하다는 결론을 내리게 된다. 그런데 식상이 다행히 불이라서 甲木으로서는 더욱 반가운 입장이다. 그래서 식신격으로 볼 수 있다. 겨울 甲木이 식신을 용신으로 삼았다고 한다면 이미 불이 용신이라는 것을 알 수 있으므로 조후 용신이라고 하지 않더라도 상관이 없다고 본다.

時	日	月	年
庚	戊	庚	丙
申	寅	子	寅

이 사주는 겨울 土인데, 재살도 있고 식신도 왕성한 구조이다. 이렇게 되면 신약하므로 인성을 용신으로 삼게 되어 신약용인격이 된다. 다행히 연간에 丙火가 있으므로 그것을 용신으로 정하게 되는데, 이것은 겨울 土에게 있어서 조후의 개념도 포함이 된다는 정도로 생각하면 충분하리라 본다. 굳이 추운 상황이어서 불을 용신으

로 삼아야 한다고 수선을 피울 필요가 없다는 것이다.

```
時 日 月 年
丙 庚 丙 己
子 子 子 未
```

이 사주는 금수상관격(金水傷官格)으로 볼 수 있다. 고전에서는
'금수상관희견관(金水傷官喜見官)'이라는 말을 하면서, 이러한 사
주에서는 절대적으로 관살이 용신이 된다고 강조하고 있다. 그러나
임철초 선생의 경우 이것을 단호히 부정하고 신약용인격으로 보는
것이 옳다고 주장하고 있다. 즉 조후가 급하다고 하더라도 신약하
면 아무런 소용이 없다는 이야기이다. 우선 억부를 보고 억부가 급
하지 않을 경우에 비로소 조후의 의미를 부여해야 한다는 것이다.
그렇다면 이 사주 역시 신약용인격이고, 편관을 희신으로 삼게 된
다. 인성도 허약하기 때문에 도움을 줄 관살이 필요하다는 이야기
이다. 이 사주는 『명리정종』이나 『자평수언』에 나오는 것으로서, 상
관용인격으로 봐도 아무런 하자가 없을 것으로 생각된다.

이상 조후 용신격에 해당하는 몇 종류의 사주들을 살펴보았다.
하지만 실제로는 모두 억부 용신의 원리 안에 있다는 것을 확인할
수 있었다. 그러므로 굳이 별도로 조후 용신격을 정할 필요가 없을
것 같아서 용신격에서 제외시켰다. 그래도 왠지 허전하다고 생각된
다면 조후용수격(調候用水格)과 조후용화격(調候用火格) 정도는 만
들어서 활용하는 것도 괜찮을 듯하다. 그러나 낭월은 이 모두 군더
더기이므로 삭제하는 것이 좋겠다는 생각이다.

용신격의 마무리

    이상 23개로 용신격을 정리해보았다. 이것은 더욱 세분화될 수 있지만 많은 것이 능사가 아니므로 최대한 간략하게 해보려고 노력했다. 그럼에도 불구하고 23종류나 되는 것이다. 어쨌든 자평명리학에서 생각해볼 만한 종류는 모두 이 23개의 용신격으로 설명이 가능하리라고 본다. 그리고 더 이상 포함시키거나 삭제할 것도 없다고 생각한다.

    이 용신격을 활용한다면 그 나머지 다른 격국들에 대해서는 신경쓸 필요가 없다. 사실 용신격을 정리하게 된 가장 큰 이유도 격국에 대해서 공부를 하느라 불필요하게 시간을 낭비하지 않도록 하기 위해서였다. 용신을 찾으면서 그대로 이름을 부여할 수 있는 방법도 시간적인 면에서 대단히 경제적이라고 할 만하다. 물론 앞으로 연구를 계속하다 보면 23종류의 용신격이 더 줄어들 수도 있고, 늘어날 수도 있을 것이다. 그러나 어떻게 변한다고 하더라도 일단 낭월이 세워놓은 기준은 그대로 지켜지리라 본다. 이것은 낭월의 욕심이겠지만, 이 정도의 기준만 잘 지키면서 공부한다면 적어도 별도의 격국 공부로 시간을 낭비하지 않아도 되리라 생각한다.

이 기준을 바탕으로 해서 벗님들 나름대로 얼마든지 용신격을 만들 수 있을 것이다. 그러나 그 바탕에는 용신을 포함하고 있어야 한다는 원칙이 당연히 지켜져야 한다. 용신의 개념이 포함되지 않은 용신격은 있을 수 없기 때문이다.

『사주첩경(四柱捷徑)』6권을 보면 여러 가지 형상들에 대해서 설명되어 있다. 예를 들어 '등라계갑(藤蘿繫甲)' '모자멸자(母慈滅子)' '일장당관(一將當關)' 등의 용어로 간단하게 사주의 상황들을 설명하고 있다. 그런데 이 용어들에는 용신의 개념이 없기 때문에 격으로 사용하기는 좀 힘들다. 물론 '군겁쟁재(群劫爭財)'와 같이 그대로 용신격으로 써도 좋을 이름이 포함되어 있긴 하지만 대부분 '형상에 대한 설명용'이다. 따라서 이러한 이름을 격국으로 삼으면 어떻겠느냐는 생각은 할 필요도 없는 것이다. 등라계갑격이라고 하는 말도 乙木이 甲木을 의지하고 있다는 것은 분명한데, 土가 많아서 의지하는지 金이 많아서 의지하는지 알 수 없다. 따라서 격으로 사용하기에는 좀 무리가 있다는 것이다.

어쨌든 사주를 볼 때는 일단 나름대로 용신격을 정해보고, 마땅한 이름을 찾을 수 없다면 지금까지 설명한 23종류의 용신격을 한 장의 종이에 적어놓고서 응용하면 되리라 생각한다.

제3부
실전대임요령

사주 풀이 순서

언제까지나 이론만 배울 수는 없는 일이다. 결국 목적은 실전이기 때문이다. 연구하고 이론을 세우는 것은 모두 실제로 사주를 잘풀기 위해서이므로 중요한 것은 무엇보다 실전인 것이다. 그래서 이렇게 실전편을 설정해보았다.

실전에서 다루게 될 사주는 10개의 명조이다. 많으면 많을수록 좋겠지만, 지면 관계상 한계가 있을 수밖에 없다. 그리고 많은 양의 자료를 대충 살펴보는 것보다는 하나라도 더 상세하게 분석해보는 것이 훨씬 도움이 되리라 생각한다. 따라서 비록 10개의 명조이지만 최대한 심층적으로 접근해보도록 하겠다. 어떠한 기준을 가지고 사주를 풀이해 나가는지 살펴보면서 임상하는 요령을 배우면 좋을 것이다.

『음양오행』의 서문에서 약속한 대로 차후에 보다 많은 임상 자료를 모아 '부귀빈천편(富貴貧賤篇)'을 써볼 생각이다. 따라서 10개의 명조를 살펴보는 것만으로는 부족하다고 생각하는 벗님들은 좀 기다려주기 바란다. 하지만 중요한 것은 양이 아니라 질이다. 아마 여기에서 살펴보는 것만으로도 어느 정도 안목을 기를 수 있을 것이다.

여기에서는 용신을 찾아내는 방법부터 사주 전반을 구체적으로 어떻게 해석하는지에 대해서 설명할 것이다. 그리고 해석을 하는 중간중간 그에 해당하는 (실험적인) 이론들도 덧붙여 설명을 하기로 하겠다. 알아두면 도움이 될 만한 내용들이리라고 생각한다.

1. 용신의 구조

사주를 보고 맨 먼저 해야 할 일은 용신을 찾는 일이다. 용신을 찾기 위해서는 다시 사주 전체의 구조와 희용기구한(喜用忌仇閑)을 살펴야 한다. 그렇게 얻은 결과를 분석함으로써 여러 가지 상황을 살필 수 있게 되는 것이다.

용신이 나오면 그 상황에 따라서 사주의 등급도 구분하게 된다. 사주의 등급이 인생의 등급은 아니겠지만, 어쨌든 일생을 청귀하게 살아갈 사주도 있고, 곤궁하게 살아갈 사주도 있는 것이다. 사람에는 등급이 없으나 사주에는 등급이 있다고 할 수도 있겠다.

이것을 명확하게 살피고 나면 비로소 대운 등을 대입하게 되는데, 이것은 다음에 언급할 사회성(社會性)의 항목에서 자세히 살펴보기로 하겠다. 용신이나 대운은 사회성의 의미가 강하기 때문이다. 그런데 이 정도 살펴보았다면 당연히 용신격을 부여할 수 있을 것이다.

위의 순서를 차례대로 정리해보면 다음과 같다.

① 용신을 찾는다.

② 희용기구한을 구분한다.

④ 병약이나 조후의 상황도 고려한다.

⑤ 용신의 등급을 정한다.

⑥ 그 밖의 특색(유무력, 청탁 등)을 관찰한다.

반드시 이대로 해야 하는 것은 아니지만 대충 이 정도의 기준을 가지고 생각해보는 것이 질서도 있고 이해하는 데 도움이 되리라 생각한다.

2. 성격

일단 용신의 상황을 모두 살핀 다음에는 그 사람의 기본적인 심성(心性)에 대해 관찰해보는 것이 좋겠다. 사회성 역시 심리적인 부분에 상당한 영향을 받으므로, 심리 구조를 알아둘 필요가 있다.

심리 분석은 일간을 중심으로, 일지(지장간 포함)와 월간, 시간 등을 살펴봄으로써 이루어진다. 물론 이 네 글자만으로 그토록 다양하고 복잡한 사람의 마음을 모두 판단하기는 어렵겠지만, 심리의 영역을 포착할 수 있는 단서는 얻게 될 것이다. 이 부분에 대한 설명을 잘 이해하고 활용한다면 앞으로 보다 깊이 있는 심리 분석이 가능하리라고 본다.

여기에서는 다음과 같은 방법으로 접근해가도록 하겠다.

① 일간의 특성을 본다.

② 일간의 주변에서 가장 영향을 많이 끼치는 글자를 본다.

③ 순서는 우선 음양이 다른 것을 보고, 다음에 같은 것을 본다.

④ 음양이 같다면 식상, 인성, 재성, 관살, 비겁 순으로 본다.

⑤ 일지의 경우에는 편(偏)일 때 정(正)의 성분으로 간주한다.

⑥ ⑤번의 경우 그렇게 간주만 할 뿐이고, 대입은 본래의 성분대로 한다.

⑦ 일간과 합이 된 천간(일지도 포함)이 있으면 최우선으로 성격에 적용시킨다.

나름대로 연구를 해가면서 사람의 심리 구조 분석이 점점 구체화되고 있다는 느낌이 든다. 여기에서는 가장 최근에 정리한 내용을 기준으로 설명할 것인데, 만약 앞으로 보다 발전된 방법이 나타난다면 그때 다시 지면을 통해서 그것을 발표하도록 하겠다. 우선은 이 정도의 방법으로 심리적인 면을 살펴보겠는데, 좀 복잡한 듯싶지만 차근차근 응용해가다 보면 일정한 요령을 발견할 수 있으리라 생각한다.

그리고 가능하다면 이러한 성격들을 한 줄로 연결시켜보도록 노력하는 것이 좋겠다. 그렇지만 이것은 그렇게 만만한 작업은 아니므로 처음부터 무리를 할 필요는 없다. 시간을 두고 많은 경험을 쌓다 보면 자연스럽게 연결이 되는 때가 있을 것이다.

3. 사회성

사회성을 따질 때에는 일단 성격을 분석한 것을 활용하도록 한다. 그리고 그 구조에 따라서 용신의 상황을 대입하는 것이다. 그런데 중요한 것은 용신은 목적의 성패(成敗)에 간여한다는 것이다. 따라서 직업의 적성을 논할 경우에는 심리적인 영향과 사주의 등급이 일차적으로 작용한다고 볼 수 있다. 사회성 역시 다음과 같은 기준을 가지고 알아보도록 하겠다.

① 직업의 적성을 고려한다.

② 대운의 상황을 살핀다.

③ 실제적인 일에 대해서 분석을 해본다.

이런 정도로 살펴보면 사회성에 대해서 대강은 판단할 수 있지 않을까 싶다. 결국 심리적인 부분에 대단히 큰 영향을 받는다는 점에 유의해야 할 것이다. 특히 자신에게 적합한 직업이 무엇인지 판단할 경우 일반적으로 용신을 위주로 하는데, 그것이 본인의 심리 구조와 일치하지 않게 되면 많은 갈등을 겪을 수밖에 없다. 따라서 무엇보다도 심리의 흐름을 먼저 고려하고 나서 용신의 상황을 대입시키는 것이 적성에 맞는 직업을 선택할 수 있는 가장 현실적인 방법이 아닐까 한다.

4. 배우자

배우자(配偶者) 부분도 대단히 중요한 문제이다. 그러나 결론은 간단하다. 배우자의 글자가 희용기구한에 어떻게 연결되어 있는지 보면 되기 때문이다. 그리고 어차피 이 부분은 상대적이라 정확하게 판단하기 위해서는 상대방의 사주 구조도 알아야 하므로, 여기에서는 배우자에 대한 길흉 정도만 간략하게 살펴보도록 하겠다.

5. 자식

자식(子息)에 대해서는 비중을 두는 사람도 있고, 그렇지 않은 사람도 있다. 보통은 자신의 당면 문제를 더욱 시급하게 생각하고, 자식은 이차적으로 떠올린다. 이에 대해서도 구체적인 설명은 하지 않고 기본적인 상황으로 판단한 길흉만을 언급하는 정도로 그치겠다.

6. 기타

예로 든 사주의 특성이나 그와 관련된 이야기들에 대해 언급하도록 하겠다. 말 그대로 참고가 될 만한 사항을 적어보려는 것이다.

사주를 관찰하는 데 이 정도의 기준을 정해놓고 하나하나 대입시켜간다면 큰 어려움은 겪지 않으리라고 본다. 실제로 사주를 보게 되면 공부할 때와는 달리 마음대로 정리가 되지 않아 우왕좌왕하기도 한다. 그래서 이와 같은 기준을 마련해본 것이다. 그렇지만 굳이 이러한 방식에 집착할 필요는 없다. 모두 나름대로의 방식이 있게 마련이기 때문이다. 그럼 본론으로 들어가보도록 하자.

실전 1 : 여명, 甲寅 戊辰 丙戌 甲午

時 日 月 年
甲 丙 戊 甲
午 戌 辰 寅

43	33	23	13	3
癸	甲	乙	丙	丁
亥	子	丑	寅	卯

1. 용신의 구조

이 사주는 여명(女命)으로 戊辰월 丙戌 일주이다. 비록 월령이 식신이기는 하지만 일지에서 戌土의 고근(庫根)이 받쳐주고 있고, 시주의 甲午와 연주의 甲寅이 원조하므로 약하지 않다고 본다. 따라서 신왕한 사주가 되는데, 사주 전반에 木火의 기운이 왕성하여 의외로 강한 구조를 하고 있다고 볼 수 있다. 관살이나 식상을 구하게 되는 상황인 것이다.

그렇다면 우선 관살이 올 경우에 대해서 생각해보자. 사주에 인성이 많으면 관살이 와도 무력해진다는 이치는 이미 알고 있을 것이다. 관살이 무력해지면 일간은 관살의 지배를 원치 않게 되는 현상이 발생한다. 그런데 이것은 용신을 중요하게 여기지 않는 일이 되므로 대단히 불리하다고 할 수 있다. 따라서 일단 관살은 보류하게 되는 것이다.

다음으로 식상이 올 경우에 대해 생각해보자. 사주에 木火의 기운이 넘치고 있는 상황이므로, 식상으로 하여금 이러한 성분들을 설기(洩氣)시키면 창조적인 방향으로 흐르게 된다. 『명리대감(命理大鑑)』에서도 사주에서 중요한 것은 식상과 관살이라고 했는데, 참으로 올바른 견해라고 생각된다. 결국 생생지도(生生之道)는 여기에 있다고 할 수 있다. 이 경우에는 설하려는 일간의 마음을 그대로 반영시켜서 土를 용신으로 삼도록 한다.

신강할 경우 극설을 찾는다는 것은 초보자도 아는 것이다. 그런데 어느 정도 안목이 생기게 되면 반드시 극을 해야 할 경우가 있고, 또 반대로 반드시 설기를 해야 할 경우가 있다는 것을 구분할 수 있게 된다. 사주 공부가 이 책을 읽을 정도로 진행되어 있는 상황이라고 한다면 당연히 이것을 분별할 만한 실력은 가지고 있어야 하리라고 본다.

이 사주에서 丙火는 식상으로 설기시키려는 생각이 강하다. 그래서 土를 용신으로 삼게 되는데, 사주에 土는 있지만 그것이 火의 기운을 설하지 못하는 상황이다. 戊土, 戌辰土가 火의 기운을 설하지 못하는 형상을 하고 있기 때문이다. 어쨌든 월간의 戊土를 용신으로 삼아놓고, 戊土가 辰土에 의지하고 있는 것으로 보자.

그런데 연간의 甲木은 식신으로 기운이 흘러가는 것을 거부하고 있는 형상이다. 이러한 구조를 도식(倒食)이라고 부르기도 하는데, 이것은 인성이 내 밥그릇(食神)을 깨고 있다는 의미이다. 물론 흉하게 되는 암시라고 볼 수 있는데, 유감스럽게도 사주에서 이러한 결점을 보완해줄 만한 성분이 보이지 않는다. 金의 기운이 전혀 보이지 않는다는 이야기이다.

그래서 식상을 용신으로 할 경우에는 재성이 절대로 필요하다고 하는 것이다. 그런데 이 경우에는 재성의 원조가 없으므로 참으로 아쉽다 하겠다. 용신이 비록 월령을 얻어서 강하다고는 하지만, 丙火의 입장에서는 설기가 되지 않으므로 용신치고는 매우 답답한 용신이라고 할 수 있다. 그리고 용신이 깨진 상황이기 때문에, 등급으로 본다면 9급 정도가 된다. 왜냐하면 비록 월령을 얻었다고는 하지만, 청명(清明) 후 10일 만에 태어나서 癸水가 당령하고 있는 상황이기 때문이다. 이 癸水는 木의 입장에서는 대단히 반가운 글자이지만, 土의 입장에서는 탐탁지 않은 글자인 것이다.

한편으로는 이 癸水로 인해서 건조한 戊土가 火의 기운을 설할 수 있지 않겠느냐고 생각해볼 수도 있다. 이것도 틀린 생각은 아니다. 하지만 옆에 甲寅이라고 하는 기둥이 버티고 있으므로 이것도 어색한 상황이 될 뿐이라고 봐야겠다. 그래서 파격(破格)으로 보게 되는데, 파격이라고 하는 말은 '용신이 맛이 갔다'는 의미도 된다.

이렇게 격이 깨진 것은 木으로 인해서라고 판단할 수 있으므로 이 木을 제거시키는 金이 있으면 뭔가 기대해볼 만하다는 생각을 할 수 있다. 그러나 이 사주에는 金이 없기 때문에 등급만 자꾸 떨어지는 것이다.

결론적으로 이 사주의 경우, 용신은 戊土, 희신은 金, 기신은 甲木, 구신은 火, 한신은 水로 희용기구한을 분류할 수 있겠다. 그런데 이것은 원국에서의 결론일 뿐이고, 운에서는 또 다른 결과가 발생할 수도 있다. 흔히 용신이 土라고 했을 경우 운에서 土의 그림자만 보여도 운수대통하게 된다고 한다. 그러나 이러한 관점은 경솔한 판단을 하게 되는 이유가 되기도 하므로 심사숙고해야 하리라 본다. 그럼 이 사주의 상황을 가지고 대운을 구체적으로 살펴보도록 하자.

용신이 土가 되므로 戊己辰戌丑未운은 모두 좋다고 할 수 있겠다. 그러나 분석을 해보면 戊土는 설기가 부족하고, 戌土는 火庫로서 조열하여 오히려 기신이라고 할 수도 있다. 己土는 반갑긴 하지만 원국의 甲木과 합을 하느라고 제 기능을 발휘하지 못할까 두렵다. 甲己合이면 土가 되는데 무슨 걱정이냐고 하겠지만 합을 한다고 해서 모두 변화하는 것은 아니다. 반드시 화(化)를 해야만 비로소 변화하는 것이다. 그런데 이 사주의 甲己合은 합만 발생시키고 화는 하지 않는다. 그렇기 때문에 비록 己土가 용신이라고 하더라도, 실제로는 火의 기운을 설하는 것이 아니라 甲木과 합이 되어서 丙火를 고려하지 않는다는 결론을 내리게 되는 것이다. 이것은 원국에서 甲木이 확실한 뿌리를 가지고 버티고 있기 때문에 비롯된 결과이다. 따라서 己土도 별로 도움이 되지 않는다고 보는 것이다. 물론 해로울 것은 없다. 다만 운수대통이 아니라 실제로는 약간 좋은 정도로 그치게 된다는 것이다. 이러한 점을 명확하게 관찰하지 않으면 자칫 '己土운이 좋다고 해봐야 좋을 것도 없다'고 생각할 가능성이 매우 크다.

다시 대운의 지지에 있는 土를 살펴보면, 戌土는 이미 못 쓰는 것이고, 未土는 조토(燥土)라서 火의 기운을 설하는 성분이 부족하다. 그러나 丑土가 들어오면 좋고, 辰土의 경우에도 좋다고 볼 수 있다. 丑辰土만이 겨우 기대를 해볼 만한 운이 되는 것이다.

이렇게 같은 土운이라고 해도 원국의 상황을 고려해 대입해보면 복(福)의 경중(輕重)이 각각 다르게 나타나게 된다. 따라서 이러한 점을 살피지 않고서는 올바르게 운세를 판단했다고 볼 수 없는 것이다.

다음으로 기신이라고 판단된 木을 살펴보자. 일단 천간으로 들어오는 木은 모두 흉하다고 볼 수 있다. 용신이 천간에 있기 때문에 어떻게든지 木을 만나면 흉하게 되는 것이다. 지지로 올 경우에는 寅木은 火局이 되므로 열의 기운을 더욱 강하게 만들고, 卯木은 火局까지는 아니더라도 辰土를 극함으로써 잠정적으로 戊土를 약화시켜버리는 결과가 된다. 그래서 어떤 경우라고 하더라도 木을 만나는 것은 해롭다는 결론을 내리게 된다.

그렇다면 한신에 해당하는 水를 만나면 어떻게 될지 생각해보자. 천간의 壬水는 木을 생하게 되므로 나쁘고, 癸水는 戊土와 합을 하므로 또한 나쁘다. 용신이 합이 되면 자신의 일을 돌보지 않게 되기 때문이다. 화해도 흉하고 화하지 않아도 흉하다. 화를 하면 불이 되고, 화를 하지 않으면 용신의 업무를 돌보지 않기 때문이다. 그리고 癸水 또한 木을 생하는 의미가 포함되어 있다. 따라서 천간으로 들어오는 水는 한신이 아니라 기신이라고도 할 만하다.

지지로 들어오는 水를 생각해보자. 亥水는 열기를 식혀주는 성분이므로 도움이 된다고 볼 수도 있다. 하지만 木을 생해주므로 해롭다는 말도 할 수 있다. 그야말로 명실공히 한신인 셈이다. 子水가 들어오면 원국의 午火를 극하게 되고, 옆에 있는 辰土와 합도 하게 된다. 그리고 寅木도 생해주는 등 여러 가지 경우가 복합적으로 발생하므로 대단히 어지럽다. 그래도 결과적으로 크게 나쁘다고 볼 수는 없는데, 그것은 조열한 사주에 습기를 공급한다는 중요한 의미가 들어 있기 때문이다. 그렇다고 해서 도움이 되는 것은 아니므로 子水 또한 글자 그대로 한신으로 보는 것이 무난할 것이다.

이처럼 하나의 사주를 살필 때에는 항상 주변의 상황들을 모두 파악해야만 한다. 그래야 비로소 올바른 판단이 나오게 되는 것이다. 서둘러서 간단하게 볼 수도 있겠지만, 공부하는 입장에서는 이렇게 일일이 세세하게 대입시켜보고 결론을 내리는 것이 도움이 될 것이다.

이상이 원국의 상황을 상세하게 살피는 방법이라고 보면 된다. 어느 사주를 보든지 이러한 방식으로 관찰해 나가면 정리하기가 수월해질 것이다. 처음에는 다소 복잡하게 느껴질 수도 있겠지만, 시간이 흐르면서 점차로 자연스러워지게 될 것이다. 그리고 이렇게 하는 것이 당연한 과정이라고 생각하게 될 것이다.

이제 나름대로 사주의 등급을 분류하는 기준을 설명하도록 하겠다. 하지만 이 기준은 고정된 것이 아니다. 각각의 사주가 워낙 복잡하고 다양한 구조를 가지므로 실제 상황에 대입될 때에는 다른 결과가 나올 수도 있다는 점을 미리 알아두기 바란다.

• 상격

1급 : 용신이 월지에 있고, 흐름이 좋은 경우
2급 : 용신이 월지에 있으면서 유정(有情)한 경우
3급 : 용신이 월지에 밀착되어 있고, 유력(有力)한 경우

이상의 상격(上格)은 결함이 없고, 흐름이 원만할 때 성립하게 된다. 그러나 실제로는 만나기가 극히 어려우므로 이론적으로만 존재한다고 해도 과언이 아닐 것이다. 나름대로 1, 2, 3급으로 구분을 해보기는 했지만, 굳이 이렇게 세세히 구분할 필요는 없다.

그럼 실제로 좋은 사주라고 하는 것은 어떤 것인지 한번 살펴보는 것도 좋겠다. 다음에 예로 든 사주는 모두 『적천수정의』에 나오는 사주들이다. 일단 상격에 속하는 사주는 어떻게 생겼는지 한번 음미해보기 바란다. 특히 흐름이 어떻게 생겼는지 관찰하다 보면 뭔가 고개가 끄덕여지는 내용이 보일 것도 같다.

①				②				③			
時	日	月	年	時	日	月	年	時	日	月	年
己	丁	甲	壬	乙	癸	庚	戊	辛	己	丙	甲
酉	亥	辰	寅	卯	亥	申	戌	未	巳	寅	子

• 중격

4급 : 용신이 일간에 가까이 있으면서 유정하고 기신이 없는 경우
5급 : 용신이 일간에 가까이 있으면서 통근을 하고 있는 경우
6급 : 용신이 일간에 가까이 있으면서 유력한 경우

이상의 중격(中格)은 운이 좋으면 상격으로 진입할 수도 있고, 운이 나쁘면 하격으로 떨어질 수도 있다. 일반적으로 자신의 영역을 개척하고 나름대로의 삶을 꾸려나가는 사람들에게서 자주 발견되는 사주이다.

• 하격

7급 : 용신은 좋으나 전반적으로 사주에 기신이 있는 경우
8급 : 용신은 있으나 용신이 힘을 발휘하지 못하는 경우

9급 : 용신이 깨진 경우
10급 : 용신이 암장된 경우(등외)

10급은 등외라고 정했다. 암장된 용신도 하나 없다는 것은 대단히 불리한 상황이라고 봐야 하기 때문이다. 하격(下格)은 실제로 가장 많이 접할 수 있는 흔한 사주들이다. 보통 지지고 볶으면서 살고 있는 우리네 삶은 하격에 속한다고 볼 수 있다.

사주의 등급을 대충 이렇게 정해놓고 생각해볼 수 있다. 경우의 예가 다소 불분명한 감도 있을 것이다. 그러나 앞으로 실제로 사주를 풀어가면서 구체적으로 살펴보면 어느 정도 납득이 될 것이라고 생각한다.

우리가 지금 살펴보고 있는 사주는 9급 정도 된다고 볼 수 있다. 용신은 있지만, 전반적으로 사주가 조열하고 탁하다는 것이 그 이유이다.

2. 성격

심리적으로 관찰할 경우에는 내가 생해주는 성분이 우선하므로 음양이 같은 경우라면 인성보다는 식상이 먼저이다. 그리고 일지에 있는 식신은 상관적인 등급을 얻게 되므로 당연히 식신의 작용을 먼저 생각하게 된다. 그러면 자신의 능력을 밖으로 나타내는 작용을 하게 되는 성분이 우선적으로 나타나게 된다. 그런데 이 사주는 월간에도 식신이 있으므로 중복이 되어 있는 구조이다. 그렇다면 이 식신을 스스로 거부하려는 마음이 생길 수도 있겠다. 그래서 편인을 찾게 되므로 신비한 것에 대해서 관심을 갖게 된다고 말할 수 있겠다.

그리고 이 사주는 모두 양의 구조를 이루고 있다. 음양이 모두 같으면 감정적이라는 말을 하는데, 흔히 양팔통(陽八通)이라고 부르는 이 사주의 경우에도 스스로 감정적으로 모든 일을 처리하려는 성분이 강하다고 판단할 수 있다. 더구나 일간이 丙火이므로 이러한 성분이 더욱 강하다고 본다. 참고로 순전히 음(陰)으로만 이뤄진 사주도 역시 감정적이라고 할 수 있다. 다만 水火를 중심으로 해서 배합이 잘 되어 있는 경우에는 이러한 경향이 줄어들기는 하지만, 기본적으로는 감정적인 성격이라고 할 수 있다.

일지 戌土 속에는 정재인 辛金의 성분도 들어 있다. 정재는 자신의 몸을 아끼고 물질에 대해서도 알뜰한 성격을 갖는데, 실제로 이것을 크게 느낄 수 없는 것은 午戌의 합으로 인해서일 것이다. 실제로 이 사주의 주인은 물질에 대해서 알뜰하지 못하다고 생각하고 있는데, 아마도 午火와 합으로 인한 것이 아닐까 한다.

시간의 甲木은 편인이다. 그런데 식신의 중복으로 인해 발생하는 편인도 있으므로 편인의 성분이 상당히 강하게 나타나게 된다. 그리고 이것은 앞에서 살펴본 것처럼 기신이다. 따라서 편인의 부정적인 성분이 발동하게 되어, 고독하고 수동적이며 항상 누군가의 도움을 받으면서도 부정적으로 생각하는 사람이 될 가능성이 있다. 이러한 성격은 처세에 매우 불리할 수밖에 없는데, 감정이 그렇게 움직이고 있으므로 어쩔 수 없는 것이다.

이 사주는 식신의 성분으로 설기를 하려고 하지만 여의치 않으므로 재성으로 木의 기운을 제어해보려는 움직임이 발생하게 되는데, 그로 인해서 조급한 마음을 가지게 된다. 그리고 관살의 제어를 받지 않지 않으므로 인내심이 부족하다는 말을 듣게 된다. 결국 이 사주의 심리 구조는 인내심도 없고, 누가 도와줘도 부정적으로 생각하여, 받아들이면서도 거부하려는 마음이 있고, 이기적이고, 봉사하려는 마음이 적으므로 세상에 적응하는 것이 서툴다고 볼 수 있겠다.

3. 사회성

이런 사람은 세상에서 무슨 일을 하는 것이 가장 좋을지 생각해 보자. 사주의 형상에서 느껴지는 것은 불안정하다는 것이다. 불안정하게 되면 무엇을 하든지 줄기차게 밀고 나가는 힘이 떨어지게 된다. 이것은 사회 생활을 하는 데 장애 요소가 될 소지가 크다. 무슨 일이든지 꾸준하게 하지 못하고 망상만 하므로 사회에서 마땅히 할 만한 일을 찾기 힘들다는 것이다. 남들이 한다고 해서 장사도 해보고 직장 생활도 해보지만 어떤 것에도 근본적인 에너지가 부족하다는 것을 느끼게 된다. 즉 경쟁력이 약하다고 볼 수도 있겠다. 이런 의미에서 관살이 없다는 게 약점이 된다. 인내심을 가지고 일을 추진해야 하는데 조급하고 감정적인 성격으로는 무엇이든 진행시키기가 어렵기 때문이다. 그렇다고 해서 가정을 직장으로 삼기도 어렵다. 그래서 항상 방황을 하게 되는 것이 이 사주의 현실이라고 할 수 있겠다.

어쨌든 이 사주의 주인은 무슨 일이든지 스스로 해야 한다. 남의 명령을 수령하는 관살이 없기 때문이다. 그러나 식상의 작용도 신통치 않으므로 마음대로 무엇인가를 해보기도 어렵다. 또 설기가 되지 않으므로 판단력도 느리다고 볼 수 있다. 이런저런 상황을 고려해볼 때 조그마한 장사를 하든지 한 가지 기술을 연마하는 것이 가장 좋으리라 생각된다.

운세를 살펴보니까 어려서 丁卯, 丙寅 대운을 보내고 있다. 한마디로 답답하기 짝이 없는 운이라고 할 수 있다. 乙木 대운도 마찬가지이다. 이처럼 초기의 운이 대단히 불리한 것으로 보아서 가난한 부모를 만나서 고생이 많았을 것 같다. 丑土 대운은 가장 좋은 운이 되겠는데, 이 운에서는 자식도 얻을 수 있을 것으로 본다. 다른 운에서는 아이를 출산하기도 어려워 보이는 명식이기 때문이다. 甲子 대운도 木은 도움이 안 되고, 水는 약간 유리하지 않을까 싶다. 癸亥 대운에서는 한신운의 도움을 약간이나마 받을 수 있을 것으로 본다. 한마디로 土金의 운이 없다는 것이 대단히 아쉽다. 아마 이 땅에 잘못 왔다는 생각을 자주 하게 될 것 같기도 하다.

4. 배우자

남편은 辰土 속에 들어 있는 癸水이다. 무력하기 짝이 없는 상황이므로 별 도움이 되지 않는다고 봐야 하겠다. 그리고 한신에 속하므로 남편은 백수건달이 될는지도 모르겠다. 무력한 남편을 만날 가능성이 있으므로 배우자에 대해 크게 기대할 것이 못 된다.

5. 자식

자식은 월간의 식신인데, 답답한 상황이다. 따라서 공부도 못 하고 마음 고생만 시키지 않을까 싶다. 뭔가 산뜻한 느낌이 들지 않는 아쉬운 상황이다. 본인의 사고력도 많이 떨어지므로 혹 남편에게서 "엄마를 닮아서 자식 머리가 둔하다"는 말을 듣게 되지나 않을까 염려도 된다.

6. 기타

이 사주는 전에 낭월이 경산에서 살 때 인연이 있어서 잠시 살펴보았던 것이다. 사주의 주인은 당시 나이가 14세 정도의 소녀였는데, 이미 부친이 돌아가신 다음이었다. 재성이 워낙이 뿌리를 내릴 곳이 없어서인지, 연주의 인성이 너무 강해서인지 아버지를 일찍

여의고 홀어머니가 장사를 해서 아이들을 양육하는 환경에서 자라고 있었다.

당시의 세운은 丙寅년, 丁卯년이었을 것이다. 안팎으로 되는 일이 없는 운세의 흐름을 타고 있다고 봐야겠다. 먹을 것을 줘도 받기는 받으면서 '내가 거진가' 하고 느끼는 것 같은 기분이 들었었다. 물론 낭월이 잘못 느꼈을 수도 있겠지만 이렇게 심리를 관찰해보니 단순히 착각한 것만은 아니었다는 생각을 해보게 된다. 어쨌든 잘 되었기를 바라는 마음 간절하다. 어린 나이에도 남들이 동생들을 괄시하지 못하게 하려고 은근히 마음을 쓰던 모습들이 또렷하게 떠오르기도 한다.

많은 사주를 보는 것도 중요하겠지만, 이렇게 하나의 사주를 여러 가지로 상세하게 살펴보면 10개 이상의 사주를 본 효과를 얻을 수 있다고 생각한다. 앞으로 상세하게 언급되어 있지 않은 경우에라도 시간이 허락하는 한 스스로 보다 구체적으로 연구해보라는 의미에서 다소 길게 설명을 해보았다.

실전 2 : 여명, 戊戌 壬戌 壬申 乙巳

時	日	月	年
乙	壬	壬	戊
巳	申	戌	戌

44	34	24	14	4
丁	戊	己	庚	辛
巳	午	未	申	酉

1. 용신의 구조

이 사주는 戌월의 壬申 일주이다. 가을은 이미 깊었지만, 주변을 보아 하니 火土가 왕성한 구조로 버티고 있는 상황이어서 어디든 의지를 하지 않고서는 버틸 수 없는 형상이다. 특히 土의 세력이 왕성하다는 점에서 金이나 木이 필요한데, 木은 일간이 약하므로 고려하기 힘들고 金을 용신으로 삼는 것이 좋겠다. 그래서 앉은자리의 申金을 용신으로 삼게 된다. 이렇게 되어 신약용인격(身弱用印格)이 되겠고, 살인상생격(殺印相生格)도 가능하겠다. 월지의 편관이 일지의 편인을 생해주고, 그 편인은 다시 일간을 생해주는 흐름으로 이어지기 때문이다.

등급은 8급 정도로 볼 수 있다. 용신이 일간 가까이에 있으므로 유정하고, 또 필요로 하는 글자가 용신이 되었으므로 충분히 중격이 될 수 있을 것 같지만, 아쉽게도 월지의 戌土가 金을 제대로 생조해주지 못하기 때문이다. 만약에 午火운이 들어온다면 이 戌土는 삽시간에 불로 변해서 용신을 오히려 공격하게 될 것이다. 이처럼 월지에 있는 戌土가 매우 못마땅하게 되어 있는 상황이므로, 결국 등급이 내려가게 되었다. 만약 戌土가 아니라 辰土였다면 7급, 丑土였다면 6급 정도로도 볼 수 있지 않을까 싶다.

이 사주에서 시간에 있는 乙木의 역할에 대해 생각해보면, 신약한 상황에서의 상관이 되므로 아무리 좋게 봐주려고 해도 곱지 않다. 다만 이것도 약으로 쓰일 때가 있는데, 연간의 戌土를 제어하는 작용에 도움이 되는 것이다. 그러니까 대운에서도 천간으로 土가 들어올 경우 이 乙木 상관으로 인해서 일간이 어느 정도 보호를 받게 된다. 또 庚金이 올 경우 乙庚合으로 인해서 金으로 화하려고 하므로 굳이 꺼릴 필요가 없다. 나쁜 것은 천간으로 丙丁火가 들어올 경우이다. 이때에는 木生火의 흐름을 만들면서 일간을 설기시키게 되어 결국 土를 생해주는 결과가 되므로 해롭다고 볼 수 있다. 원국에서 별 작용을 하지 않고 있는 글자도 대운에 따라 여러 가지 상황이 발생할 수 있으므로 주시해봐야 한다.

어떤 글자든 언젠가는 들어오게 마련이다. 적어도 십 년에 한 번은 천간의 어떤 글자든지 들어오게 되어 있으니까 말이다. 물론 대운에서 온다면 그만큼 작용이 커질 것이다. 그러므로 어떤 글자든지 언젠가는 좋은 작용을 하거나 나쁜 작용을 하게 된다고 생각할 수 있다. 그리고 이것은 일정한 공식이 있으므로 관찰력만 있다면 충분히 알 수 있을 것이다. 참고로 다른 글자도 살펴보도록 하자.

월간의 壬水는 우선 신약한 壬水에게 약간의 보탬이 될 수 있다. 그런데 壬水는 합이 되는 것에 가장 민감한 반응을 보인다. 그래서 운에서 丁火를 만나게 되면 일단 합을 해버리기 때문에 물의 작용이 약해지게 되므로 즐겁지 않다고 본다. 丙火는 壬水가 극하게 되므로 乙木이 생을 해준다고 하더라도 큰 장애가 되지는 않을 것이다. 또 土가 들어왔을 경우에는 함께 대항을 하므로 말할 것도 없이 중요한 글자가 되겠다. 월간의 壬水는 해로움보다는 도움이 더 많이 된다는 결론을 내릴 수 있다.

연간의 戊土는 일단 기신이라고 볼 수 있는데, 용신의 입장에서는 크게 나쁘지 않다. 다만 원국에서 申金이 土의 생조를 원하지 않기 때문에 직접적으로 희신은 되지 못하는 것으로 보면 되겠다. 그런데 운에서 土가 온다면 일간이 깨지게 되므로 대단히 흉하게 된다. 만일 천간에 金이 하나라도 있다면 어느 정도 완충 작용을 하겠는데, 金이 없으므로 그대로 일간이 자극을 받게 된다. 乙木이 약간 막아주기는 하겠지만, 이 乙木도 기본적으로 무력한 상태이기 때문에 큰 도움은 되지 못한다. 그리고 癸水가 들어오면 합을 이루게 되므로 전혀 반갑지 않다. 불이 들어오면 이번에는 오히려 힘을 받아서 더욱 강해지게 되어 일간이 힘들게 된다. 이런 의미로 볼 때 연간의 戊土는 전혀 반가운 구석이 없다고 할 수 있겠다.

이렇게 하나하나의 작용을 모두 고려해서 관찰하게 되면 어떤 운이 왔을 경우에는 어떻게 될 것이라는 기준을 세울 수가 있게 된다.

2. 성격

壬申 일주는 일지가 편인이 된다. 따라서 직관력이 뛰어나고, 영감도 발달해 있는 사람으로 볼 수 있다. 또 申에 壬水가 있으므로 주체성이 강한 사람이라고도 할 수 있는데, 월간에서도 비견이 보이므로 주체성이 대단하다고 하겠다. 그러나 만일 월간에 壬水가 없다고 하더라도 일지에 비견이 암장되어 있어서 주체성이 강하다고 보면 된다. 또 戊土가 지장간에 들어 있어서 약하기는 하지만 남을 생각하는 마음도 있겠는데, 이것은 시간의 乙木을 보게 됨으로써 묵살되게 된다. 즉 상관의 이기적인 성향으로 인해서 봉사 정신이 깨져버리는 것으로 이해하면 되겠다. 그렇지만 甲木이 있는 것보다는 덜하다고 할 수 있다. 어쨌든 사주가 약한 것을 고려해볼 때 가끔은 남을 생각한다고 하더라도 우선은 이기적인 성향을 띤다고 하겠다. 또 乙木이 상관을 보고 있으므로 자신을 표현하려는 욕구가 상당하다고 하겠다. 그리고 우월감이 있어서 남을 무시하는 경향이 있다. 이 모두 상관 성분의 영향으로 볼 수 있다.

이러한 성격의 결합은 탁월한 직관력을 통한 영감과 자신의 능력을 밖으로 나타내보려고 하는 마음이 되어 밖으로 향하게 된다. 식신의 성분이 없기 때문에 내면적으로 탐구하는 성격은 아니라고 본다. 또 재성도 가까이에 없으므로 결과에 대해서 깊이 생각하지 않는 사고 방식을 가졌다고 보겠다. 이 사주의 성격은 항상 상관의 성분이 가장 먼저 나타나게 된다. 그런데 상관이 있게 되면 남들이 자신을 어떻게 생각하는지에 대해서도 관심이 많다. 하다 못 해 노래방에서 노래 한 곡을 불러도 아무 노래나 부르지 않는다. 남이 나를 어떻게 생각할 것인가 고려해야 하기 때문이다. 그래서 다소 어렵더라도, 철학적인 내용이 포함된 품위가 있는 노래를 불러야 한다고 생각하는 것이다. 그러니까 순간적인 부분에서도 남들의 시선을 의식한다는 이야기이다.

이것을 이해하면 성격이 어떻게 흘러가는지 알 수 있을 것이다. 가까이에 있는 글자의 작용을 우선적으로 받게 되고, 멀리 있는 글자의 작용은 아무래도 덜 받게 된다. 항상 가까이 있는 순위를 가지고서 생각해보면 되리라고 본다.

3. 사회성

신약한 사람이 인성을 용하고 있으면 사회 생활을 하는 것보다 가정에서 살림을 사는 것이 편안하다고 보겠다. 다만 신약하더라도 월일지가 충이 되어 있으면 안정을 취하지 못하는 경우가 많다. 이 사주는 그렇지 않으므로 결혼해서 가정을 일자리로 알고 집안 살림을 하는 것이 가장 좋은 선택이라고 할 수 있겠다.

그렇지만 상관이 있어서 항상 그것을 써먹어 보려고 애쓰는데, 신약한 상황이기 때문에 쉽게 행동으로 옮기지 못하고 망설이게 된다. 특히 이 상관은 일지의 편인에게 상당 부분 눌려 있다. 즉 스스로 주체성을 발휘하려고 하면서도 막상 행동을 하게 될 경우에는 일지에 있는 편인의 눈치를 보게 되는 것이다. 그리고 이 상관이 편재를 보고 있는 것도 마음에 걸린다. 즉 상관이 상관을 향하는 마음이 상당한데, 그 이유는 주변에 있는 것들 중에서 유일하게 음양이 다르기 때문이다. 음양이 다른 것에는 자신도 모르게 마음이 향하고 이끌리게 되는 법이다. 물론 숙명적으로 끌리게 되는 합보다는 약하지만, 이렇게 음양이 다른 주변 글자로는 은근히 끌리게 된다.

또 일지에 있는 편인의 영향을 받겠지만, 그보다 먼저 고려해야 할 것이 시간에 있는 상관이다. 상관이 있으므로 가정에서 살림만 하는 것에 대해서 갑갑한 기분을 느끼게 될 것이고, 항상 자신의 능력을 발휘할 수 있는 기회를 엿보게 된다. 그래서 어느 정도 자리가 잡히게 되면 자신이 할 만한 일이 없는지 찾아보게 된다. 그런데 이 사주는 상관이 편재를 보고 있는 형상이므로 상관생재격(傷官生偏財)의 구조이다. 따라서 자신의 역량을 극대화시켜보려는 생각은 간절하지만 실제로 실행하기는 어렵다. 신약한 상황이어서 추진력이 떨어지기 때문이다. 그래서 그냥 살림이나 하고 있으면서도 정작 가정에 대해서는 소홀해지는 마음을 어쩔 수가 없는 것이다. 결론적으로 이 사주의 주인은 '밖으로 나가서 활동하고 싶어하는 가정 주부'라고 할 수 있다.

4. 배우자

남편은 강력하게 나타나 있다. 戊戌도 만만치 않고, 또 월지의 편관도 무시할 수 없는 힘을 가지고 있다. 더구나 戊土가 당령인 것으로 봐서 대단한 남자라고 생각할 수 있겠다. 그렇지만 일간의 마음은 내심 남편을 깔보는 경향이 있는데, 가까이에 있는 상관으로 인해서 남편뿐만 아니라 누구든지 대단하게 생각하지 않는 면이 있기 때문이다. 물론 관살을 부담스러워하므로 함부로 대하지는 못하지만 마음속으로는 은근히 무시하는 생각을 가지고 있는 것이다. 그리고 편관이 셋이나 있기 때문에 남편에 대한 집중력도 떨어지게 된다. 한마디로 배우자를 '어려워하지만 내심 깔보고 있는 형상'이라고 하겠다.

5. 자식

자식은 乙木 상관인데, 여기에서는 자신의 기운을 빼내는 역할을 하고 있다. 만일 사주의 구조가 식상이 관살을 제어하게 되어 있다면 어느 정도 자식의 도움을 받을 수 있을 텐데, 이 경우에는 전혀 그렇지 않다. 자식은 자식대로 기운을 설기시키고, 남편은 남편대로 피곤하게 하므로 둘 다 반가운 생각이 들지 않을 것이다.

6. 기타

이 사주의 주인은 상담을 하러 찾아온 인연으로 알게 된 여성인데, 접신(接神)을 해서 신당을 꾸미고 10여 년 이상 살았다고 한다. 운세를 보면 초운인 辛酉, 庚申 대운은 대단히 좋다. 그렇지만 어려서 좋은 운은 큰 의미가 없는 것이다. 특히 여성의 경우에는 더욱 그렇다. 친정이 아무리 잘살아도 시집을 가면 출가외인이 되어버리므로 아무런 소용이 없게 된다. 오히려 어려서는 고생을 하더라도 나중에 운이 좋아야 재미있고 행복한 삶을 살게 되는 것이다.

이어서 들어오는 己未 대운은 혼란의 시작이다. 부담스러운 운이다. 또 戊午 대운은 갈수록 태산이라고 할 수 있겠다. 현재 午火 대운을 타고 있는데, 40세인 이 여성은 남편이 질병으로 곤경에 처해 있어 간호하느라 심신이 피곤한 상황이다.

이 여성의 경우에는 편인이 있으므로 베풀어주면서도 항상 이해타산을 하게 된다. 상관이 없다면 그러면서도 자신의 도리를 다하려 하겠지만, 상관이 자꾸 자신의 이익을 취하라고 요구하기 때문에 마음이 괴로울 수밖에 없을 것이다.

상담해주는 사람은 사주 주인의 이러한 특성을 일단 이해하면서 조언을 해줘야 공감대를 형성할 수 있다. 공자님의 말씀만 전해서는 이야기야 듣겠지만 남의 다리를 긁는 것처럼 가슴에 닿지 않게 된다. 그렇다면 선악(善惡)도 무시하면서 상담하는 사람의 마음만 헤아리면 되겠느냐고 반문하겠지만, 선악도 모두 인간이 만들어놓은 허울이다. 우주적인 안목에서 관찰한다면 선악은 이미 없는 것이다. 오로지 인과(因果)만이 존재한다. 선악은 상대적인 관념이기 때문이다.

사실 낭월에게 와서 야단을 맞는 사람도 많이 있다. 특히 남편을 탓하면서 눈물을 흘리는 사람들은 어김없이 한마디 듣는다. 그렇게 남편을 증오한다면 차라리 헤어지는 것이 서로를 위해서 나은 것이다. 그런 관계를 유지하는 것은 계속 악연만 만들게 되기 때문이다. 이처럼 인과의 차원에서 관찰을 해야지, 선악의 개념으로 상담을 하게 되면 보다 객관적인 이야기를 하는 데 장애가 될 수 있다.

실전3 : 남명, 壬辰 癸卯 癸亥 壬子

	時	日	月	年
	壬	癸	癸	壬
	子	亥	卯	辰

46	36	26	16	6
戊	丁	丙	乙	甲
申	未	午	巳	辰

1. 용신의 구조

이 사주는 卯월의 癸水 일간이다. 사주에 6水가 포진하고 있으니 참으로 물의 위력이 대단하다고 하겠다. 따라서 이 水의 세력을 흐르도록 길을 터주는 것이 무엇보다 중요하다. 그런데 혹 연지의 辰土로 물을 막아보겠다고 생각한다면 아직 오행의 흐름을 제대로 파악하지 못하고 있다고 하겠다. 신왕한 사주일 경우에 기본적으로 극하는 오행이나 설하는 오행을 쓰면 되지만, 어떤 것은 절대적으로 극을 해야만 하고, 또 어떤 것은 절대적으로 설을 해야만 하는 것이다.

이런 경우에는 절대적으로 설을 해야 한다. 따라서 월지의 식신이 용신이 된다. 사주의 구조로 봐서는 월령이 식신이기 때문에 식신격(食神格)이 제대로 성립되었다고 할 수 있다. 그런데 식신이 용신이 되었다면 재성을 봐야 하는데, 재성이 없으므로 결함을 지니고 있다고 하겠다. 더구나 卯월의 木旺節이기는 하지만 천간이나 지지에 水의 세력이 과중하므로 이 木은 기에 체한 형상이 된다. 木은 습(濕)이 과하면 울체(鬱滯)가 되어 분발지기(奮發之氣)가 없으므로 생동하는 흐름이 발생하지 않게 되는 것이다.

이러한 정황으로 인해서 월지의 식신격이라고는 하지만 품질이 떨어지게 되어서 7급 정도에 머무른다고 하겠다. 월지에 용신이 있으면 상격이 된다고 앞에서 말했는데, 실은 주변의 상황이나 일간의 구조, 또 전체적인 흐름 등을 모두 고려한 다음에 최종적으로 결정을 내려야 한다. 만약 이 사주에 한 점의 불이 있었다면 단번에 중격으로 상승하게 될 수 있었을 텐데 아쉽다.

이 사주는 용신은 卯木, 희신은 火, 기신은 金, 구신은 水, 한신은 土가 되겠다.

2. 성격

癸水가 일지에 겁재를 깔고 있는 상황에서 월간에 비견과 시간에 겁재를 보고 있다. 그야말로 보이는 것이라고는 물뿐이다. 이렇게 되면 주체성은 대단하겠다. 사실 너무 주체성이 과해서 오히려 심리적으로 눌리는 듯한 느낌이 들기도 할 것 같다. 뭐든지 적당해야 하는데, 이 경우에는 너무 지나치기 때문이다. 그리고 그것뿐이다. 어떤 돌파구가 보이지 않는다. 정체가 되어 있는 답답한 구조라고 하겠다. 다만 일지의 亥水 중에서 甲木이 숨을 쉬고 있다. 이 甲木이 비록 약하기는 하지만 상관의 성분을 발휘해서 그나마 삶의 길을 뚫어야 하는 형편이다. 그렇게 볼 때 그야말로 중요하기가 황금과도 같은 木이라고 하겠다. 어쨌든 덕분에 남들과 교재를 하면서 살게 되는 것이다. 그리고 식신이 월에서 일지와 합을 하게 되므로 자신의 재능을 삶의 도구로 삼게 된다.

식신은 창작성이고 상관은 유통성이므로, 창작도 하면서 유통도 하는 형태가 되는데, 사주에 재성이 없어서 아쉽게도 결실은 이루지 못한다. 무수한 구상과 연구만 거듭하다 그치게 될 가능성이 크다고 하겠다. 그리고 남을 생각해주는 관살의 성분이 너무나 무력하므로 극히 개인주의적 성향이 있는 사람이라고 하겠다. 봉사 정신도 부족하고, 도덕적인 것에도 무감각하다. 그냥 자신의 능력을 발휘해서 최선을 다하는 것으로 충분하다고 생각하는 사람이다. 이러한 상황에서 인성도 없으므로 직관력이 떨어지지만 이 사주에서는 인성을 요구할 필요는 없으므로 굳이 강조하지 않아도 될 것이다.

그리고 주변에 겁재가 둘이나 있는 것으로 봐서 아마도 자신을 학대하는 경향이 있을지도 모르겠다. 겁치는 성분을 극하려고 하는 심리가 발생할 수 있기 때문이다. 자신을 학대하는 것은 정관의 성분이다. 그런데 정관의 작용은 이성적인 성분으로 나타나게 되어 이기적이기는 하지만 남에게 피해를 주지는 않으려 한다. 하지만 이것은 보이지 않는 면을 관찰하는 것이므로 아직 확신하기에는 자신이 없다. 다만 그렇게 보는 견해가 있기 때문에 시험삼아 이해를 해보려고 한번 언급해보는 것이다.

3. 사회성

삶의 도구가 되는 식신과 상관이 있으므로 자신의 능력을 발휘하게 되는데, 재성이 없어서 결실을 맺기는 좀 힘들다. 따라서 자기 사업을 하는 데는 서투르다고 볼 수 있겠다. 맹렬한 도전 의식과 성취욕이 있어야 극심한 경쟁 속에서도 자신의 일을 꾸려 나갈 수가 있을 텐데, 마음속으로는 재물을 희망하지만 실제로 취할 방법이 마땅치 않기 때문이다. 물론 직장 생활을 하는 것도 힘이 든다. 비견이나 겁재가 너무 왕성한 사람은 자기 우월감이 강하여 남의 조언을 듣거나 심부름을 하는 것에 대해서 거북하게 생각하기 때문이다. 회사에서 약간의 문제라도 생기면 그 즉시 그만두고 뛰쳐나올 소질이 다분하다고 볼 수 있다. 이것도 사주의 오행이 유통되지 못하고 한 방향으로 모여 있기 때문이라고 하겠다.

천성이 그렇다 보니 남의 아래에서 일하기는 어렵고, 혼자서 할 수 있는 일을 해야 한다. 그런데 비록 재성이 없는 것이 아쉽기는 하지만 유통에 비중을 두는 상관과 亥卯合의 작용도 포함해서 상당히 강력한 힘을 가지고 있는 식신이 있다. 따라서 특유의 집중력으로 한 방향으로 파고들어가는 데 뛰어난 재능을 가지고 있다고 하겠다.

실제로 이 사주의 주인은 화가(畵家)이다. 그림을 그리면서도 항상 팔아볼 생각을 하지만 자신의 그림을 들고 다니면서 아쉬운 소리를 할 수 있는 성격은 애초에 아니다. 그리고 자신의 그림을 남들이 왈가왈부하는 것도 싫어서 출품하는 것도 별로 내켜하지 않는 사람이다. 그냥 누군가가 한 점 소장하겠다고 하면 반가워서 파는 것이 고작이라고 한다. 현재 생활비는 벌어야겠다는 생각으로 어느 화랑에 상설 전시를 해놓고 그림을 팔고 있는데, 수입이 별로 없다고 한다. 그래서 주로 아내가 벌어오는 것으로 생활을 한다고 한다.

운세를 한번 보도록 하자.

甲辰 대운은 괜찮다. 자신의 재능을 마음껏 발휘할 수 있는 운이다. 乙巳 대운은 더 낫다. 사주에서 원하는 木火 대운으로 흐르고 있기 때문에, 자신의 능력도 최대한 발휘할 수 있다. 실제로 서울의 명문 대학을 다녔으며, 창작욕도 넘쳤고, 새롭고 독창적인 그림을 그린다는 평가를 받았다고 한다. 丙午 대운은 꽃을 피우는 운이다. 사주에서 절실하게 원하는 운이 들어와 주면 폭발적으로 좋은 일이 생긴다고 하는데, 이 사주는 남방운을 가장 바라는 것이다.

실제로 이 사람은 30대의 운이 가장 좋았다고 한다. 초대 작가도 되어보고 개인전도 열면서 나름대로 명성을 얻었다고 한다. 그런데 아쉬운 점은 丙火가 들어와도 원국의 천간에서 木이 보이지 않기 때문에 방어막이 되는 것이 없다는 것이다. 그리고 원국에 재성이 없기 때문에 기복이 심하고, 일이 잘 되려고 하다가도 결정적인 순간에 불발로 그치는 경우가 많이 발생하게 된다. "병든 남편도 없는 것보다는 낫다"는 말처럼, 이 사주에서야말로 병든 불이라도 좋으니까 원국에 하나 있었더라면 좋았을 거라는 생각을 자꾸만 하게 된다.

丁未 대운은 丁火가 많은 도움을 줘야 하는데, 壬水와 합이 되어서 불의 기운이 사라지고, 만일 남아 있더라도 癸水가 탈취를 하게 된다. 그래서 겉모습은 번지르르하지만 실속이 없는 운이라고 할 수 있겠다. 未土에도 역시 희망을 가지기 어렵다. 未土가 들어오면서 원국에서 어정쩡하게 되어 있는 亥卯가 완전하게 合木이 되기 때문이다. 그래서인지 쓴잔을 마시고 낙향을 하였다고 한다. 木은 이미 왕성하므로 더 이상 왕성할 필요가 없지만 木이 용신이므로 木이 되는 것이 나쁠 이유는 없다고 할 수 있다. 그러나 좋았던 丙午 대운을 겪어온 후이므로 그야말로 죽을 맛인 것이다. 이렇게 운

의 전후를 살펴보면 운의 체감 온도를 느끼게 된다. 즉 어떤 사람은 천만 원을 큰돈이라고 생각하지만, 또 어떤 사람은 용돈도 되지 않는다고 생각하는 것과 같은 이치이다.

그리고 운이 좋고 나쁜 것도 주관적이라고 할 수 있다. 객관적으로는 돈을 벌었다고 하면 운이 좋았다고 말할 수도 있겠지만, 본인에게 물어보면 또 그렇지만도 않은 것이다. 따라서 당사자의 주관적인 느낌을 참고해서 운의 좋고 나쁨을 저울질하는 것이 좋겠다.

戊申 대운은 지금부터 가야 할 운인데 참으로 암담하다. 己酉 대운도 마찬가지로 희망이 없는 운이기 때문에 살아갈 방도가 아득하기만 하다. 참으로 딱한 운세라고 하겠다. 그래서인지 아내의 수입에 의지해서 살아가고 있는데 그나마 다행히도 아내는 능력이 있다고 한다.

• 근재묘선

근재묘선(根在苗先)은 뿌리가 있다면 싹이 있는 쪽이 더 빠르다는 의미이다. 사주에 똑같이 불이 필요한 상황이라고 전제했을 경우에, 불이 충을 맞은 채 있는 사주와 불이 지장간에 들어 있는 사주, 그리고 불이 전혀 없는 사주가 있다고 해보자. 과연 이 세 사주 중에서 어느 것이 가장 좋을까. 우선 지장간에 들어 있는 불이 가장 좋다. 나타나서 깨진 불보다는 속에 안전하게 보전되어 있는 불이 유리하다. 가령 寅 중의 丙火라든지, 戌 중의 丁火, 또는 未 중의 丁火가, 충을 맞은 巳火나 깨진 午火보다 유리하다고 보는 것이다. 그러나 깨지지 않았다면 두말할 필요도 없이 천간에 나타난 쪽이 유리하다.

하지만 깨진 불도 그나마 없는 쪽보다는 낫다. 이렇게 모든 것은 상대적으로 저울질을 할 수 있는 것이다. 경우에 따라서는 절대적으로 좋은 사주가 있겠지만, 언제든지 사주를 놓고 본다면 둘 중에 더 나은 사주가 있고 못한 사주가 있게 된다. 이러한 것을 살펴보는 것도 실력 배양에 상당히 도움이 될 것이다. 그러니까 사주들끼리의 우열까지도 비교해보기 바란다. 이렇게 하면 전체가 보이게 되고, 전체가 눈에 들어온다면 정상은 성큼 다가오게 되는 것이다.

4. 배우자

사주에서 火가 희신인 것은 분명하다. 그래서 아내의 도움을 받을 수도 있지만 항상 흡족하지가 못하다는 것이 아쉽다. 그래서 늘 용돈이 궁한 상황이 연출되지만 자신은 그만큼도 벌어들이지 못하니 어쩔 수 없는 일이다.

5. 자식

자식은 연지의 辰土가 된다. 참으로 무력하고 원하는 바도 아니다. 실제로 슬하에 딸이 둘 있고 아들은 얻지 못했다고 한다. 아들이 무슨 대단한 존재는 아니지만 그래도 왠지 공허하다는 느낌도 있을 것이다. 다만 창작 활동을 하느라 자식에 대해서는 깊이 생각하지 않을 것이다. 원래 예술을 하는 식신성의 사람은 그 작품이 자식이기 때문이다.

실전 4 : 여명, 辛巳 壬辰 丙申 癸巳

時	日	月	年
癸	丙	壬	辛
巳	申	辰	巳

56	46	36	26	16	6
戊	丁	丙	乙	甲	癸
戌	酉	申	未	午	巳

1. 용신의 구조

이 사주는 辰월의 丙申 일주가 연지와 시지에 巳火를 얻어서 겨우 유지하고 있는 신약한 사주라고 할 수 있다. 물론 이 火가 용신이 되어, 신약용겁격(身弱用劫格)이 된다. 신약하면 당연히 인성을 용신으로 삼는 신약용인격(身弱用印格)이 되어야 하지만, 도저히 인성을 용신으로 삼을 수가 없는 형상이므로 도리 없이 신약용겁격으로 하고서 운에서나마 인겁(印劫)을 기다려보는 사주라고 볼 수 있겠다.

사주의 상황을 보면 재성과 관살이 많아서 종을 할 수도 있을 것 같은데, 실제로 살아온 운세를 보면 그대로 인겁을 용신으로 삼고 있다는 것을 확인하게 된다. 이 사주 역시 정격으로 보아야 하는 것이다.

이 사주는 용신이 巳火에 있으므로 매우 허약하고 또 멀리 있다. 그리고 종격을 거론하는 것 자체만으로도 이미 사주의 등급이 떨어진다는 것을 짐작할 수 있다. 혹 종격이 되는 경우도 있겠지만, 실제로 종격이 될 가능성은 매우 희박하므로 일단 용신이 무력한 사주라고 생각하면 된다. 이런 상황들로 봐서 9급 정도로 볼 수 있겠다. 하격의 하급이라고 보는 것이다. 무엇보다도 월령을 얻지 못한 것이 가장 아쉽게 여겨진다.

우선 辰土 속에 들어 있는 乙木을 살펴보자. 절입 후 13일째에 해당하므로 乙木 당령도 지나가고, 癸水 당령도 지나갔다. 따라서 월령은 무정하다고 할 수 있다. 그래도 희망이 있다면 앞으로 火의 계절이 다가온다는 것이다. 즉 진기(進氣)라는 것으로 인해서 희망을 가질 만하다. 그러나 사주 전체의 구조를 봐서는 그야말로 '빛 좋은 개살구'의 형상이라고 하겠다.

그나마도 가까이 있는 巳火를 의지하려고 하지만, 이 巳火는 무력한 형상이다. 인성이 없는 火는 매우 약한데, 이 사주의 모든 불은 木의 맛을 보지 못하므로 대단히 무력한 상황이라고 하겠다. 더구나 시간의 癸水가 열기를 절반으로 감소시키고 있는 것도 무정한 구조라고 할 만하다. 연지의 巳火도 없는 것은 아니지만, 이것은 음양이 다른 연간의 辛金과 연애를 하느라고 도저히 일간의 안타까운 상황을 돌볼 경황이 없다. 따라서 용신을 무정한 것으로 볼 수 있겠는데, 용신이 무정하면 사회적으로 하는 일들이 어렵게 된다.

더구나 관살이 가까이 버티고 있는데 인성도 없고, 비겁도 합이 되거나 극을 받은 상태이니 참으로 안타까운 상황이다. 그런데 많은 사람들이 이러한 사주를 가지고 살아가는 것이다. 아마도 시골에서 살아가는 여인들의 대개가 이러한 형상에 가까운 사주를 가지고 있다고 생각된다. 이런 상황에서 격을 찾고 국을 살피는 이론은 아무런 쓸모가 없을 것 같다. 그냥 하루하루 '곤궁하게 살아가는 삶'이 전부이기 때문이다.

2. 성격

丙申 일주는 일지에 편재가 있으므로 뭐든지 자신의 마음대로 해야 직성이 풀리는 성격을 가지고 있다. 그런데 사주를 보면 월간과 시간에 관살이 버티고 있어서 도저히 성격대로 할 수가 없다. 즉 관살은 무조건적인 복종을 강요하는 것인데, 이것은 누가 시켜서가 아니라 스스로 그렇게 생각하는 것이다. 그러니까 내 마음대로 해야 속이 시원한데 그러면 주변이 시끄러우니까 그냥 적응하면서 사는 것이 낫다고 생각하는 것이다.

더구나 비견이나 겁재가 주변에 없기 때문에 자신의 주장을 강력하게 밀고 나가는 뚝심도 없다. 그러다 보니 괜히 긁어 부스럼을 만드는 일을 발생시키지 않으려 조심하는 형상이 된다. 관살의 영향으로 인해서 항상 자신에게 봉사를 강요하므로 스스로에 대해서 불만도 많다. 그래도 일거리를 보면 외면하지 못해서 피곤하면서도 일을 벌이는 구조를 가지고 있는 것이다. 식상이 월령에 있기는 하지만, 사주에 별다른 영향을 끼치지는 않는다. 다만 월지의 辰土 속에 乙木이 들어 있어서 항상 도움받을 생각은 하지만, 그것이 아무런 힘도 없는다는 것을 잘 알고 있으므로 실망도 하지 않는다. 그냥 생각만 가끔 하는 정도라고 볼 수 있다. 그리고 관살이 많아서인지 남의 걱정을 많이 한다. 그러니까 누가 슬픈 이야기를 하면 "저런! 저런!" 하면서 장단을 치고 혀를 차는 여인의 모습을 떠올리면 되겠다. 남의 입장에 쉽게 동조하므로 그런 행동이 자연스럽게 나오는 것이다.

식상의 성분이 약하기 때문에 스스로 창조적인 방향으로 생각하는 것에는 매우 서툴다. 그야말로 주어진 것에 대해서만 처리를 하는 수동적인 형태의 심리 구조라고 볼 수 있다. 그리고 일지의 편재로 인해서 자신의 마음대로 일을 처리하려고 하는 성향이 있지만, 이것은 좌우에 포진하고 있는 관살의 영향력에 밀려서 뒤로 물러나게 된다. 따라서 식상의 징후가 잘 보이지 않고, 또 인성의 직관력도 별로 나타나지 않는다.

이렇게 없는 성분이 성격에 미치는 영향까지 생각해보는 것이 벗님들에게 부담스러울는지도 모르겠다. 다만 여유가 있다면 이러한 관점에서도 관찰해보라는 뜻에서 약간 언급을 해보았다.

3. 사회성

이 사주는 너무 신약하기 때문에 사회성에 대해서 생각하기도 쉽지 않다. 용신이 무력하므로 마땅히 할 만한 일도 없고, 그냥 일을 시키면 열심히 그에 응하는 정도가 전부일 것이다. 그래서 파출부나 가정부와 같은 막노동에 인연이 있을 것이고, 아니면 신약한 불이 인성의 도움을 받지 못하므로 농사일을 하게 될 가능성도 있다. 일반적으로 火가 신약해서 木을 용신으로 삼았는데 용신이 무력한 상황이 되는 사주들의 경우, 용신의 형태에 따라서 농사일도 가능하겠다는 생각이 들어서이다. 실제로 이 사주의 주인은 남편과 함께 과수원을 하고 있는데, 일생 동안 그렇게 나무와 더불어서 살았다고 한다. 그리고 그 일이 이제는 힘들어서 못하겠다고 하는데, 기(氣)의 차원에서 볼 때 아마도 그렇게 나무의 성분과 더불어서 살아왔기 때문에 몸은 고단했지만 무사히 살아올 수 있었는지도 모르겠다는 생각이 든다.

운세를 살펴보면, 癸巳 대운에는 그럭저럭 넘어갔을 것이고, 甲午나 乙未 대운에는 괜찮은 편이었을 것이다. 실제로 가정적으로 잘 지냈다고 한다. 丙申이나 丁酉 대운은 운세가 서방의 금지(金地)로 가면서 쇠하게 되는 의미가 크다. 그런데 비록 남방의 운을 만나더라도 크게 좋은 일 없이 무난한 상태로 넘어가는 것은 워낙 원국의 상황이 불량해서 그런 것 같다. 신약해도 너무 신약하니까 실제로 운이 와준다고 해도 크게 발하기는 어렵다고 보는데, 만약 지지에 木이 하나라도 있었다면 과수원에서만 머물지는 않았을 것이라고 생각된다.

4. 배우자

남편은 월간의 壬水와 시간의 癸水이다. 그리고 남편궁은 식신으로 별 도움이 되지 않는 글자이다. 이렇게 되면 남편은 내가 원하는 대로 움직여주지도 않을 뿐더러 나를 꼼짝도 못 하게 할 가능성이 많다. 관살은 강하고, 나는 약하기 때문에 도저히 대항할 방법이 없어서이다. 그리고 사주의 천간에 관살이 두 개인 데다가 지장간에서도 두 개가 있어서인지 몰라도 돈 많은 남자의 후처로 들어갔다고 한다. 그런데도 결국 일만 푸짐하게 하고 별로 행복을 누려보지도 못했다고 한다. 남편이 엄청나게 구두쇠인데다가 아내에게 엄해서 말도 크게 못 할 지경이었다고 한다. 그야말로 폭군의 형태라고 보면 되겠다.

이런 상황은 사주의 왕성한 관살로도 이미 짐작할 수 있는데, 여기에 식상이라도 변변하게 있었다면 한번 대항이라도 해보았을 것이다. 그러나 전혀 그런 성분이 작용하지 않으므로 그렇게 명령을 받아가면서 산 모양이다.

5. 자식

자식은 월지의 식신이다. 별로 도움도 되지 않고, 에너지만 소모시키는 역할을 한다고 보면 되겠다. 아들이 둘 있는데 항상 마음을 놓지 못하게 하고 있으며, 딸이 셋인데 모두 하나같이 마음고생을 시킨다고 이야기한다. 식상이 관살을 막아주지도 못하므로 참으로 도움이 없는 자식들이라고 하겠다. 남편 덕이 없는 사람은 자식 덕도 없다는 말을 하게 되는 사주이다.

6. 기타

이 사주는 무정한 사주이다. 이런 구조는 비록 좋은 운이 온다고 해도 별로 위력을 발휘하지 못한다. 운세를 본다면 비록 남방운을 거치지만 너무 이른 시기에 통과하므로 실제적으로 행복을 느끼기에는 마땅치 않다. 그래서 어떤 사주든 좋은 운은 중년인 40~50대에 맞이하는 것이 바람직하다고 할 수 있다. 너무 이른 시기에 좋은 운이 오면 그냥 기분만 내다가 지나가버리게 된다. 아무리 빠르다 해도 30대 중반은 돼야 좋은 운을 제대로 활용할 수 있을 것이다. 무엇보다도 어려서의 고생이 행복의 자료라고 하는 속담이 진실임을 다시 한 번 느끼게 된다.

실제로 어린 나이에 운이 좋다고 해서 사회적으로 무엇을 할 수 있단 말인가. 원래 용신운은 사회에서 목적을 성취하는 것인데, 20세 전에 들어오게 되면 아무런 준비가 되어 있지 않은 상태이기 때문에 별 도움이 되지 않는다. 그래서 중년에 좋은 운이 오기를 기대하는 것이다. 운세를 살펴볼 때에는 이 점도 함께 고려하는 것이 좋겠다.

실전5 : 여명, 丙申 戊戌 丙辰 乙未

	時	日	月	年
	乙	丙	戊	丙
	未	辰	戌	申

43	33	23	13	3
癸	甲	乙	丙	丁
巳	午	未	申	酉

1. 용신의 구조

이 사주의 주인은 전주에서 가끔 찾아오는 여인이다. 이 사주는 戊戌월의 丙辰 일주인데, 상황으로 봐서 丙火의 기운이 상당히 설기되는 구조라고 할 수 있다. 이렇게 주변에 식상의 기운이 넘치는 丙火라면 인성이 아주 시급하게 된다. 그런데 시간에 정인 乙木이 있으므로 일단 그것을 용신으로 삼아 상관용인격(傷官用印格)이 되었다.

그런데 이 용신은 재다신약(財多身弱)의 구조를 가지고 있다고 하겠다. 온 천지에 土가 넘치고 있기 때문이다. 土는 일간에게는 식상이지만 인성에게는 재성이다. 이렇게 재다신약이라고 하는 상황은 일간에게만 사용하는 용어가 아니다. 상황에 대한 설명은 언제라도 적절한 경우에 그대로 활용하면 된다. 여기에서는 용신의 상황에서 보니 온통 재성뿐이라서 재다신약의 형태가 되는 것이다. 이렇게 용신의 입장에서 다시 격을 정할 수도 있다. 그런데 이것은 용신의 상황을 살피는 것이므로 엄격히 말한다면 격은 아니고 그냥 상황일 뿐이다.

이 사주의 상황에 대한 설명으로는 만국식상(滿局食傷) 정도가 가능할 것 같다. 물론 상황에 의해서 필요한 용신을 자연스럽게 유추해낼 수 있다. 만국상관이라면 당연히 '짱짱한 인성이 필요한 상황'이라는 것을 직감할 수 있기 때문이다. 그런데 짱짱한 인성이 있다면 다행이지만, 그렇지 못하고 비실비실하는 인성이 있을 수도 있고, 그나마도 인성이 없을 수도 있다. 이렇게 될 때 비견이나 겁재만 있다면 '꿩 대신 닭'으로 그냥 상관용겁격이 되는 수밖에 없다고 보면 된다.

앞에서도 언급했지만 상관용겁격은 상관용인격에 비해서 한 단계 이상 떨어진다. 제1순위로 필요로 하는 글자가 용신의 역할을 하지 못하고 그 다음 순위로 필요로 하는 글자가 용신이 되기 때문에 이런 차이가 나는 것이다. 이 사주에서는 다행히도 시간에 乙木이 있어 상관용인격이 되었는데, 용신인 인성이 재다신약의 상황에 빠진 것이다. 이것은 용신의 상황인데, 용신의 용도는 사회성이다. 그런데 용신 무력증에 걸려 있으므로 사회 생활이 항상 순탄치 못하게 되는 것이다.

이러한 재다신약의 상황을 구출해줄 수 있는 글자로는 비겁이 최고이다. 특히 겁재가 더 좋다. 이 사주에서 겁재는 甲木이 되는데, 甲木이 전혀 없는 상황이므로 희신 또한 무력하다고 하겠다. 그래서 운에서라도 木의 운이 오기를 기대할 수밖에 없게 된다. 水의 운도 괜찮지만 이때에는 사주의 土들이 모두 극제(剋制)를 하기 때문에 6~70퍼센트 정도밖에 도움을 받지 못하게 되는 것이다. 이렇게 볼 때, 용신의 운이 온다고 하더라도 모두 만사형통이 되는 것은 아닌 것 같다.

즉, 이 사주에서 水운이 오면 乙木이 힘을 얻게 되는데, 土들이 극해버리기 때문에 실제로 乙木에게 공급되는 水의 기운은 얼마 되지 않는다는 것이다. 그래서 세상을 살면서 남에게 도움을 받게 되더라도 그 와중에서 다른 사람들이 상당 부분을 가져가버리기 때문에 정작 자신에게 돌아오는 몫은 얼마 되지 않는다고 할 수 있다. 예전에 군대에서 소를 한 마리 내려보내면 보급대에서 잘라먹고, 장군님이 잘라먹고, 장교님이 잘라먹고……, 사병에게 가는 것은 털이나 껍데기뿐이라고 했는데, 바로 이러한 형상이라고 보겠다.

이 사주는 대충 8급 정도가 되지 않을까 싶다. 그래도 9급을 면한 것은 무력한 용신이지만 반드시 필요로 하는 글자를 얻었기 때문이다. 어떤 경우를 만나든지 이러한 방식으로 용신을 찾는 과정이나 품질에 대한 검사를 한다면 보다 용이하게 등급까지도 심사할 수 있겠다. 중요한 것은 많은 사주를 보는 것이다. 사주를 많이 보지 않으면 많은 생각을 할 수가 없다.

• 격과 상황의 차이
이것을 설명하는 것은 용신격과 상황을 구분해야 한다는 의미에서이다. 그러니까 재다신약은 상황에 대한 설명이 되는 것이지 용신의 격은 아니다. 재성이 많아서 신약한 상황이 되었다는 이야기일 뿐이다. 그래서 무엇이 필요한지까지는 알 수 있지만, 실제로 필요한 것이 용신이 되었는지 않았는지는 알 수 없는 것이다.

그런데 재중용인격(財重用印格)이라는 말을 한다면 이것은 용신격이 되는 것이다. 즉 재성이 많은 상황에서 인성을 용신으로 삼았다는 설명이 가능하기 때문이다. 물론 재중용겁격(財重用劫格)이나 득비리재격(得比利財格)이라는 이름도 가능하다. 재성이 많은 상황에서 비견이나 겁재를 용신으로 삼을 수가 있다고 한다면 이렇게 이름을 붙일 수가 있기 때문이다. 그러니까 재성이 많다는 것만 가지고 용신의 상황까지 이해하기는 부족하므로 이것은 상황에 대한 설명이라고 보면 되겠다.

참고로 상황에 대한 의미를 가지고 있는 용어를 좀더 살펴보면, 한목향양(寒木向陽)은 겨울의 나무가 춥다는 상황에 대한 설명이고, 또 천전일기(天全一氣)는 천간이 모두 같은 글자로 되어 있는 상황에 대한 설명이다. 그런데 고전 격국의 이름으로 이러한 것들이 보인다. 하지만 이것은 일부의 상황일 뿐이지 전체적인 형상을 설명하고 있는 것은 아니므로 격의 이름으로는 부족하다고 보겠다.

2. 성격

이 사주의 성격을 분석해보려면 우선 丙火의 특성을 알아야 하겠다. 丙火가 辰土를 깔고 있는 상황이라고 한다면 대단한 순발력을 가지고 있다고 볼 수 있다. 어물어물 기다리거나 앞뒤를 재볼 겨를도 없이 생각한 것을 0.3초 내로 밖으로 내보낸다고 생각하면 된다. 丙辰 일주의 사주들을 살펴보노라면 하나같이 단순하고 솔직하다는 것을 발견하게 된다. 丙辰 일주의 사람들은 돌아서면 잊어버리기도 잘하고, 사람들과 어울려 큰 소리로 떠들기도 잘한다. 하지만 丙戌 일주만 되어도 덜하다. 아마도 戌土는 火를 설하는 성분이 부족해서 그런 것 같다.

丁丑 일주도 丙辰 일주와 유사한 특징을 가진다. 丁火가 丑土를 보면 그대로 기운이 설기되어서 조용하지가 않다. 그리고 순발력 또한 丙火에 못지 않다. 그런데 丁未 일주는 또 상당히 다르다. 이 것으로 未土는 火를 설하는 성분이 못 된다는 것을 알 수 있다. 丁未에서는 여간해서 식상의 형태를 보기 어려운 것이다. 丙戌과도 같은 맥락으로 볼 수 있겠다.

월간의 戊土는 식신이다. 그래서 생각이 많은데, 식신이 너무 많으므로 생각이 순일하지를 못하고 뭔가 어수선하게 얽혀 있어 다소 두서가 없는 것처럼 느껴진다. 다행히도 시간의 乙木 정인이 어느 정도 제어를 해주지만, 성질 급한 丙火가 정인의 직관 성분에 관심을 기울일지 의심스럽다. 결국 약한 용신의 성분을 얻지 못하고 식상의 흐름에 휩쓸려가는 듯싶다. 물론 이것도 이미 용신의 상황을 살피면서 확인했던 점이다.

다음으로 관살이 미약하게 되어 있기 때문에 남을 생각하는 성분이 떨어진다고 보겠다. 그러면서도 식상의 성분으로 인해 우월감을 가지고 있어 자신이 세상에서 가장 똑똑한 사람이라고 생각할 가능성이 있다. 하지만 비견과 겁재가 무력하기 때문에 실은 주체성도 떨어진다. 어쨌든 관살이 무력한 것은 여러 가지로 불리한 구조가 된다. 특히 메마른 사주에서 인성인 乙木의 뿌리를 적셔줄 물이 없다는 것 자체만으로도 이미 불리하다고 보겠다. 즉 남과 어울리는 과정에서 자신만을 주장하니까 남들에게 따돌림을 받게 된다는 것 이다.

그리고 일을 벌이기만 하고 결실은 거의 거두지 못한다고 하겠는데, 그것은 결실을 의미하는 재성이 연지에서 丙火에게 극을 받고 있기 때문이다. 그러나 재성이 기신이라는 점에서 한편으로는 멀리 있는 것이 천만다행이라고 하겠다. 만약에 가까이 있었다면 뭔가 마구 설치며 일을 벌이게 될 것이다. 그렇게 되면 재성이 기신이므로 사업이 잘 되지도 않을 것이고, 용신인 인성이 깨질 것은 너무나 뻔한 일이다.

3. 사회성

대운을 살펴보면, 丁酉 대운도 도움이 없고, 丙申 대운도 마찬가지이다. 그래도 버티고 있는 것은 천간으로 金이 들어오지 않았기 때문이다. 乙未 대운은 아주 약간 도움이 되겠다. 甲午 대운은 다시 남방이다. 그래서 유리하다고는 하지만 자신에게만 약간 유리할 뿐 사회적인 면에서는 도리어 불리한 상황이라고 할 수 있다. 火生土가 되면서 木生火를 만들기 때문에 용신이 무력해지는 이유에서이다. 만약 관살이 많아서 신약한 상황이라고 한다면 甲午운이 도움이 되겠지만, 식상이 많아서 신약한 상황이므로 비겁이 별 도움이 못 된다.

丙申생이면 丁丑년에는 42세가 되는데, 丁火는 겁재이고, 丑土는 상관이다. 용신의 기운을 다시 빼내는 상황이므로 아무래도 좋은 일보다는 힘들고 피곤한 상황이 전개되리라 예상된다. 이 사주의 주인은 낭월에게 찾아와 상담을 했었다. 남편이 관광 버스를 한 대 사서 직접 끌고 다니는데, 버스를 한 대 더 사도 괜찮겠느냐는 것이었다. 그래서 올해에는 피곤한 일이 많이 발생하고 경기도 좋지 않을 것 같으니까 내년으로 미루라고 했다. 그렇지만 남편은 그 말을 무시하고 버스를 샀다고 한다. 그런데 버스 한 대는 거의 놀다시피해서 하루에 20만 원씩 눈 뜨고 버리는 꼴이 되었다. 결국 손해를 볼 운이 다가오면 말려도 듣지 않는 것을 보면서 과연 팔자를 고친다는 것이 얼마나 힘겨운 것인지 다시 한 번 생각하게 되었다.

물론 이 사주에서 관살이 시지 정도에만 있었더라도 남편은 귀를 기울였을 것이다. 그런데 전혀 도움이 되지 않는 관살이어서 그런지 실제로 남편은 아내의 말에 귀를 기울여주지 않는다고 한다. 그러니까 관살이 희신이라고 정할 수는 있지만 실제로는 상황에 따라서 각양각색의 형태로 나타난다.

4. 배우자

남편은 연지에 암장된 壬水와 일지에 암장된 癸水가 되겠다. 이 글자들은 乙木에게는 필요한 성분이 되지만, 丙火에게는 아무런 도움도 되지 않는다. 이 말을 현실에 대입시켜보면, 사회적으로는 알뜰한 가장이지만 개인적으로는 별로 마음에 들지 않는 남편이 될 수 있다는 이야기가 된다. 그래도 용신에게 유용한 성분이라는 점에서 남편에 대한 감정은 나쁘지 않아 보인다. 큰 특색 없는 그냥 보통의 남편이라고 볼 수 있겠다.

5. 자식

자식은 사주에 가득한 식상이다. 물론 도움이 되지 않는 글자들이다. 다만 시지에 있는 戌土는 도움이 될 듯한데, 역시 무난한 정도라고 볼 수 있겠다. 실제로 이 정도가 되면 크게 도움이 되는 것도 아니고, 그렇다고 나쁘다고 하기도 어렵다.

6. 기타

처음에 이 여성을 봤을 때 인물이 상당히 예쁘다고 생각했는데, 자세히 보니 모두 가꿔진 모습이었다. 그러니까 남들에게 보여주기 위해서 많은 시간을 할애한다는 것인데, 아마 식신의 성분으로 인해서 그런 게 아닌가 한다. 그리고 혹시 상관이 있을 것이라고 생각해봤는데, 식신이 많으면 상관이 되므로 틀린 것은 아니라고 볼 수 있다. 그리고 식신이 겹치면 그 작용으로 인해서 인성의 성분이 나타나는데, 실제로 수용적인 면이 강하다고 하고, 은근히 공짜를 바라는 듯한 느낌에서 인성의 영향을 받는다고 볼 수도 있겠다. 물론 시간에 있는 인성이 강하게 작용한 것일 수도 있으므로 한마디로 장담할 수는 없지만, 참고로 알아두기 바란다.

실전6 : 여명, 乙未 己卯 辛未 庚寅

時	日	月	年
庚	辛	己	乙
寅	未	卯	未

48	38	28	18	8
甲	癸	壬	辛	庚
申	未	午	巳	辰

1. 용신의 구조

이번에는 천안에서 살고 있는 한 부인의 사주를 연구해보도록 하겠다. 卯월의 辛未 일주인데, 지지에서 卯未가 반합이 되어 있는 상황이다. 비록 반합이라고는 하지만, 연지와 일지가 모두 未土로서 卯월의 강력한 木에게 이끌려서 木으로 화하게 될 가능성이 크다.

그리고 천간에 乙木이 투출되어 있는 것도 만만치 않은 상황이어서 재다신약(財多身弱)의 사주라고 볼 수 있겠다. 따라서 용신은 겁재가 되는데, 마침 시간에 있는 庚金이 그 역할을 대신해주고 있어서 庚金을 용신으로 삼는다. 용신격으로는 재중용겁격(財重用劫格)이 되겠다.

그리고 용신의 입장에서 볼 때 관살이 나타나지 않은 것은 유리한 점이라고 하겠다. 다만 월령을 얻지 못하고, 자좌(自座 : 金이 앉은자리)도 도움이 되지 않는 상황이므로 등급은 하격으로 내려가서 8급 정도가 될 것으로 본다. 만약 앉은자리에 辰土가 있었다면 대단히 상황이 좋아져, 아마도 신왕하다고 보고 월지의 재성을 그대로 용신으로 삼을 수 있을 것이다. 그러나 이 상황에서는 겁재도 허약한 모습을 하고 있기 때문에, 격이 떨어지는 것으로 보면 되겠다.

월간의 인성이 희신이 되겠는데, 이미 죽은 희신이라고 할 수 있다. 앉은자리에서는 편관인 卯木이, 옆에서는 乙木이 극하고 있으므로 거의 사색(死色)이 되어 있는 상황이다. 그래서 희신이 무력한 사주가 되겠다. 또 일간 辛金은 편인에 앉아 있으므로 그 중에서는 가장 좋은 것처럼 보이지만, 유감스럽게도 卯未의 합으로 인해서 아무런 도움도 받을 수 없는 형편이다. 이러한 상황으로 볼 때 주변이 흉하게 짜여 있다고 판단할 수 있겠다.

용신은 庚金, 희신은 未土, 기신은 火, 구신은 木, 한신은 水가 되겠다. 그런데 다행히도 기신인 火가 사주에서 보이지 않는다. 그러나 일지의 未 중에 들어 있는 丁火도 상당한 힘이 있어 보인다. 다만 월령이 卯월이기 때문에 火의 세력을 형성하지는 못한 것으로 봐야 하겠다. 즉 木의 세력은 어디까지나 木의 세력이지 이것이 불의 세력이 되는 것은 아니라는 이야기다.

2. 성격

성격적으로 볼 때 辛未 일주는 다소 답답하게 느껴진다고 하겠다. 辛丑의 경우라면 습토와 결합되어 辛金이 안정을 얻을 수도 있는데, 辛未 일주는 좀 답답해 보이는 느낌이다. 그리고 未 중에 乙木 편재가 들어 있다. 뭐든지 자신의 뜻대로 하려는 심리가 도사리고 있다고 볼 수 있다. 또한 남의 의견에 이리저리 흔들리는 것을 싫어하는 것은 시간의 庚金으로 인해서이다. 다만 존경하는 사람의 말은 듣게 되는데, 그것은 인성이 용신이기 때문이다.

未土의 본기인 己土가 편인에 해당하므로 편인의 성분인 직관력과 신비성을 지니고 있다고 보겠다. 특히 편인이 월간에 투출되어 있으므로 신비한 것에 대해서 많은 관심을 가지게 된다. 그리고 억울한 일을 당하면 겁재성이 발휘되어서 그것을 쉽게 잊어버리지 않고 언젠가는 반드시 갚아주겠다는 마음을 가지고 천천히 복수를 하는 경향이 있다. 원래 金은 잘 새겨지지는 않지만 일단 한번 새기게 되면 오랫동안 지워지지 않는 성질을 가지고 있다. 그런데 일간이 辛金이다 보니 이러한 성격을 가지게 되는 것이다. 실제로 대부분의 辛金 일주들은 자신에게 잘 해준 것은 잊어버릴지 몰라도 일단 서러운 대우를 받았다고 생각하는 것은 두고두고 잊지 않는다. 이른바 와신상담(臥薪嘗膽), 즉 짚더미에 누워서 쓸개를 핥으면서 복수의 칼날을 갈고 있는 사람이라고 할 수 있다. 그런데 일지의 未土가 합이 되면서 재성의 방향으로 이끌려 재물에 대해서 상당히 집착하게 된다.

그리고 관살이 무력하므로 남에 대한 배려가 별로 없다고 볼 수 있겠다. 봉사 정신이 전혀 없다고 본다. 고집이 세고, 물질적인 것에 집착하는 등 이기적인 면이 많은 것이다. 또한 식상이 없으므로 예술에 대한 생각은 전혀 없고, 자신의 삶을 즐길 줄도 모른다고 하겠다. 오로지 재물 확보를 유일한 희망으로 알고 있는 것처럼 느껴지는 사람이다.

일지에 암장된 丁火는 편관 성분이다. 이것이 인내심을 제공해주고, 이기적인 바탕을 어느 정도 완화시켜주는 작용한다고 볼 수 있다. 편관은 품격을 높여주는 작용을 하는 성분이기 때문이다.

3. 사회성

재물에 마음이 끌리는 것이 그대로 연결되면 돈을 벌 연구를 하게 된다. 주변에 재성의 기운이 상당히 강하게 나타나 있기 때문에 집안에서 남편이 벌어다 주는 것으로 살림만 하려고 하지는 않게 된다. 그런데 사주를 보니 식상의 기운이 전혀 없다. 이것은 창조력이 떨어진다는 의미가 되므로, 기술을 발휘해서 무엇인가를 만들어 내는 면이 부족하다고 본다. 그렇다고 해서 상관의 성분을 발휘해서 유통 쪽으로 손을 댈 수도 없다. 이 사주에 식상이 전혀 보이지 않기 때문이다. 도대체 무슨 방법으로 돈을 만들어야 할지 막막한 상황이다. 돈은 벌고 싶은데 방법은 없고, 참으로 답답한 마음이라고 할 수 있다.

그러니까 식상이 없이 돈을 벌 수 있는 묘안을 짜내야 한다. 이 사주의 주인은 순대 장사를 하고 있다. 순대는 받아다가 썰어서 팔면 되지 특별히 솜씨를 부릴 필요가 없는 것이다. 그래서 오늘도 시장의 입구에서 오고가는 돈을 쳐다보면서 순대를 팔고 있다.

그리고 돈이 조금 생기면 그야말로 겁재로 돈을 벌려고 하는 마음이 생기게 된다. 겁재는 재물을 빼앗는다는 의미인데, 재물을 강제로 빼앗으면 강도가 되기 때문에 그냥 빼앗지는 못하고 합리적으로 빼앗아야 한다. 가장 유망한 것이 도박이다. 도박은 식상도 필요 없고, 그냥 패만 잘 들어오면 수지 맞는 사업인 셈이다. 그래서 틈만 나면 도박을 하지만 식상이 없으므로 손 기술을 배워서 떼돈을 벌지는 못하고 그저 운에 맡기고서 패가 잘 들어오기만 기다리는 것이다. 그러다 보니 돈을 딸 수가 없다. 운이 좋으면 좀 따겠지만, 이것도 간단한 일은 아니다. 놀음판은 운의 싸움이기 때문에 돈을 따기 위해서는 자신의 운만 가지고서는 안 되고 상대의 운도 고려해야 한다.

그럼 대운을 살펴보기로 하자. 庚辰 대운에는 부잣집에서 태어나 편하게 살았다고 한다. 辛巳 대운에는 여전히 좋은 운의 흐름이 이어지고 있다. 하지만 巳火는 도움이 되지 않는다. 壬午 대운에는 水火가 교대로 피곤하게 하여 결혼 이후에 계속 고생이 이어지고 있다. 癸未 대운에는 癸水는 별수 없고, 未土는 그래도 약간 나은 셈이다. 甲申 대운에는 甲木은 갈증만 나게 하고, 辛金은 비로소 뭔가 희망을 보여준다.

초운은 약간 좋은 편이지만, 그것은 작용이 제대로 이뤄지지 않는 것이므로 내 운이 아니라고 봐야 한다. 부모의 영향권 안에 있기 때문에 좋은 운을 직접적으로 느끼기가 힘들다. 그래서 기쁨이 줄어드는데, 어쨌든 운이 좋아서 불리할 것은 없다. 다행히 후반부에 서방의 金운을 타게 되므로 어느 정도 원하는 재물을 얻을 수 있으리라 본다.

丙子년은 癸水 대운에 해당한다. 그렇다면 기신이 되는 셈인데, 식신이 들어와서 그런지 또 도박판에 끼여들었다. 그러니까 "망할 사람은 사업을 해도 망해 먹을 사업을 한다"는 말이 있듯이 식상이 기신에 해당하므로 머리를 써도 이익이 되지는 않는 불리한 머리를 쓰게 되는 것이다. 丙子년에 놀음을 해서 열심히 장사해서 번 돈을 몽땅 날리고, 수천만 원의 빚도 짊어졌다고 한다. 丙火는 일간을 극하므로 짐이 되고, 子水는 기운을 빼내므로 지치게 된다. 엄청난 손실을 보고 다시는 놀음을 하지 않겠다고 다짐하는데, 아마도 쉽지 않을 것이라고 생각된다.

4. 배우자

남편은 나타나 있지 않고 지지에 암장되어 있다. 만약에 관살이 나타나게 된다면 사주는 더욱 불리한 방향으로 흘러가게 되는데, 다행히도 남편이 극을 하지는 않는다. 실제로 남편은 시청에 근무를 하는데, 지독한 구두쇠여서 자신에게 월급을 갖다 주지도 않는다고 한다. 이렇게 남편이 있으나 마나 하므로 더욱 돈을 벌어야 할 필요가 생기는 것이다. 이 사주에서 관살은 있으나 마나 한 상태이므로, 이 모두 사주 팔자의 영향이라고 할 수 있겠다.

5. 자식

자식 인연은 별로 없는 편이다. 실제로 소가 닭을 쳐다보듯 하는 마음이 든다고 한다. 그저 인연이 있어서 낳았을 뿐이라는 식이다. 식상의 형태로 봐서 그렇게 간절한 마음이 들지 않으리라는 것을 짐작할 수 있겠다. 그러나 신약한 상황에서 水가 나타나지 않았기 때문에 굳이 흉하다고는 보지 않는다. 이 사주의 경우 자녀에 대해서는 그저 그렇다는 말이 가장 적절할 것 같다.

6. 기타

인성이 옆에 있으므로 종교에 대해 관심이 있다. 그렇지만 인성이 워낙 재성에게 핍박을 당하고 있기 때문에 깊이 들어가지는 못하는 사주이다. 실제로 평소에는 절에 찾아오지 않다가 자신이 필요할 경우에만 오는 것을 보면 사주의 구조가 과연 일리가 있다고 생각하게 된다. 열심히 기도하면 좋아질 수 있다고 말해보지만, 돈

이 많이 들까 봐 그러는지 모르지만 별로 신심(信心)이 나지를 않는
다고 한다. 그러고 보면 신앙심이 투철한 것도 사주와 관계가 깊다
고 할 수 있겠다.

실전7 : 남명, 丙子 丙申 壬戌 庚戌

時	日	月	年
庚	壬	丙	丙
戌	戌	申	子

60	50	40	30	20	10
壬	辛	庚	己	戊	丁
寅	丑	子	亥	戌	酉

1. 용신의 구조

이 사주의 주인은 부여에 사는 남자이다. 申월에 태어난 壬戌 일주이다. 우선 월령을 얻은 것은 좋다고 하겠지만, 태어난 날이 절입일이다. 따라서 己土가 당령한 상황에 해당하므로 표면적으로는 申金이라고 하더라도 실제적으로는 未월로 봐야 한다. 더구나 월간에

丙火가 있어 金의 기운이 무력하고, 일지의 戌土나 시지의 戌土를 생각해볼 때 매우 신약한 상황이라고 봐야 하겠다. 따라서 이 사주는 신약용인격(身弱用印格)이 되어 용신이 金에 있다. 또 희신은 水가 되겠는데, 金의 입장에서 볼 때 강한 불의 세력을 제어해줄 물을 필요로 하기 때문이다. 즉 土가 있으므로 金이 허하지는 않은데, 조열한 土이기 때문에 수분으로 촉촉하게 적셔주면 좋겠다고 생각하는 것이다.

원국에 木이 없는 것은 다행이라고 할 수 있다. 木이 있으면 金의 성질을 건드리게 되므로 소란해지고, 또 약한 水의 기운을 설기하는 작용을 하게 된다. 따라서 식상이 없는 것을 반기는 것이다. 그리고 불은 기신이 되는데, 이 불의 작용으로 인해서 金이 허해지기 때문이다. 이러한 정황으로 볼 때 등급을 논한다면 월에 용신을 얻었다는 것을 가산해서 7급 정도가 될 것으로 본다. 용신이 월에 있으면 상격이 된다고 했지만 이 사주의 용신은 거짓된 金이라는 점에서 상격에는 해당하지 못한다고 하겠다. 더구나 월간에서 丙火가 극하고 있는 상황을 참작한다면 크게 유리하다고 볼 수 없는 것이다. 다만 시간의 庚金이 앉은자리에서 인성을 깔고 생조해주는 것은 유리하다고 본다.

2. 성격

일간이 壬水인 것으로 봐서 생각을 많이 하는 사람이라고 하겠다. 壬水는 식신적인 기질을 포함하고 있기 때문이다. 그런데 실제로 식상이 주변에 보이지 않으므로 생각은 많지만 구체적인 결실을 맺기는 어렵다고 하겠다. 용신을 찾는 과정에서는 木이 없는 것이 유리하다고 했지만 성격의 흐름을 볼 때는 없는 것이 반드시 좋은 작용을 한다고 볼 수 없다.

일지에 편관이 있으므로 인내심은 대단히 강하다고 본다. 편관은 자신의 본능을 억제하는 역할을 하는 성분이 있기 때문에, 편관의 영향을 받고 있는 사람은 다른 사람들은 비명을 지를 정도의 고통도 묵묵하게 참아낸다. 같은 고통하에서도 사주에 따라 느끼는 정도에 차이가 난다고 하겠다. 戌土의 내부에는 丁火가 들어 있다. 丁火는 상당히 밀착이 되어서 나타나는데, 정재에 해당하므로 물질에 대해서 집착력이 강하다고 할 수 있다. 일지 戌土에는 辛金도 들어 있는데, 辛金은 인성에 해당하므로 직관력을 지니고 있다고 본다. 또 辛金은 비록 암장이 되어 있기는 하지만, 용신에 해당하는 점에서도 매우 중요한 존재가 된다. 따라서 직관적인 판단에 의해서 일을 추진한다면 상당한 이익을 얻을 수 있다고 하겠다.

시간의 庚金은 편인이다. 그래서 받아들이는 것도 좋은 편인데, 문제는 부정적인 생각을 하고 있다는 것이다. 비판적인 생각이 강하므로 무엇을 받아들이는 속도가 늦어지게 된다. 그러니까 분석을 하는 동안에 시간이 흘러가버린다는 이야기이다. 그런데 월간의 丙火가 이 편인의 작용을 거절하고 있다. 즉 丙火는 庚金을 극하는 성분이 되어서, 무슨 생각이든 떠오르는 즉시 물질적으로 이해타산을 하게 되므로 결과적으로는 매우 불리한 역할을 하게 된다. 丙火는 기신이 되는 셈이다.

결국 丙火로 인해서 물질적인 면에 관심을 보이게 되고, 또 자신의 마음대로 해야 속이 시원하게 되기도 하는 것이다. 편재가 옆에 있는 사람은 스스로 뭔가 하려고 마음을 먹었다가도 남이 하라고 하면 거부를 해버리는 성분이 나타난다. 이것은 자신이 하고 싶을 때는 밤을 세워서라도 끝장을 보려고 하는 성분이기 때문에 남의 지배를 받는 것에 대해서 거부하는 형태로 나타난다고 생각하면 되겠다.

그리고 식상이 없는 상황이기 때문에 항상 새로운 계획을 세우고 추진하는 성향은 떨어진다고 본다. 꾸준하게 자신이 해오던 일을 이어가는 특성이 강하다고 하겠다. 주변의 구조가 모두 양으로 이뤄져 있어 감정적인 사람이라고 볼 수 있다. 음양이 적절하게 배합되어 있으면 성격이 원만한 편이지만, 이렇게 양으로만 되어 있을 경우에는 감정적인 면이 강하게 나타나므로 대인 관계에 문제가 생기기도 한다.

3. 사회성

사회적인 성향을 살펴보면, 편재가 강하게 포진을 하고 있는 상황이어서 자신의 의도대로 일을 하려고는 하지만 창조적으로 모색하는 것이 떨어지므로 생산적인 일은 어울리지 않는다고 볼 수 있다. 그래서 설비를 하는 일 같은 것과 인연을 맺게 되는데, 이것이 편재적인 공간 배치에 어울리는 구조이기 때문이다. 또 업종은 한 가지를 택하면 죽이 되든 밥이 되든 끝까지 밀고 나가게 된다. 편관의 인내심이 그렇게 만든다고 보면 되겠다. 인성이 극을 받지 않았다면 교편을 잡거나 군 계통에 종사하는 것도 어울리겠으나, 재성으로 인해서 아무래도 직장 생활을 하는 것은 적절하지 않다고 봐야겠다.

운세는, 丁酉 대운에는 丁火는 해롭지만 酉金은 좋다. 따라서 좋고 나쁨이 반반이라고 보면 되겠다. 戊戌 대운에는 모조리 흉신으로 이루어져 있어 고생을 하게 된다. 己亥 대운에는 상반기에는 고통스럽지만 하반기에는 자신의 힘을 발휘하게 될 것이다. 庚子 대운은 가장 좋은 운이라고 할 수 있는데, 이때 사업을 일으키게 되리라고 본다. 辛丑 대운에는 계속해서 좋은 운이 이어지겠다. 壬寅 대운에는 진행하는 일에 차질이 발생할 우려가 높다. 전체적으로 봐서 庚子나 辛丑 대운은 좋지만, 그 나머지는 크게 기대를 하기 어렵 겠다.

특히 지난 丁丑년과 같은 해에는 원국에 酉金이라도 있으면 丑土 가 도움이 될 텐데 그렇지 못하고, 壬水 대운도 丁火와 합을 일으키 게 되어 결국 희신이 묶여버리는 결과가 발생하게 되어 丙子년의 행운에 비한다면 비교도 할 수 없이 불리한 운이라고 볼 수 있다. 실제로 丁丑년에는 많은 고전을 했다고 한다. 그렇다면 乙亥년이나 丙子년에는 나름대로 확장이 가능했겠지만, 앞으로 이어지는 세운 에는 별로 기대할 것이 없다고 하겠다.

이 사주의 주인은 실제로 사업을 하면서 乙亥년과 丙子년에는 어 느 정도 좋았다고 한다. 丁丑년에는 여러 가지로 곤란하기는 했지 만, 그럭저럭 유지를 하고 있다는데, 아무래도 대운이 좋아서 그런 대로 버티는 모양이다. 그러니까 일단은 대운이 받쳐주는 것이 중 요하다는 이야기를 하게 된다. 아무리 세운이 어렵다고 하더라도 대운이 도와주면 손익 계산상 웬만하면 이익 쪽이 될 가능성이 높 다고 보겠다.

4. 배우자

아내는 월간의 丙火이다. 기신에 해당하는 상황이다. 처궁도 물 론 만만치 않은 편관이다. 그래서 아내가 주장하는 것에 대해서 강 력하게 부정을 하지 못하고 끌려가는 상황이 발생하게 된다. 아내 가 집안의 가장이 되어 있는 셈이다. 남편이 바깥일을 하기는 하지 만 항상 아내의 조종을 받을 것이 틀림없다. 자신에게 식상이 없다 보니까 아내의 말을 듣지 않을 수 없는데, 실제로 이것을 불만스러 워하고 있는 것 같았다. 그런데 현재의 운세를 보면 아내의 운이 더 좋다. 그리고 아내의 주장이 사업을 경영하는 데 상당한 영향을 미치고 있는 것을 보면서, 역시 대운은 활동을 하는 사람의 영향을 많이 받는다는 생각을 하게 되었다. 즉 아내의 운도 나빴다면 丁丑년에는 대단히 힘이 들었을 것이기 때문이다.

5. 자식

관살은 기신이다. 戊土이기 때문이다. 그래서 자식들에게는 별로 신경을 쓰고 싶어하지도 않는데, 실제로 신경을 써봐야 별 도움도 되지 않는 상황이다. 아들 하나와 양자를 하나 두었는데, 처음에는 아들이 없어서 양자를 들였다가 늦게서야 아들을 얻게 되었다고 한다. 그래도 별 애착이 없는 모양이다.

6. 기타

이 사주의 주인에게 상담을 해주면서 사업을 하는 데 앞으로 별로 기대할 사항이 없다고 하자, 괜히 쓸데없는 이야기를 듣게 되었다고 불평을 했다. 자신은 사주 나부랭이에 별로 관심도 없는데, 아내가 어디 좀 같이 가보자고 하기에 따라왔더니만 기분 나쁜 이야기만 들었다는 것이다. 이런 때는 낭월도 참으로 난감하다. 하지만 그처럼 노골적으로 불평을 토로하는 것은 편재로 인해서일 것이고, 또 신약한 상황에 편인이 있으므로 부정적인 사고 방식이 발동을 걸어서일 것이니 어쩔 수 없었으리라고 생각했다. 그리고 사업이 한창 번창하여 확장을 하려는 마당에 낭월이 냉수를 끼얹는 이야기를 했으니 참으로 기분이 나쁘기는 했을 것이다. 게다가 낭월이 젊기 때문에 깔보는 마음도 있었을 것이다. 그래서 불쾌했지만 그냥 참아 넘겼다. 세월이 흘러가면 당연히 밝혀질 일이기 때문에 굳이 그 자리에서 뭐라 할 필요도 없었던 것이다. 그래 봐야 악담이 되는 셈이고, 오히려 낭월의 체면만 손상시키는 일이 되기 때문이다.

그렇거나 말거나 아내에게 이끌려서 찾아오는 것 자체가 아내의 영향권 아래 있다는 것을 확실히 보여준다고 하겠다. 그들이 찾아온 것은 사업이 잘 되어가고 있던 丙子년이었다. 그런데 丁丑년이 되자 갑자기 상황이 달라졌다고 한다. 나중에 부인이 찾아와서는 낭월의 예측이 그대로 적중되었다면서 좋은 방안이 없겠느냐고 묻는다. 사업이 잘 되어 공장을 확장했는데, 라이벌 업체가 생기면서 납품처가 자꾸 줄어 운영이 어렵다는 것이었다. 계획대로라면 확장된 공장에서 생산한 상품을 소비시켜 매출이 늘어야 하는데 그렇지 못하다는 것이다. 그 상품이 아무 곳에서나 쓰는 것이 아니고 특정 공사에만 사용되는 것이기 때문에 타격이 더 컸던 것 같다.

그렇지만 운의 흐름을 거역하고, 자신의 마음대로 사업을 확장했으니 화를 자초한 셈이다. 낭월의 말에 귀를 기울이고서 어떻게 하면 좋겠느냐고 물었더라면 아마도 확장은 하지 말고 깔려 있는 수금에 신경 쓰면서 축소시키는 방향으로 나가라고 했을 것이다. 어쨌든 이미 벌어진 일이니 어쩔 수 없는 것이다. 사업을 해서 돈을 벌어도 자기가 버는 것이고, 골탕을 먹어도 자기 먹는 것이다. 운명을 감정하는 사람의 말에 귀를 기울여서 주의를 하는 것도 경험이 있어야 가능하다는 생각을 해본다. 대개 사업이 잘못 되는 것은 반쪽짜리 운에서 과잉 투자를 하기 때문이다. 벗님들은 이러한 상황을 잘 관찰하여 참고하기 바란다.

실전 8 : 여명, 壬子 甲辰 丁卯 己酉

時	日	月	年
己	丁	甲	壬
酉	卯	辰	子

41	31	21	11	1
己	庚	辛	壬	癸
亥	子	丑	寅	卯

1. 용신의 구조

이번에는 대전에서 찾아왔던 여인의 사주를 살펴보도록 하겠다. 이 사주는 辰월에 태어난 丁卯 일주이다. 월지와 연지는 합이 되어 있고, 천간에 壬水가 투출되어 있는 상황으로 봐서 水의 세력이 형성되었다고 본다. 또 시주의 己酉는 土生金의 기운을 띠고 있으므

로 丁火의 기운을 설기하는 작용을 한다. 의지할 것이라고는 앉은
자리의 卯木과 월간의 甲木뿐이다. 그래서 인성을 용신으로 삼아
신약용인격(身弱用印格)이 되었다. 용신이 가까이 있으므로 등급은
좋을 것도 같은데, 유감스럽게도 일지의 卯木이 충을 만나서 흔들
리고 있다. 이렇게 용신이 충을 만나는 것은 매우 불리한 상황으로
간주하게 된다. 가까이 있는 용신이기에 그만큼 기대도 클 수밖에
없는데, 도움을 받을 수가 없으니 더욱더 안타까운 상황이라고 보
겠다.

　다행히 월간의 甲木이 일지의 卯木을 보완해주고는 있는데, 형세
로 봐서는 관인상생(官印相生)의 흐름을 타고 있다. 그리고 甲木이
앉은자리의 辰土에 통근을 하고 있는 것도 반갑다고 보겠는데, 당
령도 초기의 乙木 당령이어서 더욱 유정하다고 할 수 있다. 이러한
상황들을 참고해보건대 7급은 되지 않을까 싶지만 앉은자리의 卯木
이 충이 되어 있어서 다소 아쉽다고 볼 수 있겠다. 다행인 것은 甲
木이 壬水의 중간을 막고 있어서 水의 세력이 일간인 丁火에게로
넘어오지 않는다는 것이다. 물론 甲木이 막아주고 있는 상황이 돋
보인다는 의미이다.

2. 성격

　丁卯 일주는 일지가 편인이 된다. 따라서 신비로운 방향으로 영
감이 발달되어 있다고 볼 수 있다. 물론 용신이기 때문에 좋은 것은
사실인데, 이렇게 월간에 있는 甲木과 함께 일간에게 직접적인 영
향을 끼치게 되면 인성의 기운이 넘치는 것으로 간주할 수 있다. 직
관력이 넘치게 되어 결국 망상이 심하다는 이야기이다. 또 시간에
식신이 있으므로 항상 뭔가 궁리를 하고 있는 사람이라고 볼 수 있
다. 그리고 식신이 재를 생하고 있는 상황이기 때문에 궁리한 것에

대한 결론을 얻기 위해 밀고 나가는 성분도 가지고 있다고 하겠다.

또한 이 사주에서는 水에서 출발해서 木火土金으로 흘러가는 분위기를 읽을 수가 있다. 따라서 기운이 흘러 유통이 되므로 갑갑하지 않고 활발한 성격이 된다. 그런데 아쉽게도 그렇게 흘러온 酉金이 卯木을 극해버린다는 것이다. 인성이 깨지게 되면 직관력에 손상이 가게 된다. 그리고 인성은 받아들이는 성분이어서 상당히 수동적인 사람이라고 하겠는데, 식신이 있어 능동적으로 될 것도 같지만, 土의 기운은 木의 기운에 눌리게 되므로 일단 木의 영향이 먼저 나타난다고 보겠다. 그 결과 긍정적으로 받아들이려고 하는 정인과 부정적으로 받아들이려 하는 편인 사이에서 자신도 모르게 갈등하게 되는 것이다.

그리고 관살이 멀리 있으므로 남을 생각하는 힘이 떨어진다. 그냥 자신이 생각한 대로 받아들이기는 하는데, 관살의 영향이 포함되지 않아서 이기적인 생각을 많이 하게 된다는 것이다. 자신만 좋으면 그만이라는 생각이 주를 이루고 있다고 볼 수 있다. 어떻게 보면 받을 줄만 알고 줄 줄은 모르는 응석받이의 구조를 가지고 있다고 할 수도 있겠다. 이렇게 관살은 멀고 인성이 가까운 경우에는 그러한 경향이 더욱 두드러지는데, 특히 비견이나 겁재가 없다는 것도 이에 한몫을 하게 된다. 그리고 비겁이 없으므로 주체성이 없어서 주변의 상황에 많이 흔들리게 될 것이다.

3. 사회성

이미 왜곡된 인성의 영향으로 받아들이는 과정이 평범하지 않다는 것을 살펴보았는데, 이것이 사회적으로는 일을 진행시켜 나가는 추진력이 없는 것으로 나타나게 된다. 따라서 개구리밥처럼 이러저리 흔들리는 모습을 보여주게 된다. 丁卯가 酉金을 만난 것이 마치

물결에 출렁대는 부평초 같은 형상이라고 할 수가 있겠다. 그렇기 때문에 뿌리를 내리기도 어려우므로 정처 없이 떠돌아다니는 운명이라고 말하게 되는 것이다.

이 여성의 윤리감이 왜곡되어 있다고 생각하게 된 것은 다름이 아니라 결혼 생활 때문이었다. 18년이나 나이 차이가 나는 남자와 동거를 하고 있다는 것이다. 아마도 그러한 상황이 된 것은 卯酉의 작용 때문이 아닌가 한다. '인성이 왜곡되면 받아들이는 것도 왜곡될 수 있다'는 가설을 세워볼 만한 것 같다. 그리고 윤리감이 왜곡된 것으로도 볼 수 있는 것은 인성이 담당하는 영역이 윤리감이기 때문이다. 더구나 주체성도 없는 상황에서 이렇게 왜곡된 수용성(受容性)이 결국 20년 연상의 남자와 동거하는 것으로 나타나지 않았나 싶다. 이런 생각들을 정리하는 과정에서 70이 넘은 괴테의 애인이 10대였다는 얘기를 들었는데, 과연 그 아가씨의 사주는 어땠을지 궁금하다.

그리고 卯酉沖의 흉한 작용은 탐재괴인(貪財壞印), 즉 인성이 재성에 의해서 파괴를 당하는 형태로도 나타날 수 있다. 다시 말해서 재성의 특징으로 인해서 인성이 깨지게 된다는 것이다. 이것은 식신생재로 자신이 생각하는 바는 결국 결실을 봐야 한다는 쪽으로 흐르게 되고, 그 결실을 위해서라면 윤리감은 깨져도 좋다는 것으로 연결된다고 할 수 있겠다. 물론 어느 정도는 확대 해석을 한 느낌도 없지 않지만, 흔한 경우가 아니기 때문에 원인을 한번 분석해 보았다.

4. 배우자

남편은 연주의 壬子이다. 그래서 일찌감치 결혼을 한다고 볼 수 있는데, 지금 대운은 辛丑으로 재물의 운이다. 따라서 인성이 깨지게 되므로 돈을 보고서 얼마든지 남의 남자와 인연을 맺을 수도 있다는 생각이 든다. 더구나 용신이 木인데 金의 운을 만나 운세도 매우 불리한 상황이므로 쉽게 타협을 하려고 생각하지 않았을까 싶다. 즉 세상 살기도 힘든데 돈 많은 사람과 함께 살면서 그럭저럭 목숨이나 이어가자는 생각을 했을 수도 있다는 것이다.

사주에 관살이 상당히 강하다. 이런 상황에서 丁火는 운세도 나쁘고 자신의 주체성도 없으므로 어렵게 생각하지 않고 남자를 받아들였을 것이다. 어쨌든 이 여성은 남자를 거부하기가 상당히 어려운 상황이다. 신약한 데다가 주체성도 없기 때문이다. 게다가 재성이 일지를 충하고 있으므로 더욱 나쁘다고 할 수 있다. 따라서 남편이 사랑으로 봉사해주는 사람이 아니라 부담스러운 존재가 되는 것이다. 결론을 말한다면 남편 덕이 없는 사람이라고 할 수 있다.

5. 자식

자식은 己土이다. 신약하더라도 식상이 관살을 막아주면 자식 덕이 있다고 할 수 있는데, 그런 상황이 아니다. 월지의 상관은 이미 관살과 합이 되어버린 지 오래이고, 시간의 己土는 일간의 기운만 설기하고 있다. 신약한 상황이므로 별로 좋은 인연이 아니다. 자식을 부담스럽게 생각하지 않을까 싶다. 그리고 기신인 재성을 생해주는 것으로 봐서 구신이기도 하다. 없는 게 나을 것 같은데, 이것 또한 팔자이니 마음대로 되는 일이 아니다. 아마도 자식을 두면 꼼짝도 못 하게 될까 봐 부담스럽게 생각하는 모양이다. 이렇게 식상이 기신인 경우에는 자식에 대해서 별로 집착하지 않는 것 같다.

6. 기타

특별히 추가할 것은 없는데, 사주로 봐서는 7급 정도나 되는 丁

火이면서도 살아가는 모습이 변변치 않은 것은 일단 운의 탓이라고 봐야겠다. 운만 좋다면 실제로 그렇게 힘들게 살지는 않을 것이다. 또 신약한 丁火라고 하는 것에서 '신(神)의 풍파(風波)'일 가능성이 느껴지기도 한다. 접신자(接神者)들의 사주에서 흔히 볼 수 있는 구조이기 때문이다. 아마도 조상들이 신의 딸로 삼기 위해서 시험(?)을 하는 기간일 가능성도 있다고 본다. 명리학을 연구하는 과정에서도 이러한 상황에 대해 인식해보는 것이 좋겠다.

어쨌든 거의 1년이 지났는데도 피로함에 지쳐 있는 표정이 아직도 기억에 남아 있는 것은 이런저런 생각을 많이 해본 사주이기 때문일 것이다. 편안한 일생을 보내기는 어려우리라 짐작하면서도 이 여인의 앞날에 모쪼록 성현의 보살핌이 함께하기를 빌어본다.

실전 9 : 남명, 庚戌 乙酉 丙申 癸巳

時 日 月 年
癸 丙 乙 庚
巳 申 酉 戌

49	39	29	19	9
庚	己	戊	丁	丙
寅	丑	子	亥	戌

1. 용신의 구조

이 사주는 丙火가 酉월에 태어난 상태에서 지지에 申酉戌로 金의 기운을 깔고 있다. 더구나 천간에 庚金까지 투출된 상태이므로 金의 세력이 막강하다. 월령의 金 기운을 의지하고서 金의 세력이 강력한 기운을 과시하고 있는 것이다. 丙火의 입장에서는 겁재가 절실한 상황이다. 그래서 겁재가 있으면 득비리재격(得比利財格)이 될 것이고, 없으면 재다신약격(財多身弱格)이 될 것이다. 어쨌든 비겁이 중요하다는 것은 분명한데, 이 사주에는 비견이 시지에 있다.

그런데 이 비견은 합으로 인해서 정신을 빼앗기고 있으므로 재성을 제어할 수 없는 형편이다. 그리고 巳火의 입장도 그렇다. 아무리 버티려고 해봐도 천간에 있는 癸水가 무서워서 도저히 힘을 낼 수가 없는 것이다. 그래서 일단 비견은 포기해야 할 상황이므로 득비리재격이라 하지 못하게 된다.

다음으로 인성을 찾게 된다. 비견이나 겁재가 무력하여 도움이 되지 않으므로 꿩 대신 닭이라는 기분으로 인성을 찾는 것이다. 그런데 바로 옆에 乙木이 있다. 그러나 이 乙木도 이미 丙火의 乙木은 아니다. 乙木의 입장에서는 바로 옆에 있는 庚金과 연애를 하느라고 丙火를 돌아다볼 생각이 전혀 없는 것이다. 더구나 시간의 癸水는 무조건 丙火의 기를 죽이려고 하는 상황이다. 이쯤 되면 丙火는 그야말로 울고 싶을 뿐이다.

물론 용신은 巳火가 된다. 乙木이 제 역할을 할 수 있었다면 인성을 용신으로 하겠으나 그렇지 못하므로, 비록 합이 되어서 무력하기는 하지만 겁재를 용신으로 삼고 보는 것이다. 그러나 이 사주의 용신은 그야말로 무력함 그 자체라고 할 수 있다.

이러한 상황을 고려해볼 때 이 사주의 등급은 10급 정도 되겠다. 9급에도 들지 못하는 이유는 희용신은 합거(合去)되고, 기구신이 날뛰는 상황이기 때문이다. 대단히 안타까운 사주라고 하겠다.

• 상담 도중에

하루는 멀리 진주에서 부부가 찾아왔다. 그리고 천천히 이야기를 나누면서 여러 사주를 상담하게 되었다. 이미 4개의 사주를 감정해주고 난 후였는데, 대개가 무난한 상황이어서 별다른 부담이 없이 편안하게 이야기를 할 수 있었다. 그런데 이 사주를 적어놓고 보니까 용신이 보이지 않는 것이다. 아니 보이지 않는 것이 아니라 용신이 딴 짓을 하고 있는 것이다. 이런 지경이 된 것을 보니까 뭐라고 말을 꺼내야 할지 몰라서 일단 말을 던졌다.

"이 사람은 지금 뭘 하나요?"

아마도 첫번째 사주를 보면서 이렇게 물었다면 이 부부는 실망을 하였을는지도 모르겠다. 사주를 봐달랬더니 도리어 묻는다고 생각할 수도 있겠기 때문이다. 그렇지만 이미 앞에서 네 개나 되는 명조는 술술 잘 풀어가던 낭월이 갑자기 정색을 하면서 뭘 하느냐고 물으니 아무래도 심상치 않다는 것을 느꼈던 모양이다.

"그냥 나오는 대로만 이야기해주세요."

"이 사주는 세상에서 먹고살 만한 일이 보이지 않으니 과연 무엇을 하고 있는지 궁금해서 물어봤습니다. 어떤가요?"

이렇게 이야기를 꺼낸 결과 아주머니의 한숨 섞인 하소연을 들어야 했다. 어쨌든 10급의 사주가 괜히 10급이겠느냐는 생각을 해볼 수 있겠다. 자세한 것은 사회성에서 설명하기로 하고 여기에서는 이만 줄이기로 하겠다.

2. 성격

성격으로는 월간에 있는 정인의 성분이 가장 두드러지게 나타나겠다. 보수적이고 온후하며 독실한 사람이라고 할 수 있다. 그런데 이 정인이 재성과 합이 되어 마음이 재성의 방향으로 흘러가므로 인성을 통해서 뭔가 결실을 보려고도 하게 된다. 참고로 월간에 있는 성분이 연간과 합이 되어 있을 경우에는 그 영향이 그대로 무사통과를 하게 된다. 그러니까 이 사람은 정인을 통해서 결실을 보려고 한다는 특색을 가진다고 보겠다. 만약 반대로 월간에 庚金이 있고, 연간에 乙木이 있다면, 월간의 편재를 통해서 정인의 성분, 즉 직관력이라든지 수용성 또는 베풀려고 하는 마음을 나타내게 될 것이다. 그렇다면 아마도 교육 사업가쯤이 되지 않을까 싶다.

다음으로 시간의 정관 성분이 나타나게 된다. 음양이 다른 것은 나를 생하는 것 다음으로 영향을 미치기 때문이다. 따라서 전체적인 성격에 정관의 성분이 강하므로 항상 봉사 정신이 강하고 객관적이며 냉철한 이성을 지니고 있다고 하겠다. 정관의 영향으로 인해서 대단히 보수적이면서도 도덕적인 성향을 띠게 되고 고지식하다고 볼 수 있다. 그리고 월간의 정인과 서로 호흡을 맞춰서 올곧은 성격으로 나타나게 된다. 이러한 구조를 갖게 되면, 뭐든지 자신의 마음대로 처리하는 것이 아니라 항상 객관적으로 타당한지 판단한 후에 언행에 옮기므로 다소 답답한 사람으로 느껴지기도 한다. 그렇다고는 하지만 웬만해서는 실수를 하지 않는, 그야말로 법 없이도 살 수 있는 사람이라고 하겠다.

그리고 일지의 申金이 성격에 작용을 하게 된다. 편재는 주동적인 통제력을 의미하는데, 이 통제력은 자신의 주장을 지나치게 내세우는 의미도 포함되어 있다. 즉 자신이 공정하고 객관적이라는 생각으로 남들에게도 그것을 강요하려 하는 것이다. 그리고 자신이 옳다고 생각하는 것에 대해서는 반드시 확인을 하고 싶어하는 것도 편재의 성분이라고 볼 수 있다. 어쨌든 이런 성격은 윗사람에게는 환영을 받지만 아랫사람들에게는 별로 대우를 받지 못한다.

또한 비견과 겁재가 멀고 무력하므로 주체성이 떨어진다고 할 수 있다. 그리고 식상 성분이 가까이 없으므로 창조적이고 능동적으로 자신의 목적을 향해서 돌진하기 힘들다고 보겠다. 따라서 항상 다른 사람들의 뒤에 서서 허물이 있는지 공식을 잘 지키고 있는지 부

단히 관찰을 하고 있는 사람에 속한다고 말할 수 있겠다. 대강 이
정도의 성격이 나타날 것으로 보인다.

3. 사회성

앞에서도 잠깐 언급했지만, 용신이 이래서는 사회에서 할 일을
찾기가 쉽지 않다. 인성을 써보려고 해도 인성이 합이 되어 있으므
로 직관력은 믿을 수 없고, 교육 계통으로 관심을 가져 보지만, 인
성이 재성에 의해 깨지게 되어 여의치 않다. 그렇다고 비견을 살려
서 주체적인 일을 하려고 해봐도 비견 역시 너무 무력하여 어울리
지 않는다. 그렇다면 부득이 직장 생활을 해야 하는데, 이것도 일지
의 편재로 인해서 마땅치 않다. 편재는 뭐든지 자신의 마음대로 일
을 진행시키려고 하는 성분인데, 현실적으로 이것이 뒷받침되지 않
는 것이다.

이런저런 상황으로 인해서 부득이 인성이 작용한 모양인지 이 사
람은 의학을 전공하고 있다. 그래서 의사가 되려고 하는데, 이것은
시간의 정관 성분인 합리적인 봉사나 인성의 베풀어주는 마음과도
연결되어 있다고 볼 수 있다. 그런데 그렇게 어려운 사주를 가지고
도 대학 물을 먹을 수 있었던 것은 운의 도움이 컸다고 생각된다.
그럼 운을 살펴보도록 하자.

丙戌 대운은 사주에서 대단히 중요한 역할을 수행한다. 아주 좋
은 운이라고 할 수 있는데, 그것은 사주의 음습한 기운을 일거에 몰
아내고 따스한 방향으로 전환시키기 때문이다. 이 운은 丁亥 대운
의 丁火운까지 전개가 된다. 그렇지만 그 이후에는 좋은 시절이 없
다는 것이 문제이다. 亥운은 현재 머물고 있는 운이기도 하고, 丁丑
년까지의 영향을 그대로 가지고 있는 대운이기도 하다. 그런데 이
운은 원국에 들어오면서 巳亥沖이 된다. 이렇게 충돌이 되어버리면

무조건 巳火가 깨지게 된다. 따라서 좋지 못한 결과가 예상이 된다. 더구나 이 운은 좋은 운을 맞이한 다음에 들어오는 첫번째 흉운이라는 점에서 비극으로 진행이 될 가능성이 크다. 물론 흉운을 보내다가 좋은 운으로 들어가는 1~2년도 주의를 해야 한다. 즉 내년부터 좋은 운이 들어온다고 하면, 자칫 소홀하게 생각하기 쉬운데 실제로 뜻밖의 비극은 이런 운세의 틈바구니를 파고들어오는 경우가 많다.

아마도 이 사람이 체감하는 운은 대단히 추울 것이다. 丙戌丁의 운을 보낸 다음에 들어온 亥水이기 때문에 그것을 더욱 심하게 느낄 것이다. 아니나 다를까 乙亥년 亥월 대학(박사 과정이라던가)의 졸업을 앞둔 상황에서 갑자기 교통 사고를 만나 목이 부러지고 거의 식물 인간이 되었다. 亥水가 셋이나 모인 것이 이렇게 대책 없는 일을 불러온 것이었다. 이 사고로 인해서 모든 꿈은 사라져버리고, 지루한 투병 생활이 이어졌는데, 그래도 죽음을 면한 것은 모친의 지극한 불심 때문이었으리라 여겨진다. 아니면 몸을 바꾸기에는 아직도 갚아야 할 업장이 많이 남아서일까……

참으로 다행스럽게도 丙子년과 丁丑년을 보내면서 약간의 차도가 있다고 한다. 휠체어를 타고서라도 거동이 가능하게 된 것이다. 그동안 가족들의 노력도 눈물 겨운 일이었다. 결국 戊寅년을 바라다보면서 亥水의 대운도 마무리하게 되었다. 어머니가 앞으로 이 아들의 건강에 대해서 묻기에 戊寅년에는 대단히 좋아지겠노라고 이야기를 해줬다. 물론 희망을 주자는 의미도 없진 않았지만, 寅木이 들어온다면 아무리 申金에게 손상을 받는다고 해도, 亥水의 대운보다는 나으리라 생각했던 것이다. 지금 이 사람은 대학에서 하던 공부를 마무리하고, 사회 진출을 생각하고 있다고 한다. 그러나 앞으로의 운세도 그렇게 여의치는 못하다.

戊子, 己丑 대운은 아무래도 도움이 된다고 할 수 없는 운이다. 원하는 일을 진행시키기에는 힘에 벅찰 것으로 생각된다. 아들의 앞날을 묻는 어머니에게 이런 경우에는 얼버무릴 필요도 있다. 그래서 얼렁뚱땅 말을 해줬다.

"지금은 사회 진출을 생각할 단계가 아니지요. 물론 나중에 운이 좋아지면 얼마든지 할 수 있어요. 현재는 건강을 찾는 일이 중요해요. 괜히 앞을 내다보고 답답해하지 말고 우선 지금의 상황에서 최선이 무엇인지를 생각하는 것이 좋을 겁니다."

이렇게 희망을 가지고 물을 때는 곧이곧대로 이야기하는 것이 능사가 아니라고 본다. 물론 경우에 따라서는 현실을 직시하도록 사실대로 이야기해줄 필요도 있다. 그러나 이런 경우에는 그럴 필요가 없는 것이, 희망이 있음으로 해서 지금의 상황보다 훨씬 나은 미래를 기대할 수 있기 때문이다. 하지만 결론적으로 말한다면 그것이 그렇게 만만치만은 않다는 것이다.

4. 배우자

아내는 기신이다. 그러니까 기대할 필요도 없겠다.

5. 자식

자식도 기신이기는 마찬가지이다. 그래서 처자식이 모두 뜬구름이라고 할 수 있다.

6. 기타

어머니의 희망은 꺾을 수가 없다. 그래서 가능하면 거짓말을 하지 않는 한도 내에서 희망을 주어야 하는 것이다. 그렇지만 사주를 보면 어머니의 도움도 별로 없는 사주라고 해야 하는데, 첫눈에 乙

庚合이 딱 들어온 벗님이면 이미 상당한 실력을 갖춘 것으로 봐도 될 것이다.

이렇게 생긴 사주는 어떻게 살아야 할지 생각해보게 된다. 어려서 들어오는 좋은 운은 아무리 봐도 도움이 되지 않는다. 이 사람도 어려서 너무 운이 잘 들어오는 바람에 오히려 자신이 평생 찾아먹을 복을 다 까먹어버린 것은 아닐까 하는 생각에 젖어보기도 한다. 참으로 딱한 현실이다.

실전 10 : 남명, 丙戌 庚子 乙酉 辛巳

時	日	月	年
辛	乙	庚	丙
巳	酉	子	戌

51	41	31	21	11	1
丙	乙	甲	癸	壬	辛
午	巳	辰	卯	寅	丑

1. 용신의 구조

이 사주는 명리학을 배우고 한창 임상을 하던 때에 만났던 것이
다. 구조를 보면 庚子월의 乙酉 일주이다. 월지는 얻었는데, 주변에
土金이 너무 강하다. 戌土나 巳火의 조열함도 乙木에게는 아무런
도움이 되지 않는다. 너무 신약한 상황이기 때문에 월지의 편인을

그대로 용신으로 삼게 되어 살중용인격(殺重用印格)이 되었다. 살인상생격(殺印相生格)이라고 미화를 시켜도 무난할 것으로 보인다. 한편으로는 신약용인격(身弱用印格)에 해당된다고도 볼 수 있겠다. 이렇게 사주의 상황에 따라서 몇 가지가 겹쳐서 나타나는 경우도 있다. 여러 가지의 상황을 복합적으로 가지고 있는 구조이기 때문이다. 이 중 어느 것을 사용하든지 상관없는데, 결국 신약하다는 것과 인성이 필요하다는 것은 모두 마찬가지로 나타난다.

　등급을 생각해보면, 우선 월지에 용신이 있으므로 상격에 속한다고 하겠다. 그리고 이 월지의 子水는 대단히 강하다. 월간에서 庚金이 생해주고, 일지에서도 酉金이 생해주고 있다. 그러다 보니 子水의 입장에서는 金이 별로 반갑지 않으므로 木으로 방향을 잡게 된다. 즉 희신은 木이 되겠는데, 그것은 하나뿐인 물을 보호하고 또 물을 흘려보낸다는 의미가 있다. 그래서 용신은 子水, 희신은 木, 기신은 土, 구신은 金, 한신은 火가 된다. 그런데 이렇게 찾아낸 기본적인 희용기구한을 실제로 대입시킬 때는 원국의 상황을 봐가면서 해야 할 것이다. 이것에 대해서는 사회성을 설명하면서 자세히 언급하도록 하겠다.

　어쨌든 일단은 상격으로 볼 수 있다. 그런데 子水를 옆에서 戌土가 극하고, 희신인 木이 없다. 그리고 일간에서 바라볼 때, 용신과의 연결 통로가 없다. 따라서 매우 불리해지게 되어 중격으로 떨어지게 된다. 중격 중에서도 하등급으로 볼 수 있는데, 그것은 일간의 주변이 너무 험악하기 때문이다. 그래서 6급 정도로 결론을 내릴 수 있겠다. 이 정도라도 대단한 급수라고 하는 것을 앞의 사주들과 비교해보면 느낄 수 있을 것이다. 월지를 잡고 있다는 것이 그만큼 유리한 것이다.

2. 성격

乙木의 기본적인 특성은 물질을 소유하고자 하는 경향이 있다는 것이다. 따라서 물질에 대한 집착이 강하게 나타난다. 이 사주에서는 성격의 흐름이 가장 먼저 월간의 庚金으로 향한다. 합이 되어 있는 방향으로 가장 먼저 흐르기 때문이다. 정관을 보고 있으므로 이 사람은 체면을 매우 중요하게 생각하는 사람이라고 볼 수 있다.

그리고 이어서 일지의 酉金으로 향한다. 酉金은 표면적으로는 편관이지만, 일지에 있다는 것으로 인해서 정관에 준하게 된다. 그렇다면 월간과 동격이 되는데 무조건 합이 최우선적으로 작용하므로 월간을 먼저 생각하게 되는 것이다. 일지에 있는 편관 성분에서는 스스로에게 강제적인 억압을 가하는 성격이 발생하게 된다. 원래 편관은 남을 먼저 생각하는 큰그릇이라고 말하는 것도 모두 여기에서 기인하는 것이다.

그런데 시간에도 편관이 투출되어 있어 편관이 둘이 된다. 이렇게 주변에 같은 성분이 두 개가 있을 경우에는 성격에 미치는 영향이 달라지는데, 가중되는지 아니면 감소하게 되는지는 아직 분명하지 않다. 따라서 많은 고민을 하게 되는데 현재까지 내린 결론으로는 영향을 거부하는 쪽으로 향한다는 것이다. 이 문제는 아직 임상 중이지만 참고하기 바라는 의미에서 이야기해본다.

이 사람의 경우에 이 이론을 적용시킨다면, 강제적인 봉사를 부정하며 이기적인 마음이 강하다고 결론을 내릴 수 있겠다. 행동으로는 봉사를 하지만, 마음속에서는 그에 대해서 강력하게 부정하고 반발을 한다는 것이다. 당시 이 사람에게서 그러한 점까지 확인해 보지는 않았기 때문에 확신할 수는 없지만 그럴 가능성이 있다고 본다.

• 겹치는 성분의 변화

어떤 성분이 일지, 월간, 시간에 겹쳐 있을 경우에 다음의 표처럼 그 성분을 부정하는 것으로 나타나게 된다.

겹치는 성분	正官	偏官	正印	偏印	劫財	比肩	傷官	食神	正財	偏財
변하는 성분	傷官	食神	正財	偏財	正官	偏官	正印	偏印	劫財	比肩

표를 살펴보면 간단히 알 수 있듯이, 같은 성분이 겹치게 되면 자신의 기본적인 성분을 극하는 것으로 나타나게 된다. 가령 정관이 겹치면 상관의 성분이 발생하게 된다는 것이다. 상관은 법을 무시하려고 하는 심리적인 작용이 발생하는데, 많은 이론서에서 상관이 많은 사람은 법조계로 나가는 게 좋다고 하는 것을 보면 이것이 서로 무관하지 않다는 것을 알 수 있다. 또 다른 예를 들자면 상관은 극히 이기적인 성분인데, 이러한 성분이 겹쳤을 경우에는 정인의 기운을 발생시킨다는 것이다. 실제로 상관이 많으면 인정이 많다고 흔히 보고 있다.

이 표는 이렇게 여러 자료들을 대입하면서 만들어본 것이다. 그러니까 벗님들도 실제로 이러한 사주를 접하게 될 경우 성분이 강화되는 것으로만 보지 말고, 한번 대입시켜보기 바란다. 그 결과 사례를 통해 확실히 인정할 만하다고 생각한다면 그대로 응용을 하면 될 것이다. 그리고 만약 사실 무근이라는 결론이 나온다면 잠시 실험실에서 있었던 조그마한 사건이라 생각하고 무시하면 된다. 낭월의 경우에는 이렇게 대입시켜보니 일리가 있었다. 물론 그렇기 때문에 이렇게나마 조심스럽게 의견을 피력하는 것이다. 황당무계한 이론은 함부로 내놓을 수 없기 때문이다.

한번 출판된 책은 다시 회수하기 어렵다. 따라서 말이 되지 않는 이야기를 하면 그 허물이 세기를 바꿔가면서 계속 전달되는 것이다. 물론 누군가에 의해서 깨지게 되면 그 자리에서 중단이 되겠지만, 역시 함부로 발설할 것이 아니라는 생각이 드는 것은 사실이다.

근래에 발간된 어떤 명리서에서는 외격(外格)을 전적으로 부정하고 있다. 모든 사주를 정격(正格)으로 봐야 한다는 이야기이다. 그러나 낭월이 임상을 해보는 과정에서는 흔하지는 않지만 외격으로 설명하지 않고서는 결론을 내릴 수가 없는 경우도 가끔 등장한다. 따라서 외격을 전적으로 부정하기는 어렵다. 하지만 그러한 이론을 발표하기까지 많은 고민을 하였을 저자의 심정은 충분히 이해할 수 있다. 보다 발전된 명리학이 되기를 바라면서 무리를 해서라도 강경한 어조로 자신의 의견을 피력하는 경우가 종종 있기 때문이다.

낭월도 일일이 실험과 임상을 마치지 못한 이야기를 그대로 적어야 할 경우가 있다. 그런 때에는 많은 염려를 한다. 하지만 일단 욕먹을 각오를 하고서 과감하게 도전하는 기분으로 글을 쓴다. 어찌보면 모험일 수도 있지만 과감하게 가설을 세우고, 그것을 임상 실험을 통해서 증명해가면서 명리학이 발전하는 것이라 생각하며 용기를 내는 것이다.

3. 사회성

이 사람에게 가장 적합한 일은 직장 생활이다. 주체적으로 일을 처리할 정도의 비겁이 보이지 않기 때문에 자신의 사업을 하기는 어렵지 않을까 싶다. 그래도 사주의 등급은 중격으로 상당하므로 운에서 얼마나 받쳐주고 있느냐에 따라 결과가 다르게 나타나리라고 생각한다.

辛丑 대운에는 기신운이라 희망이 없다. 壬寅 대운에는 상당히 좋은 방향으로 나아가므로 희망을 가질 만하다. 특히 희용신이 함

께 도래하므로 운이 유리하게 전개될 것이다. 癸卯 대운도 壬寅 대운과 유사한데, 다만 卯酉沖이 발생하기 때문에 생각보다 실속이 없고 내부적으로 많은 갈등을 겪게 되리라 본다. 여기에서 희신인 木이 제 기능을 발휘하지 못하는 것은 원국에 있는 酉金 때문이다.

甲辰 대운은 희신운이다. 그러나 원국의 천간에 庚金이 있어 甲木 또한 자신의 역할을 제대로 수행하지 못할 가능성이 크다. 한편 乙木의 입장에서는 甲木에게 의지하고 싶었는데, 甲木이 막상 썩은 나무라 도움이 되지 못한다고 할 수도 있다. 辰土는 辰戌沖과 子辰合이 발생하여 바람직하지 못하다. 辰土가 물이 되기는 어렵다고 보기 때문이다. 물이 되지 못한다면 용신을 묶었다는 허물만 남게 되는 것이다.

乙巳 대운에는 乙庚合이 되고, 辛金에게 극을 받고 있기도 하다. 따라서 乙木운은 아무런 도움이 되지 않는다. 원국에서는 희신이라고 정했을망정 운에서 오게 되면 원국과의 상황에 따라 또 다른 의미로 나타나게 되는 것이다. 원국의 상황과 운의 상황은 분명히 다른 것이다. 또 巳火는 巳酉의 합으로 작용한다. 아무런 도움이 되지 않는 상황인데, 이렇게 꼬이는 것은 운을 써먹을 수 없는 원국의 구조로 인해서이다. 원국이 바람직하게 되어 있지 않기 때문에 운이 와도 좋은 결과를 얻을 수 없는 것이다.

이렇게 되면 甲辰 대운 이후로는 괜찮은 운이 없다. 이래서야 6급이 아니라 4급이라도 마땅히 할 만한 일이 없게 된다. 고급 인력이 오히려 먹고사는 것에는 서툰 법이다. 막노동도 할 수 없는 것이 고급 인력인 것이다. 이 사람은 운의 흐름으로 인해서 한 단계 더 낮아져 하격으로 떨어지게 된다.

실제로 있는 재산 다 까먹고 공장에서 일을 하면서 하루하루 그럭저럭 살아가고 있다고 한다. 어쨌든 직장 생활이긴 하지만, 운이 불량하여 하격이 되니 몸으로 때우는 직장에 근무를 하게 되는 것이다. 낭월이 이 사주를 볼 당시 이 사람의 대운은 乙巳였다. 그리고 戊辰년에는 폐암으로 사형 선고까지 받아놓은 상태였다. 己巳년에는 다시 악화되었다고 하니까 아마 지금은 이세상 사람이 아닐지도 모른다. 물론 운으로 봤을 때 그럴 가능성이 크다. 앞으로 丙午 대운이 다가오는데, 水용신을 가지고 있는 사주가 火운을 만나면 그 몸이 불타버리고 말 것이기 때문에 희망이 없다고 보는 것이다. 지금 기억을 되살려보면 사람은 괜찮았던 것 같은데, 스스로 죽을 병에 걸려 있다는 생각 때문에 자포자기하고 있었던 기억이 난다.

4. 배우자

아내는 기신이다. 아무런 도움이 되지 않는다.

5. 자식

관살도 기신이기는 마찬가지이다. 아무런 도움이 되지 못한다.

6. 기타

자신이 죽을 날을 기다리면서 일을 한다는 것 자체가 고통스러운 일이다. 지금도 그렇지만 폐암은 잘 고쳐지지 않는 병이다. 당시로서는 그야말로 속수무책이었을 테니 마음 고생이 무척 심했을 것이다. 직장은 그만두고 어디 절간이라도 들어가서 자신의 길을 닦는 것이 더 좋았을는지도 모르겠다는 생각이 든다.

이렇게 열 개의 명조를 살펴봤다. 인생은 어느 누구에게든 단 한 번 주어지는 소중한 시간이고 기회이다. 이 사주 또한 수없이 많은 것 중 하나에 불과하겠지만, 어느 사주라도 만만한 것이 없다는 생각이 든다. 그리고 중요한 것은 보다 행복해져야 한다는 것이다. 비록 사주는 형편없는 10급이라고 할망정, 그래도 그 사주의 주인에게는 가장 소중한 자신의 운명인 것이다. 따라서 이렇게 사주를 해석하는 공부를 하는 벗님들은 어떤 사주를 만나더라도 항상 진지하고 조심스럽게 대하기를 바란다. 함부로 단언을 하여 사람으로 하여금 마음에 상처가 되지 않도록 배려해야 한다는 것이다.

• 버린 사주는 누구 탓일까

공부를 하기 위해 감로사에 온 한 분이 언젠가 역학인을 찾아갔다 겪은 일을 이야기해주었다.

"스님, 제가 하도 일이 답답해서 어느 유명하다는 역학인을 찾아갔었습니다. 접수를 하고서 내 순서가 되어 앞에 앉았더니 사주를 한번 훑어보고는 '아니! 이걸 사주라고 내놨어? 이건 아무 쓸모도 없는 버린 사주야. 도로 가지고 가! 상담료도 필요 없어!' 라고 말하는 게 아닙니까? 과연 스님이 보시기에도 그런지요?"

낭월은 그 말을 듣고 실제로 그렇게 했다면 그 역학인은 이미 실격이라고 생각했다. 어쩌면 인간으로서도 존재할 만한 가치가 없는 사람일지도 모르겠다. 사주가 다소 약하다고 한들 어떻게 그런 말을 할 수가 있겠는가 싶어 등골이 오싹한 기분마저 들었다.

그분은 하도 어이가 없어서 왜 그런지 물어봤다고 한다.

"묻기는 뭘 물어! 辰戌丑만 있고, 未가 없잖아! 未가 없으면 다 틀려버린 거야. 그러니까 어서 가라는데 뭔 말이 이렇게 많아!"

이야기를 듣고서 참으로 기가 막혔다. 하긴 음양 오행의 이치를 올바르게 헤아리고 있다면 어찌 그렇게 하늘 두려운 말을 함부로 했겠는가. 그런데 문제는 오늘도 사주를 본다는 미명하에 그러한 일이 자행된다는 것이다. 어서 그런 돌팔이들이 발을 붙이지 못하도록 해야겠는데, 이것이 하루아침에 되는 일이 아니라는 것이 참으로 애석하고 안타깝다.

그렇지만 그런 경험을 한 것이 어찌 한 사람만이겠는가. 수없이 많은 선량한 사람들이 오늘도 엉터리 역학인들의 이야기에 돈 내고 상처를 사는 일이 허다하게 벌어지고 있는 것이다. 자신의 운명을 예측하고 싶어서 찾아갔는데, 소문깨나 났다는 사람이 이렇게 말하면 과연 심정이 어떻겠는지 상상해보기 바란다. 그분은 당시로서는 음양 오행에 대해서 전혀 문외한이었기 때문에, 그 역술인의 말만 듣고서 너무나 암담하여 더 살고 싶은 생각이 없었다고 한다.

그런 엉터리 역술인에게 사람이 많이 찾아가는 것은 아마 역술인의 운세가 좋아서일 것이다. 만약 운이 나쁘다면 실력을 닦고 수련을 쌓더라도 찾는 사람이 적을 수도 있다. 그러니까 사람이 모이는 것과 학문의 깊이와는 직접적으로 연관이 없다고 하겠다. 물론 운도 좋고 실력도 탄탄하다면 더 이상 말할 필요도 없이 많은 사람들이 찾겠지만.

그러나 운이 좋다고 해서 혹세무민한다면 과연 운이 떠나갔을 때에는 어떻게 될지 생각해본다. 그대로 천길 나락으로 내동댕이쳐질 것이다. 더구나 그야말로 운이 다해서 목숨을 마치게 된다면 이것은 참으로 큰일이다. 혹세무민을 한 죄업으로 아마도 무간지옥이나 발설지옥으로 직행하지 않을까 싶어서이다. 만일 고의로 그렇게 행동을 했다면 죄가 더욱 무거워질 것이고, 모르고 저질렀다고 하더라도 그의 행동은 그대로 보존이 될 것이다. 과연 이때 어떻게 할지 한 번쯤은 생각해봐야 하지 않을까 싶다. 적어도 낭월의 교재로 공부하는 벗님들은 부디 이렇게 겁 없이 지껄이는 것은 삼가기 바라는 마음이 간절하다.

지면이 허락한다면 좀더 많은 사주를 놓고 연구해볼 수도 있겠지만 이 정도로 줄이겠다. 그렇더라도 한 방울의 바닷물이 전체의 물맛을 대신하는 것처럼, 통변(通辯)하는 요령에 대해서 감을 잡을 수 있으리라 본다. 그러니까 기본적인 골격을 잘 헤아리기만 하면 그 나머지는 차차 보충할 수 있는·것이다. 이제 이 자료를 바탕으로 삼아서 많은 사주들을 감정하고 분석해보기 바란다.

이제 사주 풀이의 요령도 배웠으니 운세가 나쁘게 온다면 어떻게 좋은 방향으로 이끌어갈 수 있을지에 대해 생각해보기로 하자. 타고난 운명을 바꾸기는 힘들겠지만 그래도 최선을 다한다면 훨씬 나은 삶이 될 것이라는 마음을 가지고 개운에 대해 공부해 나가기 바란다. 세상만사는 마음을 어떻게 먹느냐에 따라서 많은 변수가 있기 때문이다.

끝으로 본 자료에 인용된 사주의 주인들에게 고마움과 죄송한 마음을 전한다. 부디 살신성인(殺身成仁)의 하해 같은 아량으로 낭월의 뜻을 헤아려주기만을 간절히 기원한다.

"더욱 정진하겠습니다. 고맙습니다."

개운법

사주를 풀어서 미래의 운세가 좋게 나올 경우에는 아무도 개운(開運)에 대해서 생각하지 않는다. 자신이 원하는 대로만 하면 되겠기 때문이다. 그런데 불리한 운세가 나오면 어떻게 하면 불운을 겪지 않아도 될지 생각하게 되므로 개운법(開運法)이 생기는 것이다. 그런데 개운에 대해서는 의견이 둘로 갈라진다. 어떻게 해도 팔자대로 산다는 쪽과 노력을 하면 좋은 방향으로 풀린다는 쪽이다. 물론 두 가지 모두 타당한 의견이라고 할 수 있다. 팔자대로 살기도 하고, 노력을 하면 수정도 가능하기 때문이다. 그렇다면 운이 나쁘다는 암시가 나왔을 경우에는 당연히 개운을 해야 한다. 그런데 그 방법에 대해서는 심사숙고를 해볼 필요가 있다. 그냥 아무렇게나 하기보다는 보다 합리적인 방법이 효과적이기 때문이다. 이제부터 여러 가지 개운법에 대해 설명할 것이다. 그 중에서 벗님들이 채용하고 싶은 것을 선택해 적절하게 응용한다면 많은 효과를 거두리라 생각한다. 이것 또한 실전의 연장선상에 있다고 볼 수 있으므로 열심히 연구하기 바란다.

1. 기도와 참회

개운을 하기 위해서는 기도와 참회만큼 좋은 방법도 없다. 더 이상 말이 필요 없는 최선의 방법이라고 하겠다. 사주의 암시에 의해서 길흉이 정해지는 것은 그 사람이 움직이기 때문이라는 점을 생각해본다면 낭월이 그렇게 생각하는 이유를 짐작할 수 있을 것이다. 즉 구렁텅이에 빠질 암시가 있다면 구렁텅이로 향하게 되지만 미리 알아서 가지 않을 수도 있다는 이야기이다. 하지만 이것은 말로는 쉬워도 실제로 행동으로 옮기기에는 매우 어려운 일이다. 사람의 운명은 강력한 접착제로 붙인 것같이 항상 따라다니기 때문이다. 운을 피해서 산 고랑에 숨어들어도 묘하게 찾아내어 골탕을 먹이고야 마는 것이 운명이다.

그렇다고 해도 해결책은 있다. 우선 마음을 움직이지 않으면 되는 것이다. 모든 행동은 마음이 움직이게 됨으로써 빚어지는 결과일 뿐이다. 그러니까 마음을 다스리면 되는데, 이것이 자력으로는 여간 어려운 일이 아니다. 그래서 타력이나마 빌려서 나쁜 암시를 피해보자고 하는 것이 바로 기도와 참회인 것이다.

기도는 자신의 소원을 비는 것이고, 참회는 잘못된 것을 뉘우치고 다시는 그렇게 하지 않겠다고 약속하는 것이다. 이것은 욕심에 사로잡혀서 엉뚱한 길로 가는 것을 막아주는 데 틀림없이 도움이 된다. 사실 나쁜 운에서 골탕을 먹는 사람의 90퍼센트 이상은 욕심을 부리다가 그렇게 되는 것이다. 애초에 욕심을 부리지 않았다면 망할 것도 없으련만, 망해먹을 운세가 들어오게 되면 자신의 마음이 그 영향을 받고서 살살 움직이는 것이다. 따라서 마음의 욕망을 다스릴 수 있다면 불운을 당하지 않을 수 있으리라는 결론을 내릴 수 있겠다.

그런데 기도와 명상이야말로 마음을 잡아두는 데 가장 좋은 것이다. 그래서 낭월은 개운의 방법 중에서 최우선적으로 기도와 참회를 꼽는 것이다. 참회하는 것도 기도에 못지 않은 효과가 있는데, 이것은 기독교에서 말하는 회개와도 같은 것으로서 자신을 돌아보고 반성하는 것이다. 물론 반성을 하고서도 같은 행동을 반복하는 것은 참회가 아니다.

이러한 방법으로 수행을 하는 사람은 운명의 흉한 암시에 대해서도 별로 신경을 쓸 필요가 없고, 실제로도 신경을 쓰지 않는다. 그 모두를 절대자에게 맡겨버리고 자신의 삶에 대해서 항상 경건한 마음으로 최선을 다할 뿐이기 때문이다. 그러니까 잘못되어도 부처님(혹은 하나님)의 뜻이므로 달게 받겠다는 의지를 가지고 있기 때문에 항상 마음이 편안하게 돌아가는 것이다.

2. 개명

아주 오래 전부터 개명(改名 : 이름을 고치는 것)하면 운이 좋아질 것이라고 생각해온 모양이다. 그래서 개운의 항목에는 반드시 개명이 끼여 있는 것이다. 사실 이름을 잘 짓는다면 운명도 좋아지지 나빠질 이유는 없다. 개운의 차원이 아니라도, 기왕이면 오행이 잘 배합된 이름을 사용한다면 뭐가 좋아도 좋을 것이라고 생각한다.

이름 석 자를 바꿔서 자신의 운명을 좋게 해보겠다고 생각하는 사람들이 많이 있다. 이름은 언제라도 바꿀 수 있기 때문에 가장 간단한 개운법 중 하나인 것이다. 하지만 낭월은 명리학자의 자존심일는지도 모르지만, 개명에 대해서는 별로 탐탁하게 여기지 않는다. 그러나 굳이 이름을 바꾸고 싶다면 바꾸는 게 좋다고 생각한다.

이름이 나빠서 되는 게 없다고 생각한다면, 그 이름을 바꿈으로써 실제로 좋아질 수도 있기 때문이다. 하지만 이름을 고치는 것보다는 마음을 고치는 것이 더 효과적이라고 본다.

어쨌든 이름을 고칠 경우에는 반드시 사주의 용신을 찾아서 좋은 방향으로 짓는 것이 중요하다. 그러니까 사주 용신을 모르는 사람이라면 이름을 지을 자격도 없다고 할 수 있다. 사주 용신을 무시하고서 지은 이름은 기성복을 몸에 맞추지도 않고 사서 입은 셈이다. 따라서 이름은 사주를 봐서 결점을 보강하는 방향으로 지어야 하는 것이다.

작명가들 중에는 사주는 하나도 모르면서 이름을 작성하는 요령만 배워서 그대로 활용하고 있는 경우가 더러 있는 모양이다. 그렇게 해서 나온 이름은 사주에 대입시켜보면 맞지 않게 된다. 그러니까 이곳에서 지은 이름이 저곳에서는 나쁘다고 하게 되는 것이고, 모든 역학인들이 묶여서 욕을 먹게 되는 것이다. 작명이 개운에 어느 정도 영향이 있는지는 잘 모르겠지만, 적어도 나름대로 일관된 기준은 있어야겠다는 생각은 해본다.

어떤 사람에게서 들은 이야기이다. 작명가로 유명한 사람에게 거금을 주고서 이름을 샀는데, 막상 바꾼 이름으로 살아도 별로 좋은 것도 없고 하는 일마다 손해를 보게 되었다고 한다. 그래서 슬며시 화가 나서 다시 그 작명가를 찾아가 이름을 봐달라고 했단다. 그랬더니 그 작명가의 말이 이름이 나빠서 되는 게 없으니 개명을 하라고 하더란다. 그 이야기를 듣는 순간, 피가 거꾸로 도는 것을 간신히 참았다고 한다. 음양 오행의 기준이 없으면 이렇게 말도 되지 않는 오류를 범하게 되는 것이다.

그런데 문제는 이러한 일이 벗님들에게도 생기지 말라는 보장이 없다는 것이다. 그러나 벗님들이 이름을 지을 때 사주의 용신에 준

한다면 이런 엉뚱한 일은 발생하지 않으리라고 생각한다. 참고로 작명에 대한 책을 구한다면 정보국 선생의 『작명보감』(밀알 출판사)을 추천하고 싶다. 사주를 바탕에 깔고서 상당히 체계적으로 이름을 짓는 것으로 보였기 때문이다. 정리도 잘 되어 있으므로 기왕 책을 구입할 생각이라면 한번 살펴보기 바란다.

이름을 지으면 작명료를 받게 되는데, 대략 10만 원 안팎이 적당하다고 본다. 그 이상이 되면 부담이 되고, 너무 적게 받으면 오히려 무시할지도 모르기 때문이다. 사실 『작명보감』을 이용하면 이름 작성하기가 어렵지 않으므로 5만 원이라도 적은 돈은 아니다. 물론 깎아달라면 깎아주는 것이 좋다. 많이 받으면 얼른 부자가 될 것 같지만, 재물이라는 것은 자신의 복만큼만 남고 나머지는 떠나가게 되어 있는 것이다. 사주를 공부해보면 이러한 이치를 알게 된다.

3. 직업 변경

사주와 직업이 어떻게 연관되어 있든 간에, 보통 개운과 관련해서 생각하기 쉬운 것이 직업 부분이다. 그렇다면 특히 용신에 준해서 적합한 직업으로 개선해야겠는데, 기본적인 적성도 함께 고려해야 하므로 그리 간단한 문제가 아니다. 철강회사를 20년 간 다닌 사람에게 木이 용신이라고 하루아침에 목수로 바꾸라고 할 수는 없는 일인 것이다. 직업 변경은 일견 간단한 듯하면서도 만만치 않은 항목이라고 생각된다.

우선은 용신과 연관된 직업을 찾는 것이다. 이것은 이치에도 크게 어긋나지 않는 일이다. 그러니까 사주에 물이 필요한 사람은 양어장을 하고, 불이 필요한 사람은 불고기 집을 경영하는 게 좋겠다는 것 등이 이에 해당하겠다. 이렇게 오행과 연관시켜서 선택하면 되는 것이다.

그러면 생각이 나는 대로 한번 나열해보도록 하겠다. 오행과 십성(十星)에 따라 분류해보았다. 우선 이 정도를 참고로 하고, 구체적인 것은 스스로 생각해보기 바란다.

1) 木이 필요한 경우
목재소, 가구점, 문방구, 서점, 양품점, 의상실, 과수원, 농사, 섬유·연탄·연료·야채·일식(日食) 관련업

2) 火가 필요한 경우
화학 약품·전자 제품·전기용품·컴퓨터 관련업, 주유소, 화원, 오락실

3) 土가 필요한 경우
곡물·근채(根菜)·한식(韓食) 관련업

4) 金이 필요한 경우
철물점, 정비소, 대장간, 골재·철강·총포 관련업

5) 水가 필요한 경우
양어장, 목욕탕, 숙박업소, 미용실, 이발소

6) 인성이 필요한 경우
학원, 문방구, 서점, 식당, 보육원, 탁아소, 유치원

7) 비겁이 필요한 경우
대여점, 동업성 사업, 임대업

8) 식상이 필요한 경우
기술 계통, 자유업, 연구원, 공장, 생산업, 유통업, 통역

9) 재성이 필요한 경우
무역업, 금융업, 행상

10) 관살이 필요한 경우
보디가드, 서비스업, 위험물 취급업, 관공서, 직장

물론 실제로 사주를 보면 식신이 용신이면서 木이 되는 경우도 있고, 인성이 용신이면서 金이 되는 경우도 있다. 이러한 것을 일일이 열거하기는 어려운 일이므로 기본적인 것만 생각해보았다. 만약 더욱 복잡하고 미세하게 궁리해보고 싶다면 스스로 연구해보기 바란다.

4. 이사
여기서 말하는 이사는 개운을 하기 위해 거주지를 옮기는 것을 의미한다. 즉 현실적인 필요에 따라서 이사를 하는 것이 아니라 운수를 바꾸려고 이사하는 경우를 가리키는 것이다. 이 방면에 대해서는 방위학(方位學)이라는 또 하나의 학문이 발전되어 있는데, 이것의 출처는 모든 역학의 뿌리가 되는 기문둔갑인 것으로 알려지고 있다.

그런데 방위학과 명리학은 서로 맞물리지 않는 부분이 있다. 방위학에서는 나이만을 대입시킬 뿐 그 나머지 특히 용신 등은 전혀 고려하지 않는 것이다. 하지만 명리학을 하는 안목으로 본다면 아무래도 용신의 방향으로 잡아서 이사를 하는 것이 좋다고 생각한

다. 그러니까 사주에 水가 용신이면 북쪽 방향으로 이사를 가는 것이 좋고, 木이 용신이면 동쪽 방향으로 이사를 가는 것이 좋다고 보는 것이다. 그렇지만 이렇게 이사를 해서 무슨 도움이 될까 싶기도 하다. 어디를 가든지 개인적인 운명은 그대로 작용하는 것이기 때문이다. 그래도 이사는 개운의 한 방법으로 받아들여지고 있는 것이 현실이다.

이사에 대해서는 『○○년 대한민력』의 '천기대요(天機大要)'에서 해당 연도의 부분을 발췌해서 싣고 있으므로 굳이 전문적인 서적을 보지 않더라도 그대로 활용할 수 있다. 즉 이사를 할 때에는 삼살방(三煞方)을 피하라는 식으로 조언하고 있는데, 여기에다가 용신의 개념을 대입하면 더욱 좋으리라 생각한다.

5. 사람 선택

사람을 선택하는 것은 사실 가장 중요한 문제인지도 모르겠다. 사람과 사람이 만나는 것은 두 개의 운명이 만나는 것이기 때문이다. 그만큼 사람을 선택하는 문제는 예부터 대단히 중요하게 거론되어왔고, 또 앞으로도 그럴 것이다. 특히 일생을 함께 살아야 하는 배우자 선택의 중요함은 두말할 필요도 없을 것이다. 일반적으로 궁합(宮合)이라고 하는 것으로 부부간의 인연을 살펴본 것도 그러한 맥락으로 이해할 수 있겠다.

그런데 실은 부부뿐만 아니라 모든 사람과 사람의 관계에 궁합을 활용할 수 있다. 흔히 "주는 것 없이 밉다"거나 "미운 털이 박혔다"는 것도 모두 인연 관계가 맞지 않아서 그런 것인지도 모르기 때문이다. 낭월도 궁합에 대해서 많은 생각을 해본 결과 나름대로 정리해놓은 것이 있다. 그럼 이제부터 궁합에 대해 살펴보기로 하겠다.

1) 본인의 용신 관찰

우선 자신의 용신을 확인하는 것이 중요하다. 가령 용신이 甲木이라고 한다면 甲木에 가까운 사람을 만나는 것이 좋다. 따라서 용신만 올바르게 구분할 수 있다면 간단하게 해결이 되는 것이다. 그러나 용신을 잘 가리지 못한다면 이것은 전혀 활용할 수 없는 이론이 되어버리고 만다. 그러므로 일단 실력을 탄탄하게 닦은 다음에 활용하도록 해야겠다.

특히 배우자에 대해서 고려해볼 때는 자신의 사주에 배우자에 대한 암시가 어떻게 나타나 있는지 보아야 한다. 가령 처가 악처일 가능성이 있다고 판단된다면 필시 악처를 만나게 될 확률이 높다고 본다. 그러나 처의 일간이 자신의 용신이라면 악처의 영향력이 어느 정도 감소된다고 볼 수 있다. 다른 것들도 이런 식으로 대입해보면 된다. 그러니까 재성이 용신이면 아랫사람의 덕을 보게 되고, 남자의 경우에는 처나 여자의 도움을 받게 되며, 위치에 따라서는 부친의 도움을 받을 수 있다고 본다.

그리고 상대방이 자신의 사주와 어울리는지 살펴볼 필요가 있는데, 악처를 만나게 되는 사주를 가진 사람은 실제로 남편을 깔보고 안하무인으로 행동하는 사주를 가지고 있는 여자를 만날 가능성이 크기 때문이다. 그러므로 오히려 궁합이 필요 없다고 볼 수도 있겠다.

그런데 궁합이 필요 없다고 하는 말은 적중률이 떨어져서 그런 것이 아니고, 『적천수』에 나오는 '부처인연숙세래(夫妻因緣宿世來)'라는 말처럼 그것이 필연적인 운명이기 때문이다. 정말로 부부간의 인연이라는 것은 아무리 우연한 만남인 것처럼 보여도 실은 오래 전부터 각본이 되어 있는 것이라는 생각을 살아가면서 점점 더 많이 하게 된다. 그러면서 약간이나마 흉한 암시를 해소시켜보겠다고 궁합을 보는 것이 어쩌면 월권 행위인지도 모르겠다고 생각하기도 한다.

그래도 인간은 영악한 존재이므로 약간의 이득이라도 있다면 그것을 얻으려고 애를 쓴다. 따라서 사람과 사람이 만나는 궁합의 인연에 대해서도 명리학적인 관점에서 뭔가 참고할 만한 것이 있는지 찾으려 하는 것이다. 그리고 그것을 오행의 생극제화(生剋制化)의 이치에 따라서 판단해보고 있는 것이다.

2) 상대방의 일간이 내 용신인가 확인
우선 앞의 항목에 의거해서 자신의 운명에 대한 암시를 읽고 나서 상대방이 여기에 맞는지 맞지 않는지에 대해서 관찰해본다. 가장 먼저 상대방의 일간이 내 용신에 해당하는지 보는데, 가령 甲木이 용신이라면 상대방이 甲 일주이기를 바라는 것이다. 따라서 내 용신을 깨고 있는 기신이 상대방의 일간이 된다면 아무래도 흉한 인연이 될 수 있다고 보겠다.

그렇다고 해서 애초부터 여기에 신경을 곤두세우고 살 필요는 없다고 생각한다. 낭월 역시 누군가 상담을 의뢰하면 일러주기는 하지만, 모든 만남을 그냥 인연이 있어서 만나겠거니 하는 생각으로 누구든지 오면 반기고 가면 전송할 뿐이다. 이것은 불교에서 말하는 "오는 사람 막지 않고, 가는 사람 잡지 않는" 법칙이기도 하다. 하지만 이것은 자연의 이치에 달관한 사람이나 할 수 있는 행동인 것 같다. 항상 흉내내려고 노력은 하는데, 실제로는 그렇게 쉽지 않다는 것을 느끼곤 한다.

3) 희용신은 아니지만, 서로 상생인 경우
희용신은 아니더라도 굳이 기구신만 아니라면, 서로의 일간이 상생일 경우에 일반적으로 무난한 관계로 보고 있다. 다만 반드시 주의해야 할 것은 용신이라고 하더라도 상대방과의 일간 대비가 편관이 되어서는 곤란하다는 것이다. 즉 부부간의 궁합을 볼 때, 남자가 乙木이고 여자가 辛金이라면 일단 좋지 않다고 보는 것이다. 특히 男丙女壬의 관계는 절대 화합하기 어려우므로 웬만하면 정리를 하는 것이 좋다. 실제로도 이러한 경우 잘살고 있는 가정을 거의 보지 못했다.

이유는 간단하다. 이 사회의 구조가 남성 위주로 되어 있기 때문이다. 그래서 남자가 여자에게서 정면으로 극을 당하게 되면 심리적으로 불안정하게 되어 가정 불화로까지 이어지게 되는 것이다. 그러니까 男壬女丙의 경우라면 그런 대로 넘어갈 수도 있다는 이야기이기도 하다. 만일 丙火 일주의 남자가 壬水가 용신이라면 壬水의 여자를 만나지 말고 癸水를 만나는 것이 좋다. 정면으로 들어오는 것은 너무 부담이 되기 때문이다.

다른 관계도 이런 식으로 생각해보면 된다. 중요한 것은 두 사람의 관계가 결혼이든 동업이든 뭐든 간에 일단 용신을 고려해야 한다는 것이다. 그런데 그렇게 보면 한쪽에서는 일방적으로 손해보게 되고 다른 한쪽에서는 이익을 보게 되는 과정이 발생하게 되는데, 역시 용신에 해당하는 쪽에서 손해를 볼 가능성이 크다고 하겠다. 물론 서로에게 용신이 된다면 더 말할 나위도 없이 좋은 공생 관계가 이루어지는 것이다.

인연의 관계는 상당히 복잡하게 얽혀 있기 때문에 간단하게 말할 수 없겠지만, 이 정도면 어느 정도 파악할 수 있으리라 생각한다. 더욱 복잡한 의미는 스스로 임상을 해가면서 쌓아가기 바란다. 결론은, 궁합이라고 하는 것은 대단히 중요하며 반드시 참고할 필요가 있다는 것이다. 그리고 운명을 개선한다는 차원에서도 응용해볼 만한 가치가 있다고 생각한다.

6. 부적

부적(符籍)은 이미 오래 전부터 있어온 개운술(開運術) 중에서도 황제격이라고 할 만큼 보편적인 것이다. 따라서 굳이 자세하게 언급을 하지 않더라도 그 구조에 대해서는 잘 알고 있을 것이므로 여기에서는 부적이 개운을 하는 데 어떻게 도움이 되는지만 알아보기로 하겠다.

1) 부적의 도구

보통 부적이라고 하는 것은 경면주사라고 하는 광물질을 곱게 갈아서 참기름에 갠 것을 붓에 묻혀서 종이에 그린 것이다. 그런데 잘 살펴보면 이러한 것말고도 참으로 다양하다는 것을 알 수 있다. 벼락 맞은 대추나무는 사귀를 쫓아내는 효력이 있다고 보고 여기에 글자를 새긴 것도 있고, 도장이나 거북 모양의 조각품들을 마스코트처럼 가지고 다니기도 한다.

그리고 귀금속도 악귀를 접근하지 못하게 하는 효과가 있다고 생각하는데, 금송아지를 장롱 속에 넣어두면 재물이 쌓인다고 믿는 것이나 사귀를 추방하기 위해 반지를 사용하는 것이나 모두 부적으로 쓰인 경우라고 볼 수 있겠다.

그런가 하면 각종 짐승들의 중요한 부분들도 부적의 재료로 사용되고 있다. 호랑이 발톱이나 이빨 등도 아주 오래 전부터 부적으로 사용되어온 것이라고 할 수 있겠다.

이런 식으로 나열하자면 끝이 없다. 하지만 여기에서는 가장 일반적인 부적에 대해서만 생각해보도록 하겠다. 그러니까 경면주사를 갈아 참기름에 갠 것을 세필로 찍어서 황지(黃紙)나 백지(白紙)

위에 그린 부적을 말하는 것이다.

2) 부적의 작성자

부적을 누가 만드는지는 생각하기에 따라서 중요할 수도 있고 그렇지 않을 수도 있다. 부적의 작성자가 중요하다고 보는 것은 정성을 들여서 만들어야 효과가 있으므로 어중이떠중이가 되는 대로 작성해서는 안 된다는 것이다. 그리고 작성자가 중요하지 않다는 것은 누구든지 정성껏 마음을 모아서 그리면 되는 것이기 때문이다. 낭월은 물론 정성만 있으면 누가 그리든지 상관이 없다고 생각하는 입장이다. 그러니까 벗님들도 아무런 부담 없이 부적을 그릴 수 있는 것이다.

다만 필력(筆力)에 대해서 생각해보게 되는데, 그것은 아무래도 많은 글을 써본 사람의 부적이 더 효과가 있어 보이기 때문이다. 즉 예전의 사람들은 누구나 모필로 글을 썼기 때문에 누가 쓰더라도 효과가 있었을 테지만, 요즘은 볼펜의 시대가 되다 보니 상황이 좀 다르다는 이야기이다.

3) 부적의 사례비

부적에 대한 사례비의 문제도 매우 중요한 일이다. 시중의 가격은 많게는 수백만 원에서 적게는 몇천 원까지 천차만별이다. 그런데 낭월은 10만 원(1998년 기준으로)을 넘는 것은 옳지 못하다고 생각한다.

부적의 가격에는 재료비와 수고비가 포함되어 있다. 그런데 재료비의 경우 특별하게 황금의 판에다가 다이아몬드를 박아서 만드는 부적이 아니고 일반적으로 작성하는 것이라면 몇백 원 정도 든다고 할 수 있다.

그리고 수고비를 계산하자면 정성이 들어가는데, 그 정성이라는 것도 실은 수십만 원을 받아야 할 만큼 크다고는 하기 어렵다. 목욕 재계하고 7일 간 기도한 다음 부적을 작성한 경우라면 그에 상응하는 품값을 받아도 크게 문제될 것이 없다. 그렇지만 이렇게 부적을 작성하는 것은 아주 특별한 경우에 속한다. 대부분은 그렇게까지 하지 않는다.

그렇다면 5만 원 정도라고 해도 적은 돈이 아니다. 낭월의 경우는 그냥 주는 대로 받는다. 하지만 낭월을 기준삼을 필요는 없고 각자 알아서 해야 할 일이라고 본다. 참고로 10만 원까지는 사기에 속하지 않지만, 그 이상이 되면 사기로 고발할 경우에는 걸린다는 것을 알아두면 좋겠다. 어떤 일에 효과를 보기 위해 10만 원이 넘는 돈을 내고 부적을 샀는데, 전혀 효과를 보지 못했을 경우에 사기죄가 성립될 수도 있다는 이야기이다.

어쨌든 부적에 대한 사례비는 내는 사람이 주는 대로 받는 것이 옳다고 본다. 사주 감정비도 마찬가지이다. 역학인 중에는 돈을 안 내고 도망가버릴까 염려되어서 미리 돈을 받고 보기도 하고, 3만 원 내놓고서는 식구들을 모두 보겠다고 덤비면 피곤하므로 미리 가격을 확정해놓은 경우도 있다고 한다.

부적에 대한 이야기는 이 정도로 줄이도록 하겠다. 보다 구체적인 것은 직접 해보면 느끼게 되리라 생각한다. 다만 부적을 작성할 경우에는 온갖 신경을 기울여서 성의 있게 하기를 바란다. 굳이 子시에 쓴다든지, 목욕을 하고 쓴다든지 할 필요는 없고, 성의를 다하는 것으로 충분하지 않을까 싶다.

7. 기타

그 밖에 많은 개운 방법이 있지만, 낭월이 활용하고 있는 것은 대충 이 정도이다. 나름대로의 인연에 따라서 개운의 방법을 응용하면 되겠다. 그러면 각자 자신만의 비법(!)을 얻어서 잘 활용하기 바라면서 개운에 대해서는 이만 줄이도록 하겠다.

제4부
고전격극론 분석

격국과 용신

이제는 뭔가 반역적(?)인 의견을 말할 때가 된 것 같다. 그런데 반역이라는 말은 전통적인 의식이 강한 입장에서 보면 그렇게 느낄 수 있다는 것이고, 실제로는 혁신적이라는 말을 강조한 것이다.

여기에서는 고전의 이론에 대해 설명할 예정이다. 다른 책에서는 커다란 비중을 차지하고 있는 부분을 낭월이 전혀 다루지 않는다면 벗님들이 혹시 혼란을 느낄지도 모르기 때문에 고전의 이론을 다시 한 번 생각하고 정리하는 시간을 가져보는 것이다. 사실 고전의 이론을 어떻게 받아들이는가 하는 것은 자평명리학의 숙제라고도 할 수 있는 중요한 문제이다. 그런데 이에 대한 낭월의 견해는 지금까지 이야기해온 것으로 충분히 전달되었으리라 생각한다. 그리고 낭월이 왜 반역적 또는 혁신적이라는 단어를 사용하는지도 어느 정도 짐작할 수 있으리라 여겨진다.

사주 공부가 어느 정도 진척되어 나름대로의 견해가 생기게 되면 대부분 어느 한 부분에서 갈등을 하게 된다. 모두가 다 그런 것은 아니지만, 일반적으로 이곳저곳의 이론들을 배우다 보면 어느 한 곳에서 막히게 되는 것이다. 바로 격국(格局)이 중요하다고 보는 쪽과 용신(用神)이 중요하다고 보는 쪽의 기로에 서게 된다는 이야기이다. 물론 이 두 가지 중에서 어느 한 가지를 선택하고자 하는 것은 자신의 견해가 어느 정도 생겼다는 의미가 되므로 좋은 일이라고 할 수 있겠다. 하지만 여기에서 제대로 정리가 되지 않으면 자칫 매우 자신이 없는 마무리를 하게 될 가능성이 크다. 이 최종 마무리는 무엇보다 중요한 것이기 때문이다.

자평명리를 공부하면서 용신파니 격국파니 하면서 의견이 나누어지는 것은 아무래도 바람직하지 않은 것 같다. 어느 쪽에 속하느냐 하는 것은 단지 개인적으로 어느 것을 더 선호하느냐 하는 취향의 차이일 뿐이기 때문이다. 격국론을 주장한다고 해도 구체적인 일의 성패를 확인하기 위해서는 용신을 찾지 않을 수 없고, 용신론을 위주로 생각한다고 해도 전체적인 상황이나 특히 월지의 특수성 부분은 당연히 고려할 수밖에 없기 때문이다. 이처럼 이 둘은 굳이 구분할 필요가 없는 것이라고 봐야겠다.

그럼에도 불구하고 낭월을 어느 쪽엔가 집어넣는다면 용신격파라고 해야 하지 않을까 싶다. 그렇다고 용신격파를 또 다른 파벌로 생각하지 않기 바란다. 이미 앞에 나온 용신격에 대한 설명을 통해서 낭월의 입장은 파악했으리라 여겨지고, 더 자세한 이유는 차차 설명해 나가기로 하겠다. 어쨌든 용신과 격국의 의미를 잘 이해한다면 굳이 이런 이야기를 할 필요도 없을 것이다.

• 관인 성분은 격국론, 식재 성분은 용신론

주로 관인의 성분이 많은 사람들이 격국론을 중요하게 여기지 않을까 생각해본다. 관인의 성분이 많게 되면, 어떤 정형화(定型化)된 이론에 흥미를 느끼고 안정감을 가지기 때문이다. 격국론이라는 것은 고정된 틀을 갖고 있어서 상당히 안정적으로 활용할 수 있는 것이다. 따라서 다소 보수적이기는 하지만 그럼으로써 오히려 권위를 가진다고 할 수도 있다.

이에 반해서 식재의 영향을 받고 있는 사람들은 항상 새로운 방향으로 모색을 한다. 보다 신선하고 발전적이고 미래 지향적이다. 구습(舊習)이라고 생각하는 것은 과감하게 수정에 옮긴다. 한마디로 개혁파라고 할 수도 있겠다.

그런데 학문의 발전을 위해서는 보수파와 개혁파가 모두 필요하다. 보수파는 고전을 그대로 보전하고 계승하는 일을 하며, 개혁파는 그 고전을 통해 얻은 것을 새로운 것으로 승화시키기 때문이다. 격국론을 지지하는 입장과 용신론을 지지하는 입장에 이러한 차이가 있다는 생각을 해본다.

그러나 자세히 살펴보면 격국론도 어차피 용신론으로 마무리를 지어야 하고, 용신론에서도 격국론을 기본적인 구도로 잡고 있다는 것을 알 수 있다. 다만 '기본 중시형'은 기본적인 형태를 부수는 것에 분노를 느끼게 되어 기존의 입장을 고수하는 것이고, '결과 중시형'은 용신에 매력을 느끼게 되어 격국의 이론에는 별로 비중을 두지 않는 것일 뿐이다. 결국 어느 것에 더 비중을 두느냐 하는 취향의 차이인 것이다.

이제부터 낭월은 이처럼 공존하는 격국론과 용신론을 하나로 뭉뚱그려 새로운 이론으로 정리해보도록 하겠다. 격국의 의미를 살리면서 용신의 상황을 대입시키는 방향으로 전개할 예정인데, 자칫 개성이 없는 이야기가 될 수도 있고, 또는 '명리학의 공적(公賊)'이 되어버릴 가능성도 있다. 하지만 잘만 하면 '명리학 이론의 천하 통일' 을 이룰 수도 있다는 욕심을 부려본다. 사실 그것에 온 희망을 걸고 한번 도전해보는 것이다.

1. 격국론은 음, 용신론은 양

격국론은 음(陰 : 靜)이고, 용신론은 양(陽 : 動)이라고 정의 내릴 수 있겠다. 격국과 용신은 하나의 몸에서 출발한 양면이라고 생각할 수 있다는 것이다. 그런데 모든 움직임은 정에서 동으로 진행되는 것이므로 앞으로 살펴볼 이론도 격국론에서 출발하는 것이 자연스러우리라 여겨진다.

격국론은 고정되어 있는 것에 반해서 용신론은 활동을 하기 시작하는 동시에 응용이 되는 것이다. 따라서 정지가 되어 있는 상태에서는 용신론보다 격국론이 훨씬 우세하고, 활동을 하는 것에서는 격국론보다 용신론이 우세하다고 하겠다. 이것은 결국 서로의 자리가 별도로 있다는 이야기이기도 하다. 즉 기본형은 격국으로 관찰하고, 변화형은 용신으로 살펴야 한다는 것이다. 격국을 살피는 것조차도 용신으로 해결하려 한다거나, 세상에서 살아가는 상황을 격국으로 분석하는 것은 월권(越權)이라고 해도 틀리지 않는다.

이처럼 적용되는 분야가 다르다는 것을 생각하지 않고 자신의 편견만으로 어느 한 방향을 고집하며 초지일관 밀어붙이는 것은 무책임한 일이라고 하겠다. 자평명리학은 누구를 위한 이론이 아니라 사주를 올바르게 풀이해야 하는 이론이기 때문이다.

2. 분리될 수 없는 격국 용신론

이렇게 한 몸의 두 가지 형태는 분리하려고 해서는 안 되는 것이다. 함께 인정하고 필요한 방향에서 응용하는 것이 가장 지혜로운 방법이다. 이론을 위한 고집은 누구에게나 전혀 도움이 되지 않을 것이 분명하다. 그리고 명리학은 이론보다는 적용이 중요하다. 극단적으로 말하자면 적용만 잘 되면 이론은 아무래도 좋은 것이다.

그러나 일단 전해져 내려오는 이론들에 대해서 한번 살펴볼 필요가 있다. 그럼으로써 그 허실을 낱낱이 파악하여 취할 것은 취하고 버릴 것은 버려야 하는 것이다. 사실 이 항목은 연구열이 왕성한 벗님들을 위해서 마련한 것이기도 하다. 낭월이 불필요하다고 여기는 부분에 대해서도 그러한 것을 배워야 하지 않느냐고 집착하느라 더 많은 시간을 보낼 가능성이 있기 때문에 일일이 함께 생각을 해보려는 것이다. 이러한 낭월의 취지를 잘 헤아려서 이제부터 본격적으로 격국의 허실에 대해서 차근차근 분석해 나가도록 해보자.

이미 『왕초보 사주학』에서도 고전의 격국들에 대해서 어느 정도 설명했었다. 여기에서는 『연해자평』을 기준으로 격국론을 분석해보고, 과연 우리가 별도의 시간을 지출하며 배울 필요가 있는지 확인해보도록 하겠다. 벗님들의 인생도 소중한 것이다. 쓸데없는 이론을 배우기 위해서 시간을 낭비할 필요가 없다는 것이다. 그런데 이 격국론이야말로 낭월은 시간 낭비라고 생각한다. 그렇지만 낭월로 인해서 혹 중요한 의미가 되는지도 모를 격국론을 오도(誤導)하는 일은 없어야 되겠다. 그래서 가능한 한도 내에서 보다 객관적인 안목으로 격국론에 대해서 분석하도록 최선을 다할 작정이다.

낭월은 이 격국론에 포함되어 있는 의미를 함께 파악함으로써 용신격과 비교해볼 때 어느 쪽이 더욱 분명하고 간결하게 이해되는지 벗님들 스스로 판단하게 할 생각이다. 다만 염려가 되는 것은 낭월도 주관이 상당히 강하기 때문에 혹 자신의 안목으로만 바라보게 되지 않을까 하는 것이다. 만일 이러한 오류가 발견된다면 다음에 연구하는 벗님들이 바로잡아주기 바란다.

누구와 더불어서 이에 대한 토론을 벌인다는 것은 현실적으로 어려운 일이다. 그리고 남의 이야기에 일일이 귀를 기울이다 보면 정작 한 줄도 이어갈 수 없을 것이다. 어쨌든 명리학은 계속 발전해야만 한다. 그래서 세상에서 가장 신뢰도가 높은 운명 철학으로 자리 잡아야 하는 것이다. 이것은 비단 낭월만의 욕심은 아니리라 생각한다. 명리학을 연구하고 수정하고 계승 발전시키려고 애쓰는 모든 사람들의 한결같은 희망일 것이다.

격국론의 구조

    격국(格局)은 '격(格)'과 '국(局)'이라는 글자가 묶여 있는 단어이다. 이 글자들을 각각 풀어봄으로써 본래의 의미를 더 잘 파악할 수 있을 것이다. 그러면 지금부터 그것을 살펴보기로 하겠다.

1. 국의 의미

    국(局)은 국세(局勢), 국면(局面), 형국(形局) 등을 의미하는 말이다. 전체적인 상황을 나타내고 있을 때 국이라는 말을 사용하는 것이다. 따라서 모든 사주가 국에 해당하는 것은 아니라는 이야기이다. 상당한 형세를 가지고 전체적인 상황을 지배하게 될 때 비로소 국이라는 말을 쓴다고 하겠다. 국은 격에 비해서 훨씬 큰 상황이라고 하는 점을 헤아릴 수 있을 것이다. 일반적으로도 국이라고 하는 말은 큰 의미로 사용되고 있다. 국면이라는 것은 전체적인 상황을 가리키는 용어이고, 형국도 전반적인 상황을 크게 보고서 논하는 용어이다. 특히 형국이라는 말은 풍수학(風水學)에서 많이 등장하는데, 산세의 형상을 크게 보고 논할 경우 사용하는 말이다.

국이란 글자는 이렇게 쓰이는 것이므로 명리학에서도 어떻게 사용될는지 짐작할 수 있을 것이다. 실제로 명리학에서도 전체적인 상황에 대해서 논할 경우 국이라는 말을 쓴다. 특히 전체적으로 어떤 특징을 가지고 있는 사주일 경우에 많이 사용하는데, 몇 가지 사례를 보면서 자세히 살펴보도록 하자.

① 殺局				② 印局				③ 財局				④ 傷官局			
時	日	月	年	時	日	月	年	時	日	月	年	時	日	月	年
甲	辛	丙	丁	庚	庚	己	戊	壬	戊	壬	壬	壬	壬	甲	戊
午	卯	午	未	辰	戌	未	辰	子	子	子	子	寅	寅	寅	寅

①의 사주는 辛金 일주에 전체적으로 불의 세력이 대단하다는 것을 알 수 있다. 이런 정도가 되면 살의 구조가 장악하고 있기 때문에 살국(殺局)이라고 할 수 있겠다. 바로 이와 같은 상황에서 국이라고 하는 글자를 사용하는 것이다. 그리고 이러한 구조가 되면 용신격으로는 종살격(從殺格)이 된다.

②의 사주는 庚金 일주가 전체적으로 인성의 구조로 되어 있다. 그래서 인국(印局)이라는 말을 하게 된다. 용신격으로는 종강격(從强格)이 되겠는데, 이것은 국을 논하는 방식으로 따진 것이라고 해도 틀리지 않는다. 외격이라는 범위에 속하는 사주들은 바로 국에 해당하는 사주들이기 때문이다.

③의 사주는 재성이 온통 도배를 하고 있는 상황이다. 이렇게 되면 재국(財局)이라는 말을 하게 되는데, 용신격으로는 종재격(從財格)이 된다. 역시 외격이므로 국이라는 말을 사용하는 상황이라는

것과도 부합된다.

④의 사주는 상관의 구조로 이루어져 있다. 그래서 종아격(從兒格)이 되겠고, 또한 국이라고 하는 말을 쓸 수 있는 형상이 되겠다.

이러한 몇 가지 상황을 살펴볼 때 국은 외격의 범주에 든다는 것을 알 수 있다. 정격으로 논하기 버거운 외격의 상황일 때, 국이라는 말을 적용시킬 수 있는 구조가 된다는 것이다. 그런데 굳이 국이라는 말을 쓸 필요가 없는 것은 이미 외격의 범주로서 종살격, 종재격, 종아격, 종강격, 종왕격의 종격과 화기격의 화격이 있기 때문이다. 따라서 국이라고 하는 말을 쓰지 않더라도 이해하는 것에는 아무런 문제가 없다. 즉, 국을 몰라도 사주를 풀이하는 데 곤란하지 않다는 것이다. 그리고 이 외의 다른 형세에 대해서는 국이라는 말을 쓰기 어렵다. 전체적인 상황이 아니고서는 사용하지 않기 때문이다. 국에 대해서는 이 정도만 이해하면 되리라고 본다. 결국 국이라고 하는 것은 외격의 범주에 있는 사주의 구조라는 결론을 내릴 수 있겠다.

2. 격의 의미

1) 격의 기본형

격(格)은 성격(性格), 규격(規格), 품격(品格) 등과 같은 의미로 쓰이는 말이다. 즉, 어떤 물질의 특성을 나타내는 말이라고 하겠다. 일정하게 몇 종류의 규격을 만들어놓고 그 부분에 해당되는지 안 되는지 살펴보는 것이다. 분류하는 과정에서는 반드시 필요한 것이라고 할 수 있는데, 합격(合格), 불합격(不合格)이라고 하는 말도 같은 의미에서 생각해볼 수 있겠다.

사주 내에서는 상당히 다양한 성격의 격들이 점차로 복잡해져가는 과정에서 새롭게 생겨나기도 하고 없어지기도 하면서 변해왔다. 그 중 고전에서는 격이 주로 월지의 형태를 의미하는 것으로 사용되었다. 월지는 그대로 계절의 상황을 나타내는 것이기도 한데, 이것을 격이라고 한 것이다.『자평진전(子平眞詮)』역시 격을 바로 이 월지에 대한 상황을 나타내는 것으로 사용하였다. 따라서 무슨 격이냐고 하는 것은 월지의 상황이 어떻게 되어 있느냐는 말과 서로 통하는 이야기였다.

그러면『자평진전』에서 의미하는 격은 어떤 것인지 예를 들어서 설명해보도록 하겠다. 참고로 여기서의 격은 용신격의 구조와는 상당히 차이가 나므로 혼동하지 않기 바란다.

① 정관격 — 월지에 정관이 있을 경우
② 편관격 — 월지에 편관이 있을 경우
③ 편인격 — 월지에 편인이 있을 경우
④ 정인격 — 월지에 정인이 있을 경우

이와 같이 월지에 어떤 글자가 있느냐에 따라서 격의 기본형이 정해진다. 물론 이 기본형에서 파생되는 변형도 없는 것은 아니다. 그러나 기본적인 격을 논할 경우에는 이러한 이론을 바탕에 깔고 있다. 이것을 기본적인 십격(十格)이라고 표현하기도 한다. 월지의 구조에 따라서 열 가지로 분류된다는 것이다. 이러한 방식은 일단 사주의 구조를 크게 열 가지로 보는 것으로서 매우 유용한 판단법이었다고 생각된다. 그러나 이것을 구체적으로 적용시키다 보면 상당한 혼란을 겪게 된다. 실제로 사주를 볼 때 월지에 무엇이 있느냐는 것만으로 해석이 되는 경우는 극히 드물기 때문이다.

그래서 이러한 단점을 고려하여 생겨난 것이 당령에 대한 이론이다. 즉, 지장간의 월률(月律) 분야가 월령에 또 다른 변수로 작용한다는 이야기이다. 예를 들어 己土가 寅월에 태어나면 정관격에 해당하는데, 당령을 보니까 입춘일에서 10일이 경과한 시기에 태어났다고 하자. 그러면 丙火가 당령했기 때문에 정관격이 되지 못하고 정인격이 되는 것이다.

이렇게 보다 구체적으로 연구해가는 과정에서 명리학이 점차 세분화되고 복잡하게 되었을 것이다. 처음에는 간단하게 월지에 있는 글자만을 생각했다가 점차 당령에 대해서 생각하게 되었고, 또 다음에는 월령에서 투출된 글자를 찾아내는 식으로까지 발전하게 되었으리라고 본다.

2) 격의 변형(또는 발전형)

격이 변화해온 과정을 추측해보면 이렇다. 처음에는 단지 월지의 글자만을 생각했다. 그러다가 그것만으로는 부족하다는 것을 느끼게 되었다. 그래서 좀더 복잡하게 확대하여 월령의 지장간을 대입하게 되었던 것이다. 그런데 또 문제가 발생했다. 당령을 했다고 하더라도 천간에 투출되지 않은 경우가 있었던 것이다. 다시 많은 연구를 하였고, 그 결과 비록 당령은 되었지만 투출되지 않은 경우에는 당령이 무력한 것으로 간주하자는 쪽으로 정리가 되었다. 아마이러한 과정을 통해 좀더 세분화되고 복잡하게 발전하지 않았을까 상상해볼 수 있겠다.

그래서 己土가 寅월에 탄생했더라도 당령이 丙火라면 정인격이 되는데, 제대로 된 정인격이 되려면 천간에 丙火가 나타나야 한다는 이야기가 등장하게 된 것이다. 실제 사주를 예로 들어서 이해해보도록 하자.

① 正官格	② 正印格	③ 官印格	④ 劫財格(?)
時 日 月 年	時 日 月 年	時 日 月 年	時 日 月 年
己 己 甲 戊	丙 己 壬 丁	甲 己 丙 甲	戊 己 壬 壬
巳 卯 寅 辰	寅 巳 寅 丑	子 丑 寅 子	辰 未 寅 辰

①의 사주는 누가 봐도 틀림없는 정관격이다. 월령이 寅木인데 甲木이 튀어나와 있으므로 정관격이 틀림없는 상황이다. 이렇게만 되면 문제는 간단하다. 물론 정관격이라고 해도 정관이 용신은 아니다. 고전 이론은 격과 용신은 별개로 취급하므로 월령이 정관이라고 해도 정관이 용신이 아니라는 것을 명심해야 한다. 그런데 만약에 입춘이 지난 시간으로부터 7일경에 태어난 경우라면 어떻게 봐야 할까? 아직 甲木의 당령이 되지 않았으므로 그냥 겁재격이라고 해야 할지, 아니면 비록 당령은 되지 않았지만 甲木이 투출되어 있으므로 정관격으로 봐야 할지 모르겠다. 여기에 대해서는 구체적으로 설명할 수 없지만, 그냥 정관격으로 보면 되리라고 생각한다.

②의 사주는 寅木 중에서 丙火가 튀어나와 있는 상황이다. 그리고 甲木은 없다. 그래서 이 사주는 비록 월령은 정관에 해당하지만, 격의 이름은 정인격으로 부르게 된다.

③의 사주는 甲木과 丙火가 모두 튀어나와 있는 상황이다. 이렇게 되면 모두를 취해서 관인격이라고 부른다. 이러한 경우 관성과 인성이 함께 뿌리를 두고 있으므로 좋은 사주라고 평가하게 된다. 이 사주를 용신격으로 본다면 관인상생격이 되므로 이 점에서는 크게 다르지 않다고 볼 수 있다. 그런데 이 사주는 신약해서 인성을 용신으로 삼거나 신강해서 관성을 용신으로 삼거나 관인격이라는 이름으로 불린다는 것이다. 다시 한 번 강조하지만 격의 이론은 용

신과 직결되지 않는다는 점을 항상 염두에 두고 있어야 하겠다.

④의 사주는 甲木도 丙火도 없다. 이렇게 되면 사주는 '버린 격'이라고 말하게 된다. 다만 戊土가 있으니 겁재격이라고 볼 수도 있겠다. 하지만 이 정도가 되면 그냥 월지의 정관을 봐서 정관격에 관성이 투출되지 않은 상황으로 보게 될 가능성이 가장 크다.

어쨌든 이렇게 『자평진전』의 원리는 항상 월령에서 격을 구한다는 것이다. 그리고 이것이 처음 명리학을 공부하는 입장에서는 기본적인 구조를 이해하는 데 대단히 중요한 역할을 하는 것도 사실이다.

몇 가지 예를 들어서 간략하게 설명했지만 실제로는 훨씬 복잡한 구조가 등장하게 된다. 그래서 이러한 것을 공부하기 위해서는 당연히 많은 시간을 투자해야만 한다. 결국 현실적으로 크게 쓰이지도 않는 것을 공부하느라 시간 낭비를 하는 것이다. 그래서 낭월은, '이렇게 별도로 격국론을 공부하지 않고서도 사주의 구조를 파악하는 방법이 없을까' 하고 궁리하게 되었다. 그러다가 여러 이론서에서 시도하고 있는 용신격에 대해서 힌트를 얻게 되었다. 특히 『적천수징의』를 통해 구체적인 상황을 파악하게 되고 본격적으로 용신격에 대해 관심을 가지게 되었다. 이 부분에 대해서는 굳이 재론을 하지 않겠다.

중요한 것은 『자평진전』으로 기틀을 잡으면 된다는 것인데, 이미 낭월의 강의 속에는 이러한 내용들이 모두 포함되어 있으므로 별도의 격국을 배울 필요는 없겠다. 그러나 이것은 다만 낭월의 생각일 뿐이고, 벗님들이 격국에 대해서 공부를 해야 마음도 편하고 또 사주도 제대로 볼 수 있을 것 같다면 굳이 말리지는 않겠다. 그에 따르는 시간이 아깝다고는 생각하지만, 그 또한 공부의 대가로 생각할 수도 있을 것이다. 어쨌든 격국에 대해 공부를 하겠다고 작정하고 있다면 일단 『자평진전』을 보는 게 좋다. 『자평진전』은 이러한 줄기를 쉽게 파악할 수 있도록 정리가 잘 되어 있는 책이다.

3) 격의 변칙형

이번에는 보다 구체적으로 '격국 부정론'을 펴보겠다. 그래서 제목도 격의 변칙형이다. 변칙형이라고 하면 원리에서 벗어난 이론들이므로, 오랜 시간이 경과되면서 기본적인 구조로는 설명되지 않는 것을 연구하다가 파생된 것이라고 생각할 수 있겠다. 그러나 이것이 언제 발생했는지에 대해서는 확실하게 언급하기 어렵다. 실제로 『자평진전』은 청대(淸代)의 책인데, 이미 송대(宋代)에 완성된 이론서에도 이러한 변칙형을 많이 발견할 수 있기 때문이다.

『자평진전』을 보면, 복잡다단한 격국론을 일거에 청소해버리기로 작정하고 나선 책이 아닌가 하는 생각을 하게 된다. 잡다한 이론들을 모두 제거하고 핵심적인 의미를 갖는 '십격'만을 남겨둔 것을 보면 확연하게 그것을 느끼게 된다. 사실 명리학을 사랑하는 사람이라면 당연히 그러한 생각을 하였을 것이다. 그야말로 황당무계한 이론으로 뒤범벅되어 있는 잡설(雜說)을 대하다 보면 이론적으로 통일시켜보고 싶은 마음이 너무나 간절해지기 때문이다. 그러고 보면 낭월도 이러한 '잡다한 격국론'들을 없애기 위해서 칼을 뽑은 것이라고 할 수 있다. 물론 이 과정에서 『자평진전』이 희생을 당하게 되는지도 모르겠으나, 어쨌든 벗님들을 지름길로 인도하기 위해 낭월이 이렇게 무리한 모험(?)을 하고 있다는 것을 알아주기 바란다.

앞으로 설명할 고전 격국론은 바로 이러한 의미를 가지고 분석할 것이다. 자료로는 『연해자평(淵海子平)』을 택했는데, 그것은 아직도 『연해자평』의 내용으로 공부하는 벗님들이 많은 듯싶어서이다. 물론 그것을 공부한다고 해서 나쁠 것은 없다. 하지만 자칫 엄청난 시간만 손실하고 껍질(?)만 얻게 되는 결과가 발생할지도 모른다는 노파심에서, 이렇게 비난받을 각오를 하고 그에 대한 분석을 시도하는 것이다.

3. 격국의 활용성

지금까지 격국의 기본적인 개념을 이해해보았다. 그러면 이제 그것을 어떻게 활용하는지 살펴보아야 하는데, 일단 그 전에 격국에는 어떤 것이 있는지부터 알아보기로 하자. 격국들 중에는 지금 시대에도 활용이 가능한 것이 있고, 있으나 마나 한 것도 있고, 전혀 도움이 되지 않는 것도 있다. 이것 또한 어떻게 구분할 수 있는지 살펴보기로 하자.

벗님들이 해야 할 일은, 낭월의 이야기가 이치에 합당한지 잘 분별하는 것이다. 이치에 합당하다고 생각되는 것은 그대로 배워서 소화시키면 되고, 부당하다고 여겨지는 것은 무엇이 잘못되었는지 살펴보기 바란다. 그렇지만 혹 낭월이 내린 결론 속에 어떤 불찰이 있다고 하더라도 고의는 아니다. 낭월은 그동안 생각하고 연구해온 가운데 최선의 방법이라고 생각하는 그대로를 샅샅이 설명하고 있기 때문이다. 하지만 이것이 객관적으로 볼 때는 황당하다거나 핵심적인 의미를 왜곡시킬 가능성도 있을지 모르는 일이기에 양해를 구하는 것이다. 말하자면 노파심으로 혹시라도 잘못된 내용이 될 수도 있겠다는 것이지, 실제로는 낭월의 생각이 타당하리라는 것에 변함이 없다.

낭월이 검토해본 결과에 따르면 현재의 상황에서 격국을 활용해야 할 필요성을 별로 느끼지 못한다는 것이다. 격국의 상황을 모른다고 해도 실제로 운명의 길흉 암시를 파악하는 데에는 아무런 장애가 없으며, 그것이 오히려 올바른 판단을 내리는 데 장애가 될 수 있기 때문이다. 어떤 벗님들은 격국론을 배우지 않으면 사주를 판단할 수 없다고 할 정도로 격국론을 지지하기도 하는데, 낭월은 어째서 그렇게 느끼고 있는지에 대해서도 납득이 잘 되지 않는다.

물론 앞에서 참고로 살펴본『자평진전』의 십격에 대해서는 활용할 가치가 있다고 본다. 다만 이러한 내용들은 이미 용신을 찾는 과정에서 충분히 검토하고 있으므로 굳이 다시 이러한 이론을 추가할 필요가 없다는 것이다.

그러나『연해자평』에 등장하는 격국들에 대해서는 전혀 고려할 필요가 없다고 생각한다. 그러한 것들은 배우면 배울수록 활용 범위가 넓어지는 것이 아니라 점점 좁아져간다는 느낌도 든다. 이제 설명을 보면 알게 되겠지만,『연해자평』에 등장하는 격국들의 상황은 생각하려면 머리가 여간 복잡해지는 것이 아니다. 물론 월지를 고려해서 판단한 것도 있지만, 대부분은 월지의 상황보다는 어떤 특수한 주변의 구조에 의해서 정해진 격들이기 때문이다. 특히 '일간과 시주'만으로 정해진 경우도 허다한데, 그렇다면 그 나머지의 상황들은 포기해도 되는 것인지 얼른 이해가 되지 않는다. 분명 올바른 자평명리는 아니라는 생각을 하게 된다.

따라서 이러한 격국론(특히『연해자평』의)은 전혀 활용할 필요가 없다고 생각한다. 이것 또한 신살(神殺)과 같은 대우를 해도 되지 않을까 싶다. 신살론 역시 받아들여야 할 아무런 필요성도 느끼지 못해서 거부한 이론이기 때문이다. 그러나 감히 고인들의 연구에 대해 이렇게 말하는 것을 시건방진 도전이라고 생각하는 벗님들도 있을 것이므로 스스로 다시 한 번 생각을 해본다.

지금까지의 설명으로 낭월이 격국론을 별도로 활용할 필요가 없는 것으로 본다는 것을 짐작할 수 있을 것이다. 이러한 격국론에 대한 반기(反旗)가 자평명리학에 대한 낭월의 마지막 반란(?)이다. 이 내용을 마지막으로 이제 더 이상 수정하고 싶은 것을 아직 발견하지 못했다. 내일이 되면 또 어떤 생각이 들어서 엉뚱한 소리를 하게 될는지 모르지만, 아직까지는 특별히 수정해야 할 내용이 보이지 않는다.

  참고로, '대운(大運)의 순역(順逆)'에 대해서는 아직 마음에 미진한 것이 남아 있기는 하다. 하지만 실제로 모든 사주를 순행(順行)으로 놓고 보니까 오히려 부자연스러운 점이 더 많이 나타나게 되었다. 음남양녀(陰男陽女)의 경우에는 역운으로 보는 것이 확실히 자연스럽게 여겨졌다. 따라서 대운의 순역에 대해서는 일단 받아들이는 입장이다. 그리고 야자시(夜子時)의 문제도 그렇다. 일단 이론적으로는 야자시설(說)이 부담스럽지만, 실제로 야자시를 대입시켰을 때 현실과 더 근접한다는 생각이 들기 때문에 수정해야 한다고 생각하지 않는다.

  그리고 지금 실험을 하고 있는 것 중에는 세운(歲運)을 간지로 나눠서 전후반으로 대입시키면 어떨까 하는 것이 있는데, 지금까지의 연구로 봐서는 일단 전후반으로 나눠서 생각해볼 필요가 있다는 것이다. 그런데 누구나 그런 것은 아닌 듯하여, '확실하게 이론으로 채용을 하기에는 좀더 실험을 해봐야 하겠다'는 잠정적인 결론을 내려놓고 있다.

격의 종류

그럼 지금부터 고전 중에서도 최고(最古)의 고전으로 인정받고 있는 『연해자평』에 나와 있는 격국들에 대해서 본격적으로 살펴보기로 하자. 참고로 격의 종류는 과연 몇 가지나 되는지 이 기회에 확실하게 알아두는 것도 좋겠다. 격국론의 맹점 중 하나가 바로 이 다양한 격들을 알아야 한다는 것인데, 그렇다면 어디까지 활용성이 있고 어디까지 '무용지물(無用之物)'인지 한번 이해해보도록 하자.

『연해자평』에는 55개의 격국이 있고, 『명리정종(命理正宗)』에는 47개의 격국이 있다. 『명리정종』은 『연해자평』의 내용을 상당 부분 수정하고 보완한 명리서라는 평가를 받고 있는데, 두 책에 나오는 격국들의 종류를 서로 비교해보니 서로 일치하지 않는 부분이 많아서 확실한 관계는 잘 모르겠다.

그리고 격국의 또 한 가지 특징이라면, 오래 된 책일수록 격의 종류가 많고, 근래의 책일수록 종류가 적어진다는 점이다. 무엇이든지 세월이 흘러가면서 늘어나게 마련인데, 격국의 종류만은 어쩐 일인지 점차 줄어들고 있는 추세이다. 아마 격국에 대한 이론들은 상당 부분 오류가 발견되기 때문에 자꾸 줄어드는 것은 아닐까 하는 혐의를 두게 된다.

근래에 나온 책 중에서는 비교적 상세하다고 생각되는『명리신론(命理新論)』(오준민 저)에는 격의 종류가 44개나 등장하지만, 그중에는 쓸모 없는 것이니까 건드리지 말라고 하는 이야기가 더 많이 나온다. 그렇다면 역시 간추리기 위해서 늘어놓고 설명한 것이므로 44개를 거론했다고 해서 그것에 별다른 의미를 둘 필요는 없겠다. 낭월 역시 정리하기 위해 격국을 설명하는 것이므로 입장이 비슷하다고 볼 수 있다. 어쨌든 필요하다면『명리신론』이든 또 다른 책이든 구분하지 않고 그대로 응용해서 분석해볼 예정이다.

공부를 하는 이유 중에는 알지 않으면 안 되기 때문에 하는 경우도 있지만, 알아두지 않으면 무식하다는 소리를 듣기 때문에 하는 경우도 있다. 지금 격국론에 대해 공부하는 것은 이 중에서 후자에 속한다고 볼 수 있겠다.

격은 일단 기본적인 것 몇 가지만 알아두면 활용하는 데 아무런 문제가 없다. 그렇지만 필요한 것만 배우고 그렇지 않은 것은 덮어버리면 자칫 '격국 옹호론자'를 만났을 경우 격국도 모르면서 무슨 사주를 본다고 까부느냐는 호통을 들을 수 있다. 이렇게 되면 본래 공부하지 않았던 의도와는 달리 입장이 난처해지므로 참으로 억울한 일이 될 것이다. 따라서 고전 격국에 대한 이론에 대해서도 간략하게나마 알아둘 필요가 있으므로, 여기에서도 그것을 언급하면서 그 내용들의 타당성에 대해서 정리해보는 것이다. 물론 필요 없는 과정이지만 공부에 도움이 되는 부분도 분명 있으리라 생각한다. 그러니까 이 부분의 이야기들은 격국론을 지지하고 용신격을 부정하는 사람들을 만났을 경우에 써먹을 수도 있다는 의미에서 방어용이라고 볼 수도 있겠다. 공격용은 아니라는 것이다. 그러나 활용이야 어떻게 하건 상관없다. 중요한 것은 자평명리학에서 고전 격국의 위치를 헤아리는 것이다.

『연해자평』을 바탕으로 한 격국 분석

비록 『연해자평』의 격국편에 나와 있는 상황을 살펴보기는 하겠지만, 이러한 내용들에 대해서는 이미 『적천수징의(滴天髓徵義)』에서 냉혹하게 비판하고 있다는 것을 알아두기 바란다. 낭월의 스승은 『적천수징의』와 『자평진전』, 그리고 『팔자심리추명학(八字心理推命學)』이다. 그리고 사부님이라고 한다면, 오며가며 많은 스승을 만났지만 그 중에서도 특히 임철초(任鐵樵), 서낙오(徐樂吾), 하건충(何建忠), 화제관주(花堤館主) 등의 제현들이다. 비록 책을 통해서이지만 이러한 선현들의 가르침으로 인해서 무엇이 중요하고 무엇이 필요 없는지 배우게 되었기 때문이다.

물론 맹목적으로 추종하지는 않는다. 비록 대단한 예지력으로 가득 차 있는 『적천수』이지만 무조건 따르지 않고, 일단 이야기를 읽으면 그 의미를 생각해보고 실제 상황에 대입해본다. 물론 다소 의문이 가는 문제라고 하더라도 일단 대입은 해보는 것이 기본임은 말할 나위도 없다. 그렇게 해보고서 나서 부합되지 않으면 버리는 것이다. 여태껏 그렇게 해왔고, 앞으로도 그렇게 할 것이다. 그러므로 아무리 위대한 책이라고 해도 그대로 따르지 않는다. 만일 무조건 받아들인다면 영원히 발전할 수 없을 것이다. 살펴보고 나서 이치에 합당하지 않고, 실제로도 부합되지 않는다면 삭제시켜야 한다고 생각한다. 비록 나중에 돌을 맞을지언정 그렇게 해야 한다고 생각한다.

이렇게 십여 년 연구하다 보니 현재의 명리학에서도 삭제해야 할 부분이 너무나 많다는 것이 느껴진다. 이러한 오류를 바로잡음으로써 다음에 명리를 배우려는 사람들에게 도움이 되었으면 하는 것이 낭월의 희망이다.

『연해자평』에 나오는 격국의 종류는 총 55개인데, 이보다 더 많은 것을 알아야 한다고 고민하는 벗님들은 '걱정도팔자격'의 사주를 타고난 것이 분명하다. 고전 격국에 대해서는 이 정도만 바로 이해해도 충분하기 때문이다.

『연해자평』에서 격국을 분류한 것을 보면 중복되어 있는 것도 있는데, 설명을 보면 그렇게 분류한 이유가 있다. 또 격국으로 분류해 나가다가 끝에 가서는 세 개의 경우를 한꺼번에 설명하고 있는데, 이것은 『연해자평』을 만들 때 목각으로 판각(板刻)했을 가능성이 크므로 아마 판의 개수를 줄이기 위해서 그냥 뭉뚱그려서 정리한 것이 아닐까 싶다. 그리고 격이라는 글자가 붙어 있는 것도 있고 없는 것도 있다. 일단은 모두 있는 것으로 간주하고 보면 되겠지만, 왜 그렇게 했는지 속사정까지 헤아리기에는 역부족이라고 할 수 있다. 여기서는 모두 있는 것으로 간주하고 보도록 하겠다. 그리고 해당 항목에 여러 개의 사주를 예로 든 경우에도 지면 관계상 맨 처음에 나와 있는 사주 하나만을 검토해보도록 하겠다. 관심이 있는 벗님들은 직접 책을 구해보기 바란다. 여기에서는 격국의 내용을 설명하는 것이 목적이 아니기 때문에 긴 설명은 생략해도 될 것이라고 여겨진다.

그럼 이제부터 『연해자평』의 격국편에 의거해서 격국을 하나하나 살펴보도록 하겠다. 그런데 이 이야기를 전개하는 가장 큰 목적이 격국론의 불필요성을 주장하려는 것이기 때문에 다소 강한 어조가 나올 수도 있을 것이다. 이러한 점을 감안하고 편하게 읽어 나가기 바란다. 만약 낭월의 이야기에 공감한다면 좋겠지만 그렇지 않다고 하더라도 불만은 없다. 격국론에 대해서 이렇게 생각하는 사람도 있구나 하는 정도로만 이해해준다면 말이다.

1. 양인격

양인격(羊刃格)은 일명 양인격(陽刃格)이라고도 부른다. 甲丙戊庚壬의 일간이 월지에 子午卯酉를 만나면 이것을 일러서 양인이라고 하는데, 甲木 일간이 卯월에 태어난 경우나 丙火 일간이 午월에 태어난 경우 등을 양인이라고 말하게 된다. 그런데 여기에 乙丁己辛癸의 음일간은 해당되지 않는다는 것도 알아둬야겠다. 그리고 양인은 일종의 신살로 취급하기도 한다.

時	日	月	年
戊	甲	己	庚
辰	寅	卯	申

〔해석〕 이 사주는 甲일이 卯는 양인이 되고 庚金은 칠살이 되어서 甲木을 상해한다. 그러나 卯 중의 乙木이 庚金과 합이 되어서

유정하게 되었다. 살이 甲木을 상하지 않는 이유는 乙木을 庚金의 처로 삼아서 결속한 때문이다. 신왕한데 남방으로 행(行)하여 사주가 귀하게 되었다.

(풀이) 앞의 해석을 보면 양인이 용신이라는 이야기가 된다. 살인상정격(殺刃相停格)과 같은 형상이 되는 것이다. 그렇다면 木운이 좋다는 이야기가 되는데, 결과에서 남방으로 행하여 귀하게 되었다고 하는 것은 앞뒤가 맞지 않는 설명이라고 할 수 있다. 남방에 귀하게 되었다는 이야기는 아마도 식신제살격(食神制殺格)의 형태로 본 것일 수도 있겠다.

이 사주를 본다면 신왕한 형상은 틀림없다. 土가 많기는 하지만 무력한 형상이어서 크게 마음을 쓸 필요가 없다고 보자. 그렇다면 극하거나 설하는 것이 용신인데, 일반적으로 봄철에는 金을 쓰지 못하게 되어 있다. 이것은 물론 『적천수』의 이론이기도 하다. 그렇다면 불을 쓰는 것이 자연의 이치에도 부합되는 것이다. 즉 춘목향양(春木向陽)이 되는 것이다. 따라서 식상이 용신이 되고 金이 한신이 된다. 남방운에서 발하게 되었다는 것은 그 때문인 것 같다. 즉, 이 사주는 식신생재격(食神生財格)의 구조에서 식신이 암장되어 있다가 남방운을 맞아서 투출됨으로써 원하는 바를 이루었다고 보면 되겠다.

그러나 상황에 따라서는 약간의 의문을 가질 수 있다. 이 사주에서는 불이 필요한 것은 사실이지만, 투출되지 않은 상황이기 때문에 일반적이라면 金을 용신으로 삼게 될 가능성이 크다고 보겠다. 혹 시주가 한 시간 당겨서 丁卯시가 된다면 모르겠지만, 이 상황에서는 아무래도 짱짱한 庚申이 버티고 있으므로 그대로 양인이 들어와야 발한다는 것이 얼른 납득되지 않을 수도 있다고 본다. 혹 이런 경우에는 양인격이라고 하는 것이 성립하는 이론이 될는지도 모른다는 생각도 든다.

이렇게 이론의 여지가 있는 경우에는 한마디로 단언하기가 쉽지 않다. 그러므로 다른 자료를 하나 더 보면서 납득이 되도록 구체적으로 살펴봐야 할 것 같다.

다음의 사주를 한번 보도록 하자.

```
┌─────────────────────────┐
│    時  日  月  年        │
│    甲  戊  戊  戊        │
│    寅  午  午  午        │
└─────────────────────────┘
```

〔해석〕 이 사주는 양인을 갖추고 있으며 午火를 용신으로 삼아서 귀명(貴命)이 되었다. 인수인 午火를 취해서 종강(從强)으로 되는데, 己未 대운에는 왕한 火를 설하게 되어 대길하고, 壬癸亥 대운에는 왕한 火를 충하지만 甲寅이 있어서 유통이 되고 관운에 발달하며, 子水 대운에는 午火 용신을 충하므로 사망하였을 것이다.

(풀이) 사실 이 사주는 기본적으로 문제가 있어 보인다. 양인격인 것은 분명한데, 오행의 배합을 볼 때 너무 조열하다. 이렇게 조열한 상황은 아무래도 결함이 있는 사주인데, 종강이라고 하니까 午戌의 작용으로 불로 변한 것인 모양이다. 그렇다면 양인격에 우선해서 전반적으로 사주의 구조를 본다는 의미가 될까? 원국에 대한 설명을 보면 그런 기분이 든다. 그런데 이 사주를 종강으로 보고 火를 용신으로 삼았다는 『연해자평』의 설명에 약간 다른 의미를 부여한 자료가 있어서 소개해보기로 하겠다. 『적천수징의』 214쪽에서

는 이 사주를 다음과 같이 보고 있다.

[해석] 이 사주는 戊午를 셋이나 만났다. 시에 살이 있어서 비록 寅木에 앉아 있지만, 국 중에 물이 없고 火土가 조열하므로 신하가 왕성하고 임금이 쇠약한 상황이다. 또 寅午가 합이 되므로 木은 불의 세력으로 화해버리니 도리어 일주를 생하는 꼴이다. 그러니 비록 군(君 : 官殺)의 은혜가 있다고 하지만 일주의 의향은 도리어 甲木의 생각을 위반하게 된다.

운이 서방 금지(金地)로 갈 때 공명이 빛났지만 너무 사사로이 생각하여, 임금의 은혜에 대해서는 깊이 생각하지 않았다. 그러다가 운이 북방으로 흐르자 또 군의 자(午火)를 극하였으므로 일을 잘 못하여 일터에서 떨어졌다.

『적천수징의』의 이 해석에는 이미 종강이 되었으므로 金운에서는 식상으로 설하기 때문에 발복했다는 말이 들어 있다. 그리고 앞의 설명처럼 水운에서는 종강을 한 사주에서 왕한 火를 건드리게 되어 죽었던 모양인데, 이런 경우에 火生土의 세력이 대단하므로 土生金으로 해서 金운에 발하게 된다는 설명을 추가해도 되겠다. 그러나 木이 용신이 되는 것은 아닌 모양이다. 용신이 火가 되더라도 물론 金이 나쁘지는 않을 것이다. 이런저런 작용을 볼 때, 이 사주는 종강격이라고 하는 의미는 통하지만, 양인격이라서 어떻게 봐야겠다는 의미는 없는 듯싶다. 그리고 종강격은 종강으로 논하면 그뿐이다. 여기에 다시 양인격이라는 이름을 등장시킬 필요가 없다고 본다.

2. 형합격

```
時 日 月 年
辛 丙 辛 丙
卯 子 卯 子
```

〔해석〕 이 사주는 연월일시에 형합(刑合)이 되었고, 2子水가 2丙火를 충하니 丙火는 子의 자리에 앉아서 신약하게 되었다. 甲午 대운과 丙申 대운에 양인이 있고, 원국의 2子가 午火를 충하여 양인과 형이 함께 갖춰지게 되어 주색으로 탕진하고 죽었다.

(풀이) 이 사주를 보면 신약용인격(身弱用印格)이다. 그리고 재성과 합이 되어 있는 것이 흉하다고 하겠다. 어쨌든 木火운은 좋다고 보겠고, 午火운은 반갑지만 원국의 子水가 극을 하게 되므로 오히려 혼란을 받을 수 있다고 생각된다. 丙申 대운의 申金은 申子水局의 형태가 되어서 흉하다. 아마도 상황 설명으로 봐서 申金 대운에 죽은 것 같다. 용인격(用印格)에 재운은 백해무익이므로 타당하다고 본다. 즉 굳이 형합격이라고 할 필요가 없다는 이야기다.

이 사주는 용신인 인성을 보지 않고 기신에 해당하는 辛金에게만 온 정신을 빼앗기다 결국 신세를 망친 상황이라고 보면 되겠다. 사주를 보면서 합으로 인해서 용신을 돌보지 않는 화(禍)가 결코 적지만은 않다는 생각을 해본다. 인성이 월간에라도 투출되었다면 좋았을 것이다. 결론적으로 이 사주는 형합격이어서 잘못되었다기보다는 운이 적절하지 못했고, 또 원국의 상황도 마땅치 못하였다고 볼 수 있다. 형합격과는 무관하다는 생각이다.

3. 복덕수기격

```
時 日 月 年
辛 乙 乙 庚
巳 巳 酉 子
```

〔해석〕乙巳일생으로 음목양덕격(陰木陽德格)인바 酉월 살왕한 계절에 태어나서 庚金 관성이 투출하고 金局을 지으니 살이 너무 왕하다. 壬子 인성을 반가워하고 북방운에서 좋을 사주이다.

(풀이) 복덕수기(福德秀氣)라는 말은 어디서 나온 것인지 모르겠다. 상황을 보면 신약한 乙木이 연지의 子水를 의지해야 할 구조이다. 즉 신약용인격(身弱用印格)이 되는 구조인데, 인성이 너무 멀어서 아쉽다고 하겠다. 용신이 인성인 것은 틀림없으므로 복덕수기라고 하는 아리송한 이야기보다는 그냥 신약용인격으로 보는 것이 더 나을 것으로 생각된다.

4. 잡기재관격
〔해석〕잡기(雜氣)란 辰戌丑未에 들어 있는 지장간을 말한다. 즉 월령이 土에 해당하면 잡기재관격(雜氣財官格)이니 가령 甲木이 丑월에 생하면 丑 중의 辛金은 관성이 되는 것이다. 이 관성이 천간에 투출되어 있지 않다면 未土의 대운을 만나서 충을 해야만 관성을 사용할 수 있는 것이다. 고(庫)를 열어주는 것은 형충파해(刑沖破害)이니 원국에 이미 형충파해가 있다면 이미 열린 것이므로 별도로 열릴 운을 기다릴 필요가 없다.

(풀이) 잡기재관격도 형합격처럼 항목이 두 개이다. 여기에서는 그냥 구조만 설명하고 사주는 다음에 등장한다. 그대로 따라가도록 하자. 문맥으로 봐서 월령이 土월인 경우에 지장간에 관성이 있고 천간에 투출되지 않은 경우를 잡기재관격이라고 하는 것 같다. 그런데 굳이 투출되지 않은 관성을 논할 필요 없이 상황에 따라서 다른 곳에 있는 것으로도 용신을 삼을 수가 있을 것이다. 그럼에도 불구하고 재관에 관심을 기울이는 것은 시대적인 배경 탓으로 생각된다. 그러니까 예전에는 관성을 사용해야만 사람 대접(?)을 받게 된다고 생각했으리라는 것이다. 이것은 근래에까지도 지대한 영향을 미쳐서 고등고시에 대한 애착으로 많은 사람들이 젊음을 불태우고 있다.

다양한 재능이 발휘되는 이 시대에도 이러한 현상이 벌어지는데, 선택이 한정되어 있던 예전에는 더 말할 나위도 없었을 것이다. 관성을 살려야만 사람이 사람답게 살 수 있다고 보고 그 나머지는 모두 '빌어먹을 일'로 생각했기 때문에 어쨌든 관성이 있으면 그 관성을 용신으로 삼으려 했던 것이다. 아울러서 관성이 土의 지장간에 들어 있는 경우에는 충을 해야 열린다고 하는데, 이 부분은 어림도 없는 이야기라는 점을 『자평진전』에서 냉엄하게 지적하고 있다. 지장간의 형충에 대한 이야기는 『왕초보 사주학』 지지편에서 상세히 설명했으므로 참고하기 바란다.

어쨌든 지장간에라도 관성이 있으면 그것을 용신으로 삼았으므로 잡기재관격에 해당하는 사주가 상당히 많았으리라 여겨진다. 그런데 이러한 사주에서 재관이 용신이 된다면 잡기라고 하는 말도 필요 없이 그대로 용신으로 삼으면 되겠고, 재관이 지장간에 들어 있고 다른 곳에 식상이 있다면 굳이 재관을 쓰지 않고 그냥 식상을 용신으로 삼으면 되겠다.

5. 일귀격

〔해석〕 일귀(日貴)라는 것은 甲戊庚이 丑未를 만나는 것 등이니 즉 천을귀인(天乙貴人)을 말한다. 일귀격은 사람이 순수하고 인덕이 있고 모양도 빼어나며 오만하지 않은 인격자이나 간혹 형(刑)이나 해(害)를 범하면 도리어 재앙을 자초하기도 한다.

(풀이) 일귀격은 천을귀인의 신살로 정해진 격국이다. 이 외에도 많이 있지만 신살로 정해지는 격국은 모조리 쓸어다가 불을 질러버려야 한다고 생각한다. 어림도 없는 이야기라는 말이다. 신살 자체가 형체가 없는데, 그것을 가지고 격국의 이름을 정한다는 것은 이치에 합당하지 않으므로 논할 가치조차 없다고 본다. 신살은 풍수학이나 기타의 학술에는 활용될는지 몰라도 자평명리학에서는 발붙을 곳이 없다고 본다. 역시 사주 예문은 없다.

6. 일덕격

〔해석〕 일덕(日德)에 다섯 종류가 있으니 甲寅, 戊辰, 丙辰, 庚辰, 壬戌이다. 복이 두터우나 형충파해는 꺼리고, 재성이나 관성도 싫어하는바 이러한 흉신이 모이거나 공망(空亡)이 되거나 괴강(魁罡) 등을 만나면 크게 나쁘다. 일덕의 주인은 성격이 자비롭고 선량하며 복이 많은 사람이다.

(풀이) 이 또한 신살이다. 오행의 생극제화로서 해결을 보는 것이 아니라 신살에 매달려서 해석을 구했다는 것은 아직도 자평명리학이 구체화되지 않았다는 이야기가 된다. 이렇게 초기에 발생한 이야기를 아직도 배워야 할 필요가 있는지 도저히 모르겠다. 더구나 공망은 무엇이며 괴강은 또 무엇이란 말인가? 당시의 상황으로

는 이해할 수 있을는지 모르지만, 지금 시대에는 궁색한 의미로밖에 생각할 수 없다고 본다. 이보다는 그래도 잡기재관격설이 훨씬 나은 셈이다.

7. 일인격

일인(日刃)은 양인과 같은 것인데, 일지에 있는 것을 가리킨다. 즉 戊午, 丙午, 壬子가 그것이다. 활용법은 양인과 동일한데, 형충파해나 합은 꺼리지만 관살은 반가워한다. 삼형(三刑)이나 자형(自刑)이나 괴강 등이 있다면 입신출세하게 되는데, 무정하고 냉혹함이 있다.

```
時 日 月 年
乙 戊 壬 壬
卯 午 子 申
```

〔해석〕 이 사주는 戊午일에 태어나서 일인인데, 乙卯시를 얻은 것은 대단히 기쁘다. 연월에 水가 왕하며 午의 양인을 충극하므로 병이다. 木이 이것을 설기시켜서 木 기운을 돌린 다음에 火를 생하므로 동남방의 木火운에서 발하게 된다.

(풀이) 일인격에 대해서 설명이 좀 길게 되어 있다. 그러나 일일이 다 적을 필요는 없다고 봐서 대강만 적었다. 이 사주를 木火운에 발한다고 본 것은 신약용인격(身弱用印格)이라고 해석할 수 있겠다. 木은 희신이 된다. 즉 용신의 용신이 木이라는 것이다. 양인이라는 말을 한마디도 하지 않고도 얼마든지 오행의 생극 이치에 의

해서 설명이 가능하다. 굳이 신살을 등장시켜서 설명해야 할 정도로 구차하지 않다면 당장 삭제시키는 것이 옳다고 본다. 그리고 앉은자리에 있는 양인이라고 달라질 것은 아무것도 없다. 기껏해야 득지(得地)를 했다는 게 전부일 것이다. 이 격 역시 고려할 필요가 없다고 생각한다.

8. 괴강격

괴강격(魁罡格)은 넷이 있는데, 일주가 壬辰, 庚辰, 戊戌, 庚戌이다. 아울러서 주중에도 괴강이 많이 있다면 반드시 복이 많은데, 신왕해지는 운을 만나면 백 가지 복이 생겨나고 재관운을 만나면 완전히 깨지게 된다. 성격이 총명하고 문장이 뛰어나며 일처리에 결단력이 있는데, 살생을 좋아하는 성품이 있어서 만일 사주에 형살이 포함되어 있다면 재앙이 극심하게 된다.

```
┌─────────────────────┐
│   時  日  月  年     │
│   庚  庚  戊  戊     │
│   辰  辰  辰  午     │
└─────────────────────┘
```

〔해석〕 이 사주는 괴강이 중중하고 일간도 신왕하니 대권을 장악할 명인데, 소년에 이름을 얻고 중년 이래로 신왕운에서 대발할 것이다.

(풀이) 사주는 인성이 첩첩하니 종강격이다. 연지의 午火는 이미 土에게 흡수되었다고 보면 된다. 土金운에서 발하게 된다. 다시 말해서 괴강격과는 아무런 상관이 없이 어차피 종강격은 인겁운에서

발하게 되어 있는 것이다. 이 또한 논할 필요가 없는 이론에 속하는 것으로 간주해도 되리라고 본다. 이 경우에는 외격에 속하겠는데, 사주의 흐름이 좋다. 그러나 굳이 괴강격이라서 그렇다고는 할 필요가 없을 것이다. 외격은 원래 그릇이 큰 것인데 용신운을 만났으니 자신이 원하는 바를 이루게 되었다고 본다.

9. 금신격

대저 금신(金神)이라고 하는 것은 癸酉, 己巳, 乙丑 시주를 말한다. 금신은 파괴신이니 제어를 해주는 火운을 만나야 하고, 사주에 다시 칠살과 양인이 있으면 참으로 귀한 사람이다. 용맹함과 난폭함으로 위세를 떨치게 되므로 진실로 인격을 수양하지 않는다면 후회할 행동을 많이 하게 된다.

```
時 日 月 年
癸 己 癸 丁
酉 未 丑 亥
```

〔해석〕이 사주는 시주상에 癸酉가 있어 금신격이다. 신왕하고 金局을 이뤄서 土의 기운을 설해주니 토금가상관(土金假傷官)의 금신격이 되었다. 서방 金운에서 발하였다.

(풀이) 金운에 발했다면 식신생재격(食神生財格)이다. 얼른 봐서는 신약해 보이는데, 金운에 발했다는 데에는 더 이상 말이 필요 없다고 보겠다. 단지 시주가 癸酉라는 것만으로 상황을 판단하는 것은 자평명리학이라는 이름을 부끄럽게 하는 것이다. 『자평진전』에

서는 격이 월지에서 나온 것이라고 했지만, 이렇게 『연해자평』의 설명을 보면 그렇지 않은 것 같다. 그냥 되는 대로 말한 듯한 느낌이 든다. 굳이 이렇게 지면을 할애해서 설명해야 하는지조차 의문스럽다. 십격에 대해서만 활용하고 나머지는 버리자는 『자평진전』의 주장이 과연 그럴 만하다고 생각된다.

10. 시묘격

〔해석〕시묘(時墓)라고 하는 것은 재관이 시지의 묘에 들어 있다는 말인바 형충파해가 와서 묘를 열어주기를 기다린다. 경에서는 "소년이 발하지 못하는 것은 재관인이 고에 들어 있는 까닭이니 기신이 제압하는 것은 더욱 불길하다. 또 귀살(鬼殺)이 고에 들면 심히 위험하니 이때에는 신왕해야 한다. 이 방법은 비밀인데 경솔하게 누설하지 말라"고 말하고 있다.

(풀이) 웃어야 할지 울어야 할지 갈등이 생기는 대목이다. 원래 천기라는 것이 이렇게 단순한 것이라면 그야말로 손바닥으로 하늘을 가리는 셈이라고 하겠다. 앞뒤가 맞지 않는 말도 문제이지만, 항상 고지(庫地)에 들어 있기만 하면 열어줘야 한다는 이야기를 무슨 대단한 비법이라도 되는 양 떠드는 것이 너무 호들갑스럽다(?)는 생각도 든다.

그리고 소년이 발하지 못하는 것은 운이 없는 탓이라고 해야 올바를 텐데, 무슨 고에 들어서 그렇다고 하면서 별 이야기도 아닌 것을 비법이라고 하니 자신의 깨달음을 가지고 비법이라면서 수백만 원씩을 요구하는 것도 능히 납득이 된다. 시묘격은 사주 예문도 하나 없다. 버려두자.

11. 정관격

```
時 日 月 年
丙 甲 乙 乙
寅 子 酉 未
```

〔해석〕 甲木이 酉월에 났으니 정기(正氣) 관성이다. 비겁이 중중하고 신왕한 형상이니 정관(正官)을 용신으로 삼는다. 卯酉沖이나 丁火가 관성을 극하지 않으니 좋은 형상이다.

(풀이) 이 사주는 그래도 모처럼 그럴싸한 이름을 가지고 있다. 정관격은 월령 정관을 그대로 용신으로 삼았다는 이야기인데, 이 말은 지금도 그대로 쓸모가 있다고 하겠다. 어쨌든 이것은 제대로 설명이 되어서 납득할 수 있는 상황이다. 이렇게만 설명이 된다면 굳이 고전 이론을 탓할 필요가 없을 것이다. 용신격으로 봐도 같은 결과가 되기 때문이다.

```
時 日 月 年
庚 丙 戊 乙
寅 子 子 卯
```

〔해석〕 이 사주는 丙火가 水가 왕한 정관 계절에 태어나서 신약하다. 관성이 너무 왕해서 약한 丙火는 寅木에 의지를 하고 乙卯가 또 물을 화해서 火를 생해주므로 약한 중에 생기가 있다고 하겠다.

중년 이후에 남방운에서 승상의 지위를 얻었다.

(풀이) 고전 격국은 원래 월령이 정관이면 신왕하거나 신약하거나에 상관없이 정관격이 되는 것이다. 그런데 용신은 남방운을 쓰고 있다. 이것은 '격국 따로 용신 따로'가 되는 것인데, 이렇게 생긴 상황이라면 관중용인격(官重用印格)이라고 하는 게 오히려 자연스럽지 않을까 싶다. 관인상생격(官印相生格)은 흐름을 타지 못했으므로 이름을 붙이기가 꺼려지고, 살중용인격(殺重用印格)에는 어느 정도 해당한다고 보겠다.

12. 잡기재관격

	時	日	月	年
	辛	丁	乙	戊
	亥	未	丑	子

〔해석〕 丑 중의 辛金은 재성인데 시간에 투출되었으니 잡기재관(雜氣財官)의 진격(眞格)이다. 일주 丁火는 통근해서 지지에 木局을 이루니 신명을 유지할 수 있겠다. 겨울에 태어난 丁火가 金水의 기운과 土의 기운이 왕하니 丙寅, 丁卯 대운에는 길하지만, 戊辰, 己巳, 庚午 대운에는 장애가 많았을 것이다. 그러나 丑월은 2양(陽)이 발하는 시기이므로 남방의 운에서 발복한 것이다.

(풀이) 앞의 잡기재관은 설명만 되어 있었는데, 여기에서는 사주를 풀이하고 있다. 어쨌든 사주를 살펴보자. 이 사주는 신약용인격

(身弱用印格)이다. 그리고 남방운이 반가운 형상을 하고 있는 것은 틀림이 없다. 그렇다면 잡기재관을 몰라도 용신을 잡고 풀이하는 데 아무런 문제가 없다고 하겠다. 그래서 역시 잡기재관격은 쓸 곳이 없다는 결론을 내리게 된다. 잡기재관격에 대한 사주는 13개나 실려 있지만 이 하나만 보기로 하고 줄인다.

13. 월상편관격

```
時 日 月 年
辛 辛 甲 丙
卯 亥 午 子
```

〔해석〕午 중의 丁火가 편관이니 월상편관격(月上偏官格)이다. 丁火가 당령하니 辛金으로서는 열기에 단련이 심하므로 壬水와 己土가 결합해서 생조를 해주어야 대발할 수 있는 사주이다. 申酉운에는 급제하고, 亥운에는 낭중이 되었다. 己土가 없어서 일품은 되지 못하였으나 水가 도와주고 운이 서북으로 흘러서 요직을 행하게 되었다.

(풀이) 신약용겁격(身弱用劫格)이다. 만약 인성인 己土가 있었더라면 신약용인격(身弱用印格)으로 한 단계 상승했을 것이다. 이 해석은 일리가 있다. 水가 도왔다는 말은 식신제살의 의미인 모양인데, 재살이 왕성하므로 그렇게 볼 수도 있겠다. 그러나 신약용겁격이라고 보는 것이 더욱 합리적이라고 생각된다. 즉 월상편관격이라고 하면서 굳이 편관을 격국의 이름에 붙이려고 애쓸 필요가 없다

고 본다. 예전에는 어떻게 해서든지 사주에 관이라고 하는 이름을 넣어주기를 좋아했을는지도 모르긴 하지만 말이다.

14. 시상편재격

```
時 日 月 年
戊 甲 乙 庚
辰 子 酉 寅
```

〔해석〕무릇 재성이란 노력을 낭비하여 이익되는 바를 취하는 것을 가리키니 노력과 활동을 요한다. 시에 있는 재성은 특히 귀한 것으로서 의외의 횡재수를 의미하기도 하는데, 비겁이 있으니 재물을 형제와 나눠야 하기도 한다. 또 乙庚合으로 인해서 거살유관(去殺留官)되니 귀격이다. 관성이 왕한데 지지에서 水局을 이루어 木을 생하고 연지의 寅 중에 있는 丙火가 따뜻하게 해준다. 또 甲木으로서는 寅木에 통근이 되었으니 재관인이 겸비하여 부귀를 겸하게 된다. 水木이 왕한 운에서 일국의 재상을 지냈다. 인격이 준수하며 효성이 지극했고 학문이 출중하였으니 오행 음양의 조화가 아닐 수 없다.

(풀이) 사주를 보건대, 酉월 甲木 일주가 신약한 형상이다. 그래서 인성을 용신으로 삼게 되고, 형상을 봐서 관인상생격(官印相生格)이 되는 구조이다. 이것은 좋은 구조로서 귀격(貴格)에 속한다고 할 수 있겠다. 그런데 용신이 인성으로 되어 있는데 시상편재(時上偏財)를 논하는 것은 도무지 이치에 맞지 않는 이야기라고 본다.

전혀 상관이 없는 것을 가지고 시상편재격이라고 부르는 것은 아무리 생각해봐도 어울리지 않는다. 더구나 웬만하면 관성의 이름을 사용하려고 한 당시의 시대적인 배경에도 어울리지 않는다.

이 사주의 상황에서 인성이 용신이 되는데, 가을 물이 金에 통근을 했으므로 용신이 청(淸)하다고 할 수 있겠다. 즉 水木이 희용신이니 水木운에서 발전하게 된 것은 당연하다. 아무리 좋은 격을 타고났다고 하더라도, 운이 도와주지 않으면 아무런 소용이 없다. 시상편재격이라는 말은 이 격에 어울리지 않는다. 편재가 용신도 아닌데 참으로 납득이 되지 않는 이름이다. 아무래도 오랜 시간이 흐르면서 원고가 섞여 잘못 끼여든 것인지도 모르겠다는 생각까지 해본다.

15. 시상일위귀격

時	日	月	年
庚	甲	庚	壬
午	午	戌	午

〔해석〕 이 사주는 시간의 庚金으로 편관을 삼는데, 다시 월간에 편관을 보게 되어 金旺節인 가을에 戌土조차 金을 생조하니 편관이 대단히 왕성하다. 그리고 상관이 연일시지에 있으니 寅午戌의 火局 형태라 극히 왕하다. 이때의 甲木은 午지에 사(死)하고 金旺節에 허약하니 의지할 곳이 없는데, 다행히도 연간의 壬水가 金의 기운을 설하여 木을 생하니 일기(一氣)의 청함이 있다. 북동방의 운에서 대운이 도와주니 대귀하였다. 이른바 살인(殺印)이 화권(化權)

한다는 말이 그대로 적용된 경우라고 하겠다.

(풀이) 이 사주는 신약용인격(身弱用印格)이다. 아마도 시상일위 귀격(時上一位貴格)이라고 한 것은 같은 신약용인격이라고 하더라도 시간에 편관이 있으면 더 귀하게 된다는 것을 강조하기 위해서 그런 것인지도 모르겠다. 그러나 일단 이 사주는 戌월 甲木이 극설이 교차되는 형국이어서 오로지 인성이 와야만 해결되는 긴박한 상황이라고 볼 수 있다. 그래서 용신운이 왔을 때 더욱 분발하게 된다. 어쨌든 일단 용신격으로 봐서는 신약용인격이 된다. 당연한 이야기가 되겠지만, 시상일위귀격이라고 해도 사주의 상황이 각기 다르므로 시상일위귀격이라고 해서 모두 귀하게 된다는 말은 옳지 못하다. 어떤 상황이 되든지 간에 시간에 편관이 있다면 그대로 일위귀격이 되어 귀하게 된다는 것은 타당성이 없는 이야기이다.

時	日	月	年
辛	乙	庚	丙
巳	酉	子	戌

이 사주 역시 시상일위귀격이다. 시간에 편관이 있으니 틀림없는 사실이라고 하겠다. 물론 운세가 남방으로 흘러서 아무런 도움이 되지 않았다. 역시 신약용인격이라고 할 수 있다. 이 사주의 주인은 실제로 가죽 공장에서 종업원으로 일하고 있는 별수 없는 사람이다. 과연 시상일위귀격이라는 것이 적당한지 모르겠다. 결국 중요한 것은 운이라고 본다. 다른 것은 굳이 생각할 필요가 없다는 이야기도 된다. 물론 용신의 품질은 있다. 그러나 더 중요한 것은 운이

아닌가 싶다. 월령을 차지하고 있는 인성의 위력이 그렇게 허약하지 않은 데에도 운이 도와주지 않으니 기신들(金)을 제어하지 못하고 빈한하게 살고 있는 것이라고 생각된다. 물론 시상일위귀격이라서 귀하게 될 사주라고 하는 것은 이미 표적을 벗어나버린 엉뚱한 이야기일 뿐이다.

16. 비천록마격 - 1

	時	日	月	年
	丙	庚	丁	丙
	子	子	酉	子

〔해석〕 이 사주는 庚金이 子水가 많으므로 午火를 충해서 불러오기 때문에 午火 중의 丁火로서 정관을 삼아 비천록마격(飛天祿馬格)이 되었다. 그러나 이 사주는 월간에 정관이 있으니 파격이어서 복이 반감된다. 따라서 파란을 면하기 어려웠는데, 양인이 살을 견제하고 금수상관(金水傷官)을 겸하였으니 영웅격이라, 총명하고 문장이 뛰어난 위인이다. 壬寅 대운에 丁火를 壬水가 합하고 대발해서 수상이 되었다. 대운이 북방에서 동방으로 흘렀기 때문에 그렇게 된 것이다.

（풀이） 이 사주는 아무리 생각해봐도 납득이 되지 않는다. 구조로 봐서는 신약한 상황에 극설이 교차되므로 인성을 써야 하는데, 인성은 약으로 쓰려고 해도 찾을 수가 없다. 그래서 부득이 월지의 겁재를 용신으로 삼고 신약용겁격(身弱用劫格)으로 본다면 용신격

에는 해당되겠는데, 水木의 운에서 발하게 되었다는 것을 설명할 수가 없다. 식신제살을 했다고 해야 할지, 아니면 오히려 월지의 겁재를 버리고 종한 사주라고 해야 할지 모르겠다. 土金운보다는 水木운에서 발했다는 것으로 봐서 종아(從兒)가 되는 형상이라고 보겠다. 그리고 이렇게 관살이 많으므로 水운에서 발하게 되고, 木운에는 사주의 막힌 흐름을 유통시켜주기 때문에 잘 흘러갔다고 볼 수 있겠다.

이 사주에 대해서는 확실한 설명을 하기가 쉽지 않다. 그러나 지금 시대에 만난 사주라면 아마도 신약용인격이 되어서 土金운에 발하게 될 것이 틀림없다. 하지만 비천록마격이라서 그렇다고 말하는 것에 대해서도 달리 부정하기 어렵다. 따라서 이 사주는 비천록마격이라서 그렇다고 한다면 굳이 받아들이지 않을 수 없을 것 같다. 어쨌든 실제로 살아간 상황으로 봐서는 종아격이다. 그리고 『적천수』에서 '종아불론신강약(從兒不論身强弱)'이라고 했으므로 월지에 있는 겁재는 신경을 쓰지 않았을 수도 있겠다. 참고하기 바란다. 이 사주에서 의문이 있으므로 사주를 하나 더 살펴보며 이해하도록 하겠다.

時	日	月	年
壬	壬	壬	壬
寅	子	子	子

〔해석〕이 사주도 비천록마격이다. 壬子 일주에 壬子가 사주에 많으니 午火를 충해서 午 중의 己土로 정관을 삼게 되는바 寅木이 있으므로 대귀할 사주이다. 동방 木운에서 왕성한 水氣를 설하니

순풍에 돛을 단 형국이어서 귀하게 되었다.

(풀이) 이 사주는 壬水가 水旺節에 태어나서 넘치는 水 기운을 주체하지 못하는 형상이다. 다행히 사주에 土가 없으므로 혼탁해지지 않으니 시지의 寅木을 용신으로 삼아서 식신격(食神格)이 되었다. 이 사주가 木운에 발한 이유는 명백하다. 용신운이기 때문이다. 그리고 관살이 없으므로 재성의 운에는 쟁재가 일어날 것이다. 木운에 대해서만 언급한 것은 아마도 火운에서 곤란을 겪어서였을 거라는 생각이 든다.

문제는 비천록마격이라고 하는 것의 구조이다. 원국에 子水가 많이 있으면 午火를 충해서 이끌고 온다는 이야기는 이치에 합당하지 않은 것이다. 충으로 보낸다는 말은 있지만 이끌고 온다는 말은 도무지 어떻게 이해해야 할지 요령부득이다. 아마도 관성을 중요시했으므로 사주에 관성이 없을 경우에는 이렇게라도 해서 관성을 찾아야 한다고 생각했을지도 모른다. 이러한 어떤 절박함이 만들어낸 격국의 이름이 비천록마격이 아닐까 싶기도 한데, 그렇다면 앞의 사주에서는 왜 관성이 있음으로써 오히려 품질이 떨어진다고 했는지 모르겠다. 아무리 생각해봐도 이것은 방향 착오인 듯하다. 처음의 잘못을 고집하기 위해서 다시 새로운 과오를 범하는 그런 느낌도 없지 않다. 그야말로 악순환이 되는 것이다.

결과적으로 비천록마격은 종아격의 형태를 취하고 있다고 보면 되지 않을까 싶다. 또 壬水의 입장에서는 식신격의 구조이다. 결국 식상이 용신이라는 점에서는 서로 같으므로 결과는 동일하다고 봐도 무리가 없을 것이다. 또 하나의 비천록마격이 있으므로 좀더 감상을 해보도록 하자.

```
時 日 月 年
丙 壬 壬 壬
午 子 子 子
```

〔해석〕이 사주도 비천록마격인데, 壬水 일간이므로 용신은 午
중의 己土가 된다. 그런데 시지에 丙午가 있어서 충해오는 정관을
방해할 뿐만 아니라, 쇠약한 午火가 3子를 충함으로써 비천록마격
이 깨지니 사주 내에 木이 없는 것이 아쉽다고 하겠다. 그래서 군겁
쟁재격(群劫爭財格)이 되었으니 丙火 대운에서 흉사하였다. 사주
전체가 비겁뿐이라서 재성이 들어오면 분탈이 일어나게 되므로 흉
화를 당한 것이다.

(풀이) 이 사주는 해석에서도 밝혔듯이 군겁쟁재격이다. 하나의
식상도 없기 때문이다. 그런데 굳이 비천록마격의 항목에 끼여 있
는 이유가 무엇인지 모르겠다. 아마도 군겁쟁재격보다는 비천록마
격이 더 권위를 가지고 있던 시대였기 때문이 아닐까 생각해본다.
여기에서는 어쩌면 비천록마격이 전부가 아니라는 의미를 말하고
싶었던 것인지도 모르겠다는 생각도 든다. 어쨌든 우리는 이런 사
주를 만나면 비천록마격은 생각할 필요도 없이 군겁쟁재격으로 보
면 된다.
　대운에서 木운은 잘 보낼 것이다. 그런데 군겁쟁재는 거지팔자라
고 한다. 실제로 이 사주의 주인도 거지로 일생을 보냈다고 하니 참
으로 묘한 기분이 든다.

17. 비천록마격 - 2

```
時 日 月 年
癸 癸 癸 丁
丑 亥 卯 未
```

〔해석〕이 사주는 월일시에 癸水가 있고, 시에 丑이 있으니 亥水
와 丑土가 子水를 이끌고 와서 북방의 水 기운이 왕한 형상이다. 그
러므로 亥水가 巳火를 충해서 이끌고 오는데, 丑이 巳火를 합해주
므로 길하다고 본다. 대운에서 水운에 대길하며, 특히 亥水 대운에
는 발전했을 것이다. 그런데 戊戌 대운은 천라살(天羅殺)에 해당하
고 관성이 너무 단단해지므로 흉하다.

(풀이) 아마도 별도로 비천록마격(2)이라고 한 것은 일간이 양간
(陽干)과 음간(陰干)으로 나뉘기 때문인 듯싶다. 이 사주는 신약용
겁격(身弱用劫格)이다. 설명은 복잡하게 했지만, 결국 金水운이 반
갑다는 이야기가 되는 셈이다. 巳丑은 합이 되지도 않고, 亥丑이 子
水를 끌어들이지도 않는다는 것을 임상을 통해서 확인하였다. 이
부분에 대해서는『합충변화』에서 상세하게 설명했으니 참고하기 바
란다. 즉 위의 해석은 공론에 불과하다는 것이다. 더구나 亥水가 巳
火를 충해온다는 것은 어불성설(語不成說)이다. 고려할 만한 가치
가 없다고 본다. 戊戌운이 불량했던 것은 천라살로 인해서가 아니
라 신약한 癸水를 극하기 때문일 뿐이다. 한마디로 재고할 필요도
없는 이야기라고 보면 되겠다.

18. 도충격 - 1

```
時 日 月 年
戊 丙 壬 庚
戌 戌 午 寅
```

〔해석〕 午월의 맹렬한 丙火가 火局을 이루고 있으니 申子辰의 水局을 충으로 불러와서 관성으로 취하게 된다. 또한 염상격(炎上格)도 되는데, 壬水와 庚金이 있으니 도충격(倒沖格)이 되어서 대귀하였지만 子水 대운에서 쇠약해졌다.

(풀이) 이론적으로 본다면 염상격에 金水는 기신이라고 하겠다. 원래 사주에 병이 있는 상태에서는 병을 제거시키면 더욱 귀하게 된다는 말이 있는데, 이것은 면역(免疫)의 기능이 아닐까 싶어서 일리가 있다고 본다. 『적천수징의』에는 午월의 丙火인 사주가 유난히 많이 나오는데, 임철초 선생이 午월의 丙火일에 태어났기 때문에 자신의 사주와 닮은꼴에 관심이 많아 그렇게 된 것 같다.

이 사주는 午월 丙戌 일주가 조열하여 월간의 壬水 편관을 용신으로 하고, 편관이 약하므로 연간의 庚金을 희신으로 삼아서 재자약살격(財滋弱殺格)의 구조가 된다. 그런데 재살이 모두 허약하여 무력한 상황이라는 것이 아쉽다. 金水운에서 발하게 되는데, 지지에 子水가 오면 원국의 조열한 성분을 자극시키고, 子水는 중과부적(衆寡不敵)이 되어 도리어 午火에게 극을 받는 셈이 되므로 길함이 적다고 볼 수 있다.

혹 亥시에 태어났다면 재관격이 된다는 설명도 있다. 유사한 사주를 봤을 때 그렇다는 이야기이다. 그런데 실제로 서방의 金운에 좋았다고 하니 재관격이었다고 하더라도 전혀 억지라고는 말하지 못하겠다. 다만 子水 대운에 막을 내렸다는 것을 실제로 확인한 것인지 궁금하다. 낭월의 관점에서는 일단 재관격으로 본다.

여기에서 말하는 도충격은 寅午戌이 申子辰을 불러온다는 것인데, 이것은 앞에 나온 비천록마격의 이론과 동일하다고 하겠다. 또 염상격이라고 해놓고서도 壬庚이 있어서 대귀하다는 말은 앞뒤가 맞지 않는다. 염상격에서는 金水가 병이기 때문이다. 다만 여기에서 말한 염상격이 용신격이 아니라 형상을 말한 것이라면 타당성이 있는데, 그렇다면 또 용신이 金水라는 말이 된다. 참으로 아리송한 설명이다. 물론 도충격의 이론을 설명하자니까 궁색해서 그랬을 거라는 이해는 된다. 우리는 쓰지 않는 게 속이 편할 것 같다.

19. 도충격-2

```
時 日 月 年
乙 丁 癸 辛
巳 巳 巳 酉
```

[해석] 丁 일주가 巳火가 많으니 도충격이다. 이 사주는 운이 길하고 천간에 壬水가 없으니 대귀하였다. 또 월간에 癸水가 있고, 대운에 水가 왕하지만 살인상생이 되므로 대귀할 수 있었다.

(풀이) 도충격(2)이라고 한다면 이것도 음일간이리라 짐작할 수 있는데, 실제로 丁火 일간이다. 신왕한 사주이므로 관살이나 식상

을 찾게 되는데, 식상은 없고 편관이 월간에 있으므로 용신으로 삼게 되었다. 巳월의 편관이 약하므로 재성으로 도우니 용신격으로는 재자약살격(財滋弱殺格)이 되었다. 북방운에 발할 수 있었던 것은 살인상생이 되어서가 아니라 관살이 용신이기 때문이라고 보는 것이 더 자연스럽다. 壬水가 없어서 좋았다는 이야기는 관살이 혼잡되지 않아서 좋다는 의미로 생각하면 되지 않을까 싶다. 이로 미뤄보건대 도충격이라는 말은 전혀 할 필요도 없었던 것이다.

20. 을기서귀격

	時	日	月	年
	丙	乙	戊	甲
	子	亥	辰	寅

[해석] 이 사주는 乙木 일간이 丙子시를 얻어서 을기서귀격(乙己鼠貴格)이 되었다. 子申은 乙己 일주에게 천을귀인이 되기 때문인데, 申金은 庚金 관성이 있으므로 용신으로 삼지 않는다. 金운은 나쁘고 未土의 운은 길한데, 水木운에서 크게 빛났다.

(풀이) 서(鼠)는 쥐를 뜻한다. 아마 쥐를 서 생원이라고 하는 말을 들어본 적이 있을 것이다. 그리고 귀(貴)는 천을귀인을 말하는데, 물론 신살이다. 辰월의 乙亥 일주가 신왕한 형상이다. 그래서 土金을 용신으로 삼아야 하는 형국인데, 어쩐 일인지 水木운에서 뜻을 이뤘다고 적혀 있다. 水木운에서 잘되기 위해서는 용신이 水木이 되어야 하고, 그러려면 이 사주가 종강의 구조를 하고 있다고

봐야 하므로 도무지 납득이 되지 않는다. 남방운에서 발복해야 하는 사주이기 때문이다. 미심쩍은 부분이 있으므로 자료를 하나 더 봐야 할 것 같다.

```
時  日  月  年
丙  乙  癸  戊
子  未  亥  子
```

〔해석〕이 사주 또한 앞의 사주와 마찬가지로 서귀격이지만 대운에서 관성이나 재성이 없으므로 어려서부터 출세하여 황제의 측근까지 된 사람이다.

(풀이) 이 사주는 용신격으로 봐도 역시 식상을 쓰는 형태가 되어 상관격이 되는 구조이다. 운이 동남으로 흘러가게 되면 발복한다고 보면 되겠다. 그런데 이 사주의 설명을 보면 분명하게 木火운에서 용신이 발하였다고 되어 있다. 따라서 겨울나무가 상관인 丙火를 용신으로 삼고, 木火운에서 뜻을 이뤘다고 하는 자연스러운 흐름을 읽을 수가 있겠다. 을기서귀격과는 상관이 없다고 본다.

21. 육을서귀격

〔해석〕육을서귀격(六乙鼠貴格)은 乙亥 일주가 을기서귀격이 되는 것처럼 丙子시를 얻어서 子水가 巳火와 암합하고, 巳火가 다시 동해서 申金과 합하니 庚金의 녹이 申金에 있으므로 庚金을 인출해서 乙木의 정관으로 삼는 것이다. 子亥卯월을 기뻐하고, 乙巳일은 앉은자리에 庚金 관성이 있으므로 乙丑이나 乙酉일과 함께 꺼리게

된다. 寅木이 巳火를 충하는 것도 꺼리게 되고, 재관이 있는 것도 꺼리는데, 그 이유는 6乙이 丙子시에 출생하면 원래 관성이 있기 때문이다.

(풀이) 이게 도대체 무슨 말인지 납득이 되지 않는다. 일단 사주가 하나도 나와 있지 않고 그냥 설명만 되어 있는데, 시지의 子水가 巳 중의 戊土와 戊癸의 암합을 한다는 이야기인 모양이다. 물론 어림도 없는 이야기이다. 더구나 그렇게 합해서 왔다는 巳火가 이번에는 또 申金을 합하여 불러온다는 것은 황당무계한 억지가 아닌가 싶다. 또 그렇기 때문에 寅木을 꺼리게 된다는데, 그것은 寅木이 巳火와 충을 하기 때문이라고 한다. 이렇게 한번 길을 잘못 들게 되면 계속해서 억지를 부려야 하는 고충(?)이 따르게 마련이다. 이게 무슨 오행이 생극제화하는 도리란 말인가? 그야말로 '돌장승이 아기를 낳을 지경'이 아닌가 싶다.

『적천수』에서 한마디로 '영향요계기위허(影響遙繫旣爲虛)'라는 말로 못을 박지 않으면 안 되었던 사연을 능히 짐작할 만하다. 이러한 격국들이 모두 『영향요계』에 속하는데, 몽땅 헛소리라고 하는 말을 해뒀던 것이다. 이렇게 분명하게 이야기를 했는데도 어째서 아직도 『연해자평』에 나온 격국론을 배워야 올바르게 공부했다고 생각하는지 참으로 알다가도 모를 일이다. 물론 이것저것 다 배워서 유식해지는 것을 막고 싶은 생각은 조금도 없다. 다만 길을 못 찾고 이책저책을 전전하면서 방황하는 것이 못내 염려스러운 것이다. 옛 성현이 올바른 길을 일러줘도 스스로 눈이 어두워서 찾아갈 줄 모른다고 생각하고 그냥 넘어갈 수만도 없는 상황이다. 참으로 딱한 일이다.

유백온(劉伯溫) 선생은 명나라 때 사람이다. 이렇게 『적천수』에

다가 명확하게 못을 박았다면 그 당시에 『영향요계』에 대한 심사는 이미 끝이 난 것이라고 봐야 한다. 그럼에도 불구하고 아직까지도 우리나라에서는 『연해자평』을 추앙하고 있으니 이것이 과연 누구의 허물인지 알 수가 없다. 혹 낭월이 억지를 부린다고 할지도 모르겠는데, 이것은 사실이다. 낭월이 어려서 사주 공부에 관심이 있어서 5명 정도의 역술인에게 물었더니 하나같이 『연해자평』을 보라고 서슴없이 말해주었다. 질문하는 사람에게 말을 해줄 때에는 참으로 조심해야겠다는 생각이 든다. 어쩌면 일본인들이 혼동에 빠트리려고 일부러 꾸민 작전일는지도 모르겠다는 생각도 해봤다.

어쨌든 이제는 시간이 없다. 올바르게 공부해서 빨리 얻어가야 한다. 지금 같은 인터넷 시대에도 『영향요계』의 그물을 못 벗어나고 있는 현실을 어떻게 생각해야 할지 모르겠다. 시간이 너무 아깝다는 생각이 든다.

22. 합록격 - 1

	時	日	月	年
	庚	戊	己	壬
	申	午	酉	午

〔해석〕 이 사주는 戊土 일간으로서 庚申시를 만나서 乙庚으로 합하고 卯申으로 합해서 합록격(合祿格)이 되었다. 가을에 태어났으니 일찍이 발달하고 甲寅, 乙卯 대운은 흉운이다. 인성이 있어서 복이 줄어드는 구조이다.

(풀이) 이 사주는 酉월에 태어난 戊午 일주로서 이미 金 기운이 깊었다. 연지의 午火는 무력하고, 의지할 곳은 일지의 午火뿐이다. 그래서 인성이 용신이 된다. 金이 강하므로 인성은 절대적으로 필요한 구조이고, 木운은 혼란만 발생시킬 뿐이므로 도움이 되지 않는다. 그런데 설명으로 봐서는 북방의 水운에 잘 보냈다고 한다. 그렇다면 이것은 또 무슨 의미일까? 火가 용신이라면 水운에는 나빠야 하기 때문이다. 도대체 이해가 되지 않는다. 이처럼 어림없는 이론을 봐야 하는지 하는 생각도 든다.

그러나 남방운을 맞이하지 못했고, 어려서 戊土 대운이 있었으므로 혹 그 운에 잠시 반짝했었는지도 모를 일이다. 戊土의 대운은 분명히 어릴 때 운이고, 좋은 운이기 때문이다. 그리고 乙木을 이끌어와서 정관으로 삼아서 용신이 되었다고 한다면 水木운에 발해야 할 텐데, 이것도 문제라고 하겠다. 다행히 다른 사주도 나와 있으므로 한번 살펴보도록 하자.

時	日	月	年
庚	戊	己	庚
申	午	丑	午

〔해석〕역시 戊일의 庚申시이니 합록격이다. 앞의 사주에서는 酉金이 卯를 충해서 申 중의 庚金이 卯 중의 乙木과 합을 해서 이끌고 오는데 불리했으나 여기에서는 그렇지 않으므로 귀하게 되었던 것이다. 午火는 水旺節이어서 왕한 土가 火의 기운을 흡수하므로 앞의 사주와는 상당히 다른 구조이다.

（풀이）이 사주는 丑월 戊土가 약해 보이지 않는다. 그래서 식신을 용신으로 할 수가 있다고 보겠는데, 壬辰, 癸巳 대운에 괜찮았을 것으로 생각된다. 구체적으로 몇 살 때 어떻게 되었다는 이야기가 없으므로 대입시키기에는 불리한 면이 있다. 설명을 보니 앞의 사주와 이 사주의 차이는 결국 운세의 영향이라는 생각이 든다. 앞의 사주는 운이 북방으로 흘러갔고, 이 사주는 남방으로 흘러갔다. 사주는 비슷하지만 이처럼 운의 흐름에 차이가 나는 것이다. 또 어려서 寅卯 대운도 천간에 庚辛金이 있어서 어렵지 않게 넘어갈 수 있었다고 본다.

더 이상은 구체적인 자료가 부족하기 때문에 생략하지만 이 사주에서도 관성을 끌어와서 귀하게 되었다고 하는 설명은 수긍하기 어렵다.

23. 합록격 - 2

6癸일생이 庚申시에 태어나면 합록격이다. 즉 申시를 용신으로 삼게 되기 때문이다. 이치인즉 申金이 巳火를 암합하여 巳 중의 戊土로 癸水의 관성을 삼게 되기 때문이다.

時	日	月	年
庚	癸	乙	癸
申	丑	丑	酉

〔해석〕癸水가 겨울에 태어나서 庚申시가 되니 귀격인데, 대운도 좋은 방향으로 흐르므로 부귀공명을 할 수 있는 사주이다. 일지에 丑土가 있어서 과습(過濕)한 관계로 큰 출세는 하지 못했으나 합록

격이 가을이나 겨울에 태어나면 부귀하게 된다. 戌운과 己未운은 불길하고 戊午 대운에는 깨졌을 것이지만 일생 편안할 부귀의 사주이다.

(풀이) 예로 든 사주 앞에 있는 설명은 원리에 대한 해석이다. 그러고 나서 사주를 보여주고 있는데, 실제로 다른 격들도 이와 같은 형식으로 되어 있다. 다만 여기에서는 분량을 줄이기 위해서 사주에 대해서만 생각을 해보고 있다.

이 사주의 설명은 무조건 癸水 일간이 申시에 태어나면 申金이 용신이 된다는 이야기인 모양이다. 이것이 바로 자평명리의 원리에 어긋난다는 것이다. 어떻게 연월의 상황이나 일지의 상황까지도 무시한 채 그냥 일간과 시주만을 대입시켜 용신을 정한다는 것인지 도무지 납득이 되지 않는다.

앞의 사주는 戊 일간이었는데, 여기에서는 癸 일간이다. 역시 일간의 음양에 따라서 합록격(2)가 된 것 같다. 그야 어떻든 이 사주는 丑월의 癸丑 일주라서 차가운 기운이 심하다. 대운이 길하다고 하는 것은 金을 쓰기 때문인 것 같은데, 별로 출세하지는 못했던 모양이다. 『연해자평』에 나온 사주가 원래 송나라 때의 것인지, 아니면 주해를 낸 후학이 추가시킨 것인지는 모르겠으나, 실제로 모두 관찰한 것은 아니고 추리를 한 부분이 상당히 많은 것 같다. 그래서인지 사주 주인의 일생에 대해서 구체적으로 언급되지 않은 곳이 더러 보인다.

사주의 주인이 실제로 어느 운에서 어떻게 나빴다는 이야기가 있었더라면 더 좋았을 텐데, 이 사주의 설명에서도 아마도 火土운에서 나빴을 것이라고만 추리하고 있다. 사주의 구조로 봐서는 식신격이 되어야 할 것 같은데, 火의 기운이 없어서 냉습하다. 이것은 하격이 되는 것이다. 이렇게 부귀할 사주가 부귀하지 못한 것은 너무 습하기 때문이라는 이야기가 원국의 설명에도 나와 있는데, 역시 과습이 병인 것은 틀림없는 사실이라고 볼 수 있겠다.

그런데 운이 불길해서 남방운을 맞이할 길이 없다. 해석에서는 운이 좋았다고 하는데, 실제로 식신격으로 본다면 木火운을 만나야 좋은 것이다. 그렇다면 오히려 운이 나쁜 사주라고 할 수 있는 것이다. 남방운을 맞이했던 사주가 있는지 살펴봐야겠다.

時	日	月	年
庚	癸	庚	壬
申	丑	戌	午

〔해석〕 이 사주도 癸水가 庚申시에 태어나서 합록격이다. 신왕한 것은 좋지만, 丑戌의 형(刑)은 원치 않는 바이다. 초년의 亥子丑운은 대귀의 명이니 일찍이 발달하였고, 寅木 대운은 申金을 충하니 흉운이다. 乙卯 대운에 재기하였으나 丙火운에서 완전히 망했다. 丙火가 庚金의 자리를 극했기 때문이다.

(풀이) 이 사주는 구체적으로 설명되어 있는 것으로 보아 실제의 삶을 끝까지 지켜본 것으로 생각된다. 구조로 봐서 크게 약해 보이지는 않으나 설명을 보면 인겁이 용신이었던 모양이다. 그래서 살중용인격(殺重用印格)이 된 것으로 생각되는데, 寅木운에 흉한 것은 寅午戌로 인해서 용신인 庚金이 극을 받은 까닭이라고 해야 오행의 이치에 맞는다. 寅木이 申金을 충하는 이치는 없다고 봐야 하기 때문이다.

乙卯 대운에 재기를 했다고 하는 것은, 寅午戌의 火局에 비해서는 상당히 유리한 상황이라고 볼 수 있으므로 타당한 설명이 되겠고, 이어서 丙火운에 끝이 났다고 하는 것 역시 인성이 용신인 상황에서 재성을 만났으므로 흉운으로 작용했을 것이다. 이렇게 설명하면 오행의 이치에 그대로 부합이 되는데, 합록격이라고 하는 것에다가 초점을 맞춰 설명하느라고 궁색하게 된 듯하다.

24. 자요사격

```
時 日 月 年
甲 甲 乙 己
子 子 亥 巳
```

〔해석〕 이 사주는 甲子일이 甲子시를 만나서 자요사격(子遙巳格)인데, 사주에 인수가 많아서 신강하다. 대운이 서방의 金운으로 들어가니 어려서 출세를 했다. 酉金운을 시작으로 辛未庚운까지 발하였다가 午火운에서 왕한 水를 충하니 모든 것이 물거품으로 돌아가고 말았다.

(풀이) 이 사주는 인성이 과다한 형국이다. 정격으로 본다면 식신생재격(食神生財格)의 형태를 하고 있지만, 사실은 巳亥沖으로 인해서 식신이 깨지고 재성도 겁재를 만나서 깨진 상태이다. 金운에 발했다고 하는 것으로 봐서 당시 상황에 맞게 신왕하든 신약하든 무조건 관성을 용신으로 삼지 않았을까 싶다. 이 사주는 분명히 강한 사주인데, 관성을 용신으로 삼았다고 하므로 그렇게 생각해보

는 것이다. 관성이 용신이면 土金운이 좋다.

종강격이 될 수 없었던 것은 未土운을 잘 보냈다고 하는 설명 때문이다. 그렇지만 않으면 종강격으로 생각해볼 수도 있었을 것이다. 그러나 종강격일 경우 未土는 완전히 흉운이 되기 때문에 종강격으로 볼 수 없는 것이다.

벼슬이 승상을 지냈다고 한다면 상격인데, 이 사주가 상격이었다고 하는 것은 좀 납득이 되지 않는다. 상격이 되려면 종강격이라고 해야 하는데, 이런 상태에서 종을 한다는 것은 현실적으로 좀 어렵지 않은가 싶다. 이런 점에서 자요사격을 한마디로 엉터리라고 단정지을 수 없게 된다. 왜냐하면 정격으로 놓고 봤을 때는 도저히 金이 용신이라고 하지 못하겠기 때문이다. 아마 고인들도 이러한 고민을 한 끝에 자요사격을 만들어냈을 것이다.

그러나 한편으로는 未土 대운은 그냥 설명용이었을지도 모른다는 생각이 든다. 물론 고전에 나와 있는 이러한 자료들이 자신의 생각과 부합되지 않는다고 해서 마음대로 추리를 하는 것은 매우 위험한 일이기는 하다. 그렇지만 이 사주를 종강격으로 보고, 金운은 꺼리지 않으므로 발전하게 되고, 未土운에는 세운의 영향으로 그냥 넘어가고, 火운에는 子水의 충극으로 인해서 깨졌다고 할 수도 있을 것 같다. 즉 未土운이 아니라 己未운이었다면 상황이 달라졌을지도 모르겠다는 이야기이다. 이 사주에서는 辛未운이므로 약간의 위기를 만나도 그냥 넘어갔다고 생각할 수 있기 때문이다. 만약 그렇게만 된다면 이 사주는 종강격이 되는 것이 가능하다고 본다.

그리고 또 한 가지의 의문이 있다. 예전에는 밤 11시가 되면 날짜가 다음날로 넘어간다. 특히 甲子일 甲子시라고 하는 것은 어쩐지 시간의 변수를 가질 수도 있어 보인다. 낭월의 쓸데없는 생각일는지도 모르지만 주어진 자료만으로 명확히 납득이 되지 않을 경우에는 이렇게 몇 걸음 물러서서 관찰해볼 수도 있다는 생각이 든다. 여기에는 물론『적천수징의』에서 강조한『영향요계』의 격 무시론이 다시 가세를 하게 되는 것이다.

그런데 예전에는 조상들의 산소 자리도 상당히 신경을 썼으므로 아마도 그 덕도 있었을 것이라고 생각할 수 있다. 요즘은 그런 영향들이 상당히 줄어들었으므로 사주의 오행 이치로만 궁리해보게 되지만 말이다. 물론 참고 사항이다. 오행의 원리를 설명하면서 이런 이야기를 한다는 것이 좀 켕기기는 하지만, 아마도 이러한 영향을 틀림없이 받았으리라는 생각이 점점 더 확실하게 든다. 즉 팔자가 전부가 아니라는 이야기이다. 팔자는 다만 개인용이라는 한계가 있다는 생각을 하게 되는 것이다.

25. 축요사격

```
時  日  月  年
庚  辛  辛  辛
寅  丑  丑  丑
```

[해석] 이 사주는 丑土가 많으니 축요사격(丑遙巳格)이다. 丙火를 합해와서 관성으로 삼는다. 북방 水운과 金旺節의 서방운이 길하여 대귀하게 되는데, 丙丁火가 천간에 있으므로 장애가 발생하고 午火운은 깨진다. 또 亥水가 불리한데, 巳亥沖이 발생하여 관성을 얻지 못하기 때문이다.

(풀이) 비록 시지에 寅木을 얻었다고는 해도 워낙 金의 세력이

막강해서 寅木을 거론하기가 부담이 되기도 한다. 그래도 사주에 있으니까 용신으로 삼아야 하지 않을까 싶기도 하다. 그리고 木을 쓰게 되면 火도 좋다. 木의 병인 金의 세력을 火가 막아주는 역할을 하기 때문이다. 즉 丑이 巳火를 합으로 이끌어오는 것이 아니라 寅木을 용신으로 하고 巳火를 약으로 사용하게 되어서 좋다고 할 수 도 있겠다.

그런데 서방 金운에서 천간에 丙丁火가 있는 바람에 장애가 발생했다고 하는 것에 대해서는 달리 할말이 없다. 다만 서방 金운이라고 하더라도 천간의 火운이 작용하는 기간에 대발하였을 수도 있지 않았을까 싶다.

특히 이 격의 설명을 보면 巳火를 丑土가 끌어들여서 巳火 속의 丙火를 관성으로 하여 용신으로 삼는다고 이야기하고 있는데, 이것은 물론 말도 되지 않는다. 다만 木을 용신으로 삼고, 水를 희신으로 삼는 경우는 생각해볼 수 있겠다. 그리고 워낙 金의 기운이 왕해서 寅木을 무시하고 종강격으로 흐르지 않았을까 싶다. 그리고 북방운이 길하다고 했지만 어려서의 운이므로 확실하지 않고, 庚子, 己亥 대운도 천간에 土金이 있어서 무사히 넘어갔을 수 있다고 본다. 火운이 불리하다는 것은 土金운에서도 해당하는 이야기이다. 그리고 중요한 것은 亥水운에 대한 설명인데, 亥水운이 나빴던 이유가 巳火를 충하는 까닭이라고 하는 것은 참으로 어이가 없는 이야기라고 하겠다. 土金격에서 水운이 오면 寅木이 생을 받으므로 土를 극하기 때문에 나쁘다고 하는 것이 더 자연스럽다고 할 수 있다. 그리고 북방운이 좋다고 해놓고 亥水운은 나쁘다고 하는 말 역시 납득이 되지 않는다.

26. 임기용배격

```
時 日 月 年
壬 壬 甲 壬
寅 辰 辰 辰
```

〔해석〕 이 사주는 壬辰일에 辰土가 많으므로 戌土를 암충해서 戌 중의 丙戌 재관을 끌어와서 귀하게 된다. 서방 水운에 대발하여 국가의 기밀을 맡은 재상이 되었다.

(풀이) 이 사주는 土가 왕한 계절인 辰월의 壬水인데, 인성이 전혀 없는 사주이다. 그리고 식신제살의 형태도 띠고 있으면서 신약용겁격(身弱用劫格)의 구조도 된다. 따라서 金운에 발했다고 하는 것은 신약용겁에 인성운을 만나서 발한 것으로 보면 되겠다. 해석에서 戌 중의 丙戌라고 한 것은 丁戌의 오자(誤字)일 것이고, 서방 水운이라는 말도 서방 金운으로 고쳐야 할 것으로 생각된다.

임기용배격(壬騎龍背格)이라는 격의 이름도 재미있는데, 壬水가 용(辰)을 타고서 뒤를 돌아본다는 의미 정도로 해석해볼 수 있겠다. 뒤를 보는 이유는 戌土가 오기를 기다린다는 뜻으로 보인다.

```
時 日 月 年
壬 壬 庚 戊
寅 辰 申 寅
```

〔해석〕 이 사주는 寅木이 둘이지만 水局으로 인해서 형이 해소되므로 길하고, 戊土가 기신이지만 辛金이 화하므로 기신과 흉신이 모두 좋은 작용으로 변한다. 대운이 신왕운으로 향하여 귀하였으며 寅木과 辰土가 함께 있어서 부자도 되었는데, 寅申沖과 戊土 관성이 있으므로 귀함이 감소되었다.

(풀이) 이 사주는 크게 기울지는 않지만 약간 신약하므로 신약용인격(身弱用印格)으로 볼 수 있다. 金水운에서 발하게 되는 것으로 봐서 그렇다고 해도 되겠다는 생각이다. 아마도 없는 관성을 용신으로 삼은 모양인데, 어째서 없는 관성은 귀히 여기고 있는 관성은 병으로 취급하는지 알다가도 모를 일이다. 물론 신약용인격에서는 관성인 戊土가 병이므로 나쁘게 작용하게 된다. 그러나 이 사주에서 戊土는 크게 나쁘다고 할 수 없다. 庚辛金이 잘 막아주고 있기 때문이다.

27. 정란차격

정란차격(井欄叉格)은 庚申, 庚子, 庚辰이 사주에 모두 있는 것인데, 申子辰은 전부 갖추고 있어야 하지만 반드시 천간에 庚金 셋이 다 모여 있기를 원하지는 않는다. 하지만 庚金 셋이 모두 있다면 더욱 귀하다고 볼 수 있다. 다만 반드시 요구되는 것은 庚申일이어야 한다는 것이다. 그리고 戊子나 戊辰이 있는 것을 크게 꺼리지는 않으나 申子辰은 모두 있어야 한다. 만일 丙子시가 된다면 편관이 되고, 시지에 申이 있다면 귀록격이 되므로 이들은 정란차격이 되지 않는다.

時	日	月	年
庚	庚	庚	戊
辰	申	申	申

〔해석〕 이 사주는 庚申일에 申辰이 있으므로 정란차격인데, 신왕하므로 귀한 사주가 되었다. 甲子년 이후로 대발하여 국가의 대들보가 되었다.

(풀이) 이 정도의 사주라면 종왕격으로 봐야 하겠다. 그리고 또 다른 말로는 일행득기격(一行得氣格)이라고도 부른다. 甲子년이면 16세 정도인 모양인데, 이때부터 대발하였다고 하니 초운이 辛酉 대운인 것으로 봐서 종왕격이 분명하다고 생각한다. 그렇다면 북방의 水운은 잘 보냈을 것이고, 아마도 丙寅 대운에서 장애가 발생하지 않았을까 싶다.

時	日	月	年
庚	庚	庚	癸
辰	子	申	巳

〔해석〕 이 사주도 申子辰이 전부 갖춰져 있으므로 진격이다. 다만 巳火가 있으므로 복이 줄어든다. 초년 남방운에서는 액운이 있었으나 辰乙卯甲운에는 입신양명했다.

(풀이) 이 사주는 상관격(傷官格)이다. 신왕한 사주이므로 일지

의 상관을 용신으로 삼는 형상이다. 물론 巳火의 관성은 어떻게 봐도 반갑지 않은 구조이다. 다만 원국에서 재성이 없기 때문에 동방의 木운에서 발하게 된 것이다. 굳이 정란차격이라고 하는 이름을 쓸 필요가 없다고 본다.

28. 귀록격

甲일이 寅시에 태어나면 甲木의 녹(祿)이 寅木에 있으므로 귀록격(貴祿格)이 된다. 요컨대 사주에서 관살을 보지 않아야 귀록격이 되고, 관살이 있으면 귀록격이 되기 어렵다. 인겁운이 반갑고 식상운이나 재운에도 발복하는데, 다만 충파는 꺼린다.

```
時 日 月 年
丙 甲 癸 丙
寅 子 巳 午
```

〔해석〕 이 사주는 甲子일이 寅시에 태어나서 귀록격이 되었다. 따라서 재식상관운에 발복하여 북방운에서 공명을 이뤘고, 재상이 되었다.

(풀이) 巳월의 甲木이 식상이 과다하여 신약한 형상이 되었다. 다행히 앉은자리에 인성이 있고, 월간에 투출되어 있으므로 상관용인격(傷官用印格)이 올바르게 되었다. 용신이 가까이 있으니 길한 사주라서 용신운인 북방운에 재상이 되었다고 할 수 있다. 이렇게 해석을 하는 것이 오행의 생극제화 이치에 합당하다고 본다. 귀록격으로 설명하는 것은 사주 전반을 살피는 자평명리의 이치에 합당

하지 않으므로 인정하지 않는 것이 좋겠다.

```
時 日 月 年
己 乙 甲 戊
卯 亥 寅 子
```

〔해석〕 이 사주도 진격이다. 신왕한 가운데 식신과 상관 그리고 재성이 왕한 운에서 일국의 대들보가 되었다.

(풀이) 이 사주는 寅월의 乙亥 일주인데, 인겁이 태왕한 사주이다. 한목(寒木)이니 따스한 불이 좋은데, 사주에 火는 없고 허약한 재성만 외롭게 있다. 그래서 火土운을 기다려서 발복하는 구조인데, 다행히 운이 남방으로 흐르게 되니 원하는 바를 채워주는 형상이어서 대발하게 된 것이다. 이렇게 해석해야 비로소 오행의 이치에 합당하다고 보겠다.

29. 육음조양격

辛金 일간이 戊子시를 만나면 子 중의 癸水가 巳 중의 戊土를 합하고, 戊土는 다시 丙火를 끌어오므로 辛金의 관성을 용신으로 삼게 된다. 이때 子水는 한 글자만 있어야 한다. 많으면 적중하지 않는다. 만일 사주에 丙丁午의 火가 있다면 子를 충하므로 효력이 떨어진다. 세운이나 대운에 있어도 마찬가지이다(즉 火운을 꺼린다). 서방운이 가장 반갑고, 동남운을 다음으로 기뻐하며, 북방운을 가장 꺼린다.

```
時 日 月 年
戊 辛 辛 戊
子 酉 酉 辰
```

〔해석〕 이 사주는 戊子시에 출생하고 사주에 丙丁午火가 없으니 진격이 되었다. 동방운이 길한데, 대운에서 木火가 왕하므로 뜻을 이루게 되었다.

(풀이) 이 사주는 식신격이다. 土金이 태왕하여 신강하므로 설기를 시키는 子水를 용신으로 삼게 되는 것이다. 그리고 재성이 없으므로 동방의 木운에서 발하게 된다. 천간으로 들어오는 火운은 무난하지만, 지지로 들어오는 火운은 용신과 대립이 되므로 반갑지 않다고 볼 수 있다. 다행히 운이 적절하게 흘러주어서 뜻을 이루게 되었다. 이렇게 보는 것이 오행의 이치에 합당하다고 하겠다. 아무래도 육음조양격(六陰朝陽格)으로 따지는 것은 합리적인 것으로 보이지 않는다.

30. 형합격

癸水 일간이 甲寅시를 얻으면 형합격(刑合格)이 되는데, 이것은 寅 중의 戊土를 이끌어와서 정관으로 삼기 때문이다. 寅木이 巳火를 형합하여 巳 중의 戊土를 쓰게 되면 귀한 사주가 되는 것이다. 만약 庚寅시가 된다면 형합이 이뤄지지 않으므로 반드시 甲寅시라야 한다.

時	日	月	年
甲	癸	癸	乙
寅	亥	未	未

〔해석〕이 사주는 癸水가 甲寅시를 얻었고, 사주에 戊己의 관성이 없으므로 진격이다. 亥水가 寅木과 합하므로 묶여 있어서 관성을 이끌 수 없을 것 같지만 亥未로 합이 되어서 木局이 되니 亥는 寅木을 탐하지 않는다. 庚辛金의 운은 장애가 발생하는 운이요, 戊己土운 또한 꺼린다. 또 종아격을 겸하므로 총명하고 재주와 지혜가 출중하였으며 소년시에 명예를 얻고 木旺節에 발하였다.

(풀이) 이 사주는 요즘 같으면 신약용겁격(身弱用劫格)의 구조라고 볼 수 있다. 다만 실제의 상황으로 볼 때는 종아격으로서 木火가 용신이 된 것 같다. 설명 중에서 亥未가 합이 된다고 했지만 이것은 임상 실험을 해본 결과 효과가 없는 것으로 나타났다. 金운이 나쁜 것은 종아격의 水는 인성운을 불편해하기 때문이며, 土운을 꺼리는 것은 쟁재가 일어나는 까닭이다.

31. 공록격

時	日	月	年
戊	戊	癸	癸
午	辰	亥	卯

〔해석〕 이 사주는 戊辰일이 戊午시를 얻어서 공록격(拱祿格)이다. 辰午의 사이에 巳火가 끼여들어서 그 巳火를 戊土의 녹으로 삼아 녹이 끼여 있다는 의미로 공록격이 된 것이다. 지지에 木局을 이루어 土의 기운이 약해지는 것이 아쉽다. 초년 戌운은 辰을 충하므로 장애가 생기고, 서방의 운은 木局을 충하므로 보통이었을 것이며, 남방의 火土운에서는 공을 이루게 되는데, 巳火운은 공록의 운이니 흉하게 된다.

（풀이） 이 사주는 亥월의 戊辰 일주인데, 월령이 겨울의 한습한 계절에다가 癸卯도 있어서 土의 기운이 약해지는 상황이라고 볼 수 있다. 앉은자리의 辰土는 水의 기운과 연결되어서 습기를 과하게 머금게 되므로 戊土의 뿌리로 쓰기에는 약하다. 부득이 시간의 戊土를 용신으로 삼게 되고, 또 시지의 午火도 용신에 못지 않은 중요한 작용을 하는 것으로 본다. 그런데 사실은 조후의 개념을 생각하더라도 시지의 午火가 용신이 되는 것이 분명하다고 보겠다. 그러면 土는 희신이 되는 것이다. 어쨌든 火土를 반기는 구조로 본다면 틀림이 없겠다.

이처럼 당당하게 구조를 따져서 용신을 삼으면 되는데, 굳이 공협으로 끼여 있는 巳火를 찾느라고 고생을 하는지 모르겠다. 그리고 巳火가 용신이라고 해놓고서 巳火의 대운에 흉하다는 풀이는 앞뒤가 맞지 않는다. 오히려 巳火는 월지의 亥水와 충을 일으키므로 장애가 발생한다고 보는 것이 더욱 타당할 것으로 생각된다. 아무래도 끼워 맞추려고 한 흔적이 역력한 궁색한 설명이라는 생각이 든다.

32. 공귀격

```
時 日 月 年
甲 甲 丙 丁
子 寅 午 巳
```

〔해석〕이 사주는 甲木 일주이므로 귀인은 丑에 있는데, 子水와 寅木이 나란히 있으므로 그 사이에는 丑土가 공협으로 끼여들게 된다. 이것이 공귀(拱貴)이다. 그래서 공귀격이라고 부른다. 그런데 아무것이나 공귀격이 되는 것은 아니고, 이 사주 외에 壬子일 壬寅시, 甲申일 甲戌시, 戊申일 戊午시, 乙未일 乙酉시만 해당이 된다. 이 사주는 丑土의 辛金을 정관으로 삼는바 관귀(官貴)라고 부르니 더욱 귀하다. 다만 子午沖하고 寅巳刑이 있어서 크게 귀하지는 못한데, 다행히 寅午가 합하여 충과 해를 해소하고 丑土가 천을귀인을 겸하게 되므로 귀하게 된 것이다.

(풀이) 이 사주는 午월의 甲寅 일주가 매우 신약한 형상을 하고 있다. 사주에 식상의 기운이 왕성하므로 인성이 필요한데, 다행히 甲子시를 얻어서 子水 인성을 용신으로 삼으니 상관용인격(傷官用印格)이 되었다. 金水의 운은 반갑고 木火의 운은 꺼린다. 다행히 하반부의 운이 金水로 흐르므로 발하게 된다.

나타나 있는 것으로 용신을 삼는 것은 이치에 합당하지만 없는 것을 찾아서 용신으로 정하는 것에는 문제가 있다. 子午沖이 있어서 나쁘다고 했지만, 이러한 구조에서의 子午沖은 무효라고 해야 옳다. 물론 논할 필요도 없겠지만, 寅巳刑도 역시 무효이다. 충은 직접 부딪치지 않으면 작용력이 없는 것이다. 어차피 寅午의 합을 논할 것이면서 굳이 그렇게 혼란스럽게 할 필요는 없었던 것이다. 아마도 이 사주의 주인이 사례비를 많이 주었거나, 부담이 되는 사람이었는지도 모르겠다. 그래서 없는 귀인을 찾아서 설명을 하느라고 진땀을 흘린 것이 아니었을까 하고 낭월의 상상력이 다시 한 번 발동을 해본다.

33. 인수격

이 격은 신왕하기를 크게 바라고 관성이 있으면 더욱 묘하게 된다고 하겠다. 또 인수가 월지에 있기를 원하고, 관성의 운과 인성의 운에서 발하게 된다. 그런데 재성의 운을 만나서 인성이 깨지면 나쁘게 된다.

```
時 日 月 年
甲 甲 戊 乙
子 寅 子 亥
```

〔해석〕 이 사주는 子월에 출생하여 인수가 왕하다. 연지에는 亥水가 있어서 사주 전체에 인성이 태왕하고 비겁도 강하므로 인수격(印綬格)으로 용신을 삼게 되는 것이다. 인수격이니 戊土의 재성은 사주의 병이다. 서방운과 水운에는 벼슬을 했으며, 午火운에서 사망했다.

（풀이） 이 사주는 子월의 甲木인데, 水木이 태왕하므로 월간의 戊土를 용신으로 삼고 싶으나 戊土는 이미 乙木에게 극을 받아서

무용지물이 되었다. 겨울의 나무이니 따스한 불을 좋아하는데, 불도 나타나지 않았으므로 인성을 따라서 종하게 되어 종강격이 되었다. 물론 인수격도 같은 말이다. 정인이나 편인을 함께 묶어서 인수라고 부르기 때문이다. 水가 왕하므로 金운도 무난하지만, 火운은 쟁재(爭財)가 일어나고 인성이 싫어하는 운이므로 깨지게 된다. 즉 기신운이라고 할 수 있다.

34. 잡기인수격

```
時  日  月  年
乙  甲  壬  辛
亥  辰  辰  未
```

〔해석〕 이 사주는 辰土 중에 들어 있는 癸水를 인성으로 삼는데, 연간의 관성이 생조해주니 길하다. 또한 재성운이 나쁘고, 북방운에서 대발하여 공을 세웠다.

(풀이) 이 사주는 재성이 너무 왕하여 木이 약한 형상이다. 월간의 壬水를 용신으로 삼아서 재중용인격(財重用印格)이 되었고, 약한 인성은 다시 연간의 辛金이 생조해주므로 관인상생격(官印相生格)의 구조로서 길하게 되었다. 잡기인수(雜氣印綬)라는 말은 인성이 월지의 土 속에 들어 있는 경우를 말하는데, 굳이 그럴 필요 없이 월간에 인성이 있으므로 그것을 용신으로 삼으면 될 일이다. 아마도 편인은 흉신이라고 하는 고정 관념 때문에 굳이 정인을 찾은 듯한데, 내가 필요한 것은 비상(砒霜)도 약이 되는 법이다. 물론 내

게 필요 없다면 산삼(山蔘)도 독이 될 것이다. 편인도 용신이면 반 갑고, 정인도 기신이면 흉한 것이라는 말이다. 이름에 구애받는 것 은 생각이 부족한 탓이라 여겨진다.

35. 육임추간격

```
時 日 月 年
壬 壬 壬 壬
寅 寅 寅 寅
```

〔해석〕 이 사주는 壬水가 寅木이 많으니 대귀하고 대권을 장악하 게 된다. 다시 천원일기(天元一氣)도 되니 청귀하다. 巳火운에는 삼형이 되니 장애가 있고, 午火운에는 寅木을 기반으로 묶어서 불 로 화하므로 불길하고, 申金운에는 寅木을 충해서 재앙이 발생하게 된다.

〔풀이〕 이 사주는 寅월의 壬寅 일주로서 전체가 壬寅으로 구성된 것이 특이하다. 『명리정종』에서는 이 사주를 종아격으로 보았다. 일리가 있다고 여겨지는데, 다만 지금 시대에 이 사주를 만났다면 상관용겁격(傷官用劫格)이 아닌지 고려해보았을 거라는 생각이 든 다. 그 이유는 寅木이 많아서 겁재를 필요로 하는 구조이기 때문이 다. 물론 '웬만하면 정격으로'라는 생각으로 그렇게 보는 것이다. 천간에 네 개나 버티고 있는 壬水의 세력도 그렇게 만만하지는 않 아 보인다.

다만 『적천수』에서는 '종아불론신강약(從兒不論身强弱)'이라고 해서 종아를 한다면 굳이 신강한 것에 대해서는 논할 필요가 없다고 가르치고 있다. 종아격에 申金운은 흉하기도 하지만, 정격이라고 해도 辛金 하나가 와서 木을 극하기에는 역부족이라고 할 수 있다. 그래서 혹 정격이라고 하더라도 辛金의 운은 어려울 것으로 생각된다. 참고로 육임추간격(六壬趨艮格)에서 추간이라는 말은 간을 좇는다는 의미인데, 여기에서의 간은 주역의 방위에서 동북방, 즉 丑寅의 방향을 말하는 것이다. 아마 寅木이 많으니까 멋을 부리느라 그렇게 이름한 것이 아닌가 싶다.

36. 육갑추건격

```
時 日 月 年
乙 甲 癸 戊
丑 子 亥 辰
```

〔해석〕이 사주는 甲일생이 亥水가 많은 상황이므로 육갑추건격(六甲趨乾格)이 되었다. 더구나 亥子丑의 북방 기운이 완전하므로 귀하게 될 사주이다. 巳火운에는 亥를 충하므로 대흉하고, 戊己 대운에는 장애가 있다. 소년시에 이름을 얻었고, 계속 발전해서 관리가 되었다.

(풀이) 이 사주는 겨울의 甲子 일주인데, 인성이 과다한 상태에서 식상의 조후가 없는 것이 아쉽다. 그냥 종강격이 되는데, 앞의 인수격과 별로 다를 것이 없다. 水木운은 반갑지만 火土운은 쓸모가 없고 金운도 흉하다. 여기에서 추건이라고 한 것은 건방(乾方)

의 의미인바, 건방은 西北으로서 戌亥가 차지하게 되는데, 사주에 亥水가 많은 것을 그렇게 표시한 것으로 생각한다.

37. 구진득위격

```
時 日 月 年
戊 己 丁 乙
辰 卯 亥 亥
```

〔해석〕 이 사주는 戊己일이 亥卯未의 木局을 얻어 관성이 되거나 申子辰의 水局을 얻어서 재성이 되면 구진득위격(句陳得位格)이 된다는 구조에 해당한다. 재성과 관살이 많은데, 丁火가 생조를 해준다. 사주에서 戊辰의 겁재가 도와주므로 신왕, 살왕, 재왕한데, 살인상생(殺印相生)이 되므로 대권을 장악하게 된다. 남방운에서는 조후도 되고 木의 기운을 설해서 土를 생해주게 되어 대발하고, 巳火운에서는 월령을 충하고 巳 중의 庚金이 木局을 충하므로 망하게 된다고 본다.

〔풀이〕 이 사주는 재살이 왕성해서 매우 신약하다. 다행히 월간에 인성이 있으므로 용신으로 삼아 재중용인격(財重用印格)이 되었다. 土는 水의 기운을 제어하기 위해서 희신이 된다. 따라서 火土운에서 발하게 된다. 구진은 일종의 신살로서 土에 붙는 별명이라고 생각하면 되는데, 이렇게 신약하게 되는 구조를 귀명(貴命)이라고 말하는 것은 아무래도 아부성 발언이 아닌가 싶다.

38. 현무당권격

時	日	月	年
辛	壬	壬	庚
亥	寅	午	午

〔해석〕 이 사주는 壬水가 지지에서 寅午의 火局이 되었고, 재성이 왕한 계절에 태어났으므로 현무당권격(玄武當權格)이 되었다. 시지에 뿌리를 얻고 인성과 비견이 천간에 투출해서 일주를 생해주므로 심하게 약하지 않은 상태에서 운이 金水의 방향으로 향해서 성공을 하였다. 子운에서는 午火를 충하므로 火局을 깨게 되니 명이 다하였다.

(풀이) 이 사주는 午월의 壬水가 재성이 과다하여 신약한 형국이다. 일지의 寅木 식신도 寅午의 합으로 인해서 불로 변하려 하고, 또 亥水의 비견도 寅木을 생함으로 인해서 木으로 화하려 하는 등 여러모로 불리한 상황이다. 다행히 천간에 壬水가 있어서 火의 기운을 제어하고, 또 庚辛金이 水를 생해주게 되어서 인성을 용신으로 삼게 되므로 신약용인격(身弱用印格)이 되는 것이다.

金水운에서 뜻을 이루게 되는 것은 용신운이 왔기 때문이다. 그리고 子水운에서 사망한 모양인데, 그것은 午火와 충이 되어서 火를 깨뜨렸기 때문이 아니고 약한 물이 지지로 들어와서는 午火를 깨지는 못하고 도리어 스스로 파괴가 되어서 흉하게 된 것으로 볼 수 있다. 이러한 현상을 회두극(回頭剋)이라고 한다.

39. 염상격

```
時 日 月 年
甲 丙 辛 乙
午 午 巳 未
```

〔해석〕 이 사주는 丙火가 巳午未의 남방을 갖추고 있으니 염상격(炎上格)이 되었다. 대운이 동북으로 흐르므로 발전을 하게 되는데, 丑운은 火局을 설하므로 반갑지는 않으나 국을 깨지는 않으므로 무난하다. 다만 子水운은 火局을 자극시켜 사망하게 된다.

(풀이) 이 사주는 火局이 된 상황에서 火를 따라서 종하게 되어 염상격이라고 부른다. 이것은 지금 시대에서도 그대로 유용하며 특히 일행득기격(一行得氣格)이라는 이름으로도 불린다. 이러한 일행득기격을 모두 모아서 종왕격으로 부른다는 것은 이미 앞에서 설명하였으므로 알고 있을 것이다.

40. 윤하격

```
時 日 月 年
辛 壬 庚 庚
亥 申 辰 子
```

〔해석〕 이 사주는 壬水가 申子辰을 깔고 왕성한 金이 다시 水를

생해주는 형상이니 윤하격(潤下格)이 완성되었다. 남방운에는 불리하지만, 천간에 壬癸水가 있어서 완화되었고, 申酉의 金운에는 뜻을 이루게 된다. 甲乙운에는 좋지 않고, 丙戌운에는 흉한데, 이때 사망하였다.

(풀이) 이 사주는 인성이 태왕해서 종강격이 된 구조이다. 윤하격은 水의 기운이 넘쳐야 하는데, 辰월의 申子辰은 절대로 水局이 되지 않는다고 본다. 그러나 子월이라면 가능하다. 임상을 해보면 申월의 申子辰도 절반 정도밖에는 영향력이 없는데, 하물며 辰월에는 어림도 없는 이야기라고 생각된다. 다만 인성이 너무 많으므로 종강격이 될 뿐이다. 金운에 발하는 것은 용신운이기 때문이다. 그리고 火운에 사망한 것은 용신을 극했기 때문이지 윤하격과는 상관이 없다.

다만 지금도 윤하격은 일행득기격으로 사용하는데 여기에서 말하는 구조와는 상황이 상당히 다르다. 온통 물 천지가 되어 있어야 성립이 된다.

41. 종혁격

時	日	月	年
辛	庚	戊	辛
巳	申	戌	酉

〔해석〕 이 사주는 申酉戌이 전부 있으니 종혁격(從革格)인데, 戊土가 金을 생해주므로 진격이다. 사람됨이 의기(義氣)와 위세(威

勢)가 있고, 옳고 그른 것을 판별하는 능력이 있었다. 甲乙木운에는
왕한 金을 충하니 지체가 되고, 火운에는 왕한 金을 극하니 흉하다.
土金운이 가장 좋고, 水운은 무난하다고 본다.

(풀이) 이 사주는 종왕격이다. 그런데 종혁격은 金의 성분으로만
모여 있는 것을 의미하지만 순전히 金으로만 되어 있는 사주는 보
기 어려우므로 이런 정도라도 종혁격으로 본다. 그런데 이 사주는
土金이 용신이 되고, 土보다는 金이 많으므로 종왕격으로 본다. 이
설명은 그대로 타당하여 현대에서도 활용을 한다.

42. 가색격

```
時  日  月  年
癸  戊  己  戊
丑  辰  未  戌
```

〔해석〕 이 사주는 戊土가 지지에 辰戌丑未를 깔고 있으므로 가색
격(稼穡格)인데, 戊癸合으로 인해서 癸水는 크게 꺼리지 않아도 된
다. 초년의 金운에는 대길하고 좋았는데, 이어지는 水木운에는 이
번 생에 찾아먹을 운명이 아닌 것이 참으로 아쉽다. 일주가 화개살
에 앉아 있으니 수도를 하는 사람이요, 과숙살이 든 데다가 또 공망
이어서 신앙심이 강하니 진리 탐구와 수도에 전념하여 진인(眞人)
의 이름을 후세에 남겼다.

(풀이) 이 사주는 가색격이 분명하다고 하겠다. 즉 종왕격이다.

종왕격 중에서 특히 土가 모여서 된 경우이므로 가색격이라고 부르는 것이다. 火土운은 반갑고 金운도 좋으나, 水木운은 흉하다. 출가를 해서 수도를 하면 운과는 상관없는 삶을 살게 되는데, 이 사주의 주인도 만약 그렇지 않고 세간에서 승부를 다퉜다면 천명이 훨씬 짧았을 것이다. 운이 불량한 사람은 정신계 쪽으로 수련을 하는 것이 가장 길하다는 생각을 해본다.

43. 곡직격

```
時 日 月 年
丙 乙 丁 甲
子 未 卯 寅
```

〔해석〕 이 사주는 乙木이 木의 기운이 강하므로 곡직격(曲直格)이 되었다. 따라서 귀하게 될 것인데, 운로(運路)가 불량하므로 파란이 많았을 것이다. 庚辛운은 대단히 위험한 운이지만 乙木과 합하고 丙火와도 합하니 무사히 넘어갈 수 있었고, 未土와 壬癸운에서 발할 수 있었다. 申金이 비록 흉하지만 壬水가 위에 있고 水局이 되어서 위험을 피할 수 있었다. 그러나 酉金운에는 卯木을 충하므로 천운을 거스르지 못하게 된다.

(풀이) 이 사주는 卯월의 木旺節에 태어난 乙木이 시지에 子水까지 있는 상황이어서 대단히 신왕하다. 그래서 월간에 있는 丁火를 용신으로 삼고 식신격이 되었다. 인수격이라는 이름에만 구애받지 않는다면 오행의 원리에 별 문제가 없다고 보겠다. 인수격으로 보

기에는 火가 너무 좋아 보인다.

44. 일덕수기격

〔해석〕일덕수기격(日德秀氣格)은 천간에 乙木이 3개가 있고, 지지에는 巳酉丑이 전부 있어야 한다. 또 일주가 丙子, 壬子, 辛酉, 丁酉라야 하는데, 이것이 수기(秀氣)가 되기 때문이다. 충극을 꺼리는데 운에서도 마찬가지이다.

(풀이) 사주의 예문이 없어서 글만 풀이를 했다. 그렇지만 이 글만 봐서는 무엇을 말하고자 하는지 잘 모르겠다. 일덕이라는 말은 일종의 신살로도 보이는데, 구체적인 설명이 없어서 짐작만 할 수 있을 뿐이다. 하지만 일덕수기격 역시 별로 참고할 필요는 없을 것 같다.

45. 복덕격

〔해석〕복덕격(福德格)은 己丑일이라야 하는데, 지지에 巳酉丑이 전부 있어야 성립된다. 木火운과 충극의 운을 꺼린다. 복덕격은 己丑일뿐만 아니라 陰土인 己巳 己酉 己丑일과 陰火인 丁巳 丁酉 丁丑일, 陰水인 癸巳 癸酉 癸丑일, 陰木인 乙巳 乙酉 乙丑일 등이 모두 해당한다.

(풀이) 이 격은 음간이 지지에 巳酉丑이 있어야 성립되는 모양인데, 사주를 판단할 때에는 어떠한 경우에라도 전체적인 상황을 살펴보고 결론을 내려야 하는 것이다. 어떤 형식을 정해놓고서 그 조건에 억지로 맞추는 것은 원리에 접근하는 방법이 아니라고 본다.

46. 기명종재격

```
時 日 月 年
戊 甲 己 庚
辰 戌 丑 辰
```

[해석] 이 사주는 왕한 土를 감당하지 못하고 종재하는 격이다. 즉, 기명종재격(棄命從財格)이다. 丙戌 대운에는 대발하게 되는데, 형충이 되므로 여의치 못하고, 戊子 대운에는 戊土는 길하고 子水는 흉한데, 子丑으로 합하고 천간에 戊土가 재성을 도울 뿐만 아니라 戊土와 子水가 합화하므로 불이 되어서 유정하다. 丁亥 대운에는 丁火가 길신인데, 亥 중에 戊土가 암장되어 있을 뿐만 아니라 甲木도 있으므로 丁火는 土를 생하게 되어서 평안하다. 甲木운은 죽을 운이나 丙丁火가 있다면 무방하게 된다. 乙木운은 陰木이고 乙庚合으로 金이 되므로 죽음을 면한다. 종재격에 만일 식상이 있다면 가장 꺼리는 비겁운을 만나도 무방하고 학문에도 취미를 붙이며 입신양명하게 된다.

(풀이) 이 사주는 화기격으로 갑기화토격(甲己化土格)에 속한다. 물론 종재격이라고도 할 수 있겠다. 중요한 것은 용신이 土에 있다는 것이다. 설명한 것에 큰 무리는 없어 보이지만, 亥 중의 戊土에 대한 이야기 등은 좀 과장되었다고 할 수 있다. 그러나 문제를 삼을 정도는 아니라고 본다. 종재격은 현재에도 그대로 유효한 구조라고 보면 되겠다.

47. 상관생재격

```
時 日 月 年
戊 甲 壬 戊
辰 寅 戌 午
```

〔해석〕이 사주는 甲木 일주가 지지에 寅午戌을 갖추었으니 상관생재격(傷官生財格)이다. 癸운에는 戊癸合火하여 癸水의 힘이 무력하게 되므로 길하고, 亥운에는 亥 중의 甲木이 불을 생해주니 양호하며, 甲운에는 상관이 재로 화하니 좋다.

(풀이) 상관생재격으로서 의미가 있다고 본다. 그런데 실은 재다신약(財多身弱)이라고 봐야 하겠고, 그래서 용신격으로는 재중용겁격(財重用劫格)이 되는 것이다. 지금 시대라면 이러한 사주는 재다신약이므로 인겁을 용신으로 삼게 된다. 물론 예전의 사주이니 여기에 대해서 뭐라고 왈가왈부할 필요는 없으므로 용재격으로 보자. 그래서 용신은 재성이고, 희신은 상관이다. 그런데 이것을 상관생재라고 하는 이유는 寅午戌로 火局이 되었다고 보기 때문인데, 과연 이것이 火局인지는 의심스럽다. 혹 예전에는 삼합도 웬만하면 되었던 것인지는 모르겠지만 지금 시대의 견해로에는 전혀 火局이 아니다. 만약 火局이 된다면 종아생재격(從兒生財格)으로 봐도 무리는 없겠다.

48. 기명종살격

〔해석〕乙木 일간이 지지에 巳酉丑으로 金局이 되고, 살을 제할

수도 없는 상황이라면 일주의 오행을 버리고 관살을 따라야 한다. 그런데 이와 같은 종살격에서는 살이 왕해지는 운이나 재성이 왕해지는 운에서 길하고, 비겁운에는 흉하다.

(풀이) 기명종살격(棄命從煞格)은 그냥 종살격과 같은 이야기이다. 즉 뿌리가 없고 관살이 너무 태왕하여 살을 따라서 종하게 되는 형상을 말하는 것이다. 사주 예문이 하나도 없는데, 이것은 사주를 보지 않더라도 짐작이 되는 구조이다. 요즘에도 얼마든지 볼 수 있는 사주이기 때문이다. 물론 타당성에도 문제가 없다고 본다. 옳은 이야기이다.

49. 상관대살격

〔해석〕 甲木이 지지에 寅午戌의 火局이 있고 천간에 庚辛金의 관성이 있으면 甲木은 이 관성을 의지해서 귀함을 얻게 된다. 이것은 火를 제함으로써 복이 되는 것이므로 신왕한 운으로 행하는 것이 좋고, 재성운은 꺼린다. 요컨대 중화(中和)를 얻어 귀한 사주가 되는 것이다.

(풀이) 상관대살격(傷官帶殺格)이라고 하는 것은, 그러니까 식상과 관살이 함께 있을 경우에는 관살을 용신으로 삼는다는 것이다. 다만 신약하기 때문에 비겁의 운을 반긴다는 것이다. 이것을 보면서 역시 예전에는 관살을 식상보다 훨씬 중요하게 여겼다는 것을 다시 한 번 느끼게 된다. 지금 시대 같으면 아마도 관살을 버리고 식상을 택했을 것이기 때문이다. 어쨌든 당시의 상황으로서는 최선의 선택이었을 테니 굳이 뭐라고 할 필요는 없겠다. 타당성이 있다고 본다.

50. 세덕부살격

〔해석〕 세덕부살격(歲德扶殺格)은 甲木 일간이 庚년을 만나게 되니 귀함이 있다. 연주와 일주는 각각 군주와 신하로 비유되는데, 신하가 임금의 권위를 얻은 상황이기 때문이다. 그러므로 연주는 조상이 되고 일주는 자신이니 칠살이 제함이 있으면 조상이 귀하였을 것으로 보면 된다.

〔풀이〕 연간에 편관이 있으면 귀하게 된다는 의미인 모양이다. 물론 말이 되지 않는 이야기이다. 연주가 조상이라고 하는 것은 타당하지만, 웬만하면 관살로 용신을 삼으려고 하는 노력이 많이 배어 있는 격이라고 생각되고 현실성은 없다고 본다. 물론 신왕하다면 가능한 이야기이다. 그러나 무조건 이렇게 된다는 것은 자평명리의 이치에 맞지 않는 이야기이다. 사주가 없어서 정확한 의미는 파악하지 못하겠지만, 설명만으로도 납득이 되므로 이렇게 결론을 내리도록 하겠다.

51. 세덕부재격

〔해석〕 甲木이 戊己의 재성을 세운에서 만나면 세덕부재격(歲德扶財格)이 되는바 만일 재운이 유기하면 일주는 조상의 유산을 받을 것이고, 신약하면 허망할 따름이다.

〔풀이〕 여기에서의 이야기는 그래도 일리가 있다. 신왕한 상태에서 재운을 만나면 돈이 된다는 것이고, 신약한 상태에서 재성을 만나면 아무짝에도 쓸모가 없다는 것이므로 당연한 이야기이다. 그런데 이것을 세덕부재격이라는 말까지 끌어다 붙인 데에는 고소(苦笑)를 금할 수가 없다. 너무 궁색하다.

52. 협구(공재)격

```
時 日 月 年
癸 癸 戊 庚
亥 酉 子 戌
```

〔해석〕이 사주는 酉金과 亥水 사이에 戌土가 공협되어 있다. 그래서 戌 중의 丁火를 재성으로 삼게 되는 것이다. 이 사주는 월령에 비견이 있고, 신왕하므로 동남방의 재운에서 발하였다. 본래 관성이 유세하여 귀한 사주인데 동남방에서 조후까지 해주니 발복하게 되는 것이다. 이 사주는 연지에 戌土가 있어서 중복된 감은 있지만 戌 중의 丁火를 용신으로 삼은 것이니 丁火가 직접 투출되지 않았으므로 귀하게 된 것이다. 통변과 다른 격과 겸하는지의 여부와 조후 등을 함께 살피지 않으면 안 된다.

〔풀이〕협구(공재)격〔夾丘(拱財)格〕이라고 부르는 이 사주는 癸水가 子월에 태어나 신왕한 사주로서 식상을 찾아보게 되는데, 식상이 없으므로 관살을 용신으로 삼고 재성을 희신으로 정한다. 그래서 火土운이 반갑게 되는 것이다. 그러니까 공협된 戌土의 지장간에서 용신을 정하는 것이 아니라 그냥 관성이 용신인 것이다. 그래서 정관격이다. 戌 중의 丁火를 용신으로 삼아서 어떻게 되었다는 등의 이야기들은 이치에 합당하지 않으므로 신경 쓰지 않아도 되리라 생각한다.

53. 양간부잡격

```
時 日 月 年
乙 甲 乙 甲
丑 戌 亥 子
```

〔해석〕 이 사주는 연월간에 甲乙이 있고 일시에도 甲乙이 있으므로 청귀한 기운이 있다. 재관을 용신으로 삼으니 丑戌 중에 관성이 있기 때문이다. 재관이 왕한 운에서 발복하여 이름을 얻었다.

(풀이) 이 사주는 인겁이 왕하므로 재성을 용신으로 삼도록 한다. 식신도 좋은데, 나타나 있지 않아서 아쉽다고 하겠다. 관살은 암장되어 있으므로 쓸모가 없는데, 예전에는 얼마든지 용신으로 관살을 삼았을 테니 그냥 인정해주도록 하자. 다만 지금 시대에 이 사주를 만났다면 신왕용재격(身旺用財格)으로 보면 되겠다. 그리고 양간부잡(兩干不雜)이라고 하는 말은 필요가 없다고 보겠다. 단지 천간이 두 가지로 되어 있다고 해서 청귀한 기운이 감돈다고는 말할 수 없기 때문이다.

54. 오행구족격

```
胎 時 日 月 年
己 丁 丁 戊 甲
未 未 巳 辰 子
```

[해석] 甲子 乙丑은 해중금(海中金)이니 생년은 金이고, 戊辰 己巳는 대림목(大林木)이니 생월은 木이고, 丙辰 丁巳는 사중토(沙中土)이니 생일은 土이고, 丙午 丁未는 천하수(天河水)이니 생시는 水이고, 戊午 己未는 천상화(天上火)이니 태(胎)월은 火이다. 따라서 이 사주는 납음 오행(納音五行)상으로 오행을 모두 갖추었으니 귀한 사주이다. 간지 오행이 겸하여 갖추어지면 더욱 좋은데, 대운을 다시 살펴봐야 한다.

(풀이) 이것은 또 무슨 망발인지 모르겠다. 갑자기 왜 납음 오행이 등장하는지 참으로 혼란스럽다. 납음의 이치에 대해서는 『명리대감(命理大鑑)』에서 종진첨 선생이 복잡하게 설명하고 있지만, 실제로 오행의 이치에는 대입시킬 자리가 없음을 어느 정도 공부가 되어 있는 안목이라면 능히 알고 있을 것이다. 그런데 이런 엉성한 이야기를 하면서 좋은 격이라고 추어올리는 것은 아무래도 이해가 되지 않는다. 혹시 옆에서 칼을 들고 서서 사주를 좋게 봐주지 않으면 죽여버리겠다고 협박한 것은 아니었을까 하는 생각까지 하게 된다. 그래서 원국을 뒤지다가 할말이 없으니까 급기야 이것저것 온통 뒤져보고 그것 중에서 걸리는 것 하나를 끌어내 좋은 사주라고 했을지도 모른다는 공상을 해보는 것이다. 올바른 정신을 가진 오행학자의 말이라고는 도저히 믿기지 않아서 하는 말이다. 이런 것을 가지고 오행구족격(五行具足格)이라고 한다면 참으로 이름이 아깝다.

이 사주는 단지 식상이 많아서 신약한 형상이므로 상관용인격(傷官用印格)일 뿐이다. 다만 일간이 크게 약해 보이지 않을 경우에는 상관을 용신으로 쓸 수도 있겠다.

55. 지진일기격

```
時 日 月 年
戊 庚 丙 甲
寅 寅 寅 寅
```

〔해석〕 이 사주는 지지에 寅자만 있으므로 귀격이다. 정월의 庚
金이 한랭한데 寅木 중 丙火의 생을 받으므로 조후를 하여 길하다.
또 木이 많고 丙火가 왕하여 庚 일주는 약한데 寅木 중에서 戊土가
투출하여 생조하며 火金운으로 행하니 대발하였을 것이다.

(풀이) 이 사주는 재살이 왕해서 신약한 형상이다. 종재라고 하
지 않은 것이 이상하다. 그런데 火金운에 발했다는 것은 무슨 의미
인가? 정격이라면 土金운에는 발하겠지만 火운에는 어림도 없고,
종재격이라면 火운에는 발하겠지만 金운에는 어림도 없다. 그래서
지진일기격(支辰一氣格)이라고 한다면 달리 할말이 없다. 이 사주
는 예전에는 종재였을 듯하고, 요즘이라면 재다신약이 될 가능성이
많다. 그러나 설명이 불분명해서 결론은 못 내리겠다.

56. 천원일기격

```
時 日 月 年
乙 乙 乙 乙
酉 亥 酉 丑
```

〔해석〕 천간이 乙木으로만 구성되어 있으니 귀격이다. 천원일기 (天元一氣)나 지진일기는 모두 청귀할 격이기 때문이다. 지지에 巳 酉丑으로 金局을 이뤘으나 亥水가 살인상생(殺印相生)을 하여 대 귀격이다. 남방운이 조후를 하므로 신왕한 운에서 대발하였다.

(풀이) 역시 같은 이야기이다. 다만 신약한 상황이어서 인성을 용한다는 뒷부분의 이야기는 타당한 것으로 본다. 다만 천원일기라 서 귀격이라고 하는 말은 오행의 이치에 합당하지 않다.

57. 봉황지격

```
時  日  月  年
戊  戊  戊  戊
午  午  午  午
```

〔해석〕 고서에 말하기를 천간과 지지가 일기로 모이면 정승의 사 주라고 했다. 간지가 동체(同體)이면 귀인의 사주인데, 주익공의 4 庚辰 사주와, 연월일시가 모두 같은 己巳, 乙酉, 丙申, 丁未, 壬寅, 癸亥 등의 사주는 다 귀명이다. 그러나 辛卯는 가난한 팔자이고, 甲 戌은 집이 망하고 영리하지만 성공할 수는 없는 사주이다. 이 사주 는 북방운에서 왕한 불을 충하므로 사망하게 된다. 壬水운에는 戊 土 위에 있으므로 죽지는 않을 것이고, 癸水운은 戊癸合火하니까 무방하다. 亥水운은 亥 중의 甲木이 불을 생하고 亥 중에 戊土가 있으므로 무사하나, 子水운은 왕한 午火를 충하므로 사망하게 된 다. 이 사주는 공명현달하는 영웅의 사주이다.

(풀이) 설명은 길지만 간지가 같은 것으로 나란히 네 개의 기둥이 모이면 모두 귀한 사주인데, 다만 4辛卯와 4甲戌은 그렇지 않다는 이야기이다. 그러니 이 사주는 염상격으로서 인성을 용신으로 봤다는 것을 뒷부분의 설명으로 알 수 있게 된다. 아무리 화려한 미사여구를 남발한다고 하더라도 결국 어느 운에서 어떻게 지냈느냐는 점이 중요하기 때문이다. 누군가 이 사주를 보고 "조열한 사주로서 생기가 없다"고 이야기한 적이 있는데 일리가 있다고 본다. 봉황지격(鳳凰池格)이라는 대귀한 사주가 아니라는 이야기이다. 역시 아부성 발언을 한 사주라고 귀엽게 봐줄 수는 있겠지만, 그대로 믿지는 말아야 할 것이다.

격국론의 분석 결과

이렇게 해서 『연해자평(淵海子平)』에 나오는 내용을 바탕으로 격
국에 대해서 관찰을 해봤다. 그리고 그러한 격국들이 실제로는 별
로 도움이 되지 않는 내용이라는 것도 알아보았다. 그렇다면 이제
이렇게 겉만 번지르르한 이야기들은 지워도 전혀 아쉬울 것이 없다
고 생각된다. 만약에 벗님들이 그동안 격국에 대해 막연한 동경심
이나 중압감을 가지고 있었다면 이제부터는 거기에서 벗어나 명리
의 공간을 자유롭게 날아다니기 바란다. 적어도 격국론에 매달려
있는 동안은 연구 과정이 자유롭지 못하다는 것을 느낄 수 있었을
것이다.

그렇지만 나름대로 연구를 해본 후에도 고전 격국이 활용할 만한
가치가 있다고 생각된다면 낭월이 나서서 굳이 말리고 싶지는 않
다. 그 또한 개성이고 공부하는 사람의 고유한 영역이기 때문이다.
다만 희망이라면 앞으로 명리 관계 서적에는 이러한 문제가 거론되

지 않았으면 하는 것이다. 오직 오행의 생극제화 이치를 가지고 사주를 철저하게 연구하고 분석한 책들만 나와주기를 바란다. 만약 책을 내면서 그러한 것을 거론하지 않는 것이 마음에 걸린다면 고민할 필요 없이 다음 한마디만 추가하면 된다.

독자 제위께 알린다.
이 부분(12운성이든 신살이든 고전 격국론이든)에 대한 이론은 생략한다. 여기에 대해서 구체적으로 알고 싶으면 낭월의『용신 분석』을 참고하기 바란다.

이렇게만 해놓으면 이에 대해서 관심이 있는 벗님들은 낭월의 글을 잠시 뒤적여보면서 알게 될 것이다. 물론 이 이론을 알기 위해서 책을 구입하는 벗님들은 없을 것이다. 그냥 서점에서 잠시 살펴보는 것만으로도 구조를 파악할 수 있기 때문이다. 이제 고전 이론들은 박물관에 보관해놓고서 "예전에는 이렇게 연구한 적도 있었다더라"는 설명을 옆에 붙여놓는 게 좋겠다. 이것만으로도 고인들에 대한 예우는 충분하다고 생각한다. 사실 이미 500여 년 전부터 여기에 대해서 정리를 해온 셈이다.『적천수징의』에 나온 이론들은 바로 불필요한 격국론들을 쓸어버려야 한다는 확실하고도 유익한 결론이었던 것이다.『적천수』의 원문에 보면 이런 말이 나온다.

영향요계기위허(影響遙繫旣爲虛)
잡기재관불가구(雜氣財官不可拘)

그림자나 메아리도 쓸데없고
바라보는 것이나 얽혀 있는 것도

하나같이 허망한 이야기이네
재관이면 재관이지 잡기는 또 뭔 말인가
그저 구애받지 말고 버릴지어다

이 글은 유백온 선생이 쓴 것인데, 정확하게 얼마나 오래 됐는지 한번 따져보자. 유백온 선생의 생몰 연대는 서기 1311~1375년으로 나와 있다. 그렇다면 50세에 이 글을 썼다고 가정하더라도 1360년경이 되므로 지금부터 640년 정도 전에 쓴 글이다. 이렇게 까마득한 옛날에 이미 고전 격국론에 대한 결론을 내려버렸는데 우리는 아직도 그 썩어빠진 그림자에 매여서 스스로도 속고 또 남도 속이고 있는 것이다. 스스로 속는 것이야 어리석어서 그렇다고 할 수 있는 일이지만, 남을 속이는 것은 어떻게 한단 말인가.

중국의 명리학자들은 벌써 여기에서 벗어나서 나름대로 길을 찾아가고 있다. 그런데 우리나라에서 발간된 명리서에는, 바로 엊그제 나온 것에서도 이러한 격국을 알아야 한다는 이야기가 등장하곤 한다. 과연 이 원리에 대해서 생각이나 해보고 글을 쓴 것인지 모르겠다.

• 『사주첩경』의 내용 중에서

기존에 나와 있는 명리 서적들을 보면 대부분 불만을 느끼게 된다. 우선 우리나라에서는 그래도 볼 만한 책에 속하는 『사주첩경』에서도 첫번째 권에서 벌써 신살에 대한 이야기가 나온다. 사주를 작성하는 방법 다음에 신살을 대입하는 내용이 적혀 있다. 올바르게 오행의 원리를 연구한 이 책의 저자가 어쩌자고 이렇게 책의 제1권에다 신살에 대한 이야기를 썼는지 모르겠다. 아마도 명리학을 처음 공부하는 마당에 재미를 좀 붙여가면서 해보라는 의미로 그랬는지는 모르지만, 『사주첩경』을 볼 정도라면 이미 본격적으로 공부를 하는 사람일 텐데, 좀더 심사숙고했어야 하지 않았을까 생각해 본다.

여기서 이렇게 불만을 토로하는 이유는, 『사주첩경』에 신살이 나왔다는 것만으로도 당연히 배워야 하는 것으로 받아들여질 수 있기 때문이다. 즉 『사주첩경』에 거론된 자체가 신살이 중요하다는 무언의 압력으로 작용할 수 있겠다는 생각이 들어서이다. 그런데 『사주첩경』 제3권을 보면 신살을 그냥 맛보기로만 설명한 것이 아니라는 사실을 알게 된다. 실제로 여러 가지 상황을 설명하는 중간중간에 신살론을 개입시키고 있기 때문이다. 그렇다면 신살을 그대로 사용했다는 이야기가 되는 것이다. 그리고 제5권에서는 바로 이 『영향요계』의 격국들을 모조리 설명하고 있다. 물론 『영향요계』에 나오는 내용을 구체적이고 긍정적으로 표현하고 있는 것은 당연하다. 이렇게 볼 때 『사주첩경』은 『적천수』와 견해가 다르다고 해도 되겠다.

물론 『적천수』가 최고라는 의미는 아니다. 다만 아무리 생각해봐도 오행의 원리에서 볼 때 『사주첩경』도 문제가 크다는 점을 말하는 것이다. 그러나 『사주첩경』 제6권에 설명되어 있는 상황들은 매우 좋은 내용이라고 생각하고 있다.

•『명리요강』의 내용 중에서

『명리요강(命理要綱)』은 박재완 선생의 역작이다. 또한 상당한 위치에 있는 명리 이론서이기 때문에 누구든지 관심을 가지고 보게 되는 책이다. 여기에서는 우선 십이운성에 대해서 음장생은 이치에 맞지 않다는 점을 분명히 한 것이 돋보인다. 『사주첩경』에서는 십이운성에 대해서도 그대로 수용하고 있는 것으로 보인다.

그런데『명리요강』에도 문제는 있다. 신살론을 그대로 설명하고 있는 것이다. 야자시설에 대해서 그토록 냉정하게 판단할 정도라면 신살이 오행의 이치에 들어맞는 이론이라는 판단 또한 정확했으리라 본다. 그렇지만 임상하는 과정에서 어떻게 의문을 갖지 않을 수 있었는지 모를 일이다. 어떤 부분에 대해서는 엄격하면서 또 다른 부분에 대해서는 너그러운 이유가 임상을 해본 결과 그렇게밖에 설명이 되지 않더라고 한다면 달리 할말은 없다. 하지만 그래도 오행의 생극제화에서 볼 때 과연 신살론이 그렇게 부합이 되었는지 의심스럽다.

　그리고『연해자평』등에서 설명하고 있는 격국들에 대해서도 그대로 받아들이고 있다. 그렇다면『영향요계』의 격국들도 오행의 이치에 부합된다고 여기는 것인지, 아니면 당시의 흐름으로 봐서 누구나 그렇게 적어왔기 때문에 따른 것인지 알 수는 없지만, 일단 말단(末端)의 후학(後學)인 낭월이 볼 때에는 좀더 과감하게 정리했더라면 좋았으리라는 생각이다. 그랬더라면 한국의 명리학도 중국의 이론에 뒤지지 않게 발전했을지도 모른다.

　『사주첩경』과『명리요강』은 우리 명리학계에 참으로 고마운 자료들이라고 할 수 있다. 그러나 보다 현실적인 상황으로 대입시켰더라면 더욱 훌륭한 이론이 되었을 텐데 하는 아쉬움이 남는다.

　이처럼 한국에서 내로라 하는 책에서도 그대로 전하는 내용을 삭제시킨다는 것은 참으로 쉽지 않은 일일 것이다. 어찌 생각해보면 오히려 불경(不敬)스럽게 여겨질 수도 있겠다. 그러나 학문은 명성으로 권위를 인정받아서는 안 된다고 생각한다. 오로지 이론적인 자료와 실제의 임상으로 판단되어야 하는 것이다.

　이렇게 생각해볼 때 홍정(洪正) 선생은 용기가 있다. 그의 저서

『팔자와 운명』(양림)에는 오행의 생극제화에 따라 모든 것을 관찰하고 신살에 대해서 과감하게 부정하고 있는 대목이 나오는데, 이것을 보면 이제야 비로소 자평명리학이 정리될 수 있지 않을까 하는 생각이 든다. 이러한 연구들이 많이 나올수록 자평명리학이 미신적인 요소를 털어내게 될 것이고 보다 발전할 수 있을 것이다. 적어도 이러한 작업에 미약한 힘이나마 보탬이 되고 싶은 것이 낭월의 바람이다.

제5부

사주 밖의 소식

자평명리의 한계

아마도 이런 제목이 여기에 있으리라고는 미처 생각하지 못했을 것이다. 그런데 낭월은 명리학에 대해서 연구를 하다가 어느 날 벽이라고 생각되는 것에 부딪히게 되었다. 자평명리학도 그냥 하나의 학문일 뿐이지 그 이상 무엇이 있는 게 아니라는 생각이 들면서 회의에 잠기게 되었던 것이다. 물론 학문을 연구하다 보면 자연스럽게 이러한 생각이 들게 된다. 이것은 비단 명리학을 연구하는 사람뿐만 아니라 다른 학문을 연구하는 사람들도 하나의 과정으로서 겪는 일인 것이다.

그런데 시간이 경과하면서 여기에서 새로운 발견(?)을 하게 되었는데, 그것은 바로 사주학에도 한계가 있다는 것이었다. 그 한계라고 하는 것이 과연 실제로 이 학문의 한계인지 아니면 낭월이 같은 둔재의 한계인지는 장담할 수 없다. 어쨌든 사주 팔자의 원리로는 분명한 것이 실제로는 다르게 나타나는 경우가 있었다. 그래서 사주를 잘못 봤는가 싶어서 재차 검토해봤지만 자평명리학의 이론으로서는 도저히 결론을 내릴 수가 없었던 것이다.

그렇다면 그 한계를 어떻게 받아들여야 할 것인가. 우선은 극우파(極右派)의 형태로서 사주 옹호주의자가 될 수도 있겠다. 그러니까 어떻든지 사주는 타당한 것이므로 이론과 실제가 다르게 나타났다면 사주의 시간 등이 틀려서일 것이라고 강력하게 고집하는 경우 등이 이에 속한다고 할 수 있겠다.

자신이 연구하는 학문이 어떤 한계점을 드러낼 때 즐거워할 사람은 아무도 없을 것이다. 낭월도 마찬가지이다. 그렇지만 이러한 이야기를 하는 것은 자평명리학에 대해서 불손한 생각이 있어서는 전혀 아니다. 오히려 자평명리학을 너무나 사랑하기 때문에 한계에 대해서 이야기를 하고 넘어가려는 것이다. 그 이유는 간단하다. 책임에 대한 한계를 분명하게 해둠으로써 마음 편안하게 연구에 몰두할 수 있겠기 때문이다. 일단 최선을 다해서 연구에 몰두하고, 그리고 불합리한 이론은 과감하게 제거해 나가는 것이 명리를 공부하는 사람의 의무일 것이다.

그런데 온갖 이론을 대입시켜서 해석해봐도 도무지 결론이 나오지 않는 사주가 나타난다면 이때에는 과연 어떻게 해야 할 것인가? 명리학도 별수 없는 속임수라고 생각하고 책을 던져버려야 하는지, 아니면 어떻게든지 배운 이론에 그 상황을 강제로 끌어다 맞추어야 하는지, 그것도 아니면 좀 구차스럽기는 하지만 원칙적인 이론으로 설명하기 어려우니 신살 같은 온갖 이론들을 끌고 들어가서 어쨌든 사주학이 대단한 학문이라고 강조해야 하는지 모르겠다. 이런저런 생각을 하노라면 참으로 만만치 않은 문제에 봉착해 있다는 것을 알게 된다. 실제로 낭월은 이러한 고민들을 모두 겪으면서 오늘까지 왔다고 말할 수 있다.

그런데 언제부터인가 생각을 전환하게 되었다. 사주학의 한계에 대해서 인정하고 받아들이게 된 것이다. 그러니까 삽시간에 마음이 편안해졌다. 아마 벗님들도 나름대로 오행의 이치에 맞게 설명을 했는데도 자꾸 뭔가 빗나가는 것을 느끼게 된다면 낭월과 똑같은 갈등에 빠질 것이다. 그러면서 마찬가지의 고민을 하게 될 것이다. 이러한 고민을 하지 않는 벗님들이라면 탁월한 감각을 천부적으로 소유하고 있거나 구체적으로 깊이 생각해보지 않았을 가능성이 있다.

초일류급의 학자들도 자신이 연구하는 학문에 문제가 있다고 느끼게 되면 그 원인을 찾기 위해서 잠을 아끼면서 정진(精進)한다. 이렇게 몰두하지 않으면 발전할 수 없는 것이다. 그런데 그들은 아무리 고민이 심하다고 해도 이 문제를 누구와 더불어 해결하기 어렵다. 내로라 하는 일인자가 어떻게 자신이 공부하는 내용이 이치에 타당치 않은 것 같다고 쉽게 이야기할 수 있겠는가. 참으로 어려운 일이다. 그래서 '정상에서의 고독'이라는 말도 있겠지만, 어쨌든 마음놓고 자신이 하는 학문의 결함에 대해서 토론할 여건이 마련되어 있지 않은 것이 현실이다. 그렇다면 낭월이라도 이렇게 책을 통해서나마 이러한 분위기를 만들어가야 하지 않을까 생각하고 있다.

사실 이렇게라도 자평명리학의 이면에는 설명하지 못하는 분야가 있다는 것을 확실히 정리해놓아야 앞으로의 연구에도 진척이 있게 되리라 생각한다. 그런데 어느 책에서도 자신의 학문이 어떤 결함을 가지고 있는 것 같다는 이야기가 없다. 그 학문이 완벽해서 그런 것인지, 저자가 부끄러운(?) 부분을 고의로 숨겨서 그런 것인지, 명실공히 '일점(一點)의 의혹(疑惑)'이 없이 통달이 되어서 그런 것인지는 알 수 없다. 다만 이 중에서 고의로 감추려고 이야기를 하지 못했다면(적어도 낭월은 그렇다) 이제라도 늦지 않았으니까 올바르게 이야기해주기 바란다. 그럼으로써 낭월이 우둔하여 괜한 고민을 한 것이 명확히 밝혀진다면 고마운 일이고, 이 학문 또한 발전하게 될 것이라고 믿는다. 명리학의 한계라고 생각하는 것에 부딪힌 많은 사람들이 자신의 능력 부족을 탓하며 중도에서 물러나는 경우가 왕왕 있는데 이것은 엄청난 손실이라고 할 수 있다.

낭월이 보기에 자평명리학에도 분명히 어떤 한계가 있다. 그것이 무엇인지 오랫동안 생각해온 결론을 지금부터 적어보겠다. 보다 깊은 연구를 거친 다음에 결론을 내려야 옳겠지만, 그동안이라도 이 글을 읽고 따끔하게 일러주기를 바라는 마음에서 일단 정리해보겠다. 자평명리학을 사랑하는 마음이 너무나 강하다 보니까 그 결함까지도 사랑하게 되어서 이처럼 당당하게 명리학의 한계를 토론의 장으로 불러내보는 것이다.

예측이 빗나가는 이유

1. 사주가 틀렸을 경우

사주가 틀렸을 경우 예측이 빗나가는 것은 너무나 당연한 일이다. 자평명리학은 바탕이 되는 자료를 본인이 출생한 연월일시로 삼는 것이 전부이다. 그 이상은 아무것도 대입시키지 않는다. 부모의 직업이나 이름, 혈통 등에 대해서도 전혀 대입해야 할 근거가 없다. 나름대로 그것을 응용하는 경우도 있지만, 그것은 어디까지나 개인적인 활용일 뿐이지 명리학은 아니다. 그렇다면 자료는 출생한 연월일시뿐이라는 결론이 나온다.

그런데 만약 이 자료가 틀렸다고 생각해보자. 결과가 전혀 엉뚱한 곳으로 흘러가게 된다. 사실 『적천수징의』에서도 1시간의 차이로 인해서 관찰사와 비렁뱅이로 갈라진 자료를 싣고 있다. 불과 한 시간의 차이이지만 그 오차로 인해 전혀 다른 결과가 나오게 되는 것이다.

그럼 어떤 경우 사주가 틀리게 되는지 한번 구분해보도록 하자.

1) 소홀함으로 인한 과실

시간을 정확히 모르고 대충 알고 있는 사람이 의외로 많다. 그리고 당시의 상황으로 봐서 보다 상세한 자료를 요구할 수도 없는 형편이다. 예를 들어서 낭월의 부친께서도 아이들을 낳으면 시간을 잡는데, 당시에는 형편상 시계도 하나 없어서 여러 가지 자연적인 정황(달, 해, 조수 등)을 참고로 할 수밖에 없었다. 그런데 문제는 냉정하게 객관적으로 시간을 정해야 함에도 불구하고 주관적인 부분이 개입되는 것이었다. 낭월의 부친 경우에는 오행에 대한 지식 때문에 더욱더 주관적인 부분이 포함되었다.

처음에 낭월의 출생 시간은 申시로 되어 있었다. 그리고 아우는 戌시, 막내는 子시로 알고 있었다. 부친께서 그렇게 말씀해주셨기 때문이다. 그러니 그냥 그런가 보다 했다. 아마도 낭월이 명리학을 연구하지 않았다면 평생 申시로 알았을 것이다.

그런데 이 申시라는 것이 사주를 분석하는 데 문제가 되었다. 특히 심리적인 영향을 분석하는 과정에서 자주 빗나간다는 생각을 하게 된 것이다. 당시 고향에 부모님이 계셨기 때문에 양력으로 4월 16일 저녁에 그곳으로 찾아갔다. 고향에서 태어났으므로 태어난 시간의 상황을 알아보기 위해서이다. 출생한 곳의 자연적인 상황도 참작할 수밖에 없는 것이어서 저녁때라고 하면 서쪽에 큰산이 있는지도 봐야 한다. 그래서 未시가 되자 어머님의 주의를 환기시켰다.

"지금부터 제가 태어날 무렵의 상황에 대해서 정확히 확인해보겠습니다. 그러니까 생각나시는 대로 당시의 상황을 말씀해주세요."

물론 노모님이야 아들이 공부를 위해서 자신의 사주를 알아보겠다고 일부러 날까지 정해서 왔는데, 함부로 이야기하진 않으실 것이다. 이윽고 申시가 되었고, 낭월이 30분 간격으로 질문을 하며 두어 시간이 지나갔다. 어머니의 기억에 맞춰보면 도저히 申시가 아니었다. 酉시로 접어들었다. 오후 6시경이 되었다. 그러자 어머니는 이 정도의 시간일 거라고 말씀하셨다. 여자의 입장에서 처음으로 출산한 경험은 쉽사리 잊혀지지 않는지 오랜 시간이 지났건만 상당히 성확하게 당시의 상황을 기억해내셨다. 그제야 낭월의 출생 시간은 申시가 아니라 酉시라는 것을 확인할 수 있었다.

그래서 아버지께 어째서 申시라고 생각하셨는지 여쭤봤다. 그랬더니 놀랍게도 거기에는 어떤 조작이 개입되어 있었고, 나름대로 이유가 있었다.

"양시(陽時)에 태어나마 부선망(父先亡)이라고 안카나. 그래서 내가 먼저 갈라꼬 그래 정했던 거 아이가."

그러니까 자식의 출생 시간을 조작해서라도 자신이 아내보다 먼저 가야겠다고 염원했던 것이었다. 나머지의 아이들도 모두 그런 사연이 있어서 양시로 잡았던 것이다. 어쨌든 자식들의 시간을 모두 양시로 잡았음에도 불구하고, 부친은 부인을 먼저 저세상으로 보내고 혼자서 한동안 외롭게 지내시다가 따라가셨다.

물론 출생 시간이 음이든 양이든 부모의 사망과는 연관이 없다고 본다. 가장 큰 이유는 자식들마다 출생한 시간의 음양이 서로 다른 경우가 대단히 많기 때문이다. 그렇다면 아버지가 다르다거나 자식들의 시에 따라서 두 번 죽어야 한다는 것인데, 이것은 현실적으로 있을 수 없는 일이다. 지금 당장이라도 벗님들의 형제들 사주를 관찰해보기 바란다. 음양이 더러 일치하기도 하겠지만, 대부분 서로 어긋나고 있을 것이다. 물론 이것도 음양 오행의 미신이라고 봐야겠다.

그런데 보통 명리학에는 문외한인 일반인들은 시간을 대충 알고 있는 경우가 허다하다. 과연 정확한 사주를 알고 있는 사람들이 몇 퍼센트나 될지 참으로 의심스럽기조차 하다. 그래서 사주를 보게 되면 당연히 틀리는 것인데, 사주가 맞지 않는다고 명리학을 부정하고 명리학자들을 비난하곤 하는 것이다.

더구나 서머 타임이나 자연 시간과 표준 시간의 오차까지 염두에 두고 시간을 가려내야 하는 상황이므로 정확한 시간을 안다는 것이 참으로 쉽지 않다고 볼 수 있겠다. 어쨌든 사주를 잘못 알고 있는 과실은 그에 대한 소홀함으로 인해 발생한 것이라고 하겠다. 만일 태어난 시간이 오전 9시경이라고 해도, 실제로는 8시 반경이었거나 9시 40여 분경이 될 수 있다. 그냥 따지기 좋으려고 9시로 정해버린 경우가 허다하기 때문이다. 따라서 사주를 잘 보려면 우선 정확한 사주를 알고 있는지부터 관찰해야 할 것이다.

2) 부득이한 분실

이것은 과실이 아니라 분실이다. 사주를 분실하게 된 개인적인 상황은 각각 다르다. 그 중에서도 낳자마자 보자기에 쌓여서 남의 집 대문 앞에 버려진 경우 정확한 출생 시간을 분실했을 가능성이 대단히 크다. 만일 생모가 정확하게 출생 사주를 적어뒀다고 하더라도 여기저기 전전하는 과정에서 서류 기재상 별로 중요하게 여겨지지 않는 출생 시간은 소외당하기 십상이다. 그러다 보면 나중에는 없어져버리는 것이다. 그야말로 분실이 되는 셈이다. 그리고 고아들을 돌보는 단체들이 주로 기독교 계통이라는 것도 사주가 누락되기 쉬운 한 이유라고 볼 수 있다. 이들 단체에서는 사주에 대해서 별로 신경을 쓰지 않을 수도 있기 때문이다. 이런저런 원인을 생각해본다면 사주의 올바른 연월일시를 얻을 수 있는 확률은 자꾸만 줄어들게 된다.

그리고 어머니가 기억을 못 하는 경우도 많다. 때로는 생일까지도 왔다갔다한다. 특히 열심히 키우느라고 정신을 차릴 겨를도 없다가 막상 혼인을 시키려고 궁합을 볼 때 정확한 사주를 몰라서 난감해하는 일이 종종 있다. 역시 분실이라고 해야 할 것인데, 분실의 정황은 인간적으로 이해가 되지만 어차피 사주가 정확하지 않기 때문에 올바르게 풀이하기는 어려운 것이다.

명리가의 입장에서 보자면 틀린 사주로 판단을 하게 되므로 실제와 맞지 않을 것은 당연하다. 그러나 사주를 보는 쪽에서는 자신이 제공한 자료의 정확성 여부는 뒷전이고, 얼마나 실제와 정확하게 들어맞는가에만 관심을 가지기 때문에 명리가들이 애꿎게 비난을 받곤 한다. 어쨌든 자료가 정확하지 않아서 발생하는 오진(誤診)에 대해서는 명리가의 책임이 아니라는 것을 이해해야 한다.

3) 사주 작성시 발생하는 실수

사주를 작성하는 과정에서 실수를 하여 사주가 틀리게 될 수도 있다. 만세력을 보고서 찾아내는 자료를 가지고 판단해야 하기 때문에 의지할 것이라고는 만세력뿐이다. 따라서 만세력을 잘못 보고서 적었다면 이것은 순전히 잘못 적은 사람의 책임이다.

그래서 사주를 작성할 때에는 온통 신경을 집중해야 하지만, 사람이기 때문에 실수를 하기도 하는 것이다. 어쨌든 주의를 하고 또 해야 할 것이 정확한 사주 작성이라고 하겠다. 특히 사주는 그런 대로 잘 적는데, 가끔 운세를 적으면서 실수를 하게 되는 경우가 있다. 낭월도 그런 경험이 있다. 초창기에는 거꾸로 적어놓고 이야기를 해주고는 손님이 돌아간 후에야 잘못 적혀 있는 것을 발견하곤 했었다. 요즘도 간혹 올바르게 명식 작성을 하지 못하고 실수를 할 때가 있는데, 이러한 실수를 해서는 안 되겠다고 생각하면서도 잘 되지 않는다.

때로는 甲子년에 출생한 사람인데, 乙丑년의 사주를 적는 경우도 있다. 물론 있을 수 없는 일이지만 실제로는 간혹 발생하는 것이다. 언젠가는 이런 경험을 했다. 이미 오래 전의 일인데, 중년의 부부가 상담을 하러 왔다. 그래서 사주 공부를 해봤느냐고 물었더니 명리에 대해서는 전혀 모른다고 이야기하는 것이었다. 그래서 그런가 보다 하고는 만세력을 보고 사주를 적었다. 그러고 나서 이야기를 하는데, 남자가 사주가 잘못 적힌 것 같으니까 다시 확인해보라고 했다. 그래서 다시 살펴보니 사주 명식을 잘못 적어놓고 있었다. 그런데 희한한 점은 부인의 사주도 잘못 적었던 것이다. 아마 그 사람들은 낭월의 공부에 대단히 실망했을 것이다.

그런 일이 벌어져 일단 기가 꺾이는 바람에 올바른 상담이 이뤄진 것 같지가 않았다. 그런데 보내놓고 생각해보니 이미 이 사람들은 상당한 공부가 되어 있으면서도 자신들의 공부를 숨기고 사주를 물어봤던 것이 들통나버린 셈이었다. 그러자 틀리게 적은 것에 대해서도 뭔가 당위성을 부여하고 싶은 생각이 드는 것이었다. 즉 자신의 공부를 숨기고 테스트를 해보려고 하니까 원국 자체가 잘못 적힌게 아닌지 이야기를 하고 싶은 것이다. 물론 변명이다. 뭐라고 변명을 하더라도 사주를 잘못 적은 것에 대해서는 할말이 없지만, 이렇게 부부의 사주를 모두 원국부터 틀리게 적은 경우는 처음 있는 일이어서 그런 생각을 해봤던 기억이 난다. 그런데 이렇게 어처구니없는 일을 저지르고 나면 망신스럽기도 하고 자책도 들고, 사주를 볼 생각이 들지 않게 된다. 어쨌든 사주를 잘못 적는 것은 순전히 적는 사람의 과실이기 때문에 이러한 실수는 절대로 하지 말아야 하겠다.

4) 만세력의 과실

아무리 정신을 차려서 사주를 작성한다고 해도 만세력 자체가 잘못된 경우에는 어떻게 할 도리가 없다. 그래서 보다 정확한 만세력을 찾아보려고 애쓰기는 하지만, 그 많은 수치들을 계산하면서 한군데에도 잘못이 없기를 바랄 수도 없는 일이다. 그 책을 만드는 것도 사람이기 때문이다. 그렇다면 만세력을 몇 가지 놓고서 참고해보는 것은 어떨까 싶다. 물론 좋은 방법이지만 그렇게 하자면 시간도 많이 들고 귀찮기도 할 것이다. 한 사람의 사주에 대해서만 깊이 생각할 경우라면 모르지만, 자신의 가족들을 모두 보겠다며 7~8명을 불러대는 상황이라면 일일이 여러 만세력을 확인해보기가 만만치 않을 것이다. 따라서 나름대로 가장 정확하다고 생각되는 만세력을 선택해서 보는 수밖에 없는데, 문제는 100퍼센트 완벽한 만세력은 없는 것 같다는 것이다.

명리가의 입장에서 볼 때 만세력의 과실로 인한 오진의 책임까지지기는 좀 억울할 것이다. 이것은 마치 의사가 기계의 오작동으로 인해서 의료 사고를 일으켰을 경우에 느끼는 심정과 비슷하지 않을까 싶다. 그 환자의 보호자들은 의사가 기계 때문에 그랬다고 해도 납득하지 않을 것은 뻔하다. 그러나 기계의 오작동은 항상 있을 수 있는 일이다. 첨단 산업의 결정체라고 할 수 있는 비행기도 오작동을 하고, 컴퓨터 또한 오작동을 하는데, 하물며 의료 기계인들 사람이 만든 것인데 오작동을 하지 않을 리가 없다.

그런데 이렇게 당연함에도 불구하고 이해 관계가 얽히게 되면 마음이 달라지는 것이 사람이다. 물론 만세력이 틀려서 실제 상황과 다른 결론을 내렸다고 해서 고소를 당하지는 않을 것이다. 그러나 어떤 사람이 명리가의 명성을 듣고 찾아와서는, 사업을 하면 돈을 번다고 하는 말에 솔깃해서 무리하게 투자를 했다가 엄청난 손실을 입었다고 하자. 그러면 법적인 책임은 없다고 하더라도 도의적인 책임도 없다고 할 수는 없을 것이다.

이런 점에서 만세력을 선택할 때에는 참으로 망설이게 된다. 그리고 명리가의 책상에 적어도 서너 권 이상의 만세력이 놓여 있는 까닭도 납득이 된다. 어쨌든 현재로서는 이 문제에 대해서는 오차가 적은 만세력을 선택하는 수밖에 없다고 보겠다.

이처럼 연구의 깊이와는 상관없이 주변에서 벌어지는 상황만으로도 오진할 가능성들이 수두룩하다. 여기에다가 이론적인 착오까지 추가된다면 그 결과는 예측할 수 없을 만큼 불투명해진다. 주의하고 또 주의해야 할 일이라고 본다.

이 외에도 뭔가 틀릴 수 있는 변수가 있겠지만, 일단 사주를 작성하는 과정에서 발생할 수 있는 오류는 이 정도만 생각해보기로 하고, 이제는 본격적으로 연구 과정에서 발생할 수 있는 오진에 대해서 알아보도록 하자.

2. 용신이 틀렸을 경우

1) 아무리 신중히 한다고 해도

용신을 올바로 찾는 것이 실력이라는 것은 당연하다. 그래서 어떤 경우를 막론하고 용신을 찾는 연구를 열심히 하는 것이다. 또 연구를 깊이 하면 그만큼의 대가가 주어지는 것도 사실이다. 그러나 역시 사람이 하는 일이라 연구하는 과정에서 자신만의 견해가 끼여들 수밖에 없는 것이다. 그러나 때로는 자신이 내린 판단에 대해서 확신이 서지 않을 경우도 발생하게 된다.

그러나 사람에 따라서는 사주가 사활(死活)이 걸린 내용을 포함할 수도 있기 때문에 '팔자 용신이 틀리는 것은 명가지상사(命家之

常事)'라고 속 편하게 생각할 수만도 없는 일이다. 따라서 신중히 연구하고 또 자신의 주관적인 판단보다는 객관적인 결론을 유도해 내기 위해서 노력해야만 한다. 그렇지만 100퍼센트 정답만을 낼 수는 없는 일이다. 아마 100퍼센트 정답만을 낸다면 이미 도를 통한 도인이라고 해야 할 것이다. 어쨌든 올바로 찾아낸 사주를 적어놓았음에도 불구하고 용신을 잘못 찾아서 오류가 발생하는 경우가 많이 있다. 그러므로 항상 오차를 줄이기 위해서 최선을 다해야 하는 것이다.

그런데 자신이 결정을 내린 용신에 대해서 용감하게 어떻게든지 고집스럽게 밀어붙이고 싶을 때가 더러 있다. 오행의 이치로 봐서 도저히 다른 방법으로는 해석할 수 없다고 확신이 드는 경우가 있다는 것이다. 이렇게 되면 그야말로 '공부하는 사람의 똥고집'이 발동하게 되는데, 이것을 꺾기 또한 여간 힘든 일이 아니라는 것을 경험해보았을 것이다. 이로 인해서 자신의 이론이 정확하게 통하는 것을 발견하면 상대적으로 즐거움이 늘어나지만, 또 반대로 오류를 불러왔을 때에는 역시 마음이 편치 않다. 어쨌든 용신을 잘 잡아서 결론을 내려야겠다는 생각은 백번 천번 다짐해도 지나치지 않는다고 할 수 있다.

2) 용신의 오류를 줄이기 위해서

용신을 잘못 잡지 않기 위해서 낭월이 사용하는 궁여지책이 있다. 용신을 잡고 난 후에 항상 용신을 잘못 잡은 것은 아닌지 확인하는 것이다. 누가 봐도 명확한 사주일 경우에는 고민할 필요가 없지만, 보기에 따라서 용신이 달라질 수도 있다고 생각되는 사주는 어김없이 확인을 해본다. 가령 낭월의 생각에는 木이 용신이 되어야 할 것 같은데, 어떻게 보면 金이 용신일 것 같기도 한 사주도 있다. 이런 사주를 만나면 반드시 질문을 해서 확인해보아야 마음이 놓인다.

"제가 볼 때 이 사주는 木의 운이 들어온 해에 좋은 일이 생겼을 것 같은데, 실제로 그랬는지 궁금하네요. 어떠셨나요?"

그냥 막연하게 몇 년도에 어떻게 살았느냐고 묻지 않고 이렇게 나름대로 생각한 것을 확인하는 식으로 물어본다. 그러면 대개는 자신이 느끼고 있는 대로 이야기를 해준다. 그 중에서도 『왕초보 사주학』 등의 낭월 책을 읽어보고 찾아온 경우에는 낭월의 스타일(?)을 잘 알기 때문에 당연하다는 듯이 설명을 해준다. 이렇게 해서 생각한 대로 결과가 나타나면 안심하고 구체적인 이야기로 들어가게 되는 것이다.

그런데 여럿이 찾아오다 보면 사람마다 성질도 각양각색이다. 개중에는 낭월이 물으면 눈치를 슬금슬금 보는 사람도 있다. 그러한 표정에서는 아무래도 잘못 찾아온 것이 아닌가 하는 기색이 역력하다. 물론 그렇게 생각하는 것에 대해서 이해를 못 하는 것은 아니다. 낭월의 입장에서는 운명을 보다 정확하게 진단하기 위해서 묻는 것이지만, 상대의 입장에서는 소문과는 달리 자신에게 물어본다고 생각하고 기분이 좋지 않을 수도 있기 때문이다.

시작이 이렇게 되면 낭월도 기분을 잡치는 경우가 가끔 있다. 그러면 다시 낭월의 스타일대로 아무래도 소문을 듣고 온 것이 잘못한 일인 것 같다고 이야기하면서 조언을 들을 것인지 말 것인지 다시 생각해보도록 권한다. 그러면 주로 낭월의 방식대로 따라주지만 간혹 불쾌한 기색을 보이는 사람이 있어서 갈등이 생긴다. 그런 사람은 자신의 운명에 대한 조언을 올바르게 들을 준비가 되어 있지 않다고 생각하면서도, 왠지 무시당하는 듯한 기분이 들어서 개운치 않은 것은 어쩔 수가 없다.

그러니까 낭월의 방식이 좋다고 권하기도 쉽지가 않다. 벗님들이 스스로 생각해보고 좋은 방법을 강구해내기 바란다. 다만 낭월은 선의의 피해자를 만들 수는 없다는 생각에서 용신의 오류를 최대한 줄이기 위한 궁여지책으로 이렇게 확인하는 방법을 택하고 있다.

3. 용신을 잘 잡고도 틀리는 이유

사실 용신을 잘 잡는 것만으로 운명을 100퍼센트 정확하게 판단할 수는 없는 일이다. 그렇다면 굳이 명리 공부에 겁을 낼 필요도 없을 것이다. 용신을 찾는 것에는 별로 어려움이 없기 때문이다. 그런데 문제는 용신을 바로 찾았음에도 불구하고 실제로 살아가는 것과 다르게 나타나는 경우가 있다는 것이다. 낭월도 이런 경험을 하기 전에는 자신만만했었는데, 이것을 확인하고서는 많은 갈등을 겪었다. 과연 무슨 이유에서 그러한 일이 발생하는지 고민하지 않을 수 없었던 것이다.

처음에는 과연 명리학의 한계가 이것인가 하는 생각이 많이 들었다. 그래서 공부를 중단할까도 생각했었는데 그동안 투자했던 시간이 억울해서 그 연유나 한번 밝혀보고 그만둬도 그만둬야겠다고 마음먹고 본격적으로 탐색 작업을 시작했다. 그 결과 나름대로 답을 찾을 수가 있었다. 즉 새로운 각도에서 사람의 운명을 관찰하게 된 것이다.

1) 사주 위에 조상이 있다

어느 날 문득 한 가지 생각이 떠올랐다. 사주에서 용신을 바르게 잡았는데도 불구하고 실제로 살아가는 상황이 다르게 나타나는 것은 아무래도 조상(祖上)의 묏자리 탓이 아니겠느냐는 생각이었다. 막상 이렇게 생각하니 과연 그럴 수도 있겠다 싶었다. 그래서 사주를 살피면서 나온 결론과 실제 상황이 맞아떨어지지 않을 경우에는 반드시 이러한 관점에서 다시 관찰을 하게 되었다. 그 결과 사주에 나타난 운명에 훨씬 못 미치는 삶을 살고 있는 경우 조상의 영향이라고 생각되는 것이 구체적으로 눈에 들어오기 시작했다. 물론 반드시 그렇다고 장담할 수는 없지만 미루어보건대 그 외에는 다른 원인을 생각할 수가 없었던 것이다.

좋은 암시가 있는 사주임에도 불구하고 실제로는 좋은 일이 없는 경우도 있지만, 나쁜 암시가 있는 사주임에도 실제로는 나쁜 일이 발생하지 않는 경우도 있다. 앞의 경우에는 안되는 놈은 뒤로 넘어져도 코가 깨진다는 것으로 이해되고, 뒤의 경우에는 조상이 도와서 그렇다고 생각하게 된다. 어쨌든 영혼들의 어떤 파장에 의해서 개인적인 운명이 혼선(?)을 빚을 수 있다는 것이다.

사실 수없이 많은 역학자들이 사주와 실제의 불일치 문제를 해결하지 못해서 오랜 세월 동안 여러 이론들을 전전하며 고민해왔다. 그러나 그렇게 헤매고 다녀도 결국 100퍼센트 확실한 이론을 찾지 못했던 것이다. 낭월은 사주와 실제가 다른 것을 영적인 것의 개입으로 보고 있다. 혹 낭월의 이야기에 공감하지 않는 벗님들이라면, 낭월이 명리학의 바닥을 잡고서 합리화시키기 위해서 안간힘을 쓰고 있는 것처럼 보일지도 모르겠다. 그렇다고 해도 어쩔 수는 없다. 하지만 자신의 인생을 투자해가며 명리를 연구하는 사람의 진지한 주장으로 받아들여졌으면 한다. 그리고 중요한 것은 현재로서는 100퍼센트 확실하게 이론적으로 설명할 수 없는 부분은 영적인 문제로 해결할 수밖에 없다는 것이다. 영험하다고 하는 명리가들 중에는 나름대로 영적인 교류가 이뤄지는 경우도 있다고 볼 때 이것을 엉터리라고만 할 수도 없을 것이다.

따라서 아무리 이해하고 연구해봐도 사주의 예측이 실제와 들어

맞지 않을 경우에는 굳이 고민하지 말고, 다음과 같이 말하면 된다.

"지금 제가 귀하의 사주를 연구해볼 때, 오행의 이치로는 아무런 문제가 없는 결론을 낼 수 있습니다. 그러나 실제로 대입시켜보면 전혀 예측하고 있는 상황이 나타나지 않는군요. 그렇다면 과연 그 이유가 무엇일까요. 아무래도 조상님들이 편안하지 못한 상황에 계신 것이 아닌가 싶습니다. 그래서 시험삼아서 한번 여쭤보겠는데, 귀하의 집안, 특히 형제들 대부분이 모두 비슷한 상황에서 일이 풀리지 않는 건 아닌가요? 만약에 다른 형제들은 모두 잘살고 있는데, 유독 귀하만 불행하다면 모르겠지만 살아가는 모습들이 모두 뜻과 같지 못하다면 일단 이러한 이야기에 귀를 기울여볼 만하다고 생각합니다."

이러한 이야기를 해본 결과 아니라고 답변하는 경우는 거의 없었다. 그렇다면 미처 관찰하지 못했을 뿐이지 실제로 조상의 영향으로 인해서 자손들이 자신의 운을 찾아먹지 못하는 경우가 있다고도 하겠다. 그리고 그 원인은 산소의 터가 불량하거나 아니면 영혼들이 고통스러운 상황(예를 들어 무주고혼이 되어서 구천을 헤매고 다닌다든지)에 처해 있을 가능성이 많기 때문이라고 보는 것이다. 물론 또 다른 무엇이 있을 가능성은 얼마든지 있다. 다만 현재 낭월이 생각하기에는 일단 조상들과 어떤 연관성이 있다는 것이다.

특히 사주의 암시를 볼 때 영적인 관계에 얽매일 가능성이 있을 경우 더욱 확실하게 나타난다고 보겠다. 그렇다면 영적인 관계를 맺을 가능성이 높은 사주는 어떤 것일까. 한마디로 말할 수는 없지만, 일단 신약한 사주가 그럴 가능성이 가장 크다. 그러니까 보통 신왕한 사주에서는 영적인 관계가 잘 성립하지 않는다고 할 수 있다. 주로 신약한 사람에게서 영파(靈波)의 장애로 인한 고통이 많이 발생하는 것이 보인다. 그렇다면 신약한 사주이고, 비교적 용신에 가까운 운세를 타고 있으면서도 실제로는 계속해서 고통만 받고 있는 사람은 일단 조상의 영혼과 어떤 연관이 있다는 것으로 추정해 봐도 좋을 듯하다.

2) 고전에서 외격이 많은 이유

생각이 일단 발생하기 시작하면 계속해서 꼬리에 꼬리를 물고 파문을 일으켜 나간다. 그러다가 문득 고전에는 외격이 많이 등장한다는 데 생각이 미치게 되었다. 특히『적천수징의』에 응용된 사주들은 유난히 외격에 속하는 것이 많다. 그리고 그러한 외격의 사주들은 하나같이 귀하게 살았다는 결론을 내리고 있다.

그런데 이 사주들을 공부하다가 보면 반드시 부작용이 발생하게 된다. 그것은 앞부분에서도 설명했듯이 외격병이라고 부르는 것이다. 즉『적천수징의』를 보고 나면 웬만한 사주는 모두 외격으로 보인다는 것이다. 낭월도 그러한 경험을 했다. 결국 극복하기는 했지만, 상당히 오랜 시간을 헤매었던 것 같다. 여기서는 외격을 조상과의 어떤 관계에서 생각해볼 수도 있다는 가능성을 제시해보려고 한다. 물론 임철초 선생은 영혼과의 관계를 관찰해보지 않았을 것이다. 일단『적천수징의』에서 사주를 하나 찾아보자.

時	日	月	年
戊	癸	辛	甲
午	亥	未	寅

己	戊	丁	丙	乙	甲	癸	壬
卯	寅	丑	子	亥	戌	酉	申

이 사주는 가화(假化)에 해당하는 것이다. 戊癸合이 되어서 화기격(化氣格)이 되었다고 했는데, 이렇게 생긴 사주를 지금 시대에 만나게 된다면 아마도 거의 틀림없이 신약용인격(身弱用印格)으로 보게 될 것이다. 만일 『적천수징의』를 요즘에도 그대로 적용시킨다면 외격으로 종해야 할 사주들이 엄청나게 많을 것이다. 그러나 실제로 임상을 해보면, 전혀 외격이 아니고 그냥 신약용인격으로 흘러가는 사주들이 대부분이다. 그래서 심지어는 외격이 과연 있기는 하는지 의문이 들기도 한다. 따라서 이렇게 생긴 사주를 지금 시대에 『적천수징의』에 의거해서 그대로 대입시켰다가는 망신을 당하기가 십상이다. 그리고 임철초 선생도 이 사주를 혹시 잘못 본 것이 아닐까 싶은 느낌도 든다.

책을 보면 "壬申癸酉 金水竝旺 孤苦不堪 至甲戌運 支會火局 出外大得際遇……"라고 되어 있다. 이 말은, "壬申 대운과 癸酉 대운은 金水의 운이다. 그런데 그 운을 보내면서 겪은 고통은 이루 말할 수 없을 정도이다. (만약 이 사주를 신약용인격으로 본다면 이러한 운에서 고생했다는 것을 어떻게 설명할 수 있겠는가.) 그리고 甲戌 운이 되어서야 비로소 외지로 나가서 좋은 인연을 만나 돈을 벌고 잘살았다(고 하니 이 사주를 자칫 신약용인격으로 보면 실수를 하게 되므로 주의해야 할 일이다)"는 분위기가 든다. 그렇다면 당시에도 이 사주를 신약용인격으로 봤다는 말이 된다. 그런데 실제로 살아온 것이 어울리지 않으므로 부득이 가화격이라고 하는 돌파구를 이용해서 설명하고 있는 것으로 판단이 된다. 그리고 이러한 설명은 당연하다고 본다. 하지만 낭월은 이렇게 가화가 되었다고 볼 것이 아니라 그 배후에 어떤 영적인 문제가 개입한 것으로도 볼 수 있지 않을까 하는 생각을 해본다.

이렇게 많은 사주들이 모두 외격이라고 하는 구조를 가지고 있다면 요즘에 만나는 사주들에게서도 그러한 면이 나타나야 하는데, 전혀 그렇지가 않은 것이다. 그런데 아무래도 사주는 극히 개인적인 상황을 설명하는 것이고, 조상의 영향은 단체적인 집단에 파장을 미칠 수 있다는 것에 생각이 미치자 어쩌면 이러한 영향이 있을 수도 있겠다는 생각을 하게 되었다. 다만 확증을 잡을 수 없다는 것이 못내 아쉽기는 하지만, 이것은 크게 문제가 될 것이 없다고 본다. 현대의 과학으로도 영혼의 실체에 대해서는 설명이 분분하기 때문이다. 하지만 이것을 확인하기 전에는 믿지 못한다고 해서 존재의 유무가 달라지는 것은 아니다.

이런저런 이유로 사주에도 다른 파장이 개입할 수 있다고 생각하게 되었고, 이것이 확대되어서 조상들의 영파(靈波)가 개입한다는 것으로까지 발전하게 된 것이다. 물론 낭월의 망상이라고 할 수도 있겠지만, 그래도 고려해볼 만한 생각으로 여겨진다.

3) 해결책

지금까지 자신의 사주에 나타난 암시와 실제가 다른 것은 조상의 영향 때문이라고 볼 수 있다는 것을 설명하였다. 만일 그렇다면 어떻게 하는 것이 최선인지도 덧붙여야겠다. 결론부터 말하자면 영혼이 문제를 일으키고 있다면 영혼을 다스리면 될 것이고, 묏자리가 탈이라면 이장을 하든가 화장을 하면 될 것이다. 그리고 과연 그러한 작용이 있느냐는 질문을 다시 한다면 낭월 역시 그러한 작용이 틀림없이 있다고 말할 것이다. 이것은 물론 믿고 말고의 차원일 수도 있지만, 참고한다고 해서 손해볼 일은 없을 것이다.

절에서는 조상의 영혼을 천도하는 일을 전문적으로 하고 있기도 하다. 그러려면 절마다 다르지만 단순히 제사를 지내는 것에 비해서는 금액이 많이 든다. 그러나 이렇게 하고 나면 당연히 좋은 일이 많이 생기게 된다. 물론 운이 지독히 나쁜 상태라고 한다면 조상 천도를 한 번 했다고 해서 급속하게 좋아지지는 않는다. 그런데 운이 좋으면서도 좋은 일이 생기지 않을 경우에는 효과가 상당히 빠르다. 명리학과는 상관없는 결론이지만, 어차피 한 가지 방향으로 답이 나오지 않을 때는 다른 관점에서 찾아볼 수도 있는 것이다. 그리고 중요한 것은 누구나 보다 행복해져야 한다는 것이다.

운명을 좋게 하는 비법(개운 비법)

개운(開運)이라는 말은 어쩌면 허구(虛構)인지도 모르겠다. 개운은 그만두고 흉운에 휘말리지 않는 것만도 다행이라는 생각이 들어서이다. 그래도 한번 흔하게 사용되는 이 말을 사용해본다. 그동안 사주를 읽는 방법을 공부해왔으니 틀림없이 자신의 사주도 대입시켜봤을 것이다. 만일 미래가 희망적으로 나타난 경우라면 왠지 수지를 맞은 듯한 느낌이 들어서 즐거웠을 것이고, 반대로 운이 엉망진창으로 나타난 경우라면 복잡한 기분이 들었을 것이다. 아마도 낭월을 원망하고, 철초 선생도 원망하고, 자평 선생도 원망하고, 부모까지도 원망했을지도 모른다. 차라리 이러한 공부를 하지 않는게 나을 뻔했다고 후회할 가능성도 매우 크겠다. 그렇다면 과연 나쁘다는 결론에 대한 반응이 어떻게 나타나는지 다음처럼 정리해볼 수 있겠다.

① 긍정파 : 그렇구나. 주어진 대로 살아봐야지 뭐.

② 반발파 : 그걸 누가 믿어. 아마도 사기를 치려고 그럴 거야.

③ 적극파 : 그렇다면 고치는 방법도 있지 않을까.

④ 회의파 : 아, 차라리 죽어버리고 싶다. 뭐하러 살아.

⑤ 몰라파 : 누가 아나. 되는 대로 사는 거야.

대충 이러한 형태로 분류를 해볼 수 있겠다. 여기에서 가장 크게 문제가 되는 유형은 바로 회의파이다. 그야말로 금세 죽을 듯이 나온다. 오히려 사주를 본 것이 죽음의 원인이 될 수도 있을 지경이다. 아마 절망을 잘하는 스타일이어서 그럴 것이다. 가장 딱한 사람이기도 하다. 물론 희망도 없으므로 그렇게 절망적으로 생각하며 살다가 죽을지도 모른다. 달리 대책이 없는 사람이라고도 할 수 있다. 왜냐하면 인간은 각자 자신이 만들어놓은 생각(또는 각본)대로 살다가 떠나는 것이기 때문이다.

그리고 다음으로 문제가 되는 유형은 몰라파이다. 개선을 해보겠다는 생각이고 뭐고 전혀 없는 상태에서 그냥 되는 대로 살아갈 것이기 때문이다. 그야말로 전형적인 보통의 인생이라고 하겠다. 물론 희망도 없다. 그런 대로 속이나 편하게 살아가는 것으로 볼 수 있겠다.

그래도 몰라파보다는 반발파가 희망이 있다. 처음에는 반발을 하겠지만, 시간이 경과하면서 오히려 다른 방향으로 변화할 가능성도 있기 때문이다. 그러나 항상 반발만 하고 있어서는 역시 아무런 도움도 되지 않을 것이다.

가장 어려운 유형은 긍정파이다. 일단 수긍을 해버리고 나면 그대로 받아들이기 때문이다. 그것은 별 문제를 일으키지도 않겠지만, 그렇다고 좋은 방향으로 전환되기도 어렵다고 볼 수 있다. 모든 것은 운명대로 흘러가니까 애써서 뭘 하려고 해봐야 소용이 없다는 식이다. 그래서 해마다 신수를 보고 운명을 묻는 것이다. 따라서 언제나 그렇게 운명을 읽어주는 사람들에게 매여서 살아갈 암시가 강하다고 하겠다.

이 정도면 낭월이 무슨 이야기를 하고 싶어서 그러는지 이미 짐작할 것이다. 당연히 적극적으로 뭔가 돌파구를 찾아보려는 유형의 사람들 입장에서 살펴보려고 하는 것이다. 무조건 반대하고 부정하는 사람은 그냥 둘 것이다. 그렇게 자신만만한 것은 보기 좋지만, 그러면 어디 마음대로 한번 살아보라는 기분이다. 자신의 삶은 자신이 책임져야 하기 때문에 특별히 뭐라고 강요할 필요가 없을 것 같다.

그동안 낭월의 글을 읽으면서 아마도 "역시 운명은 있다. 그리고 상당히 정밀하게 인생의 전반적인 부분에서 작용하고 있다(또는 있는 것 같다)"는 결론을 얻었으리라고 본다. 그렇지 않았다면 이 책을 손에 쥐고 있지 않았을 것이기 때문이다. 그렇다면 이제는 나쁜 운에 대한 해결책을 한번 생각해보기로 하자.

그냥 있는 그대로 믿어버리고 적응하면서 산다면 사주를 공부하는 의미가 너무 적다. 뭐하러 애를 써서 공부하는지 이해하지 못할 수도 있겠다. 배우기 전과 배우고 나서의 결과에 차이가 없기 때문이다. 그래도 보다 나은 삶을 살아보겠다는 생각으로 노력할 수 있는 것은 노력해야 한다는 의식을 가진 벗님들만이 여기에서 무언가 얻을 수 있지 않을까 싶다. 그러니까 앞의 예 중에서 ①, ②, ④, ⑤에 해당한다면 지금부터라도 ③의 상태로 마음을 돌리고 다시 관찰을 해보기 바란다. 그럼 우선 사주적인 개운에 대해서 생각을 해보도록 하자.

1. 흉운이라는 판단을 얻고서

우선 운이 나쁜 경우에 대해서 생각을 해보자. 일반적으로 운이 나쁘다고 하는 것은 무엇을 해도 마음대로 되지 않는 경우를 말한다. 그리고 운이 나쁘다고 하는 현상은 거의 대부분 잘 나타난다. 그래서 "좋은 것은 맞지 않아도 나쁜 것은 잘 맞는다"는 말도 생겨났을 것이다. 이렇게 된 것은 당연하다고 보고 이렇게 되지 않을 경우에 대해서 생각해보도록 하자.

1) 흉운을 거부하는 사람

보통 사람들은 흉운을 거부하는 마음을 가지고 있다. 이런 부류의 사람들은 운이 나쁘니까 주의하라고 하면, 기분 나빠하면서 자신은 노력으로 벗어날 수 있다고 장담하며 주의를 받아들이지 않는다. 그럴 때는 길게 말할 필요도 없다. 그대로 고생을 하도록 내버려두면 그만이다. 그런데 이렇게 자기 멋대로 하는 사람들이야말로 운명의 영향권에 그대로 포착이 되는 것 같다. 그래서 이런 경우에는 오히려 백발백중 예측이 들어맞게 되는 결과가 된다. 아니, 어쩌면 운에서 예측한 것보다도 더욱 불량한 결과를 맞이하게 될 가능성이 크다.

운이 나쁘리라는 결론이 나오면 괜히 객기를 부리고 싶어지는 모양이다. 그래서 무리를 하다가 훨씬 나쁜 결과를 빚어내게 되는 것이다. 이런 경우에는 오만으로 인해서 자신의 운명을 더욱 악화시키게 되었다고 할 수 있다.

실제로 여기에 어울리는 사람이 생각난다. 이미 4년 정도를 지켜보고 있는데, 예측한 것에서 벗어나지 못하고 허우적대는 모습이 애처롭게 느껴진다. 그 사람의 사주를 한번 살펴보자.

時	日	月	年
庚	丁	乙	癸
戌	酉	丑	未

59	49	39	29	19	9
己	庚	辛	壬	癸	甲
未	申	酉	戌	亥	子

이 사주의 주인은 남자이다. 乙亥(1995)년에 찾아와서 상담을 의뢰하는데, 운세가 영 말이 아니었다. 당시 나이는 53세이고, 운세는 庚申 대운의 庚金이 작용하고 있는 상황이었다. 참고로 사주의 구조를 살펴보면, 丑월의 丁火가 매우 신약한 상황이어서 월간의 인성을 용신으로 삼게 되었다. 그런데 庚金 대운을 만났으니 용신 乙木이 제 정신이 아닐 것이고, 그렇게 되어서 하는 일이 엉망진창이되었던 모양이었다. 그런데 어떻게 인연이 닿았는지, 당시 서니암으로 낭월을 찾아왔다. 그래서 사주를 살펴보니 운세가 불량하였다. 낭월은 그러한 상황을 이야기하면서, 대안으로 木이 용신이므로 산신기도(山神祈禱)를 하는 것이 좋겠다고 했다.

그랬더니 21일 간 지극하게 기도를 했다고 하면서 다음에 다시찾아왔다. 그러면서 뭔가 장사를 해야겠는데 어떻게 하는 것이 좋겠냐고 묻기에, 약 2~3천만 원 정도로 조그맣게 시작을 해보라고했다. 그러면서 항상 기도를 해서 어려운 일을 풀어가야 한다는 이야기를 덧붙였다. 운세가 불량할 경우에도 지극하게 기도를 하면밥은 굶지 않을 수 있기 때문이다.

그리고 한동안 잊어버렸는데, 그 후 약 3개월 만에 다시 부부가찾아왔다. 장사를 시작했으니 스님이 마음을 좀 써달라는 당부를 하러 왔다는 것이었다. 그래서 어떻게 했냐고 물으니 3억을 들여서 암소한마리 식의 고기 전문점을 차렸다고 하는 것이었다. 낭월이 깜짝 놀라면서 무슨 돈으로 했냐고 하니까 이상하게도 이사람 저사람이 돈을 빌려주고 보증을 서주고 해서 내친 김에 일을 시작했다는 것이었다.

그런데 바로 이것이 문제이다. 자신의 운세가 어느 정도라는 것을 알게 된다면 이렇게 무리를 하지는 않았을 것이다. 팔자가 뭔지도 모르고, 기도를 했더니 돈을 빌려주는 사람이 생기자 "이거 스님한테 매달리면 뭔가 일이 되겠구나" 하고 혼자 생각했던 것은 아닌지 모르겠다.

하도 기가 막혀서 운이 나쁘다고 했는데 왜 일을 벌였느냐고 걱정을 많이 했다. 참으로 염려가 되는 일을 세상 사람들이 흔히 저지르지만, 이 경우는 참으로 황당한 상황이었다. 남들이 돈을 대주기에 그냥 벌여놓고 보자는 생각으로 했다고 한다. 물론 그 이면에는 과거에 망해먹은 것을 벌충하려는 욕심에서 그렇게라도 하지 않으면 안 된다고 생각했을지도 모른다. 그런 사정이 전혀 이해가 안 되는 것은 아니지만, 그렇다고 해서 문제가 해결되는 것은 아니다 .

말이 길어지므로 이 정도에서 줄이겠지만, 丙子, 丁丑년을 보내면서 죽을 고생을 했다고 한다. 실은 엊그제에도 들렀다. 丁丑년에는 아주 나빴는데, 戊寅년에는 숨이라도 좀 쉴 수 있겠는지 물었다. 그래서 丁丑년보다는 노루꼬리만큼 희망이 있다고 용기를 주었다. 그랬더니 어느 정도 안도하는 것 같았다.

"그러면 살겠습니다. 처음에 일을 벌여놓고서 스님을 찾아갔을 때 첩첩산중인데 어떻게 넘어가려고 일을 시작했느냐고 하는데, 참으로 겁이 났습니다. 그래서 이렇게 힘이 들면서도 스스로 일을 벌인 탓이라는 마음으로 참회를 많이 했는데, 이제 말씀만 들어도 희망이 생기네요."

이런 말을 들으면서 운명의 암시를 거스르고 자신의 희망대로 하는 것도 아마 운명일 것이라고 생각을 해보았다. 팔자에 고생하고 시달리라는 암시가 있으니까 그렇게 재물을 탐하게 되어 지독한 빚 독촉을 받으며 인간 관계에서의 압박에 시달리는 것이다. 만약에 낭월의 조언대로 조그만 식당을 차려서 열심히 했더라면 그렇게 심신이 지칠 정도는 아니었을지도 모른다. 하지만 어차피 조언을 해봐야 듣지 않으면 소용이 없다는 생각을 하게 된다.

운명의 암시를 거부함으로써 이루 말할 수 없는 모욕과 고통을 받으면서 겪게 되는 시간은 순전히 자신의 몫이라는 생각을 해본다. 이러한 사례는 수두룩한데, 대개는 돈을 다 까먹고 나서야 비로소 당부의 말을 소홀히 여긴 탓이라고 자책하곤 한다. 하지만 그렇다고 해서 지나간 시간이 돌아오지는 않는다. 이런 풍경을 늘 접하다 보면 과연 카운슬링이 필요한 것인지조차 의문스러울 때가 많다. 일러주나 안 일러주나 어차피 자신의 운명대로 겪는 것이라는 생각이 들기 때문이다. 그렇지만 듣는 사람도 의외로 많다. 그런 사람들을 보면서 비로소 상담하는 보람을 느끼곤 한다.

2) 흉운을 받아들이는 사람

이런 사람은 근신하고 노력하는 사람이다. 나쁜 암시가 있다고 하면, 항상 주의를 하고 기도하는 것도 게을리 하지 않는다. 최선을 다해서 그 작용으로부터 멀어지려고 하는 노력이 눈물겹기조차 하다. 이렇게 노력을 하는 사람은 흉운으로부터 자유로워질 가능성이 높다. 원래 흉운이라는 것도 실상 알고 보면 욕심이 발동하는 구조를 갖는 운이라고 볼 수 있다. 물론 교통 사고라든지 상대방의 배반으로 인한 고소 고발 등 불가항력적인 경우도 있지만 말이다. 그러나 근신해야 할 운에서 무리를 하여 고통을 겪게 되는 것이 아마 90 퍼센트 이상일 것이다. 이로 인해서 받는 손실은 결국 흉운으로 연결되는 것이다. 노력으로 안 되는 것도 있어야 정상이다. 뭐든지 노력으로 가능하다면 명리학도 필요 없는 학문이 될 것이다. 노력을 해도 되지 않는 것도 있지만, 그래도 하는 데까지는 해보는 게 좋으리라 생각한다. 미리 대비한다면 아무리 나쁜 운이라고 해도 어느 정도의 손실은 줄일 수 있지 않을까 싶다.

이런 이야기는 흔히 일기 예보에 비유되곤 한다. 집을 나가기 전에 일기 예보를 믿고서 우산을 챙긴 사람과 무시하고서 그냥 나간 사람에 대한 이야기이다. 우산을 챙긴 사람이나 그냥 나간 사람이나 비를 맞는 것은 같다. 그런데 상황이 다르다. 우산이라도 있는 사람은 감기에 걸릴 확률이 적어지게 된다. 그런데 비가 오지 않을 수도 있다는 것으로 인해서 믿지 않는 사람이 생기는 것이다. 만약에 비가 올 확률이 100퍼센트라고 한다면 누구든지 분명히 우산을 챙길 것이기 때문이다.

앞으로 자평명리학이 더욱 정밀하게 연구되어서 전적으로 신뢰할 정도가 된다면, 마치 일기 예보에 귀를 기울이듯이 누구든지 일을 시작하기 전에 의지를 하게 될 것이다. 그렇게 된다면 문어발 식으로 기업 확장에 애를 쓰다가 함께 자멸(自滅)해버리는 현상도 피하게 될 수 있을 것이다. 물론 그때가 되어도 운은 믿지 않고서 '하면 된다'고 일을 벌이는 사람도 있겠지만 말이다.

2. 개운 비법

어떤 독자는 전화를 걸어서는 "이렇게 비법을 모두 공개해도 되느냐"고 말하기도 한다. 낭월이 생각하기에는 비법이랄 것이 없는데, 얼마나 많은 역학인들이 비법이라는 이름 아래 장삿속들을 채

웠으면 그렇게 생각할까 하는 마음에 씁쓸한 기분이 들기도 한다. 그런데 여기에서는 비법이라는 말을 사용하고 싶어진다. 물론 알고 보면 별것도 아니지만 의미를 본다면 그럴 만하다고 느낄 것이다.

1) 통찰력이 필요하다

흉운이 어째서 흉하게 되느냐 하면 그것은 과욕(過慾)을 부리기 때문이다. 그러니까 무리한 욕심을 부리지 않는다면 흉운이 흉운으로 발전할 가능성이 매우 희박해지는 것이다. 과욕은 무리수를 부르게 되고 그래서 결과적으로는 기업을 팔고 재무 관리를 당하는 일까지 발생하는 것이다. 이 모두는 무리한 확장에서 비롯되고, 그 이유는 보다 빨리 보다 큰 부자가 되겠다는 욕심으로 인해서이다. 그러므로 자신의 분수를 알고 현재의 위치를 바로 인식한다는 것은 사주를 배우고 용신을 찾아서 운을 대입시키는 것보다도 더욱 우선한다고 봐야 하겠다.

2) 마음을 다스려야 한다

무리하지 말라는 것은 말하기는 쉽지만 막상 눈앞에서 돈이 왔다 갔다하는 것을 보면 포기하기가 참으로 간단하지 않다. 더구나 누가 돈을 대준다고 유혹이라도 한다면 더욱 어려워진다. 따라서 마음을 못 다스리게 되면 이러한 유혹에 넘어가게 되므로 그대로 흉운으로 직행했을 경우에 손을 써볼 겨를도 없게 되는 것이다. 마음을 다스리는 것 역시 매우 중요한 일이다.

3) 평상심을 갖도록 해야 한다

이것이야말로 이론적인 이야기이다. 말로는 쉬워도 낭월 역시 어려운 부분이기 때문에 강요하기 힘들다. 그러나 평상심(平常心)이 되기만 한다면 아마도 사주와 상관없는 부류에 들어가지 않을까 싶다. 자신의 분수를 알고 산다는 것은 팔자를 고치는 것만큼이나 어려운 일이라고 할 수 있을 것 같다. 그래서 마음을 다스리는 것이 그야말로 '개운 비법'이라고 힘주어 말할 수 있는 것이다.

4) 나아가 적선까지도 생각한다

적선(積善)의 목적은 탐욕을 버리는 것에 있다. 자신의 팔자가 얼마나 험상궂게 깨져 있는지 바로 보면서 전생에 복을 지은 것이 없다고 판단하고 당장 적선에 나서는 것이야말로 가장 희망적인 생각이라고 말하고 싶다. 만족을 아는 것은 적은 행복이고, 적선을 하는 것은 큰 행복이라고 할 수 있겠는데, 이것 또한 생각하기는 쉬워도 행동하기는 어려운 것이다.

흉운이 되면 어떻게 하든지 나갈 재물은 나가게 된다. 그럴 바에 마음이나 잘 쓰면서 나가기 전에 미리 줘버리는 것이다. 그렇게 함으로써 심장에 열을 받는 것도 미연에 방지할 수 있다. 심장 이야기가 나왔으니까 말인데, 사실 인간이라고 하는 것이 무슨 큰 벼슬이나 되는 줄 알고 있지만 주먹만한 심장이 콩콩 뛰다가 멈춰버리면 그것으로 끝인 것이다. 이렇게 허망한 것이 인생이다. 생과 사의 갈림길은 심장이 뛰느냐 마느냐로 결정이 나기 때문이다. 의학계에서 뇌사(腦死)냐 심장사(心臟死)냐로 논란이 많다고 하지만 결과적으로 심장이 죽으면 뇌는 자동으로 죽으니까 심장이 멈추면 모든 것이 끝나는 것이다. 이렇게 심장이 중요하다. 이러한 점에 대해서도 한번 진지하게 생각해봐야겠다.

5) 희망적인 사람의 심장은 여유 만만이다

긴장을 하게 되면 심장은 부담이 된다. 거짓말을 하게 되어도 심

장은 부담이 된다. 심장은 항상 느슨하게 움직이기를 원하고 있는
데, 자극을 주면 급하게 뛴다고 한다. 그래서 심장의 움직임에 관심
을 갖는 것인데, 그래서 혈압도 측정을 하는 것이라고 알고 있다.
그렇다면 이렇게 삶의 중심에 있는 심장을 가장 안전하게 보호하는
방법은 무엇일까? 이 점에 대해서 생각해본 적이 있는지 모르겠다.
낭월이 생각하기에는 우선 마음을 무리하게 쓰지 않는 것이다. 심
장(心臟)이라고 이름을 붙인 데에는 그만한 이유가 있을 것이고,
'마음이 숨겨진 곳'이라고 하면 더욱더 의미가 커진다. 어떤 사람
이 열을 받고는 심장을 안고 그대로 쓰러지는 것을 본 적이 있을 것
이다. 주로 드라마에서 극적인 장면을 만들 때 활용하는 방법이지
만 실제로도 그렇다.

　마음은 심장에 깊숙이 갈무리를 해두어야 하는 것이다. 밖으로
동분서주하게 쏘다니게 만들면 마음은 손상을 받을 수밖에 없다.
그렇게 되면 마음의 집인 심장 또한 손상을 받게 될 것은 당연하다.
마음을 편히 쓴다는 것은 이처럼 중요한 일이다. 그런데 흉운에는
심장이 열 받을 일이 더 많이 생긴다는 사실을 어렵지 않게 짐작할
수 있을 것이다. 하지만 이 조그마한 심장의 움직임으로 인해서 삶
과 죽음이 갈린다고 생각하면 과연 무엇을 위해서 열을 받고 스트
레스를 받는지 반성하지 않을 수 없으리라 본다. 그래서 웬만하면
웃으면서 살자는 것이다. 열을 내지도 말고, 그냥 마음 편히 생각하
면서 살다 보면 흉운인지 길운인지도 느끼지 못하면서 시간을 보내
게 될 것이라는 생각을 해본다.

　심장은 열을 받을 때에만 무리가 되는 것이 아니다. 너무 좋아도
부담을 갖게 된다. 결국 너무 기뻐하지도 말고 너무 슬퍼하지도 말
고 모든 것을 그냥 담담하게 받아들이는 것이 가장 좋은 보신이라
고 하겠다. 새옹지마의 가르침이 진리라는 생각을 다시 한 번 하게

된다. 개운에 대해서 생각하다 보니 어쨌든 이렇게 심장이 움직이고 있다는 사실이 가장 행운(幸運)이라는 생각이 든다. 역시 다행스러운 일이다. 벗님들의 심장과 낭월의 심장이 이렇게 콩콩 뛰고 있다는 것이 말이다.

6) 다행스러운 일이다

다행(多幸)이라고 하는 말에 대해서 좀 생각을 해보자. 다행이라는 말은 '그래도 다행'이라는 식으로 많이 쓰인다. 이것은 뭔가 어려운 일이 발생했음을 짐작하게 한다. 그래도 최악으로는 가지 않았다고 생각하게 되어서 그래도 다행이라고 하는 것이 틀림없다면 역시 다행이라고 많이 말해야 하겠다. 다행의 반대는 불행(不幸)일 것이다. 최악의 불행은 숨이 넘어가는 것이고, 그것은 심장이 멈추는 것을 말한다. 그러니까 다행이라는 말에는 심장이 뛰고 있다는 아주 원론적이면서도 간단한 의미가 들어 있는 것이다.

자신의 사주에서 운이 좋게 흘러가지 않는다고 실망하는 벗님들에게 가슴에 손을 얹고서 조용히 심장이 뛰는 소리를 들어보라고 권하고 싶다. 그 소리를 들으면 묘한 기분에 잡히게 될 것이고, 살아 있다는 느낌을 받게 될 것이다. 그 소리를 들을 수 있다는 것이 참으로 다행이라고 생각하기 바란다. 이렇게만 되어도 이미 개운은 시작된 것이다. 낭월이 개운을 말하면서 떼돈을 벌어들일 부적이라도 일러줄 것으로 생각한 벗님들이 있다면 아직도 멀었다고 하겠다. 앞으로 다행이라는 말을 많이 하면서 살기 바란다. 그것은 '나도 이롭고 남도 이로운 마음씀, 즉 보살심(菩薩心)'의 시작이기 때문이다.

다른 학문의 적중률

　만약에 자평명리의 방법을 이용해서 운명을 풀이해봤는데 실제로 적중하는 것 같지 않았다면, 아마 대부분 다른 방식으로 운명을 해석해보려고 할 것이다. 이것은 사람이기에 당연한 일이다. 이를테면 기문둔갑에서 따지는 명리법이라든지, 자미두수에 의한 명리법 등도 여기에 동원될 수 있을 것이다. 물론 이 외에도 무수히 많은 운명 예측법이 있으므로 나름대로 인연에 따라서 얼마든지 다른 방법을 응용할 수 있을 것이다.

　그런데 이렇게 이 이론 저 이론 전전하다 보면 하나의 이론도 제대로 접근하지 못하게 된다. 어느 것 하나도 그렇게 호락호락 도전을 허락하고 있지 않기 때문이다. 그러나 만약에 자평명리학에서 답을 찾을 수가 없는 상황이어서 다른 이론을 공부했더니 모든 의심이 풀린다고 한다면, 이것은 시간적인 낭비가 문제가 아니다. 당연히 자평명리는 집어치우고 그것을 배워야 하는 것이다.

하지만 실제로 어느 공부를 하든지 다시 자평명리를 응용하게 된다는 이야기를 들은 적이 있다. 그럴 수밖에 없을 거라는 생각이다. 자평명리보다 더욱 발전된 운명 예측법이 있다고 아직 생각하지 않기 때문이다. 물론 여기에는 자신이 연구하는 것에 대한 우월감도 있을 것이다.

언젠가 기문둔갑을 10여 년 연구한 벗님을 만나서 의견을 나눌 기회가 있었다. 그분의 말씀인즉 자평명리를 하고 나서 기문을 했더라면 공부하기가 훨씬 쉬웠으리라는 것이었다. 그래서 낭월이 물었다.

"아니, 기문이 자평의 위에 있다고 하시면서 자평은 왜 공부하시나요?"

"자평은 자평이고, 기문은 기문이더군요."

"무슨 의미인지요?"

"자평에 없는 것이 기문에 있고, 기문에 없는 것이 자평에 있으니, 어느 것 한 가지만 가지고 사용하기에는 아쉬움이 남아요."

"그렇다면 각각의 특징은 뭐라고 생각하시는지요?"

"기문은 구체적인 사안에 대해서 적중이 잘 되고, 자평은 윤곽을 잡는 데 탁월하다고 생각합니다."

"음, 그럼 둘을 합치면 안과 밖이 완전해지겠습니까?"

"그렇게 되지 않을까 싶어서 다시 자평을 공부하고 있습니다."

옳은 이야기일 것이다. 어떤 이론이든지 완벽할 수는 없다고 본다. 특히 그것이 복잡다단한 인간의 운명을 예측하는 것이라면 더욱 그럴 것이다. 그러니까 벗님들도 능력이 허락한다면 자평을 완전히 습득한 후에 다시 기문이나 여타의 다른 것에 접근해보는 것도 좋겠다. 적중률을 높이기 위한 노력은 얼마든지 할 수 있을 것이기 때문이다. 하지만 어쨌든 낭월은 자평명리에 대해서만 안내를 할 참이다. 다른 이론을 연구하기 위해 소요하는 시간에 오히려 자신의 본성(本性)을 추구하는 명상을 하는 것이 더욱 유리하지 않을까 생각하고 있기 때문이다. 따라서 현재로서는 다른 이론을 배울 생각이 없다고 하겠다. 사실 다시 배울 용기도 나지 않는다. 어쩌면 자평명리학 이론이면 인간의 운명을 연구하는 자료로서 충분하다고 생각하고 있기 때문인지도 모르겠다. 이론은 어디까지나 이론이다. 그러므로 어느 정도 공부가 이루어진 다음에는 수행을 해야 하지 않을까 싶다.

이리저리 돌아다니다 보면 얼마 되지도 않은 인생의 시간들이 모두 흘러가버릴 것이다. 따라서 이처럼 기운이 조금이라도 남아 있을 때, 보다 깊이 있는 공부를 해야 할 것이라고 늘 생각하고 있다.

물론 자평명리도 충분히 깊이가 있는 공부에 속한다. 사실 자평명리는 오행의 이치로 보나 중화의 사상으로 보나 대단히 탁월한 이론이다. 일부 수정해야 할 부분만 손본다면 이보다 손쉽게 길흉화복을 예측하기 편리한 이론도 없다고 본다. 그리고 자평으로 해결되지 않는 것은 약간의 점술을 활용하면 될 것이다. 즉, 육효학(六爻學) 등을 활용하면 되는 것이다. 이렇게만 된다면 아마도 인간의 개인적인 운명을 알기 위해서는 별도로 다른 것을 응용하지 않아도 되리라 생각한다.

자평을 배우는 것에 대해서 손익 계산을 해보면 확실히 수익이 크다고 하겠다. 그러나 자평명리를 올바르게 이해한 다음에 다시 다른 공부를 하는 것은 본전 아니면 시간 낭비라는 적자 계산이 나올지도 모른다는 생각이다. 그래서 낭월은 굳이 다시 새로운 이론을 습득하기 위해서 시간을 투자할 마음이 없다. 오히려 그 시간에 마음을 닦을 것이다. 그리고 이것이야말로 훨씬 깊은 안목을 기르게 된다는 점에서 흑자를 내는 유일한 길이라고 확신하고 있다. 그러니까 벗님들도 진정으로 자신을 사랑한다면 이곳저곳 학문적 방랑을 할 것이 아니라, 자평명리를 정리한 다음에는 자신의 마음을 닦는 것이 좋으리라 생각한다.

낭월학파는 듣거라

얼마 전에 있었던 일이다. 인터넷에서 통신으로 공부하는 회원이 있는데, 직장인인 그는 틈이 나는 대로 공부를 하면서 게시판으로 질문도 하고 또 스스로 자료를 보면서 임상도 하는 그야말로 '행복한 아마추어'이다. 하루는 그 회원과 만나서 이런저런 이야기를 주고받게 되었다. 그런데 그는 이 공부를 하기 전에도 수많은 고수들을 만나서 이야기를 들었다고 한다. 그리고 공부를 하다 보니 당시에 만났던 고수들의 실력이 어느 정도인지 파악하게 되어 다시 찾아다니고 있다고 한다. 아마도 그의 심성에는 승부에 대한 집착이 좀 있지 않나 싶다.

그가 어느 날 한 명리학자를 찾아가서 말했단다.

"내 사주를 좀 봐주십시오."

이런 말은 누구나 할 수 있는 것이고, 또 자신이 깨달은 자신의 사주에 대해서 남들은 어떻게 생각하는지 궁금하기도 하고 확인도

하고 싶었을 것이다. 그러한 마음은 충분히 이해가 된다. 왜냐하면 낭월도 실력이 조금씩 붙어갈 때 소위 고수라는 분들의 의견을 듣고 싶어서 안달이 났던 기억이 있기 때문이다.

이 회원은 고수로 대접받는 명리학자와 이런저런 이야기를 나누다가 당연한 일이지만 의견 충돌을 일으키게 되었다. 사람마다 관심을 가지는 부분, 영향을 받는 이론, 생각하는 방법에 차이가 있기 때문에 항상 논쟁의 가능성이 있으므로 그 점은 중요하지 않다. 문제는 바로 다음이었다.

"이봐요, 풋내기 양반. 당신 사주를 보니까 아들 자리에 백호살이 들었잖아. 그리고 관살이 무력하구먼. 그렇다면 관살이 무력한 것과 백호살을 연관시켜볼 때 결국 아들이 악사하겠군. 보자 언제냐……, 내년에 정관이 깨지는구먼. 그러면 내년에 당신 아들은 충을 맞아서 교통 사고로 도로에 피를 뿌리고 죽겠어. 당신 선생(낭월을 두고 하는 말임)은 이렇게 해석할 수 있어? 정밀하게 연구는 잘한다고 하지만 이런 말도 못 하면 벙어리라고 봐야 하지 않겠어? 이번 기회에 선생을 갈아치우는 것이 어때? 이론만 이야기하고 통변을 하지 못하는 것은 아무런 소용이 없다고. 그렇지 않아?"

이렇게 의기양양하게 낭월을 깎아내리면서 자신의 우월함을 이야기하는데, 참으로 분통이 터지더라고 했다. 그 회원의 입장에서는 낭월의 논리적인 전개 방법이 좋아서 공부를 하고 있지만, 그렇게 명쾌하게 설명하는데 뭐라고 반박해야 할지 난감했다고 한다. 아무리 그렇다고는 해도 다른 사람들이 낭월을 그렇게 평가한다는 것에 대해서는 그도 인정을 해야겠다고 생각했단다. 실로 낭월이 족집게 흉내는 내지 말라고 항상 입버릇처럼 떠들고 있으므로 그것이 낭월의 허물이라고 해도 달리 할말은 없다. 아무리 그렇다고는 해도 그냥 물러선다는 것은 사부에 대한 예의가 아니라고 생각해서 한마디했다고 한다.

"우선 듣기에는 당신의 말이 그럴싸합니다. 그렇다면 과연 그 논리가 그대로 부합되는지 두고보렵니다. 내년에 내 아들이 교통 사고로 도로에서 피를 뿌리면서 죽는다면 당신의 통찰력과 낭월 선생님의 무능함에 대해서 확실하게 인정을 하겠습니다. 오늘의 가르침을 뼈에 깊이 새기겠습니다. 그런데 만약에 내년 일년이 지났는데에도 내 아들이 무사하거나 또는 죽었다고 해도 교통 사고로 죽은 것이 아니라면 당신은 후회하게 될 겁니다. 당신이 지금 나에게 어떤 행위를 한 것인지 압니까? 지금 나는 굉장히 불안합니다. 그 말을 듣고서 담담할 수 있다면 아마도 보통 사람이 아니겠지요. 명확한 것도 좋고 정확한 것도 좋습니다. 그러니까 그렇게 정확하게 이야기를 할 때는 그만큼의 책임도 져야 한다는 사실을 내가 내년이 지난 다음에 당신에게 정확히 알려주도록 하겠습니다.

낭월 선생님이 신살(神殺)을 거부한 것은, 이치적으로 타당성이 없고 현실적으로 부합되지 않는 면이 많아서라고 들었습니다. 그래서인지는 몰라도 그렇게 가슴이 섬뜩한 살기가 번득이는 말씀은 하지 않습니다. 아마도 이 정도의 말씀은 하셨겠지요. '사주에서 관살이 약하므로 자식에 대한 암시가 다소 약하다고 본다. 그래도 그 충돌을 완화시켜주는 글자가 옆에 있으므로 큰 문제는 없을 것이다. 하지만 혹 모르므로 항상 주의하는 것이 좋겠다. 주의를 해서 나쁠 이유는 없으므로 참고하기 바란다. 그러나 백호살이 있다고 해서 흉한 일이 발생한다는 것은 전혀 사실 무근이므로 과히 염려할 필요가 없다고 확신한다' 고 말입니다.

이 말과 당신의 말에서 어느 말이 선명한지는 단번에 구분이 되네요. 그리고 어느 말이 사람을 불안하게 하는지 또한 구분이 되네요. 그렇더라도 좋습니다. 당신의 말이 과연 내년에 적중을 한다면 어쨌든 달리 할말이 없을 겁니다. 그러나 만약 그렇지 않다고 한다면 그때는 나도 그냥 넘어가지 않을 겁니다. 명확한 것을 좋아하는 선생의 결과가 무엇인지 확인시켜드리고 말 것입니다."

이렇게 이야기를 하고 나왔지만 마음 한쪽이 왠지 불안하다고 한다. 실은 그로 인해서 일부러 찾아왔던 것이었다. 낭월은 그 이야기를 들으면서 그의 마음에 커다란 짐을 지워준 것 같아서 몹시 부담이 되었다.

과연 낭월이 정확하고 명확하게 이야기를 하지 않는 것이 명리학계에서 흉허물이 되어야 하는 것인지는 아직도 잘 모를 일이다. 낭월의 생각으로는 인생이 그렇게 칼로 무 자르듯이 명확하게 구분할 수 있는 것인지에 대해서도 자신이 없는데, 하물며 그의 아들이 교통 사고로 죽을지 물에 빠져 죽을지 또는 싸우다가 죽을지, 그리고 애당초 과연 아들이 내년에 죽기는 죽을 것인지에 대해서조차도 전혀 감이 잡히지 않는다. 아마도 이러한 것은 능력이 부족해서일 것으로 본다. 천성이 우둔한 탓이라고 해야겠다.

그러나 이것은 알겠다. 실제로 낭월이 공부가 더 깊어져서 그렇게 불을 보듯이 확실하게 한다고 해도 적어도 그러한 통변은 하지 않으리라는 것 말이다. 도대체 누구를 위해서 무엇을 위해서 그렇게 공부를 해서 남의 가슴에 확신도 없는 공포심을 심어줘야 하는지 아직도 의문이 든다. 비록 낭월의 이론을 가지고는 그러한 것을 알 수 없다는 이유로 아무도 귀를 기울이지 않아도 좋다는 생각이다. 그리고 실은 그런 방향으로 이용하려고 공부하는 사람들은 무조건 거절이다. 이것은 낭월이 교만하다거나 잘나서가 아니라 기본적인 인간의 권리에 대한 침해라고 생각하기 때문이다.

명확하게 이야기를 해준다는 것이 과연 무엇을 의미하는지에 대해서도 생각을 해봐야 할 것이다. 물론 몰라서 못 해주는 것도 있지만, 명리학이 과연 그렇게 명쾌하게 설명이 가능한 것이라고는 아직까지도 생각되지 않는다. 커다란 흐름을 파악하는 정도로 이용된다면 충분하다고 생각하고 있기 때문이다. 인간의 의지는 대단히 큰 힘을 가지고 있는 것이다. 그래서 극히 숙명적이면서도 또한 개선의 여지가 있는 것이 인생이라고 생각한다.

1. 월운에 대해서

가끔 월운을 풀어달라는 질문을 받는다. 낭월의 이에 대한 답변은 불가하다는 것이다. 매월의 운세를 설명한다는 것이 얼마나 의미 없는 일인지 항상 생각하고 있는 사람이 남에게 확신도 없는 월운을 설명하고 싶지 않기 때문이다. 그렇게 한다면 이미 자기 기만이라고 해야 할 것이다.

많은 사람들이 매월의 변화를 읽으려고 애쓴다. 그리고 월운을 푸는 방법이 있다면 발벗고 쫓아간다. 심지어는 증권 바람이 불면서 매일의 운세를 풀어주면 상당한 금액을 시주하겠다고 제의하는 부자도 있다. 모두 부질없는 욕심일 뿐이라고 생각하면서도 질문을 하면 답을 해야 하는 것이 또한 책임이어서 마음이 편치만은 않다.

그렇다면 월운은 어떻게 풀어야 하는지 곰곰이 생각을 해보자. 물론 木이 필요한 사람에게 庚申월이 부담스럽다고 말하기는 쉽다. 그런데 만일 壬子년이라도 그렇게 볼 수 있는지 생각해봐야 한다. 庚辰년 또한 마찬가지이다. 그렇게 해서 庚申월의 상황을 그대로 설명했을 때 그대로 부합될 것인가를 묻는다면 자신이 없다. 말을 못 해서가 아니다. 할말이야 무궁무진하다. 매시간의 운세까지도 묻는다면 대답해줄 수 있다. 그러나 그러한 것이 과연 적용이 되느냐 하는 점이 문제이다. 말을 해도 명확하게 적용되지 않는 말은 할 필요가 없다고 생각한다. 낭월은 이처럼 고루한 사람이기에 차라리 말을 하지 않는 것이 더 타당하다고 결론을 내린 것이다. 따라서 운세를 알고 싶으면 대운과 세운의 상황을 고려하는 것으로 만족하고, 매월의 운세는 무시하는 것이 좋으리라 생각한다. 이러한 생각의 이면에는 인간의 운명은 100퍼센트 정해질 수 없다는 낭월의 견해가 한몫 한다고 하겠다.

2. 하기 쉬운 말과 나타나기 어려운 현실

낭월이 만약에 말하는 것을 목적으로 삼았다면 무수히 많은 신살과 공망과 기타 등등의 재료들을 그렇게 치워버리는 어리석은 행위는 저지르지 않았을 것이다. 하나하나 대입시켜보고 이치적으로 불합리하고 현실적으로 부합되지 않으면 그대로 버려야 한다고 생각하기 때문에 이렇게 돌팔매도 각오하는 것이다. 스스로 어려운 길을 가겠다고 나선 것은 그만한 가치가 있다고 생각해서이다. 어떤 상황에 대해서든 우선 말이야 그럴싸하게 둘러붙이겠지만, 이것이 현실에 부합되지 않을 때에는 또 다른 말을 둘러붙여야 하는 것이다. 그래서 한 번의 거짓은 다시 새로운 거짓을 만들어내게 되어서 악순환을 계속하게 되는 것이다. 이것을 이미 알고 있기 때문에 도저히 그렇게 결과가 보이는 망언을 할 수가 없다고 생각하는 것이다.

3. 낭월학파라고 생각한다면

글쎄, 스스로 낭월학파라고 부르는 것은 좀 부끄러운 일이다. 그러나 이미 강호에서는 그렇게 부른다고 한다. 한편으로는 고맙기도 하고, 또 한편으로는 부담스럽기도 하지만 어쩔 수 없는 일이라고 생각하고 있다. 여기에서 당부하고 싶은 것은, 부디 찍지 못하는 것에 대해서 불안해하지 말라는 것이다. 우선은 잘 맞히는 게 좋아 보일지 몰라도 결과적으로는 자승자박(自繩自縛)이 된다는 사실을 깨닫게 될 것이기 때문이다. 그리고 낭월의 교재를 가지고 잘 찍는 방법을 배우려 한다면 애초에 잘못된 선택이었다고 말하지 않을 수 없겠다. 낭월은 그러한 것에 대해서는 별로 매력을 느끼지 못하기 때문에 앞으로도 그러한 방법은 동원하지 않을 것이다. 그리고 시류에 휩싸여서 그렇게 타협하는 것도 원하지 않는다.

그런데 이렇게 원리적으로 접근하고 해석하는 것에 대해서 자부심을 가지는 것이 마땅할 텐데, 오히려 부끄럽게 생각하는 벗님들이 있다는 것이 참으로 안타깝다. 벗님들도 곰곰이 생각을 해보면 과연 어느 것이 공부하는 사람의 자세인지 명확하게 판단할 수 있을 것이다. 따라서 현란한 말장난에 놀아나지 않도록 유념하라고 당부하고 싶다. 참으로 걱정도 많은 낭월이다. 앞에 예로 든 회원의 말처럼 우리는 까닭 없이 적개심을 갖게 할 필요가 없는 것이다.

4. 무서운 것은 염파

낭월이 두려워하는 것은 월운에 대해서 말을 명확하게 하지 못하는 것도 아니고, 낭월의 이론이 두루뭉실하다고 비웃음을 받는 것도 아니다. 그러한 것도 당연한 평가이기 때문에 달게 받아들인다. 그러나 실로 무서운 것은 상대방의 염력(念力)이다. 사람의 염력이 얼마나 무서운지 안다면 말을 함부로 해서 남에게 공포심이나 불어넣고 적개심을 발생시키지는 않을 것이다.

사주를 만들어가는 것도 어쩌면 염력인지도 모르겠다. 남들이 모두 나를 향해서 욕을 한다면 내 운명도 좋은 방향으로 개선되지 못하고, 내 자식들 또한 잘 풀려 나갈지 의문스럽다. 흉한 말을 하는 결과는 스스로 그 흉함을 받게 된다는 인과응보의 간단한 원칙을 하루에 한 번씩만 생각한다면 아마도 낭월의 마음을 헤아리게 되지 않을까 싶다.

명리가의 경우, 물론 그렇다고 해서 겁을 내고 좋은 말만 하라는 것은 아니다. 그러니까 명확하게 이치에 맞는다고 검증된 상담을 해주면서 개선책에 대해서도 생각해보는 것이 타당하다는 이야기이다. 이러한 이치 외에 엉뚱한 말로 선량한 사람의 마음에 적개심을 불러일으킨다면 과연 누구에게 득이 되겠는가. 부디 벗님들이 올바른 가치관을 세워주기만 당부할 뿐이다.

5. 길면 3년 짧으면 1년

무슨 노랫말 가사 같이 써봤다. 그래도 농담을 하려는 것은 아니다. 적어도 낭월학파로서 다른 교재를 통해서 혼란을 겪지 않고 열심히 정진한다면 독학으로 어느 정도 시기가 지나야 오행 변화의 원리를 이해할 수 있을지 생각해봤다. 길어도 3년 정도 연구하면 답을 얻을 수가 있을 것이고, 짧으면 1년이 경과해도 충분하리라고 생각한다. 그러니까 벗님들의 기존 이해도와 앞으로의 공부 형태에 따라서 이 정도의 시간은 필요하리라고 보는 것이다. 물론 이것은 낭월이 독학을 하며 걸러낼 것은 걸러내면서 약 8~9년 정도 공부한 것을 생각해보고, 이렇게 정리가 된 자료를 바탕으로 공부한다면 3분의 1로 단축시킬 수 있지 않을까 하고 내린 결론이다. 그러니까 낭월은 9년이 걸려서 얻은 결실을 벗님들은 길어도 3년 정도만 마음을 모아서 연구하고 궁리한다면 터득할 것이라는 이야기이다.

가끔 감로사에 와서 공부를 하고 싶다고 하는 벗님들이 있어 그렇게 하라고 하면 대뜸 이렇게 묻는다.

"몇 개월이나 하면 영업을 할 정도가 되겠습니까?"

이 말을 들으면 낭월은 속으로 웃는다. '몇 개월이라니.' 어떻게 자연의 이치를 단 몇 개월 만에 깨우치기를 원한단 말인가. 아무리 자신의 근기가 상(上) 중의 상이라고 하더라도 말이다. 그래서 달리 말할 생각이 들지 않아서 그냥 덤덤하게 답한다.

"글쎄요. 개인의 차이가 워낙 심해서요. 낭월은 약 10년 걸리더구 먼요. 열심히 해보세요."

차라리 실망하고 가버려도 좋고, 자신은 상근기라고 생각하고 한 바탕 붙어서 해봐도 좋다는 생각이다. 그렇지만 한 달만 지나고 나 면 자신의 생각이 잘못되었음을 자인하는 벗님들이 많다. 그래서 스스로 깨닫게 되는 이 공부야말로 참으로 대단한 인생 철학이라고 믿게 되는 것도 무리가 아니다.

어쨌든 벗님들은 착실하게 3년 정도만 시간을 투자하면 될 것이 다. 그렇게만 된다면 어디를 가더라도 어떤 질문을 받더라도 크게 부족하지 않게 자신의 견해를 말할 수 있을 정도의 실력은 될 것이 다. 즉 오행의 흐름에 대해서 어느 정도 이해하는 수준이 되리라고 본다. 그리고 전생부터 해온 공부라고 한다면 1년 정도로도 상당한 수준이 될 것으로 생각한다. 그러한 벗님들도 더러 있으므로 역시 개인 차이가 있는 것은 틀림없는 모양이다.

제6부

朗月之夢

명리학의 비상

우선 가장 크게 바라는 것이 바로 명리학의 비상(飛上)이다. 명리학을 그대로 자연의 이치를 읽어내는 도학(道學)이라고 세인들이 평가하고 인정해주었으면 좋겠다. 도를 공부하기 위해서는 노자(老子)의 『도덕경(道德經)』이나 부처님의 『반야심경(般若心經)』을 배워야 하는 것처럼, 자연의 흐름을 이해하기 위해서는 무엇보다도 자평명리학을 배워야 한다. 이유는 간단하다. 이것이야말로 자연을 이해하는 지름길이기 때문이다. 그리고 자연을 이해하는 것으로 끝나는 것이 아니라 자신의 인생을 이해하고, 주변을 이해할 수 있게 해주기 때문이다. 그런데 이렇게 음양 오행의 탁월한 원리를 간직하고 있는 자평명리학이 천박한 잡술의 일종으로 대우받는 것에 대해서 항상 애석하다는 생각을 금할 수 없다.

자평명리학에는 음양 오행의 흐름이 있고, 진리의 구조가 있다. 따라서 접근하면 할수록 보다 풍요로운 삶으로 인도될 수 있는 것이다. 그런데 세간의 편견으로 인해서 그 진가를 인정받지 못하는 것이 참으로 안타깝다.

자평명리학이 이런 대접을 받게 된 데에는 무엇보다 명리가들의 책임이 크다고 할 수 있다. 단지 자평명리학을 호구지책으로 이용하려는 사람들 때문에 이 이론 자체가 엄청난 오해와 불신을 받고 있다고 생각한다. 특히 요즘은 구조 조정으로 인해서 길거리로 나온 가장들이 많다. 그들은 당장 아이들의 학비와 가정의 유지비를 마련하기 위해 다급하게 생활 대책을 세워야 할 형편이다.

그런데 그 대책 중에 하나가 몇 개월 과정의 명리학당을 찾아가는 것이라고 한다. 사회 분위기에 편승해 그러한 곳이 서울만 해도 엄청나게 많이 생긴 듯싶다. 어려움에 처해 있는 사람이 자평명리학을 통해 이것을 해결해보려고 한다는 것은 좋은 일이다. 그러나 현실적으로 이런 상황을 반길 수가 없다는 것이 문제이다. 지금은 '속성과'라고 하는 곳까지 생겨났다고 한다. 보통 3개월, 급하면 1개월, 더 급하면 특별반이라고 해서 2주 만에 영업을 하도록 가르쳐준다는 것이다. 얼마 전에는, 사주를 보름 배워서 영업하니까 직장 생활을 할 때보다 수입이 더 짭짤하다는 어떤 사람의 얘기가 방송에 나왔었다. 그곳에서 배운 것은 사람의 눈치를 보는 법과 얼렁뚱땅 넘어가는 법이었다고 한다. 물론 당연한 이야기일 것이다.

여태껏 낭월의 글을 읽어온 벗님들이라면 그런 식으로는 명리학을 공부할 수 없다는 것을 충분히 파악하고 있을 것이다. 다른 책은 모두 무시하고 마지막에 해당하는 이 『용신 분석』만을 보고 있는 경우라면 다르지만 말이다. 만약 그런 벗님들이 있다면 빨리 이 책을 덮고 『알기 쉬운 음양오행』부터 차근차근 살펴봐주기 바란다. 명리학이라는 것은 그렇게 하루아침에 이해할 수 있는 것이 아니기 때문이다. 그리고 그렇게 '속성'으로 공부한 사람들이 어떠한 일을 저지를지는 불을 보듯 뻔하기 때문이다. 책 한 권 더 팔고 말고는 그리 중요한 일이 아니다. 가장 두려운 일은 벗님들이 낭월의 일부 이론만 인용해서 남들에게 상처를 입히는 일이다. 그렇다면 낭월 또한 진작에 그만두었어야 할 일을 계속했다는 자책 속에 후회하며 살게 될 것이다.

이 공부는 보름 또는 3개월에 마무리될 수 있는 것이 아니다. 그럼에도 불구하고 여전히 속성과는 존재한다. 그리고 온갖 술수와 눈치가 범람하는 '사기꾼의 교육장'이 되고 있는 것이다. 물론 먹고산다는 명제 앞에서 누굴 탓하랴만 그러자니 낭월의 속이 속이 아니다. 그래서 '낭월의 꿈'이라는 제목으로 이 항목을 정리해보고 있는 것이다.

낭월은 명리학이 당당하게 학문으로 대우받을 날이 반드시 오리라고 믿는다. 대학교에서도 현재는 사회 교육과 등 일부 학과에만 강의가 개설되어 있지만, 앞으로는 본과에서도 당당하게 정식 과목으로 인정받게 되리라고 본다. 그때가 되면 벗님들이 음양 오행을 연구하기 위해 긴 시간 동안 노력한 가치를 인정받게 될 것이다. 현재 낭월처럼 나름대로 음양 오행에 대해 관심을 기울여온 연구가들이 우후죽순처럼 급성장하고 있다. 그렇다면 장차 몇 년 안에 엄청난 지각 변동이 일어나리라는 것을 쉽게 예측할 수 있겠다. 그 변화에 큰 역할을 했다고 자부하고 싶은 것이 낭월의 꿈이기도 하다.

1. 명리학자의 자질 향상

명리학자들의 자질을 향상시키는 것은 무엇보다 시급한 문제이다. 나날이 발전하고 있는 다른 학문에 비해 명리학은 여전히 구태의연한 모습을 답습하고 있다. 서적들은 범람하지만 안내자로 삼을 만한 책은 드문 것이 현실이다. 그러나 언젠가는 옥석이 가려지고,

영양가가 부족한 책들은 발붙일 수 없는 분위기가 조성되리라는 희망을 가져본다. 출판사의 높은 안목과 독자들의 수준이야말로 그러한 분위기를 조성할 수 있는 커다란 발판이 될 수 있으리라는 생각이다. 하지만 무엇보다 중요한 것은 실력 있는 명리학자들이 많이 나타나서 알차고 참신한 이론들을 펼쳐야 한다는 것이다. 그런 날이 빨리 오면 올수록 명리학의 전성기는 그만큼 앞당겨질 것이 틀림없다. 따라서 기존의 명리학자들도 대오각성하여 보다 구체적으로 자신의 학문 영역을 정리해서 발표해주기 바라는 마음 간절하다. 아직도 도사연하는 책들이 발행되고 있는데, 그러한 책들이 하루 빨리 사라지는 날이 오기를 바라는 것은 명리학을 사랑하는 많은 사람들의 공통된 바람일 것이다.

현재 많은 젊은 연구가들이 하루하루를 아껴가면서 이 진리와 씨름을 하고 있다고 한다. 여기에서 젊다고 하는 것은 의식이 살아 있는 벗님들을 말할 뿐이지 세간의 연령과는 아무런 상관이 없다. 특히 한의학 계통에서 연구하고 있는 벗님들의 판단력은 상당하다고 하겠다. 아마 앞으로는 질병을 파악하는 데 명리학이 커다란 영역을 차지할지도 모르겠다는 생각이 든다. 그렇게만 된다면 세계의 의사들이 모두 자평명리를 공부해야 하지 않을까 싶기도 하다. 참으로 못 말리는 망상가가 낭월이다. 이미 한동석(韓東錫) 선생의 『우주 변화의 원리』라는 책은 안목을 높여주는 등대 역할을 하고 있다. 물론 다소 어렵다고 하는 말도 있지만, 어려운 것이 문제가 아니라 열성이 문제가 아닌가 한다. 한 선생도 전직이 한의사였다는 점을 고려한다면 앞으로 한의학계에서 자평명리가 새로운 방향으로 탈태환골할 수도 있겠다는 기대를 해본다. 이러한 좋은 연구자료가 100권만 있다고 해도 공부하는 사람으로서는 너무 행복할 것이다. 물론 그 가운데에 낭월의 넋두리도 끼여들기를 희망한다.

아마 이러한 바람을 너무 욕심 사납다고 탓하지는 않으리라고 생각
한다.

2. 앞으로의 계획

계획은 이루어지지 않으면 꿈이 되는 것이고, 이루어지면 현실이
되는 것이다. 그래서 이것은 아직은 꿈이지만 멀지 않아 현실이 되
리라고 본다. 우선 공부용으로 작성되는 자료는 『용신 분석』까지라
고 생각하고 있다. 다음에 손을 댈 것은 욕심이라고 하겠지만 『적천
수징의』 해설이다. 이 좋은 원고가 세인에게 받고 있는 오해도 풀
고, 또 가능하면 낭월의 소견을 담아서 벗님들에게 권하고 싶기도
하다. 이미 시작은 했는데 하도 분주하다 보니 언제나 마무리할 수
있을는지 잘 모르겠다. 그래도 하는 데까지는 해볼 작정이다. 실은
실제의 사주들을 해석하면서 부귀빈천(富貴貧賤)의 등급을 정해보
려고 했었는데, 그 대신 『적천수징의』를 해설하면서 부귀빈천길흉
수요(富貴貧賤吉凶壽夭) 장을 빌려서 하고 싶은 말들을 부연 설명
하는 기대기 전법으로 생각을 바꾸었다.

『적천수징의』는 너무나 매력적인 책이다. 물론 이 시대에 어울리
지 않는 부분도 있지만, 그것은 지금의 상황에 어울리게끔 수정하
여 재편성하면 될 것이다. 그리고 그 작업을 부족한 힘이지만 최선
을 다하여 실행하려고 계획하고 있다. 아마도 내년쯤에는 서점에서
벗님들의 손길을 기다릴 수 있지 않을까 싶다. 모쪼록 잘 진행되라
는 염력을 보내준다면 순조롭게 나아가리라고 믿는다.

3. 몽둥이 맞을 준비

이제 낭월이 해야 하겠다고 생각했던 이야기들은 나름대로 모두
설명했다. 그런데 키보드를 거두려고 하는 순간에 갑자기 떠오르는

'상념' 때문에 잠시 손을 멈춘다. 불전에서 도를 닦아서 부처가 되어 고해(苦海)를 헤매고 있는 중생을 건지겠다고 한 약속이 떠오르고, 또 스스로 이렇게 고해에 빠져서 허우적거리는 모습이 떠오른다. 그리고 또 그래도 아직은 늦지 않았다는 생각도 떠오른다. 이런저런 생각들이 떠오르면서 지금 낭월이 하고 있는 작업이 과연 누구를 위한 무엇을 위한 것인지 생각해보게 된다.

이것은 결국 무상(無上)의 지혜(智慧)를 얻어야만 풀 수 있는 문제이다. 이렇게 어쭙잖은 머리로 헤아려서 알 수 있는 그런 허술한 이치가 아닌 것이다. 깊이깊이 궁구하다가 어느 순간, 문득 활연개오(豁然開悟)하는 그런 경지가 되어야 비로소 사람의 운명을 안다고 할 수 있을 것이라는 생각이 자꾸 든다. 하긴 애초에 이러한 생각이 들 것 같아서 서둘러서 키보드를 두드렸는지도 모르겠다. 뭔가 한계에 부딪히면 한 걸음도 전진하지 못하는 낭월의 특성을 스스로 잘 알고 있기 때문이다. 그래서 약간 미숙한 상태에 있을 때 한마디라도 더 해둬야 한다는 생각이 자꾸만 컴퓨터 앞으로 낭월을 끌어들였을 것이다. 아마도 그랬을 것이다.

자신의 운명을 알면서 살아가라고 이렇게 열심히 떠든 가치가 과연 있을지 생각해보게 된다. 물론 대다수의 벗님들은 자신의 운명을 알고서 그에 대해서 미리 대처할 것이다. 그 중 일부는 그냥 비웃으면서 자신의 의지대로 길을 가기도 할 것이다. 그리고 더러는 낭월을 좇아서 공부를 하다가 너무나 비참하게 그려지는 자신의 운명을 보고 인생을 포기해버리고 싶다는 생각을 할지도 모르겠다. 어쨌든 이런저런 생각들이 많으리라고 본다. 그래서 실은 이렇게 많은 이야기를 해놓고서도 개운치 않은 느낌이 앙금처럼 남는 것이다.

이러한 모습을 예전의 조사(祖師)님들이 본다면 분명히 낭월에게도 방망이 서른 대를 내리라고 호통했을 것이다. 엉뚱한 짓은 그만하고 너 자신이나 찾으라는 꾸짖음이 그 속에 활화산처럼 타오르고 있을 것이다. 장님이 어찌 길 안내자가 될 수 있다는 말인가. 어림도 없는 일이다. 어리석은 이는 속을지 몰라도 지혜로운 사자(獅子)는 절대로 속지 않을 것이다. 그대로 달려들어서 한입에 깨물어버릴 것이다. 이러한 장면을 생각하면 모골이 송연해진다.

처음에는 의미 있는 작업이 될 것이라는 확신을 가지고 글을 쓰기 시작했다. 그래서 이렇게 온갖 사연들을 두루두루 비빔밥으로 만들어서 두툼한 원고 뭉치가 된 것이다. 그러면서 나름대로 뿌듯해한 것도 사실이다. 자신의 운명을 미리 알게 하여 스스로 옳은 길을 찾도록 인도할 수만 있다면 이것도 나름대로 보살행(菩薩行)이 될 것이라고 생각했다. 그리고 이 속에도 분명히 진리는 있을 것으로 믿었다. 이 생각은 지금 이 순간에도 변함이 없다. 다만 그 진리는 이렇게 키보드를 두드린다고 해서 발견될 수 있는 성질의 것이 아닐지도 모른다는 생각이 들기 시작한다는 것이다. 그렇다면 어디에서 진리를 찾아야 할까. 음양 오행에서 찾을 수 없는 진리는 분명히 아닌데, 무엇에 가려서 아직도 그 본바닥을 파헤치지 못하고 이렇게 언저리만 맴돌고 있는 것인지.

4. 눈을 크게 뜨고

자! 벗님들이여, 이제 눈을 크게 뜨고서 자연을 다시 바라보자. 다들 훤칠한 출격대장부들이다. 이목구비가 뚜렷한 것이 부처님이 다시 이 땅에 오신 듯하다. 이렇게 잘난 모습들을 가지고서 눈을 크게 뜨지 못할 이유가 없는 것이다. 부디 자신의 울타리만을 쳐다보지 말고, 더없이 넓은 자연의 진리를 바라다보도록 하자. 음양 속에 녹아 있는 대자연의 진리를 음미해보자. 오행 속에 스며드는 형형색색의 화엄삼매(華嚴三昧)에 잠겨보자. 그리고 다시 십간과 십이지에서 연출되는 멋진 무대로 시선을 돌려서 함께 한 덩어리가 되어 덩실덩실 춤이라도 한바탕 취보자.

이제 이쯤 왔으니까 자신의 사주 팔자에서 무엇이 잘났고 무엇이 못났는지는 충분히 파악했을 것이다. 이제 무엇을 할까 생각해보니 아무것도 할 것이 없다. 그냥 자유롭게 두둥실 춤이라도 한바탕 추고 싶은 생각뿐이다. 아마 자신의 운명에 대해서 모두 파악해버리고 난 벗님들의 마음도 낭월과 비슷하지 않을까 싶다. 그렇다면 조금도 망설일 필요가 없다. 함께 어우러져서 한바탕 놀아보자.

잘난 사주는 잘난 대로 자신이 할 일을 찾을 것이다. 못난 사주는 못난 대로 또한 자신의 일을 찾아갈 것이다. 그러나 그 둘 중에서 과연 누가 더 잘사는 것인지에 대해서는 아무도 이야기할 수가 없다. 그저 그렇게 생겨서 그렇게 놀다가 그렇게 떠나가는 것이다. 어쩌면 자신이 인생 무대에 등장하는 순간에 받아든 대본대로 열심히 연극을 하는 것이라는 생각도 해본다. 그렇게 멋진 연극을 각기 주어진 각본대로 사바 세계를 무대로 하여 한바탕 펼쳐 보이는 것이 인생일 것이라는 생각도 든다. 다만 중요한 것은 어떻게 놀다가 어떻게 갈 것이냐는 것이다. 지금 이 순간에는 '참으로 자유롭게 살 수만 있다면 사주야 깨졌으면 어떻고 부서졌으면 어떻겠느냐'는 생각이 앞선다.

사주를 몰랐을 때에는 그렇게도 마음이 답답했는데, 막상 사주를 알고 나니까 또한 그렇게 덤덤할 수가 없다. 답답하지도 않고 그렇다고 속이 시원하지도 않다. 이 상태의 마음은 처음에 사주를 전혀 몰랐을 경우와 비교해서 무엇이 같고 무엇이 다른 것인지 모르겠다. 마치 맹물에 맹물을 탄 것과도 비슷하지 않을까 싶다. 이러한 마음을 어떻게 표현해야 할지 낭월의 글재주로는 더 이상 설명하기 어렵다.

문득 눈앞을 스쳐 지나가는 지장간들이 보인다. 저마다 자신의 비밀을 간직한 채로 그렇게 낭월을 비웃으면서 자신들의 길을 달려가는 것만 같다. 그 속을 그렇게도 보고 싶어했건만 겉모습만 언뜻 보여주고서는 자신들의 길을 가버린다. 낭월이 둔해서 그 순간에 속을 들여다보지 못한 것인지, 아니면 천지 자연의 이치가 누설되지 않도록 모습을 감춰버린 것인지, 그도 아니면 원래 그 이상은 아무것도 없는 것인지 모르겠다.

어쨌든 이렇게 낭월이 본 대로 느낀 대로의 자연의 모습은 이 몇 권의 책에다가 모두 주워담았다. 그 중에서 다시 찌꺼기를 걸러내는 일은 이제 후학의 날카로운 선기(禪機)에 기대본다. 다만 두려운 것은 혹시라도 좋은 인연을 많이 맺은 벗님들조차도 낭월의 어쭙잖은 안목이 펼쳐놓은 현란한 춤사위에 눈앞이 어지러워져서는 자신의 길을 찾지 못하고 작은 울타리 속으로 갇혀버리는 것은 아닌지 하는 것이다.

이제 낭월의 글장난(?)에 얽매여서 진리를 놓치지 말고 눈을 크게 떠주기 바란다. 그래서 참으로 대자연의 이치를 발견한 후에 비로소 낭월을 불쌍한 눈빛으로 봐준다면 다행으로 여기겠다. 오히려 낭월의 말장난에 걸려서 우왕좌왕하는 모습은 차마 봐줄 수가 없겠다. 그래서 눈을 크게 떠달라고 이 자리에서 간청하는 것이다.

이제 낭월이 길을 물을 차례이다. 벗님들은 낭월에게 길을 묻지 말기 바란다. 사실 낭월은 길을 모른다. 그냥 앉은자리에서 봄이 가고 여름이 오는 소식을 약간 느꼈을 뿐이다. 이렇게 앉아 있는 사람에게 "강남의 소식은 어떻더냐"고 물을 수는 없는 일이다. 그러니 부디 분발해서 자신의 길을 찾아주기 바란다. 그러고서 다시 낭월에게 돌아와서는 강남의 소식을 일러주기 바란다. 물론 강남의 소식을 알고 나니까 낭월이 지껄인 헛소리들도 약간은 참고가 되더라고 해준다면 더없이 고맙겠다.

오늘도 이렇게 시간이 흘러가고 있다. 이제 나름대로 하고 싶었던 이야기들, 들려주고 싶었던 이야기들을 거의 다 했다. 적어도 자신의 운명을 남에게 물어서 더욱 혼란의 구렁텅이로 빠져들 가능성도 많이 없어졌을 것이다. 그런 것에 대해 약간의 도움이라도 될 거라는 생각으로 열심히 키보드를 두드리고 있는 시간에도 어디에선가 낭월의 행동을 지켜보고 있을 선지식이 있음을 느낀다. 그래서인지 언제라도 외롭다는 생각은 들지 않는다. 다만 길을 몰라서 헤매면서 답답하기는 할지언정 외로워보지는 않았다. 언제나 허공에서 땅 위에서 멀리에서 가까이에서 항상 들려주는 지혜의 음성들을 느낄 수 있었기 때문이다. 비록 선지식을 만나면 몽둥이 서른 대를 맞을지언정 그 몽둥이 속에는 사랑이 들어 있다는 것을 안다. 그래서 기다려진다. 언제나 그 몽둥이를 들고 선지식이 나타나주실까 하고.

5. 무명(無名)의 한 물건

누구든지 자신의 몫으로 받고 태어난 숙제가 있으리라고 생각한다. 벗님들의 몫과 낭월의 몫은 서로 그 무게가 다를 것이다. 어쨌든 이렇게 우리는 만나서 지면을 통해서나마 뭔가 교감을 했다. 그리고 이제 그 인연도 매듭을 지어야 할 순간이 되었다. 앞에서 언급한 온갖 진리의 조각들은 어쨌든 나름대로 최선을 다해서 생각해본 것들이다. 그 내용 중에는 엉터리도 없다고는 못 하겠지만, 그래도 최선을 다했다는 것을 알아주기 바란다. 이제 사주 공부라는 명목으로 진리를 살짝 엿보려고 했던 음모는 막을 내려야 할 모양이다. 아무리 쥐고 흔들어도 자연의 이치는 항상 그곳에 그렇게 묵묵하게 있으면서 까불이 연구가에게 미소만 보내고 있는 것처럼 느껴진다.

역부족이다.

길은 언젠가 찾아야 할 숙제이다. 이것은 벗님들이나 낭월이나 공통적인 문제이다. 우리 조금만 더 노력을 해보자. 그러면 아마도 길은 그 본래의 모습을 드러내게 될 것이라고 믿는다. 사주 공부를 다 했다고 생각하는 순간, 커가던 그릇은 멈추게 될지도 모르겠다. 그저 부지런히 묵묵하게 자연의 모습을 관찰하면서 계속 정진해야 할 것이다. 이것이 전부는 아니다. 어느 한 부분은 된다고 생각하시만, 전부가 아닌 것은 확실하다. 그러니까 이제부터는 벗님들 스스로 나머지의 길을 찾아주기 바란다.

이제 벗님들이나 낭월이나 불치의 병에 걸려버렸다. 이 병에는 약도 없다고 한다. 오로지 스스로 치유를 하는 도리밖에 없다고 한다. 이미 진리의 한 조각을 맛본 이상 그대로 썩어버릴 수는 도저히 없다는 것을 벗님들 스스로가 더 잘 알 것이다. 그러니 이왕지사 낭월에게 속아서 여기까지 왔으니 이제 자신의 길을 마저 찾아가기를 당부한다. 낭월의 힘은 여기까지이다.

이미 도망가기도 어렵게 되어버렸다. 이미 주사위는 던져졌고 가야 할 길은 정해졌다. 부디 낭월을 알게 된 악연(!)을 저주하면서 어쨌든 벗님들의 길을 찾아주기만을 천번 만번 당부하고 또 당부한다. 그래서 마지막으로 한마디를 남기고 강의실 문을 닫는다.

"이렇게 망상하는 이 한 물건이 무얼꼬?"

통근법 · 희신 · 종격의 정리

자평명리학(子平命理學)의 종합적인 교재를 준비한다는 계획으로 출간한 〈알기 쉬운 시리즈〉 중 네 번째 책인 《용신분석(用神分析)》이 1999년에 초판이 나온 이후 2010년까지 모두 12쇄를 거듭하였다. 이제까지 분에 넘치는 사랑을 보내준 독자들 덕분으로 생각하며 고마운 인연에 감사드린다.

이번 13쇄에서는 공부하시는 벗님의 학문 탐구에 도움이 되도록 용신(用神)에 대해 다시 살펴서 다음과 같이 내용을 수정 · 보충한다. 다만, 본문을 고치지 않고 이렇게 끝부분에 덧붙이는 것은 이미 나름대로 자평명리학의 기준을 세운 독자들에게 궁금한 부분을 설명하는 데 의미를 두었기 때문이다. 『알기 쉬운 용신분석(用神分析)』에서 일반적인 자평법의 용신론을 낭월의 관점에서 설명했다면, 여기에서는 임상경험에서 얻은 내용을 덧붙여 이해에 도움을 드리려고 한다. 이것이 하나의 방향 제시가 될 수도 있을 것이다.

1. 통근법

용신을 잡을 때 최우선으로 선택해야 할 문제는 신강(身强)인지 신약(身弱)인지를 판단하는 것이다. 강약을 판단하기 위해 저울질을 하는 과정에서 지장간(支藏干)에 대한 일부 수정내용이 혼란을 불러 올 수도 있다. 하지만 고서(古書)의 내용들은 그대로 참고하기에 아무런 문제가 없고, 실제로 임상을 할 경우에는 다음 표를 기준으로 삼고 대입하면 무리가 없으리라 생각한다. 지지에 대해서 낭월은 다음과 같은 방식으로 대입한다.

1) 생지(生支)

寅申巳亥 : 생기(生氣) 0.3, 본기(本氣) 0.7

① 寅 : 생기_ 丙 0.3, 본기_ 甲 0.7

② 申 : 생기_ 壬 0.3, 본기_ 庚 0.7

③ 巳 : 생기_ 庚 0.3, 본기_ 丙 0.7

④ 亥 : 생기_ 甲 0.3, 본기_ 壬 0.7

2) 왕지(旺支)

子午卯酉 : 본기(本氣) 1.0

① 子 : 본기_ 癸 1.0

② 午 : 본기_ 丁 1.0

③ 卯 : 본기_ 乙 1.0

④ 酉 : 본기_ 辛 1.0

3) 고지(庫支)

辰戌丑未 : 고기(庫氣) 0.3, 여기(餘氣) 0.2, 본기(本氣) 0.5

① 辰 : 고기_ 癸 0.3, 여기_ 乙 0.2, 본기_ 戊 0.5

② 戌 : 고기_ 丁 0.3, 여기_ 辛 0.2, 본기_ 戊 0.5

③ 丑 : 고기_ 辛 0.3, 여기_ 癸 0.2, 본기_ 己 0.5

④ 未 : 고기_ 乙 0.3, 여기_ 丁 0.2, 본기_ 己 0.5

4) 천간의 통근(通根)

인성_ 0.4, 비겁_ 0.3

오행의 지지통근표

오행＼지지	子	丑	寅	卯	辰	巳	午	未	申	酉	戌	亥
木	1.0	0.2	0.7	1.0	0.5	0.0	0.0	0.3	0.3	0.0	0.0	1.0
火	0.0	0.0	1.0	1.0	0.2	0.7	1.0	0.5	0.0	0.0	0.3	0.3
土	0.0	0.5	0.3	0.0	0.5	0.7	1.0	0.7	0.0	0.0	0.8	0.0
金	0.0	0.8	0.0	0.0	0.5	0.3	0.0	0.5	0.7	1.0	0.7	0.0
水	1.0	0.5	0.0	0.0	0.3	0.3	0.0	0.0	1.0	1.0	0.2	0.7

위는 대만의 하건충(何建忠) 선생이 만든 내용을 기본 골격으로 삼고, 앞서의 내용을 정리하여 낭월이 약간의 수정을 한 표이다. 기존의 지장간을 대입하여 판단하다가 뭔가 고개를 갸웃거릴 문제가 생긴다면 위 표를 참고하여 대입하는 것도 나쁘지 않을 것이다.

오행의 천간통근표

오행＼천간	甲	乙	丙	丁	戊	己	庚	辛	壬	癸
木	0.3	0.3	0.0	0.0	0.0	0.0	0.0	0.0	0.4	0.4
火	0.4	0.4	0.3	0.3	0.0	0.0	0.0	0.0	0.0	0.0
土	0.0	0.0	0.4	0.4	0.3	0.3	0.0	0.0	0.0	0.0
金	0.0	0.0	0.0	0.0	0.4	0.4	0.3	0.3	0.0	0.0
水	0.0	0.0	0.0	0.0	0.0	0.0	0.4	0.4	0.3	0.3

〈오행의 지지통근표〉가 지지에 대한 일간의 통근 정도를 보여준다면, 〈오행의 천간통근표〉는 일간이 천간에서 얻는 통근 정도를 보여준다고 이해하면 된다. 이것이 기본적인 바탕이 되고, 주변의 변수에 따라서 여기에 약간의 가감이 가능하다고 보면 적용하는 데 무리가 없을 것으로 보인다.

2. 희신

희신을 어떻게 볼 것인지 기준이 잘 서지 않는 경우에는 간단하게 '용신의 용신이 희신이다'라고 생각하고 적용하면 된다. 이것은 곧 일간이 싫어하더라도 용신이 필요로 하면 그대로 희신으로 본다는 의미이다.

예를 들어, 신약용인격은 일간이 인성을 용신으로 삼는다. 용신이 강한 경우에는 희신이 비겁이지만, 용신이 약한데도 관살을 희신으로 삼으면 일간이 극을 받아 부담스럽다. 이때는 일간의 부담을 잊어버리고 그냥 관살을 희신으로 삼아서 용신을 도우면 좋은 운으로 본다고 이해하면 된다.

3. 종격

75쪽의 전왕 용신을 비롯한 여러 곳에서 거론한 외격이나 종격, 혹은 화격에 대해서 정리한다.

『알기 쉬운 용신분석』은 고서(古書)의 공식을 충실하게 따르고 있다. 하지만 10년이 넘는 세월 동안 숱한 임상 과정을 거치면서 특히 종격에 대해서는 아무래도 현실성이 떨어진다고 생각하지 않을 수 없었다. 이미 책을 쓸 당시의 생각을 본문에서 언급한 바 있다. 예를 들어, 75쪽에서 "'웬만하면 정격(正格)'이라는 것을 느끼게 된다"고 했는데, 지금은 '웬만하면'조차도 삭제하는 것이 타당하지 않을까 생각하게 된 것이다. 더불어 제2부 용신격에 대해 설명한 내용도 언급하려고 한다. 그러니까 《적천수(滴天髓)》의 공식을 기준으로 삼아 연구했던 부분들을 이제 어느 정도 낭월식으로 정리하여, 독자가 임상과정에서 혼란을 겪을 수도 있는 부분에 대해서 도움을 드리고자 한다.

미리 이야기하지만, 이러한 낭월의 생각에 대해서 동조하지 않아도 괜찮다. 낭월이 임상과정에서 경험한 바를 정리한다고 생각하고 독자 또한 이를 따라 대입할지, 아니면 독자 자신의 관점대로 대입할지는 독자 스스로 알아서 할 일이다.

다만, 임상과정에서는 분명히 종격으로 보여서 그렇게 관찰하고 대입했는데 뭔가 맞지 않는다는 생각이 들었다면 정격으로 놓고 다시 관찰하는 정도의 방향 제시는 되리라 기대하고, 그 정도만 참고가 되어도 고맙겠다.

다음과 같은 경우에 종격으로 대입할 가능성이 있지만 정격으로 보아야 한다는 것을 공식처럼 간단하게 정리하였다.

1) 사주가 모두 인성인 경우

인성만 가득하고 식재관(食財官)이 전혀 없는 경우에는 종강격이라고 부른다. 그러나 낭월은 이를 정격으로 보고, 식상이나 관살 또는 재성을 용신으로 대입하여 판단한다.

2) 사주가 모두 비겁인 경우

비겁만 있고 식재관이 없으면 종왕격이라고 한다. 그러나 이 경우에도 종격을 고려하지 않으므로 식재관을 용신으로 삼는다.

3) 사주에 식재관만 있을 경우

신약한 상황에서 식상이 많으면 종아격, 재성이 많으면 종재격, 관살이 많으면 종살격으로 보고 대입했었다. 그러나 임상과정에서는 무조건 인성이 들어와야 한다고 보고 용신을 인겁(印劫)으로 대입한다.

그러니까 신약이라고 해도 멀리 뿌리가 있는 경우에 그렇게 한다는 뜻이 아니라, 뿌리가 전혀 없어도 종하지 않고 정격으로 봐서 사주에 전혀 없는 인겁을 용신으로 삼는다고 이해하면 되겠다.

위와 같이 낭월의 임상경험을 정리하였다. 이 내용이 바람직한 방향으로 해답을 궁리하는 데 참고가 되기를 바란다.

이밖에도 연구를 계속하면서 준비가 되는내로 새로운 이론을 정리하여 책으로 발표할 계획이다. 그러므로 고서(古書)의 이치를 탐구하는 과정에서 기존 저서를 참고하되 새로운 관점 역시 참고한다면, 자평명리학의 이치에 한 걸음 다가는 과정에 약간이나마 도움을 얻을 수 있을 것이다. 그렇게 해서 마침내는 아무런 책도 필요로 하지 않고 자유롭게 활용하면서 보람을 느끼는 상담가가 되기를 기원한다.

2012년 5월에 계룡감로에서 낭월 두 손 모음

낭월의 저서

왕초보 사주학 시리즈와 사주용어사전

- **왕초보 사주학(입문편)** 384쪽 | 값 17,000원
- **왕초보 사주학(연구편)** 436쪽 | 값 17,000원
- **왕초보 사주학(심리편)** 452쪽 | 값 17,000원
- **낭월 사주용어사전** 316쪽 | 값 23,000원

자신의 운명을 생각하다가 인연이 되어서 자평명리학(子平命理學)에 관심을 갖게 된 입문자를 위해 알기 쉬운 설명과 재미있는 비유로 쉽게 이해할 수 있게 구성되었다. 또한 어렵고 생소한 용어의 정리를 도와줄 용어사전도 마련되어 있다.

알기 쉬운 시리즈

- **알기 쉬운 음양오행** 432쪽 | 값 17,000원
- **알기 쉬운 천간지지** 450쪽 | 값 17,000원
- **알기 쉬운 합충변화** 408쪽 | 값 17,000원
- **알기 쉬운 용신분석** 468쪽 | 값 20,000원

자평명리학을 공부하려는 독자에게 기준이 되기를 바라는 관점에서 저술한 《알기 쉬운 시리즈》이다. 어렵고 딱딱한 사주공부를 조금이라도 이해하기 쉽게 풀어서 설명하면 공부하는 입장에서 많은 도움이 되겠다는 생각으로 쓴 책이다. 무엇이든 다 그렇지만, 학문의 체계에서 기초보다 더 중요한 것은 없다고 해도 과언이 아니다. 그래서 혹시라도 간과하고 지나간 부분이 있어서 마무리가 되지 않는다면, 이 시리즈가 바로 그러한 점을 찾아주는 역할을 할 수 있을 것이다.

적천수 강의(滴天髓講義) 시리즈

- **적천수 강의 1** 560쪽 | 값 30,000원
- **적천수 강의 2** 572쪽 | 값 30,000원
- **적천수 강의 3** 628쪽 | 값 30,000원

모든 분야에는 정점을 지키는 경전(經典)이 있기 마련이다. 『적천수(滴天髓)』는 자평명리학의 핵심 경전이라고 할 수 있는데, 이 책을 풀이한 『적천수징의(滴天髓徵義)』의 직역과 뜻을 설명하여 이해에 도움이 되게 한 지침서이다.

사주문답 시리즈

- **사주문답 1** 424쪽 | 값 18,000원
- **사주문답 2** 392쪽 | 값 18,000원
- **사주문답 3** 416쪽 | 값 18,000원

《왕초보 사주학 시리즈》와 《알기 쉬운 시리즈》를 통해서 인연이 된 독자들과 인터넷 〈낭월명리학당〉 게시판에서 문답한 내용을 책으로 엮었다. 다양한 질문과 또 그만큼 다양한 관점으로 자평명리학을 바라보면서 나눈 이야기들을 모아서 공부의 자료로 재구성하였다. 마음속에 쌓인 의문에 대해서 때로는 속 시원한 답변이 될 수도 있고, 때로는 새로운 의문을 갖게 되는 계기가 될 수도 있을 것이다. 이러한 과정을 통해서 학문의 세계는 더욱 넓어질 것이고, 그만큼 통찰력이 깊어지게 된다.

* 위 도서의 상세한 설명은 동학사 홈페이지 www.donghaksa.co.kr을 참조하세요.